SOUVENIRS D'UN VOYAGE

DANS

LA TARTARIE, LE THIBET ET LA CHINE.

II.

PARIS. — IMPRIMERIE D'ADRIEN LE CLERE ET Ce,
Rue Cassette, 29, près Saint-Sulpice.

SOUVENIRS D'UN VOYAGE

DANS

LA TARTARIE, LE THIBET ET LA CHINE

PENDANT LES ANNÉES 1844, 1845 ET 1846,

PAR M. HUC,
PRÊTRE-MISSIONNAIRE DE LA CONGRÉGATION DE SAINT-LAZARE.

Dilatet Deus Japheth, et habitet in
tabernaculis Sem. GENES. IX, 27.

TOME SECOND.

PARIS.
LIBRAIRIE D'ADRIEN LE CLERE ET Cⁱᵉ,
IMPRIMEURS DE NOTRE SAINT PÈRE LE PAPE ET DE L'ARCHEVÊCHÉ,
RUE CASSETTE, 29, PRÈS SAINT-SULPICE,

1850.

SOUVENIRS D'UN VOYAGE

DANS LA

TARTARIE, LE THIBET ET LA CHINE.

THIBET.

Hôtel de la Justice et de la Miséricorde. — Province du Kan-Sou. — Agriculture. — Grands travaux pour l'irrigation des champs. — Manière de vivre dans les auberges. — Grande confusion dans une ville à cause de nos chameaux. — Corps-de-garde chinois. — Mandarin inspecteur des travaux publics. — *Ning-Hia.* — Détails historiques et topographiques. — *Auberge des cinq Félicités.* — Lutte contre un Mandarin. *Tchong-Weï.* — Immenses montagnes de sable. — Route d'Ili — Aspect sinistre de *Kao-Tan-Dze.* — Coup-d'œil sur la grande muraille. — Demande de passeport. — Tartares voyageant en Chine. — Affreux ouragan. — Origine et mœurs des habitans du Kan-Sou. — Les *Dchiaours.* — Relations avec un Bouddha-vivant. — *Hôtel des Climats tempérés.* — Famille de Samdadchiemba. — Montagne de *Ping-Keou.* — Bataille d'un aubergiste avec sa femme. — Moulins à eau. — Tricotage. — *Si-Ning-Fou.* — *Maison de repos.* — Arrivée à *Tang-Keou-Eul.*

Deux mois s'étaient déjà écoulés depuis notre départ de la Vallée-des-Eaux-Noires. Pendant ce temps, nous avions éprouvé dans le désert des fatigues continuelles et des privations de tout genre. Notre santé, il est vrai, n'était pas encore gravement altérée ; mais nous sentions que nos forces s'en étaient allées, et nous éprouvions le besoin de modifier, pendant quelques jours, notre rude façon de vivre. A ce point de vue, un pays habité par des Chinois ne pouvait manquer de nous sourire; comparé à la Tartarie, il allait nous offrir tout le confortable imaginable.

Aussitôt que nous eûmes traversé le *Hoang-Ho*, nous entrâmes dans la petite ville frontière nommée *Ché-Tsui-Dze*, qui n'est séparée du fleuve que par une plage sablonneuse. Nous allâmes loger à l'*Hôtel de la Justice et de la Miséricorde. — Jeu-y-Ting.* — La maison était vaste, et nouvellement bâtie. A part une solide base en tuiles grises, toute la construction consistait en boiseries. L'aubergiste nous reçut avec cette courtoisie et cet empressement qu'on ne manque jamais de déployer quand on veut donner de la vogue à un établissement de fraîche fondation; cet homme, d'ailleurs, d'un aspect peu avenant, voulait, à force d'amabilités et de prévenances, racheter la défaveur qui était répandue sur sa figure; ses yeux horriblement louches se tournaient toujours du côté opposé à celui qu'ils regardaient; si l'organe de la vue fonctionnait avec difficulté, la langue, par compensation, jouissait d'une élasticité merveilleuse. L'aubergiste, en sa qualité d'ancien satellite, avait beaucoup vu, beaucoup entendu, et surtout, beaucoup retenu; il connaissait tous les pays, et avait eu des relations avec tous les hommes imaginables. Sa loquacité fut pourtant loin de nous être toujours à charge; il nous donna des détails de tout genre, sur les endroits grands et petits que nous aurions à visiter avant notre arrivée au Koukou-Noor. Cette partie de la Tartarie lui était même assez connue, car dans la période militaire de sa vie, il avait été faire la guerre contre les *Si-Fan*. Le lendemain de notre arrivée, il nous apporta de grand matin, une large feuille de papier où étaient écrits, par ordre, les noms des villes, villages, hameaux et bourgades que nous avions à traverser dans la province du *Kan-Sou;* il se mit ensuite à nous faire de la topographie, avec tant de feu, tant de gestes, et de si grands éclats de voix, que la tête nous en tournait.

Le temps qui ne fut pas absorbé par les longs entretiens, moitié forcés, moitié volontaires, que nous eûmes avec notre aubergiste, nous le consacrâmes à visiter la ville. Ché-Tsui-Dze est bâtie dans l'enfoncement d'un angle formé d'un côté par les monts Alechan, et de l'autre par le fleuve Jaune. A la partie orientale, le Hoang-Ho est bordé de collines noirâtres, où l'on trouve d'abondantes mines de charbon; les habitants du pays les exploitent avec activité, et en font la source principale de leur richesse. Les faubourgs de la ville sont composés de grandes fabriques de poteries, où l'on remarque des urnes colossales, servant dans les familles à contenir la provision d'eau nécessaire au ménage, des fourneaux grandioses d'une construction admirable, et un grand nombre de vases de toute forme et de toute grandeur. On fait, dans la province de Kan-Sou, une grande importation de ces nombreuses poteries.

A Ché-Tsui-Dze, les comestibles sont abondants, variés, et d'une modicité de prix étonnante; nulle part, peut-être, on ne vit avec une aussi grande facilité. A toute heure du jour et de la nuit, de nombreux restaurants ambulants transportent à domicile des mets de toute espèce : des soupes, des ragoûts de mouton et de bœuf, des légumes, des pâtisseries, du riz, du vermicelle, etc. Il y a des dînés pour tous les appétits et pour toutes les bourses, depuis le gala compliqué du riche, jusqu'au simple et clair brouet du mendiant. Ces restaurateurs vont et viennent et se succèdent presque sans interruption. Ordinairement, ils appartiennent à la classe des Musulmans ; une calotte bleue est la seule marque qui les distingue des Chinois.

Après nous être suffisamment reposés et restaurés pendant deux jours dans l'*Hôtellerie de la Justice et de la Miséricorde*, nous nous mîmes en route. Les environs de Ché-Tsui-Dze sont incultes; on ne voit, de toute part, que des sables et des graviers annuellement charriés par les inondations du fleuve Jaune. Cependant, à mesure que l'on avance, le sol s'élevant insensiblement devient meilleur. A une heure de distance de la ville, nous traversâmes la grande muraille, ou plutôt nous passâmes par-dessus quelques misérables ruines ; qui marquent encore l'ancienne place du célèbre boulevard de la Chine. Bientôt le pays devint magnifique, et nous pûmes admirer le génie agricole de la nation chinoise. La partie du *Kan-Sou* que nous traversions, est surtout remarquable par des travaux grandioses et ingénieux pour faciliter l'irrigation des champs. Au moyen de saignées pratiquées sur les bords du fleuve Jaune, les eaux se répandent dans de grands canaux creusés de main d'homme; ceux-ci en alimentent d'autres de largeur différente, qui s'écoulent à leur tour dans les simples rigoles dont tous les champs sont entourés. De grandes et petites écluses, admirables par leur simplicité, servent à faire monter l'eau et à la conduire à travers toutes les inégalités du terrain. Un ordre parfait préside à sa distribution. Chaque propriétaire arrose ses champs à son tour; nul ne se permettrait d'ouvrir ses petits canaux, avant que le jour fixé ne fût arrivé.

On rencontre peu de villages; mais on voit, de toute part, s'élever des fermes plus ou moins grandes, séparées les unes des autres par quelques champs. L'œil n'aperçoit ni bosquets ni jardins d'agrément. A part quelques grands arbres qui entourent les maisons, tout le terrain est consacré à la culture des céréales; on ne réserve pas même un petit espace pour déposer les gerbes après la moisson. On les amoncelle au-dessus des maisons, qui se terminent toutes en plate-forme. Aux jours d'irrigation générale, le pays donne une idée parfaite de ces fameuses inondations du Nil, dont les descriptions sont devenues si classiques; les habitants circulent à travers leurs champs, montés sur de petites nacelles, ou sur de légers tombereaux, portés sur des roues énormes, et ordinairement traînés par des buffles.

Ces irrigations, si précieuses pour la fécondité de la terre, sont détestables pour les voyageurs; les chemins sont le plus souvent encombrés d'eau et de vase, au point qu'il est impossible d'y pénétrer; on est alors obligé de cheminer sur les petites élévations en dos d'âne, qui forment les limites des champs. Quand on a à conduire des chameaux sur des sentiers pareils, c'est le comble de la misère. Nous ne faisions pas un pas sans crainte de voir nos bagages aller s'enfoncer dans la boue; plus d'une fois des accidents de ce genre nous mirent dans un grand embarras; et s'ils ne furent pas plus nombreux, il faut l'attribuer à l'habileté de nos chameaux à glisser sur la vase, habileté qui provenait du long apprentissage qu'ils avaient eu occasion de faire parmi les marécages des Ortous.

Le soir de notre premier jour de marche, nous arrivâmes à un petit village nommé *Wang-Ho-Pô :* nous pensions y trouver la même facilité de vivre qu'à Ché-Tsui-Dze; mais nous étions dans l'erreur. Les usages n'étaient plus les mêmes; on ne voyait plus ces aimables restaurateurs, avec leurs boutiques ambulantes chargées de mets tout préparés. Les marchands de fourrage étaient les seuls qui vinssent nous faire leurs offres. Nous commençâmes donc par donner la ration aux animaux, et puis nous allâmes dans le village à la découverte de quelques provisions pour notre souper. De retour à l'auberge nous fûmes obligés de faire nous-mêmes notre cuisine : le maître-d'hôtel nous fournit seulement l'eau, le charbon et la marmite. Pendant que nous étions paisiblement occupés à apprécier les produits de notre industrie culinaire, un grand tumulte se fit dans la cour de l'auberge : c'était une caravane de chameaux, conduite par quelques commerçants chinois qui se rendaient à la ville de *Ning-Hia.* Etant destinés à faire la même route qu'eux, nous fûmes bientôt en relation; ils nous annoncèrent que pour aller à *Ning-Hia*, les chemins étaient impraticables, et que nos chameaux, malgré tout leur savoir-faire, s'en tireraient difficilement. Ils ajoutèrent qu'ils connaissaient une route de traverse plus courte et moins dangereuse, et nous invitèrent à partir avec eux. Comme on devait se mettre en marche pendant la nuit, nous appelâmes le maître-d'hôtel pour régler nos comptes. Selon la méthode chinoise, quand il s'agit de sapèques, d'une part on demande beaucoup, et de l'autre on offre peu; puis on conteste longuement; et après de mutuelles concessions, on finit par se mettre d'accord. Comme on nous croyait Tartares, on trouva tout naturel de nous demander à peu près le triple de ce que nous devions : il résulta de là que les contestations furent doubles de ce qu'elles sont ordinairement. Il fallut discuter avec énergie, d'abord pour les hommes, puis pour les animaux : pour la chambre, pour l'écurie, pour l'abreuvoir, pour la marmite, pour le charbon, pour la lampe, pour tout enfin, jusqu'à ce que l'aubergiste fût descendu au tarif des gens civilisés. Cette malencontreuse apparence tartare que nous avions, nous a fourni l'occasion d'acquérir une certaine habileté dans les discussions de ce genre; car il ne s'est pas passé un seul jour, durant notre voyage dans la province du *Kan-Sou*, où nous n'ayons été forcés de nous quereller avec les aubergistes. Ces querelles, du reste, n'ont jamais aucun inconvénient; quand elles sont terminées, on n'en est que meilleurs amis.

Il n'était guère plus de minuit, que les chameliers chinois étaient déjà sur pied et faisaient, avec grand tumulte, leurs préparatifs de départ. Nous nous levâmes à la hâte; mais nous eûmes beau nous presser pour seller nos animaux, nos compagnons de voyage furent prêts avant nous. Ils prirent le devant, en nous promettant d'aller à petits pas jusqu'à notre arrivée. Aussitôt que nous eûmes achevé de charger nos chameaux, nous partîmes sans perdre du temps. La nuit était sombre, il nous fut impossible de distinguer nos guides : à l'aide d'une petite lanterne nous cherchâmes leurs traces, mais nous ne fûmes pas plus heureux. Il fallut donc aller à l'aventure, au milieu de ces plaines aqueuses qui nous étaient entièrement inconnues. Bientôt nous nous trouvâmes tellement engagés au milieu des terres inondées, que nous n'osâmes plus avancer; nous nous arrêtâmes sur le rebord d'un champ, et nous y attendîmes le jour.

Aussitôt que l'aube commença à paraître, nous tirâmes nos animaux par la bride, et nous nous dirigeâmes, par mille détours, vers une grosse ville murée que nous apercevions dans le lointain : c'était *Ping-Lou-Hien,* ville de troisième ordre. Notre arrivée causa dans cette cité un désordre épouvantable. Le pays est remarquable par le nombre et la beauté des mulets : or, en ce moment, il y en avait un, attaché par le licou, devant presque toutes les maisons de la longue rue que nous suivions du nord au sud. A mesure que nous avancions, tous ces animaux, saisis d'épouvante, à la vue de nos chameaux, se cabraient subitement, et se ruaient avec impétuosité contre les boutiques voisines; quelques-uns brisaient les liens qui les retenaient, s'échappaient au grand galop, et renversaient dans leur fuite les établis des petits marchands. Le peuple s'ameutait, poussait des cris, jurait contre les *puants Tartares,* maudissait les chameaux, et augmentait le désordre au lieu de l'apaiser. Nous étions profondément contristés de voir que notre présence avait des résultats si funestes; mais qu'y faire? Il n'était pas en notre pouvoir de rendre les mulets moins timides, ni d'empêcher les chameaux d'avoir une tournure effrayante. Un de nous se décida à courir en avant de la caravane, pour prévenir le monde de l'arrivée des chameaux : cette précaution diminua le mal, qui ne cessa complètement que lorsque nous fûmes parvenus hors des murs de la ville.

Nous avions eu dessein de déjeuner à *Ping-Lou-Hien*; mais, n'ayant pas suffisamment conquis la sympathie de ses habitants, nous n'osâmes nous y arrêter; nous eûmes pourtant le courage d'acheter quelques provisions que nous payâmes horriblement cher, parce que le moment n'était pas favorable pour marchander. A quelque distance de la ville, nous rencontrâmes un corps-de-garde; nous nous y arrêtâmes pour nous reposer un instant, et prendre notre repas du matin. Ces corps-de-garde sont très-multipliés en Chine; d'après la règle, sur toutes les grandes routes, il doit y en avoir un à chaque demi-lieue; d'une construction bizarre et tout-à-fait dans le goût chinois, ces demeures consistent en un petit édifice en bois ou en terre, mais toujours blanchi avec une dissolution de chaux; au centre est une espèce de hangar entièrement nu, et ayant une seule grande ouverture sur le devant : il est réservé pour les malheureux voyageurs, qui, pendant la nuit, étant surpris par le mauvais temps, ne peuvent se réfugier dans une auberge. Des deux côtés sont deux petites chambres avec portes et fenêtres; quelquefois un banc de bois peint en rouge est tout leur ameublement. L'extérieur du corps-de-garde est décoré de peintures grossières, représentant les dieux de la guerre, des cavaliers et des animaux fabuleux. Sur les murs du hangar, sont dessinées toutes les armes qui sont en usage en Chine : des fusils à mèche, des arcs, des flèches, des lances, des boucliers et des sabres de toute forme. A une certaine distance du corps-de-garde, on voit à droite une tour carrée, et à gauche cinq petites bornes disposées sur une même ligne : elles désignent les cinq *lis* qui sont la distance d'un corps-de-garde à un autre. Souvent un large écriteau élevé sur deux perches indique au voyageur le nom des villes les plus rapprochées qui se trouvent sur la route. L'écriteau que nous avions sous les yeux était ainsi conçu :

De *Ping-Lou-Hien* à *Ning-Hia*, cinquante lis.
Au nord jusqu'à *Ping-Lou-Hien*, cinq lis.
Au sud jusqu'à *Ning-Hia*, quarante-cinq lis.

En temps de guerre, la tour carrée sert, pendant la nuit, à faire des signaux au moyen de feux combinés, selon certaines règles. Les Chinois rapportent qu'un empereur (1), cédant aux folles sollicitations de son épouse, ordonna, pendant la nuit, de faire les signaux d'alarme. L'impératrice voulait se divertir aux dépens des soldats, et vérifier en même temps si ces feux étaient bien propres à appeler les troupes au secours de la capitale. A mesure que les signaux parvinrent dans les provinces, les gouverneurs firent immédiatement partir les Mandarins militaires pour Péking ; mais apprenant à leur arrivée que ces alarmes n'étaient qu'un amusement, un pur caprice de femme, ils s'en retournèrent pleins d'indignation. Peu de temps après, les Tartares firent une irruption dans l'empire, et s'avancèrent avec rapidité jusque sous les murs de la capitale. Pour cette fois l'Empereur fit sérieusement allumer les feux pour demander des secours ; mais dans les provinces personne ne bougea ; on crut que l'impératrice voulait se donner en-

(1) *Yeou-Wang*, treizième empereur de la dynastie des *Tcheou*, 780 ans avant Jésus-Christ.

core un sujet de divertissement. Les Tartares, ajoute-t-on, entrèrent dans Péking, et la famille impériale fut massacrée.

La paix profonde dont jouit la Chine depuis si longtemps, a beaucoup diminué l'importance de ces corps-de-garde; quand ils menacent ruine, rarement on les restaure ; le plus souvent, les portes et les fenêtres sont enlevées, et personne n'y habite. Sur certaines routes très-fréquentées, on répare seulement avec assez d'assiduité les écriteaux et les cinq bornes.

Le corps-de-garde où nous nous étions arrêtés était désert. Après avoir attaché nos animaux à un gros poteau, nous entrâmes dans une chambre, et nous prîmes en paix une salutaire réfection. Les voyageurs nous regardaient en passant, et paraissaient un peu surpris de voir leur espèce de guérite transformée en restaurant. Les élégants surtout ne manquaient pas de sourire, à la vue de ces trois Mongols si peu au fait de la civilisation.

Notre halte ne fut pas longue. L'écriteau nous annonçait officiellement que nous avions encore quarante-cinq *lis* de marche avant d'arriver à *Ning-Hia ;* vu la difficulté de la route et la lenteur de nos chameaux, nous n'avions pas de temps à perdre. Nous partîmes en longeant un magnifique canal, alimenté par les eaux du fleuve Jaune, et destiné aux irrigations de la campagne. Pendant que la petite caravane cheminait à pas lents sur un terrain humide et glissant, nous vîmes venir vers nous une nombreuse troupe de cavaliers. A mesure que le cortége avançait, les innombrables travailleurs qui réparaient les bords du canal, se prosternaient contre terre et s'écriaient : — Paix et bonheur à notre père et mère ! — Nous comprîmes que c'était un Mandarin supérieur. D'après les exigences de l'urbanité chinoise, nous aurions dû descendre de cheval et nous prosterner comme faisait tout le monde ; mais nous pensâmes qu'en qualité de lamas du ciel d'occident, nous pouvions nous dispenser de ce dur et pénible cérémonial. Nous restâmes donc gravement sur nos montures, et nous avançâmes avec sécurité. A la vue de nos chameaux, les cavaliers se placèrent prudemment à une distance respectueuse ; quant au Madarin, il fut brave, lui ; il poussa son cheval, et le força de venir vers nous. Il nous salua avec politesse, et nous demanda, en mongol, des nouvelles de notre santé et de notre voyage. Comme son cheval s'effarouchait de plus en plus de la présence de nos chameaux, il fut contraint de couper court à la conversation et d'aller rejoindre son cortége. Il s'en alla tout triomphant d'avoir trouvé une occasion de parler mongol, et de donner aux gens de sa suite une haute idée de sa science. Ce Mandarin nous parut être Tartare-Mantchou ; il était occupé à faire une visite officielle des canaux d'irrigation.

Nous cheminâmes encore long-temps sur les bords du même canal, ne rencontrant sur notre route que quelques charettes à grandes roues traînées par des buffles, et des voyageurs ordinairement montés sur des ânes de haute taille. Enfin nous aperçûmes les hauts remparts de Ning-Hia, et les nombreux kiosques des pagodes, qu'on eût pris, de loin, pour de grands cèdres. Les murs en briques de Ning-Hia sont vieux, mais très-bien conservés. Cette vétusté, qui les a presque entièrement revêtus de mousse et de lichen, contribue à leur donner un aspect grandiose et imposant. De toute part, ils sont environnés de marais, où croissent en abondance les joncs, les roseaux et les nénuphars. L'intérieur de la ville est pauvre et misérable ; les rues sont sales, étroites et tortueuses ; les maisons enfumées et disloquées ; on voit que *Ning-Hia* est une ville d'une grande antiquité. Quoique située non loin des frontières de la Tartarie, le commerce y est de nulle importance.

Après avoir parcouru à peu près la moitié de la rue centrale, comme nous avions encore une lieue de chemin avant d'arriver à l'autre extrémité, nous prîmes le parti de nous arrêter. Nous entrâmes dans une grande auberge, où nous fûmes bientôt suivis par trois individus qui nous demandèrent effrontément nos passeports. Nous vîmes sur-le-champ qu'il fallait défendre notre bourse contre ces trois chevaliers d'industrie. — Qui êtes-vous, pour oser nous demander des passeports? — Nous sommes employés au grand tribunal. Il est défendu aux étrangers de traverser la ville de Ning-Hia sans passeport..... Au lieu de répondre, nous appelâmes l'aubergiste, et le priâmes de nous écrire sur un morceau de papier son nom et le titre de son auberge. Notre demande le surprit beaucoup. — A quoi bon cet écrit, nous dit-il, que voulez-vous en faire? — Tout à l'heure nous en aurons besoin. Nous voulons aller au grand tribunal, et dénoncer au Mandarin que dans ton auberge trois voleurs sont venus nous opprimer... A ces paroles, les trois demandeurs de passeports se sauvèrent à toute jambe ; l'aubergiste les accabla d'imprécations, et les curieux, qui déjà s'étaient rassemblés en grand nombre, riaient de tout leur cœur. Cette petite

frites à l'huile, des gâteaux, et une foule de fruits confits au sucre ou au sel. Cette journée de marche fut pour nous un véritable délassement. Nos chameaux, qui n'avaient jamais voyagé que dans les déserts de la Tartarie, semblaient être sensibles à tous ces charmes de la civilisation; ils tournaient majestueusement la tête de côté et d'autre, observaient avec intérêt tout ce qui se présentait sur la route, les hommes aussi bien que les choses. Cependant ils n'étaient pas tellement absorbés par leurs observations sur l'industrie et les mœurs de la Chine, qu'ils ne remarquassent aussi les merveilleuses productions du sol. Les saules attiraient parfois leur attention, et lorsqu'ils étaient à leur portée, ils ne manquaient jamais d'en émonder les branches les plus tendres. Quelquefois aussi, allongeant leur long cou, ils allaient flairer les friandises étalées sur le devant des guinguettes : ce qui ne manquait jamais de provoquer de vives protestations de la part des marchands. Les Chinois n'étaient pas moins admirateurs de nos chameaux, que ceux-ci ne l'étaient de la Chine. On accourait de toute part pour voir passer la caravane, on se rangeait en file sur les bords du chemin; mais on n'osait jamais approcher de trop près, car c'est dans tous les pays, que les hommes redoutent instinctivement les êtres qui portent le caractère de la force et de la puissance.

Vers la fin de cette journée de marche, qui ne fut pas pour nous sans agrément, nous arrivâmes à *Hia-Ho-Po* grand village sans remparts. Nous allâmes mettre pied à terre à l'*Hôtel des cinq Félicités*,—Ou-fou-tien.—Nous étions occupés à distribuer le fourrage à nos animaux, lorsqu'un cavalier portant un globule blanc sur son chapeau parut dans la cour de l'auberge. Sans descendre de son cheval, sans faire les saluts d'usage il se mit à interpeler vivement l'aubergiste.—Le grand Mandarin va arriver, s'écria-t-il d'un ton bref et plein de morgue ; que tout soit propre et bien balayé ! que ces Tartares aillent loger ailleurs ; le grand Mandarin ne veut pas voir de chameaux dans l'auberge.—De la part d'une estafette de Mandarin, ces paroles insolentes n'avaient pas de quoi nous surprendre ; mais elles nous choquèrent vivement. Nous feignîmes de ne pas les entendre, et nous continuâmes tranquillement notre petite besogne. L'aubergiste, voyant que nous ne tenions aucun compte de la sommation qui venait d'être faite, s'avança vers nous, et nous exposa, avec une politesse mêlée d'embarras, l'état de la question.—Va, lui dîmes-nous avec fermeté, va dire à ce globule blanc, que tu nous as reçus dans ton auberge, et que nous y resterons ; que les Mandarins n'ont pas le droit de venir prendre la place des voyageurs qui déjà se sont légitimement établis quelque part.—L'aubergiste n'eut pas la peine d'aller rapporter nos paroles au globule blanc ; elles avaient été prononcées de manière à ce qu'il pût lui-même les entendre. Il descendit aussitôt de cheval, et s'adressant à nous directement.—Le grand Mandarin va arriver, nous dit-il ; il y a beaucoup de monde à sa suite, et l'auberge est petite ; d'ailleurs, comment des chevaux oseraient-ils rester dans cette cour en présence de vos chameaux ?—Un homme de la suite d'un Mandarin, et de plus décoré comme toi d'un globule blanc, devrait savoir s'exprimer, premièrement avec politesse, et en second lieu avec justice. Notre droit est de rester ici, et on ne nous en chassera pas, nos chameaux demeureront là attachés à la porte de notre chambre.—Le grand Mandarin m'a donné ordre de venir préparer son logement, à l'Hôtel des cinq Félicités.—Soit, prépare son logement, mais sans toucher à nos affaires. Si tu ne peux pas t'arranger ici, la raison veut que tu ailles chercher une auberge ailleurs.—Et le grand Mandarin?—Dis à ton Mandarin qu'il y a ici trois Lamas du ciel d'occident, qui sont tout disposés à retourner à *Ning-Hia* pour plaider avec lui; qu'ils iront même, s'il le faut, jusqu'à Péking, qu'ils en savent la route...—Le globule blanc monta à cheval et disparut. L'aubergiste vint aussitôt à nous, et nous pria de tenir ferme.—Si vous restez ici, nous dit-il, c'est bien, je suis sûr qu'avec vous j'aurai un peu de profit; mais si le Mandarin prend votre place, on bouleversera mon auberge, on me fera travailler toute la nuit, et demain matin tout le monde partira sans payer. Et puis, si j'étais forcé de vous renvoyer, ne serait-ce pas perdre de réputation l'Auberge des cinq Félicités? Qui oserait désormais entrer dans une auberge où l'on reçoit des voyageurs pour les chasser ensuite?— Pendant que l'aubergiste nous exhortait au courage, l'estafette du Mandarin apparut de nouveau, elle descendit de cheval, puis nous fit une profonde inclination, que nous lui rendîmes en même temps de la meilleure grâce possible.—Seigneurs Lamas, nous dit-il, je viens de parcourir Hia-Ho-Po, il n'y a pas d'auberge convenable. Qu'est-ce qui pourrait dire que vous êtes tenus de nous céder votre place? Parler ainsi, est-ce que cela serait parler d'une manière conforme à la raison? Cependant voyez, Seigneurs Lamas, nous sommes tous voyageurs, nous sommes tous des gens éloignés de notre famille ; est-ce qu'il n'y aurait pas moyen de délibérer ensemble tout doucement, et de nous arranger en frères ?— Oui, c'est cela, dîmes-nous ; les hommes doivent toujours s'arranger en frères, voilà le vrai principe ; quand on voyage on doit savoir vivre entre voyageurs, quand tout le monde se gêne un peu, est-ce que tout le monde ne finit pas par être à son aise ?—Excellente parole ! excellente parole !... et les salutations les plus profondes recommencèrent de part et d'autre.

Après ce court entretien, qui avait amené une parfaite réconciliation, nous délibérâmes à l'amiable sur la manière de nous arranger tous dans l'Auberge des cinq Félicités : il fut convenu que nous garderions la chambre où nous étions déjà installés, et que nous attacherions nos chameaux dans un coin de la cour, de manière qu'ils ne pussent pas effaroucher les chevaux du Mandarin. L'estafette devait disposer à sa fantaisie de tout le reste. Nous nous hâtâmes de détacher nos chameaux de devant la porte de notre chambre, et nous les plaçâmes selon qu'il avait été réglé. Comme le soleil venait de se coucher, on entendit le bruit du cortége qui arrivait. Les deux battants du grand portail s'ouvrirent solennellement, et une voiture traînée par trois mulets vint s'arrêter au milieu de la cour de l'auberge ; elle était escortée par un grand nombre de cavaliers. Sur la voiture était assis un homme d'une soixantaine d'années, à moustaches et barbe grises, et coiffé d'une espèce de capuchon rouge ; c'était le grand Mandarin. A son entrée, il avait parcouru d'un œil vif et rapide l'intérieur de l'auberge ; en nous apercevant, en remarquant surtout trois chameaux au fond de la cour, les muscles de sa maigre figure s'étaient soudainement contractés. Quand tous les cavaliers eurent mis pied à terre, on l'invita à descendre de son véhicule.—Qu'est-ce que c'est, s'écria-t-il d'une voix sèche et courroucée, qu'est-ce que c'est que ces Tartares? qu'est-ce que c'est que ces chameaux? qu'on me conduise ici l'aubergiste.—A cette brusque interpellation, l'aubergiste s'était sauvé, et le globule blanc demeura un instant comme pétrifié. Sa figure était devenue subitement pâle, puis rouge, puis enfin olivâtre. Cependant il fit un effort sur lui-même, alla vers la voiture, mit un genou en terre, se releva, et s'approchant de l'oreille de son maître, lui parla quelque temps à voix basse; le dialogue terminé, le grand Mandarin voulut bien descendre, et après nous avoir salué de la main et d'un air un peu protecteur, il se rendit comme un simple mortel dans la petite chambre qu'on lui avait préparée.

Ce triomphe que nous venions d'obtenir dans un pays dont l'entrée nous était interdite sous peine de mort (1), nous donna un prodigieux courage. Ces terribles Mandarins, qui autrefois nous causaient une si grande épouvante, cessèrent d'être redoutables pour nous, aussitôt que nous osâmes approcher d'eux et les regarder de près. Nous vîmes des hommes pleins d'orgueil et d'insolence, des tyrans impitoyables contre les faibles, mais d'une lâcheté extrême en présence des hommes d'un peu d'énergie. Dès ce mo-

---

(1) A cette époque l'ambassade française n'était pas encore venue en Chine; il n'existait pas de traité en faveur des Européens. Tous les Missionnaires qui pénétraient dans l'intérieur, étaient, par le seul fait, condamnés à mort.

ment nous nous trouvâmes en Chine aussi à l'aise que partout ailleurs; nous pûmes voyager, sans être préoccupés par la peur, le front découvert et à la face du soleil.

Après deux journées de marche, nous arrivâmes à *Tchong-Weï* bâti sur les bords du fleuve Jaune. Cette ville est murée et de moyenne grandeur; sa propreté, sa bonne tenue, son air d'aisance, tout contraste singulièrement avec la misère et la laideur du *Ning-Hia;* à en juger seulement par ses innombrables boutiques, toutes très-bien achalandées, et par la grande population qui incessamment encombre les rues, Tchong-Weï est une ville très-commerçante; pourtant les Chinois de ce pays ne sont pas navigateurs; on ne voit pas de barque sur le fleuve Jaune. Cette particularité est assez remarquable; elle confirmerait l'opinion que les habitants de cette partie du *Kan-Sou* sont réellement d'origine thibétaine et tartare; car on sait que partout les Chinois sont passionnément adonnés à la navigation des fleuves et des rivières.

En sortant de Tchong-Weï, nous traversâmes la grande muraille, uniquement composée de pierres mobiles amoncelées les unes sur les autres, et nous rentrâmes, pour quelques jours, en Tartarie, dans le royaume des *Alechan.* Plus d'une fois, des Lamas mongols nous avaient fait des peintures affreuses des monts *Alechan;* mais nous pûmes constater, par nos propres yeux, que la réalité est encore bien au-dessus de tout ce qu'on peut dire de cet épouvantable pays. Les Alechan sont une longue chaîne de montagnes, uniquement composées de sable mouvant et tellement fin, qu'en le touchant on le sent couler entre ses doigts comme un liquide. Il serait superflu d'ajouter, qu'au milieu de ces gigantesques entassements de sable, on ne rencontre jamais, nulle part, la moindre trace de végétation. L'aspect monotone de ces immenses sablières n'est interrompu que par les vestiges de quelques petits insectes, qui, dans leurs ébats capricieux et vagabonds, décrivent mille arabesques sur ce sable mouvant et d'une si grande ténuité, qu'on pourrait suivre tous les tours et détours d'une fourmi, sans jamais en perdre les traces. Pour traverser ces montagnes, nous éprouvâmes des peines et des difficultés inexprimables. A chaque pas, nos chameaux s'enfonçaient jusqu'au ventre, et ce n'était jamais que par soubresauts qu'ils pouvaient avancer. Les chevaux avaient encore plus d'embarras, à cause de la corne de leurs pieds, qui ont sur le sable moins de prise que les larges pieds des chameaux. Pour nous, forcés d'aller à pied, nous devions être bien attentifs à ne pas rouler du haut de ces montagnes, qui semblaient s'évanouir, sous nos pas, jusque dans le fleuve Jaune, dont nous apercevions les eaux se traîner au dessous de nous. Par bonheur, le temps était calme et serein. Si le vent eût soufflé, certainement nous eussions été engloutis et enterrés vivants sous des avalanches de sable. Les monts Alechan paraissent avoir été formés par les sables, que le vent du nord balaye incessamment devant lui dans le *Chamo*, ou grand désert de *Gobi*. Le fleuve Jaune arrête ces inondations sablonneuses, et en préserve la province de *Kan-Sou*. C'est à cette grande quantité de sable qu'il entraîne aux pieds des monts Alechan, que le fleuve doit cette couleur jaunâtre qui lui a fait donner le nom de *Hoang-Ho*, fleuve Jaune. Au-dessus des monts Alechan, ses eaux sont toujours pures et limpides.

Cependant, les collines succédèrent aux montagnes élevées, les sables diminuèrent insensiblement ; et vers la fin de la journée, nous arrivâmes au village des *Eaux toujours coulantes* (*Tchang-Lieou-Chouy*). C'était, au milieu de ces collines sablonneuses, une véritable oasis d'une beauté ravissante. Une foule de petits ruisseaux, qui se jouaient parmi les rues, des arbres nombreux, des maisonnettes bâties en roche vive, et quelquefois peintes en blanc ou en rouge, donnaient à ce site l'aspect le plus pittoresque. Exténués de fatigue, comme nous l'étions, nous nous arrêtâmes aux *Eaux toujours coulantes*, avec un indicible plaisir, et nous en savourâmes les délices. Mais la poésie ne dura que jusqu'au moment où il nous fallut compter avec l'aubergiste. Comme les comestibles, les fourrages mêmes venaient de *Tchong-Weï*, et ne pouvaient être transportés qu'avec grande difficulté, ils étaient d'une cherté à faire frémir, à bouleverser tous nos plans d'économie. Pour nous et nos animaux, nous fûmes obligés de débourser seize cents sapèques, à peu près huit francs. Sans cette circonstance, nous eussions peut-être quitté avec regret le charmant village de *Tchang-Lieou-Chouy*. Mais il y a toujours quelque motif qui vient aider les hommes à se détacher des choses d'ici-bas.

En sortant de *Tchang-Lieou-Chouy*, nous prîmes la route suivie par les exilés chinois qu'on conduit à *Ili*. Le pays était moins affreux que celui que nous avions parcouru le jour précédent, mais il était encore bien triste. Le gravier avait remplacé le sable, et à part quelques touffes d'herbes dures, et piquantes comme des alênes, nous trouvâmes toujours un sol infécond et aride. Nous arrivâmes à *Kao-*

hideuse misère, était pour nous un pays inexplicable. Nous nous demandions comment des hommes pouvaient se résigner à habiter un pays affreux, stérile, sans eau, éloigné de tout pays habité, et par-dessus tout, désolé par de continuelles incursions de brigands. Quel pouvait être leur but? quel avantage leur présentait une position de ce genre? Nous avions beau chercher, beau faire des suppositions, le problème demeurait toujours insoluble. Pendant la première veille de la nuit, nous causâmes beaucoup avec l'aubergiste, qui nous parut avoir assez de franchise dans le caractère. Il nous raconta une foule d'anecdotes de brigands, toutes remplies de combats, de meurtres et d'incendies.—Mais enfin, lui dîmes-nous, que n'abandonnez-vous ce détestable pays? — Oh! nous répondit-il, nous ne sommes pas libres. Nous autres, habitants de Kao-Tan-Dze, nous sommes tous des exilés. Nous sommes dispensés d'aller jusqu'à Ili, à condition que nous resterons ici sur la route, pour fournir de l'eau aux Mandarins et aux soldats qui conduisent les exilés. Nous sommes obligés d'en donner gratis à tous les employés du gouvernement qui passent par ici. — Aussitôt que nous sûmes que nous étions parmi des exilés, nous fûmes un peu rassurés. Nous inclinâmes à croire qu'ils n'étaient pas de connivence avec les brigands; car ils avaient parmi eux une espèce de petit Mandarin chargé de les surveiller. Un instant, nous eûmes l'espérance de trouver des chrétiens à Kao-Tan-Dze ; mais l'aubergiste nous assura qu'il n'y en avait aucun. Il nous dit que les exilés pour la religion du Seigneur du Ciel allaient tous à Ili.

D'après tout ce que nous dit l'aubergiste, nous crûmes

que nous pouvions sans inconvénient prendre un peu de repos. Nous allâmes donc nous coucher, et nous dormîmes d'un assez bon sommeil jusqu'à l'aube du jour ; grâce à Dieu, les brigands n'étaient pas venus nous rendre visite.

Pendant la majeure partie de la journée nous suivîmes la route qui conduit à Ili. Nous parcourions avec respect, et en quelque sorte avec une religieuse vénération, ce chemin de l'exil, tant de fois sanctifié par le passage des confesseurs de la foi ; nous aimions à nous entretenir de ces courageux chrétiens, de ces âmes fortes, qui plutôt que de renoncer à leur religion, avaient préféré abandonner et leur famille et leur patrie, pour aller terminer leurs jours dans des pays inconnus. Nous l'espérons ; la Providence suscitera des Missionnaires pleins de dévouement pour aller porter à nos frères exilés les consolations de la foi.

La route d'Ili nous conduisit jusqu'à la grande muraille, que nous franchîmes encore à pieds joints. Cet ouvrage de la nation chinoise, dont on a tant parlé, sans pourtant le connaître suffisamment, mérite que nous en disions quelques mots. On sait que l'idée d'élever des murailles pour se fortifier contre les incursions des ennemis, n'a pas été particulière à la Chine ; l'antiquité nous offre plusieurs exemples de semblables travaux. Outre ce qui fut exécuté en ce genre chez les Syriens, les Egyptiens et les Mèdes, en Europe, par ordre de l'empereur Septime-Sévère, une muraille fut construite au nord de la grande Bretagne. Cependant aucune nation n'a rien fait d'aussi grandiose que la grande muraille élevée par *Tsin-Chi-Hoang-Ti* l'an 214 de Jésus-Christ ; les Chinois la nomment Wan-li-Tchang-Tching.—Le grand mur de dix mille lis.—Un nombre prodigieux d'ouvriers y fut employé, et les travaux de cette entreprise gigantesque durèrent pendant dix ans. La grande muraille s'étend depuis le point le plus occidental du *Kan-Sou* jusqu'à la mer orientale. L'importance de cet immense travail a été différemment jugée par ceux qui ont écrit sur la Chine : les uns l'ont exalté outre mesure, et les autres se sont efforcés de le tourner en ridicule ; il est à croire que cette divergence d'opinion vient de ce que chacun a voulu juger de l'ensemble de l'ouvrage d'après l'échantillon qu'il avait eu sous les yeux. M. Barrow, qui vint en Chine en 1793 avec lord Macartney, en qualité d'historiographe de l'ambassade, a fait le calcul suivant : Il suppose qu'il y a dans l'Angleterre et l'Ecosse dix-huit cent mille maisons. En estimant la maçonnerie de chacune à deux mille pieds cubes, il avance qu'elles ne contiennent pas autant de matériaux que la grande muraille chinoise, qui, selon lui, suffirait pour construire un mur capable de faire deux fois le tour du globe. Evidemment M. Barrow a pris pour base de son calcul la grande muraille telle qu'il a pu la voir au nord de Péking ; la construction en est réellement belle et imposante ; mais il ne faudrait pas croire que cette barrière élevée contre les irruptions des Barbares, est dans toute son étendue également large, haute et solide. Nous avons eu occasion de la traverser sur plus de quinze points différents, et plusieurs fois nous avons voyagé, pendant des journées entières, en suivant sa direction et sans jamais la perdre de vue ; souvent au lieu de ces doubles murailles crénelées qui existent aux environs de Péking, nous n'avons rencontré qu'une simple maçonnerie, et quelquefois qu'un modeste mur en terre ; il nous est même arrivé de voir cette fameuse muraille réduite à sa plus simple expression, et uniquement composée de quelques cailloux amoncelés. Pour ce qui est des fondements dont parle M. Barrow, et qui consisteraient en grandes pierres de taille cimentées avec du mortier, nous devons avouer que nulle part nous n'en avons trouvé de vestige. Au reste, on doit concevoir que Tsin-Chi-Hoang-Ti, dans cette grande entreprise, a dû naturellement s'appliquer à fortifier d'une manière spéciale les environs de la capitale de l'empire, point sur lequel devaient tout d'abord se porter les hordes tartares. On pourrait encore supposer, que les Mandarins chargés de faire exécuter le plan de *Tsin-Chi-Hoang-Ti* ont dû diriger consciencieusement les travaux qui se faisaient en quelque sorte sous les yeux de l'Empereur, et se contenter d'élever un simulacre de muraille sur les points les plus éloignés, et qui du reste, avaient peu à craindre des Tartares, comme par exemple les frontières de l'Ortous et des monts Alechan.

La barrière de *San-Yen-Tsin*, qu'on rencontre à quelques pas après le passage de la muraille, est célèbre pour sa grande sévérité à l'égard des Tartares qui veulent entrer dans l'empire. Le village ne possède qu'une seule auberge tenue par le chef des satellites qui gardent la frontière; en entrant nous remarquâmes dans la cour plusieurs groupes de chameaux : une grande caravane tartare était arrivée peu de temps avant nous; il y avait pourtant encore de quoi se loger, car l'établissement était vaste. A peine eûmes-nous pris possession de notre chambre, que la question des passeports commença. Le chef des satellites vint lui-même les réclamer officiellement.—Nous n'en avons pas, lui répondîmes-nous. A ces mots, sa figure s'épanouit de contentement, et il nous déclara que nous ne pourrions pas continuer notre route, à moins de payer une forte somme d'argent.—Comment, un passeport ou de l'argent! sache que nous avons traversé la Chine d'un bout à l'autre, que nous avons été à Péking, que nous avons parcouru toute la Tartarie sans jamais avoir de passeport, et sans dépenser une seule sapèque. Toi qui es chef des satellites, est-ce que tu ne sais pas encore que les Lamas ont le privilége de voyager partout sans passeport?—Quelle parole prononcez-vous? voici une caravane qui vient d'arriver, il y a deux Lamas, et ils m'ont présenté leur passeport comme les autres.—Si ce que tu dis est vrai, il faut en conclure qu'il y a des Lamas qui prennent des passeports, et d'autres qui n'en prennent pas. Nous autres nous sommes de ceux qui n'en prennent pas... Voyant que la contestation traînait trop en longueur, nous employâmes un argument décisif.—C'est bon, lui dîmes-nous, nous te donnerons tout l'argent que tu demanderas; mais tu nous écriras un billet que tu signeras, et dans lequel tu diras que, pour nous laisser passer, tu as exigé de nous ou un passeport ou une somme d'argent. Nous nous adresserons au premier Mandarin que nous rencontrerons, et nous lui demanderons si cela est conforme ou non aux lois de l'empire.—L'aubergiste satellite n'insista plus.—Puisque vous avez été à Péking, dit-il, il se peut que l'Empereur vous ait donné des priviléges particuliers...; puis il ajouta à voix basse et en souriant : Ne dites pas aux Tartares qui sont ici, que je vous laisse passer gratis.

C'est une véritable compassion, que de voir ces pauvres

Mongols voyager en Chine : tout le monde se croit en droit de les rançonner, et tout le monde y réussit merveilleusement ; ils rencontrent des douanes partout, partout des gens qui se recommandent à leur générosité, parce qu'ils réparent des routes, construisent des ponts, édifient des pagodes. D'abord on fait semblant de leur rendre des services ; on leur donne des conseils pour se défendre des gens méchants et malintentionnés, on les caresse, on les appelle frères et amis. Si cette méthode ne réussit pas à faire délier les cordons de la bourse, alors on a recours aux moyens d'intimidation ; on leur fait des peurs atroces, on leur parle de Mandarins, de lois, de tribunaux, de prisons, de supplices ; on leur dit qu'on va les faire arrêter ; on les traite en un mot comme de véritables enfants. Il faut convenir aussi, que les Mongols se prêtent beaucoup à tous ces manéges, car ils sont totalement étrangers aux mœurs et aux habitudes de la Chine. Quand ils sont dans une auberge, au lieu de loger dans les chambres qu'on leur offre, de placer leurs animaux dans les écuries, ils dressent tout bravement leur tente au milieu de la cour, plantent des pieux tout au tour et y attachent leurs chameaux. Souvent on ne leur permet pas cette bizarrerie ; alors ils se décident à entrer dans ces chambres, qu'ils considèrent toujours comme des prisons, mais ils s'y arrangent d'une façon vraiment risible ; ils dressent leur trépied et leur marmite au centre de la chambre, et allument le feu avec des argols, dont ils ont eu soin de faire une bonne provision. On a beau leur dire, qu'il y a dans l'auberge une grande cuisine, qu'ils y seront plus commodément pour préparer leurs vivres ; rien ne les émeut : c'est dans leur marmite, c'est au beau milieu de la chambre qu'ils prétendent faire bouillir leur thé. Quand la nuit est venue, ils déroulent des tapis de feutre à l'entour du foyer et s'étendent dessus. Ils se garderaient bien de coucher sur les lits ou sur les *Kang* qui se trouvent dans la chambre. Les Tartares de la caravane qui logeaient avec nous dans l'auberge de *San-Yen-Tsin*, faisaient tous leur petit ménage en plein air. La simplicité de ces pauvres enfants du désert était si grande, qu'ils vinrent nous demander sérieusement si l'aubergiste leur ferait payer quelque chose pour les avoir logés chez lui.

Nous continuâmes notre route dans la province de *Kan-Sou*, en nous dirigeant vers le sud-ouest. Le pays, coupé de ruisseaux et de collines, est généralement beau, et paraît assez riche. L'admirable variété des produits qu'on y remarque, est due à un climat tempéré, à un sol naturellement fertile, mais surtout à l'activité et au savoir-faire des agriculteurs. La principale récolte du pays, consiste en froment, dont on fait des pains excellents à la manière de ceux d'Europe. On n'y sème presque pas de riz; le peu qui s'y consomme vient des provinces environnantes. Les chèvres et les moutons y sont de belle espèce, et servent, avec le pain, de base alimentaire aux habitants du pays. De nombreuses et inépuisables mines de charbon, mettent le chauffage à la portée de tout le monde. Il nous a paru, enfin, que dans le *Kan-Sou*, on pouvait facilement, et à peu de frais, se procurer une existence honnête.

A deux journées de la barrière de *San-Yen-Tsin*, nous fûmes assaillis par un ouragan qui nous exposa aux dangers les plus graves. Il était près de dix heures du matin. Nous venions de traverser une petite montagne, pour entrer dans une plaine d'une vaste étendue, lorsque tout à coup il se fit un grand calme dans l'atmosphère. On ne remarquait pas la moindre agitation dans l'air, et cependant le temps était d'une froideur extrême. Insensiblement le ciel prit une couleur blanchâtre, sans que pourtant on vît se former aucun nuage. Bientôt le vent se mit à souffler de l'ouest; et il acquit, en peu de temps, une telle violence, que nos animaux ne pouvaient presque plus avancer. La nature entière était comme dans un effroyable état de dissolution. Le ciel, toujours sans nuages, se chargea d'une teinte rousse. La fureur du vent allait par tourbillons, et soulevait dans les airs des colonnes immenses chargées de poussière, de sable, et de débris de végétaux; puis ces colonnes étaient lancées avec impétuosité à droite, à gauche, dans tous les sens. Le vent souffla enfin avec une telle fureur, l'atmosphère fut tellement bouleversée, qu'en plein midi, il nous était impossible de distinguer les animaux sur lesquels nous étions montés. Nous descendîmes de cheval, car il n'y avait plus moyen de faire un pas; et après nous être enveloppé la figure avec notre mouchoir, pour n'être pas aveuglés par les sables, nous nous accroupîmes à côté de nos montures. Nous ne savions plus où nous étions; il nous semblait, à chaque instant, que le système du monde se détraquait complétement, et que la fin de toutes choses était arrivée. Cela dura pendant plus d'une heure. Quand le vent se fut un peu calmé, et que nous pûmes voir clair autour de nous, nous nous trouvâmes tous séparés; et à une assez grande distance les uns des autres. Car au milieu de cette effroyable tempête, nous avions eu beau crier, beau nous appeler, il nous avait été impossible de nous entendre. Aussitôt que nous pûmes faire quelques pas, nous nous dirigeâmes vers une ferme qui n'était pas très-éloignée de nous, mais que nous n'avions pu remarquer auparavant. L'ouragan ayant renversé le grand portail de la cour, il nous fut facile d'entrer. La maison elle-même nous fut bientôt ouverte; car la Providence nous avait fait rencontrer, au milieu de notre détresse, une famille vraiment remarquable par ses mœurs hospitalières.

Dès notre arrivée, on nous fit chauffer de l'eau pour nous laver. Nous étions dans un état affreux : la poussière nous enveloppait des pieds à la tête; elle avait même pénétré nos habits, et nos corps en étaient tout imprégnés. Si un pareil temps nous eût assaillis au passage des monts Alechan, nous eussions été enterrés vivants dans les sables, sans qu'on eût pu jamais savoir de nos nouvelles.

Quand nous vîmes que le fort de la tempête était passé, et que le vent ne soufflait plus que par petites rafales, nous songeâmes à nous remettre en route; mais les bons paysans de la ferme ne voulurent jamais consentir à nous laisser partir. Ils nous dirent qu'ils trouveraient moyen de nous loger pendant la nuit, et que nos animaux ne manqueraient ni d'eau, ni de fourrage. Leur invitation nous parut si si sincère et si cordiale, nous avions d'ailleurs un si grand besoin de repos, que nous profitâmes volontiers de leur offre. Pour peu qu'on ait des rapports avec les habitants du *Kan-Sou,* il est facile de voir qu'ils ne sont pas de pure origine chinoise. Parmi eux, c'est l'élément tartaro-thibétian qui domine. Il se manifeste plus particulièrement dans le caractère, les mœurs et le langage des habitants de la campagne. On ne trouve point parmi eux cette politesse affectée qui distingue les Chinois; mais en retour, ils sont remarquables par leur franchise et leur hospitalité. Dans leur idiome chinois, on rencontre une foule d'expressions appartenant aux langues tartare et thibétaine. La construction de leur phrase est surtout particulière; on n'y reconnaît presque jamais la manière chinoise, c'est toujours l'inversion usitée dans le mongol. Ainsi, par exemple, ils ne disent pas, comme les Chinois : Ouvrez la porte, fermez la fenêtre...; mais : La porte ouvrez, la fenêtre fermez. Une autre particularité, c'est que le lait, le beurre, le caillé, toutes choses insupportables à un Chinois, font au contraire les délices des habitants du *Kan-Sou*. Mais c'est surtout leur caractère religieux qui les distingue des Chinois, ordinairement si sceptiques et si indifférents en matière de religion. Dans le *Kan-Sou* il y a de nombreuses et florissantes lamaseries, où l'on suit le culte réformé du Bouddhisme. Ce n'est pas que les Chinois n'aient aussi un grand nombre de pagodes, et des idoles de toute façon dans leur maison; mais tout se borne à cette représentation extérieure : au lieu que dans le *Kan-Sou*, tout le monde prie souvent et longuement. Or, la prière, comme on sait, est ce qui distingue l'homme religieux, de celui qui ne l'est pas.

Outre que les habitants du *Kan-Sou* diffèrent beaucoup des autres peuples de la Chine, ils forment encore entre eux des divisions très-distinctes : les Dchiahours sont peut-être la plus saillante de la province. Ils occupent le pays appelé communément *San-Tchouan* — *Trois-Vallons*, — patrie de notre chamelier Samdadchiemba. Les

Dchiahours ont toute la fourberie et toute l'astuce des Chinois, moins leur civilité et la forme polie de leur langage; aussi sont-ils craints et détestés de tous leurs voisins. Quand ils se croient lésés dans leur droit, c'est toujours à coups de poignard qu'ils demandent raison. Parmi eux, l'homme le plus honoré est toujours celui qui a commis un plus grand nombre de meurtres. Ils parlent une langue particulière, qui est un mélange de mongol, de chinois, et de thibétain oriental. A les en croire, ils sont d'origine tartare. On peut dire, dans ce cas, qu'ils ont très-bien conservé le caractère féroce et indépendant de leurs ancêtres, tandis que les habitants actuels de la Mongolie ont singulièrement modifié et adouci leurs mœurs.

Quoique soumis à l'empereur de Chine, les Dchiahours sont immédiatement gouvernés par une espèce de souverain héréditaire appartenant à leur tribu, et portant le titre de *Tou-Sse*. Il existe dans le *Kan-Sou*, et sur les frontières de la province de *Sse-Tchouan*, plusieurs peuplades qui se gouvernent ainsi elles-mêmes et d'après des lois spéciales. Toutes portent la dénomination de *Tou-Sse*, à laquelle on ajoute le nom de famille de leur chef ou souverain. Samdadchiemba appartenait à *Ki-Tou-Sse*, tribu des Dchiahours. *Yang-Tou-Sse* est la plus célèbre et la plus redoutable. Pendant long-temps elle a exercé une grande influence à Lha-Ssa, capitale du Thibet. Mais cette influence a été détruite en 1845, à la suite d'un événement fameux que nous raconterons plus tard.

Après nous être bien reposés de nos fatigues, nous appareillâmes le lendemain de grand matin. Partout, sur la route, nous rencontrâmes des traces de la tempête de la veille, des arbres rompus ou déracinés, des maisons dépouillées de leur toiture, des champs ravagés et presque entièrement privés de leur terre végétale. Avant la fin du jour, nous arrivâmes à *Tchoang-Long*, plus vulgairement appelé *Ping-Fang*. Cette ville n'offre rien de remarquable; son commerce est assez florissant, et la ville, prosaïquement taillée sur les patrons ordinaires, ne présente aucun trait particulier ni de beauté ni de laideur. Nous allâmes loger à l'*Hôtel des trois Rapports sociaux* — *San-Kan-Tien*, — où nous eûmes affaire avec l'aubergiste le plus aimable et le plus caustique que nous ayons jamais trouvé. C'était un Chinois pur-sang; et pour nous donner une preuve de sa sagacité, il nous demanda, sans tergiverser, si nous n'étions pas Anglais; et pour ne laisser aucun doute à sa question, il ajouta, qu'il entendait par *Ing-Kie-Li* les diables marins (*Yang-Kouei-Dze*) qui faisaient la guerre à Canton. — Non, nous ne sommes pas Anglais; nous autres, nous ne sommes diables d'aucune façon, ni de mer, ni de terre. — Un désœuvré vint fort à propos détruire le mauvais effet de cette interpellation intempestive. — Toi, dit-il à l'aubergiste, tu ne sais pas regarder les figures des hommes. Comment oses-tu prétendre que ces gens-là sont des *Yang-Kouei-Dze*? Est-ce que tu ne sais pas que ceux-ci ont les yeux tout bleus et les cheveux tout rouges? — C'est juste dit l'aubergiste, je n'avais pas bien réfléchi. — Non, certainement, ajoutâmes-nous, tu n'avais pas bien réfléchi. Crois-tu que des monstres marins pourraient, comme nous, vivre sur terre, et seraient capables d'aller à cheval? — Oh! c'est juste, c'est bien cela; les *Ing-Kie-Li*, dit-on, n'osent jamais quitter la mer: aussitôt qu'ils montent à terre, ils tremblent et meurent comme les poissons qu'on met hors de l'eau. — On parla beaucoup des mœurs et du caractère des diables-marins, et d'après tout ce qui en fut dit, il demeura démontré que nous n'étions pas du tout de la même race.

Un peu avant la nuit, il se fit une grande agitation dans l'auberge; c'était un Bouddha-vivant, qui arrivait avec son nombreux cortége. Il était de retour d'un voyage dans le Thibet, sa patrie, et se dirigeait vers la grande lamaserie dont il était le supérieur depuis un grand nombre d'années; elle était située dans le pays des Khalkhas, non loin des frontières russes. Quand il fit son entrée dans l'auberge, une grande multitude de zélés bouddhistes, qui l'attendait dans la cour, se prosterna la face contre terre. Le Grand-Lama entra dans l'appartement qui lui avait été préparé; et la nuit ne tardant pas à venir, la foule se retira. Quand l'auberge fut devenue un peu plus solitaire, ce personnage étrange voulut donner un libre cours à sa curiosité; il se mit à parcourir toute l'auberge, entrant partout et adressant la parole à tout le monde, sans pourtant s'asseoir, ni s'arrêter nulle part. Comme nous nous y attendions, il vint aussi dans notre chambre. Quand il entra, nous étions gravement assis sur le *Kang;* nous affectâmes de ne pas nous lever pour le recevoir, nous contentant de lui offrir de la main une humble salutation. Cette manière parut le surprendre beaucoup, sans pourtant le déconcerter; il s'arrêta au milieu de la chambre, et nous considéra long-temps l'un après l'autre. Nous gardâmes un profond silence, et usant du même privilége, nous l'examinâmes à loisir. Cet homme paraissait avoir une cinquantaine d'années; il était revêtu d'une grande robe en taffetas jaune, et était chaussé de bottes thibétaines en velours rouge, et remarquables par la hauteur de leurs semelles. Son corps était de taille moyenne, mais d'un bel embonpoint ; sa figure, fortement basanée, exprimait une bonhomie étonnante ; mais ses yeux, quand on les considérait attentivement, avaient quelque chose de hagard, une expression étrange qui nous effrayait. Enfin, il nous adressa la parole en langue mongole, dans laquelle il s'exprimait avec beaucoup de facilité. D'abord la conversation n'eut pour objet que les questions banales que s'adressent mutuellement des voyageurs, sur la route, la santé, le temps, le bon ou mauvais état des animaux. Quand nous vîmes qu'il prolongeait sa visite, nous l'invitâmes à s'asseoir à côté de nous, sur le *kang* ; il hésita un instant, s'imaginant, sans doute, qu'en sa qualité de Bouddha-vivant, il ne lui conviendrait pas de se mettre au niveau de simples mortels comme nous. Cependant, comme il avait grande envie de causer un instant, il prit le parti de s'asseoir. Il ne pouvait, sans compromettre sa haute dignité, demeurer plus long-temps debout, pendant que nous étions assis.

Un Bréviaire que nous avions à côté de nous sur une petite table, fixa aussitôt son attention ; il nous demanda s'il lui était permis de l'examiner. Sur notre réponse affirmative, il le prit des deux mains, admira la reliure, la tranche dorée, puis l'ouvrit et le feuilleta assez long-temps ; il le referma, et le porta solennellement à son front, en nous disant : C'est votre livre de prières.... ; il faut toujours honorer et respecter les prières.... Il ajouta ensuite : Votre religion et la nôtre, sont comme cela.... Et en disant ces mots, il rapprochait l'un contre l'autre les deux index de ses mains. — Oui, lui répondîmes-nous, tu as raison, tes croyances et les nôtres sont en état d'hostilité; le but de nos voyages et de nos efforts, nous ne te le cachons pas, c'est de substituer nos prières à celles qui sont en usage dans vos lamaseries. — Je le sais, nous dit-il, en souriant, il y a long-temps que je le sais. — Puis il prit de nouveau le Bréviaire, et nous demanda des explications sur les nombreuses gravures qu'il contenait; il ne parut étonné en rien de ce que nous lui dîmes. Seulement, quand nous lui eûmes expliqué l'image du crucifiement, il remua la tête en signe de compassion, et porta ses deux mains jointes au front. Après avoir parcouru toutes les gravures, il prit le Bréviaire d'entre nos mains, et le fit toucher de nouveau à sa tête. Il se leva ensuite, et nous ayant salué avec beaucoup d'affabilité, il quitta notre chambre. Nous le reconduisîmes jusqu'à la porte.

Quand nous fûmes seuls, nous demeurâmes un instant comme abasourdis de cette singulière visite. Nous cherchions à deviner quelle pensée avait dû préoccuper ce Bouddha-vivant, pendant qu'il avait été à côté de nous; quelle impression il avait ressenti, quand nous lui avions donné un aperçu de notre sainte religion. Quelquefois, il nous venait en pensée, qu'il avait dû se passer au fond de son cœur des choses bien étranges; puis, nous nous imaginions que peut-être il n'avait rien éprouvé, rien ressenti; que c'était tout bonnement un homme très-ordinaire, qui profitait machinalement de sa position, sans trop y réfléchir, sans attacher aucune importance à sa prétendue divinité. Nous fûmes si préoccupés de ce personnage extraordinaire, que nous désirâmes le voir encore une fois avant de nous remettre en route. Comme nous devions partir le lendemain de très-bonne heure, nous allâmes lui rendre sa visite avant de nous coucher. Nous le trouvâmes dans sa chambre, assis sur d'épais et larges coussins recouverts de magnifiques peaux de tigre; il avait devant lui, sur une petite table en laque, une théière en argent, une tasse en jade posée sur une soucoupe en or richement ciselée. Il paraissait s'ennuyer passablement; aussi fut-il enchanté de notre visite. De crainte qu'il ne s'avisât de nous laisser debout en sa présence, tout en entrant nous allâmes, sans façon, nous asseoir à côté de lui. Les gens de sa suite, qui étaient dans une pièce voisine, furent extrêmement choqués de cette familiarité, et firent entendre un léger murmure d'improbation. Le Bouddha-vivant nous regarda en souriant avec malice ; il agita ensuite une clochette d'argent, et un jeune Lama s'étant présenté, il lui ordonna de nous servir du thé au lait. — J'ai vu souvent de vos compatriotes, nous dit-il ; ma lamaserie n'est pas éloignée de votre pays; les *Oros* (Russes) passent quelquefois la frontière, mais ils ne vont pas si loin que vous. — Nous ne sommes pas Russes, lui dîmes-nous, notre pays est très-éloigné du leur. — Cette réponse parut le surprendre; il nous regarda attentivement, puis il ajouta : — De quel pays êtes-vous? — Nous sommes du ciel d'occident. — Ah ! c'est cela, vous êtes du *Péling* (1), du

(1) Les Thibétains appellent les Anglais de l'Indoustan *Péling*, nom qui veut dire étranger. C'est l'équivalent du mot chinois *y-jin*, que les Européens traduisent par *barbare*, sans doute pour trouver dans le contraste, de quoi flatter leur amour-propre.

Dchou-Ganga (Gange oriental); la ville que vous habitez se nomme *Galgata* (Calcutta). — Comme on voit, le Bouddha-vivant ne s'écartait pas trop de la vérité, et s'il n'y tombait pas juste, ce n'était pas sa faute; il ne pouvait nous classer que parmi les peuples qui lui étaient connus. En nous supposant d'abord Russes et puis Anglais, il faisait preuve d'un assez bon coup-d'œil. Nous eûmes beau lui dire, que nous n'étions ni *Oros*, ni *Peling* de *Galgata*, nous ne pûmes le convaincre. — Au reste, nous dit-il, qu'est-ce que cela fait qu'on soit d'un pays ou d'un autre, puisque tous les hommes sont frères? Seulement, tant que vous êtes en Chine, il faut être prudent, et ne pas dire à tout le monde qui vous êtes; les Chinois sont soupçonneux et méchants, ils pourraient vous nuire. Il nous parla ensuite beaucoup du Thibet, et de la route affreuse qu'il fallait parcourir pour y arriver. A nous voir, il doutait que nous eussions assez de force pour exécuter un pareil voyage. Les paroles et les manières de ce Grand-Lama étaient toujours pleines d'affabilité; mais nous ne pouvions nous faire à l'étrangeté de son regard; il nous semblait voir dans ses yeux quelque chose de diabolique et d'infernal. Sans cette particularité, qui tenait peut-être à certaines préoccupations de notre part, nous l'eussions trouvé très-aimable.

De *Tchoang-Long* ou *Ping-Fang*, nous allâmes à *Ho-Kiao-Y*, nommé sur les cartes de géographie *Taï-Toung-Fou*. Aujourd'hui, cette ancienne dénomination n'est presque plus en usage. La route était partout encombrée de convois de charbon de terre, qu'on transportait sur des bœufs, des ânes et de petites charrettes. Nous résolûmes de nous arrêter pendant quelques jours à *Ho-Kiao-Y*, afin de donner un peu de repos à nos animaux dont les forces étaient épuisées ; le cheval et le mulet avaient sur les flancs de grosses tumeurs produites par le frottement de la selle. Avant d'aller plus loin, il était important de leur faire une opération et {de les médicamenter. Ayant donc le projet de nous reposer, avant de nous fixer quelque part, nous examinâmes toutes les auberges de la ville, afin de nous arrêter à la plus convenable ; l'*Hôtel des Climats tempérés* eut notre choix.

Depuis notre entrée dans la province du *Kan-Sou*, il ne s'était pas passé de journée sans que *Samdadchiemba* nous parlât des *Trois-Vallons* et des Dchiahours. Quoiqu'il eût le caractère peu sentimental, il désirait pourtant beaucoup aller revoir son pays natal, et ce qui pouvait encore rester de sa famille. Nous ne pouvions que seconder des désirs si légitimes. Aussitôt que nous fûmes bien établis dans l'Hôtel des Climats tempérés, nous lui donnâmes huit jours de congé pour aller revoir sa patrie qu'il avait abandonnée encore tout enfant. Huit jours lui parurent suffisants, deux pour aller, deux pour revenir, et quatre pour rester au sein de sa famille et lui raconter les merveilles qu'il avait vues dans le monde. Nous lui permîmes d'emmener un chameau avec lui, afin qu'il pût faire parmi les siens une apparition un peu triomphale ; cinq onces d'argent que nous plaçâmes dans sa bourse, devaient achever de le recommander à ses compatriotes.

En attendant le retour de notre Dchiahour, nous fûmes exclusivement occupés à prendre soin de nos animaux et de nous-mêmes. Tous les jours nous devions aller en ville acheter nos provisions particulières, faire nous-mêmes notre cuisine, puis matin et soir abreuver nos animaux, à une assez grande distance de l'auberge. Le maître d'hôtel était un de ces hommes d'un naturel excellent, toujours empressé à rendre service, mais au fond toujours à charge, et d'une importunité qu'on ne leur pardonne qu'à cause de leur bonne volonté. Ce bonhomme d'aubergiste venait à chaque instant dans notre chambre, pour nous donner des avis sur la tenue de notre ménage. Après avoir changé tous les objets de place, tout arrangé selon sa fantaisie du moment, il s'approchait enfin de notre petit fourneau, découvrait la marmite, goûtait notre ragoût avec son doigt, puis ajoutait du sel ou du gingembre au grand dépit de M. Huc, qui était chargé officiellement de la cuisine. D'autres fois, il prétendait que nous n'entendions rien à faire le feu ; qu'il fallait disposer le charbon de telle manière, laisser un courant d'air de tel côté ; puis il prenait les pinces et bouleversait notre foyer, au grand mécontentement de M. Gabet, qui faisait l'office de chauffeur. Quand la nuit arrivait, c'était surtout alors qu'il se croyait indispensable, pour allonger ou retirer à propos la mèche de la lampe, et la faire éclairer convenablement. Quelquefois, il avait vraiment l'air de se demander comment nous avions pu faire pour vivre sans lui, l'un jusqu'à trente-deux ans et l'autre jusqu'à trente-sept. Cependant, parmi toutes ces prévenances dont il nous importunait à chaque instant, il en était une que nous lui passions volontiers, c'était celle de nous chauffer le lit ; la manière était si bizarre, tellement particulière au pays, que nulle part nous n'avions eu occasion d'acquérir de l'expérience sur ce point.

Le *kang*, ou espèce de grand fourneau sur lequel on couche, n'est pas dans le *Kan-Sou* entièrement construit en maçonnerie comme dans le nord de la Chine ; le dessus est en planches mobiles, et placées les unes à côté des autres de manière à ce qu'elles joignent parfaitement. Quand on veut chauffer le *kang*, on enlève ces planches, puis on étend dans l'intérieur du fourneau du fumier de cheval, pulvérisé et très-sec ; on jette sur ce combustible quelques charbons embrasés, et on remet les planches à leur place ; le feu se communique insensiblement au fumier, qui une fois allumé ne peut plus s'éteindre. La chaleur et la fumée, n'ayant pas d'issues à l'extérieur, échauffent bientôt les planches, et produisent une tiède température, qui dure pendant toute la nuit, à cause de la combustion lente du fumier. Le talent d'un chauffeur de *kang* consiste à ne mettre ni trop ni trop peu de fumier, à l'étendre convenablement, et à disposer les charbons de manière à ce que la combustion commence en même temps sur plusieurs points différents, pour que toutes les planches participent à la fois à la chaleur. Honteux de voir qu'on était obligé de nous chauffer le lit comme à des enfants, nous voulûmes un jour nous rendre nous-mêmes ce service ; mais le résultat ne fut pas heureux : il arriva que l'un de nous faillit se brûler vif, tandis que l'autre grelotta de froid pendant la nuit tout entière. D'un côté le feu avait pris à une planche, et de l'autre le fumier ne s'était pas allumé. Le maître de l'*Hôtel des Climats tempérés* fut fort mécontent, comme de raison. Afin qu'un pareil désordre ne se reproduisît pas, il ferma à clef le petit cabinet du fumier, se réservant de venir lui-même tous les soirs préparer notre couche.

Les soins multipliés de notre ménage, auxquels venait

se joindre la récitation du Bréviaire, nous empêchaient de nous ennuyer pendant notre séjour à *Ho-Kiao-Y*. Le temps s'écoula assez vite, et au huitième jour, comme il avait été convenu, Samdadchiemba reparut, mais il n'était pas seul; il était accompagné d'un petit jeune homme, qu'aux traits de la physionomie il nous fut facile de reconnaître pour son frère; il nous fut en effet présenté comme tel. Cette première entrevue ne fut que d'un instant; les deux Dchiahours disparurent aussitôt, et allèrent, comme en cachette, dans la demeure de l'aubergiste. Nous pensâmes d'abord qu'ils voulaient présenter leurs civilités au maître d'hôtel, mais ce n'était pas cela; ils reparurent bientôt après, avec un peu plus de solennité que la première fois. Samdadchiemba entra le premier : Babdcho, dit-il à son frère, prosterne toi devant nos maîtres, et fais leur les offrandes de notre pauvre famille. — Le jeune Dchiahour nous fit trois saluts à l'orientale, et nous présenta ensuite deux grands plats, l'un chargé de belles noix, et l'autre de trois gros pains, qui, par leur forme, nous rappelèrent ceux de France. Pour prouver à Samdadchiemba combien nous étions sensibles à son attention, immédiatement et sans désemparer nous entamâmes un pain, que nous mangeâmes avec des noix. Nous fîmes un repas délicieux; car, depuis notre départ de France, nous n'avions jamais savouré un pain d'aussi bon goût.

Nous ne fûmes pas long-temps sans remarquer que le costume de Samdadchiemba était réduit à sa plus simple expression; nous étions surpris de le voir revenir avec de misérables habits, tandis qu'il était parti très-convenablement habillé. Nous lui demandâmes compte de ce changement; il nous parla alors de sa famille qu'il avait trouvée dans une affreuse misère. Son père était mort depuis longtemps ; sa vieille mère était aveugle, et n'avait pas eu le bonheur de le voir ; il avait deux frères, l'un encore jeune, et l'autre que nous avions sous les yeux. Ce jeune homme était le seul soutien de sa famille ; il consacrait son temps à la culture d'un petit champ qui leur restait encore, et à la garde des troupeaux d'autrui. D'après ce tableau il était facile de savoir ce que Samdadchiemba avait fait de ses habits ; il avait tout laissé à sa pauvre mère, sans même excepter sa couverture de voyage. Nous crûmes devoir lui proposer de rester chez lui, afin de donner ses soins à sa malheureuse famille.—Comment, nous dit-il, aurais-je la cruauté de faire une pareille chose ? Est-ce qu'il pourrait m'être permis d'aller leur dévorer le champ qui leur reste ? à peine peuvent-ils vivre eux-mêmes, où trouveraient-ils de quoi me nourrir ? Je n'ai aucune industrie, je ne sais pas travailler la terre ; de quel secours puis-je leur être ?— Nous ne trouvâmes cette résolution ni noble, ni généreuse ; mais connaissant le caractère de Samdadchiemba, elle ne nous surprit pas. Nous n'insistâmes pas pour le faire rester, car nous étions encore plus persuadés que lui qu'il n'était pas bon à grand'chose, et que sa famille n'avait en effet rien à attendre de son assistance ; de notre côté nous fîmes tout ce qui pouvait dépendre de nous pour soulager ces malheureux. Nous donnâmes une assez forte aumône au frère de Samdadchiemba, et nous fîmes nos préparatifs pour continuer notre route.

Pendant ces huit jours de repos l'état de nos animaux s'était suffisamment amélioré pour oser tenter le chemin pénible que nous allions prendre. Le lendemain de notre sortie de *Ho-Kiao-Y*, nous commençâmes à gravir la haute montagne de *Ping-Keou* dont les sentiers pleins d'affreuses aspérités, présentaient à nos chameaux des difficultés presque insurmontables. Chemin faisant, nous étions obligés de pousser continuellement de grands cris, pour avertir les muletiers qui auraient pu se trouver sur cette route, si étroite et si dangereuse, que deux animaux ne pouvaient y passer de front. Par ces cris, nous invitions ceux qui venaient à l'encontre de la caravane, de prendre leur temps pour conduire leurs mulets à l'écart, s'ils ne voulaient pas les voir s'épouvanter à l'aspect de nos chameaux, et se précipiter dans les gouffres. Nous étions partis du pied de la montagne avant le jour, et ce ne fut qu'à midi que nous pûmes en atteindre le sommet. Là, nous trouvâmes une petite hôtellerie, où l'on vendait, en guise de thé, une infusion de fèves grillées; nous nous arrêtâmes un instant pour prendre un repas qui fut succulent, car il était composé d'un grand appétit, de quelques noix, et d'une tranche de ce fameux pain des Dchiahours dont nous usions avec la plus grande parcimonie. Une tasse d'eau froide devait-être, d'après notre plan, le complément de notre festin; mais on ne pouvait se procurer, sur cette montagne, qu'un liquide d'une puanteur insupportable. Nous dûmes donc avoir recours à l'infusion des fèves grillées, boisson fastidieuse, et qui cependant nous fut vendue assez cher.

Le froid fut loin d'être aussi rigoureux que nous l'avions redouté, d'après la saison et la hauteur de la montagne. Après midi, le temps fut même assez doux; le ciel se couvrit et il tomba de la neige. Comme nous étions obligés de descendre la montagne à pied, nous eûmes bientôt à souffrir de la chaleur, car il nous fallait faire de grands efforts pour nous retenir sur la pente de ce chemin glissant. Un de nos chameaux fit deux fois la culbute; mais par bonheur il fut arrêté par des rochers, qui l'empêchèrent de rouler jusqu'au bas de la montagne.

Quand nous eûmes mis derrière nous ce redoutable *Ping-Keou*, nous allâmes loger dans le *Village du vieux Canard.*—*Lao-Ya-Pou.*—Là nous trouvâmes un système de chauffage un peu différent de celui de *Ho-Kiao-Y*. Les *Kang* sont entretenus non pas avec du fumier de cheval, mais avec du charbon pulvérisé, réduit en pâte, et formant des gâteaux semblables à des briques; la tourbe est aussi en usage. Nous avions toujours pensé que le tricotage était inconnu en Chine; le *Village du vieux Canard* fit tomber ce préjugé, partagé du reste par les Chinois eux-mêmes. Nous remarquâmes dans toutes les rues un grand nombre, non pas de tricoteuses, mais de tricoteurs, car ce sont les hommes seuls qui s'occupent de cette industrie. Leurs ouvrages sont sans goût et sans délicatesse; ils ne tricotent jamais que de gros fils de laine, dont ils font le plus souvent des bas informes et semblables à des sacs, et quelquefois des gants, sans séparation pour les doigts, excepté pour le pouce; les aiguilles dont ils se servent sont en bois de bambou. C'était pour nous un spectacle bien singulier, que de voir des réunions d'hommes à moustaches, assis au soleil devant les portes de leurs maisons, filant, tricotant, et bavardant comme des commères; on eût dit une parodie des mœurs de notre patrie.

De *Lao-Ya-Pou* à *Si-Ning-Fou* nous eûmes cinq jours de marche; le second jour nous traversâmes *Ning-Pey-Hien*, ville de troisième ordre. En dehors de la porte occidentale, nous nous arrêtâmes dans une hôtellerie pour prendre notre repas du matin : plusieurs voyageurs étaient rassemblés dans une immense cuisine, et occupaient les nombreuses tables disposées le longs des murs; au centre de la salle, s'élevaient d'immenses fourneaux, où l'aubergiste, sa femme, ses enfants et quelques domestiques préparaient avec activité les mets demandés par les convives. Pendant que tout le monde était occupé, soit de la préparation, soit de la consommation des vivres, un grand cri se fit entendre. C'était l'hôtesse, qui exprimait ainsi la douleur que lui causait un grand coup de pelle que son mari venait de lui asséner sur la tête. A ce cri, tous les voyageurs lèvent la tête; la femme se sauve en vociférant dans un coin de la cuisine; et l'aubergiste explique à la compagnie comme quoi il a eu raison de corriger sa femme insolente, insoumise, ne prenant pas du ménage un soin convenable, et tendant à ruiner la prospérité de l'auberge. Avant qu'il eût terminé son discours, la femme ne manqua pas de riposter du coin où elle était blottie; elle annonça à la société que son mari était un paresseux, que, pendant qu'elle s'épuisait à servir les voyageurs, lui passait son temps à fumer et à boire, que le gain d'une lune de travail s'en allait dans quelques jours en tabac et en eau-de-vie... Pendant cette mise en scène, le parterre était calme et imperturbable, et ne se permettait pas le moindre signe d'approbation ou d'improbation. La femme sortit enfin de son recoin, et vint en quelque sorte présenter un cartel à son mari.—Puisque je suis une méchante femme, dit-elle, alors il faut me tuer... Tiens, tue-moi ; et elle se dressait avec fierté devant l'aubergiste. Celui-ci ne la tua pas tout de suite, mais il lui donna un épouvantable soufflet, qui la fit courir de nouveau dans son recoin en poussant des hurlements. Pour le coup, le parterre fit entendre de grands éclats de rire ; il commençait à trouver la pièce divertissante, elle devint bientôt sérieuse. Après d'affreuses injures d'une part et des menaces atroces de l'autre, l'aubergiste se serra les reins avec sa ceinture, et roula sa tresse de cheveux autour de sa tête ; c'était le signe d'un coup de main.—Puisque tu veux que je te tue, dit-il à sa femme, hé bien, je vais te tuer.—A ces mots, il prend dans un fourneau de longues pinces en fer, et se précipite avec fureur sur sa femme. Tout le monde se lève aussitôt, on pousse des cris, les voisins accourent, et on cherche à séparer les combattants ; mais on n'y réussit que lorsque l'hôtesse avait déjà toute sa figure ensanglantée et sa chevelure en désordre. Alors un homme d'un certain âge, et qui paraissait avoir quelque autorité dans la maison, prononça gravement quelques paroles en guise d'épilogue. Comment ! dit-il, comment ! un mari et son épouse !... en présence de leurs enfants !.. en présence d'une foule de voyageurs !! Ces paroles, répétées trois ou quatre fois, avec un ton qui exprimait en même temps l'indignation et l'autorité, eurent un merveilleux effet. Un instant après, les convives continuaient gaiement leur dîner, l'hôtesse faisait frire des gâteaux dans de l'huile de noix, et le chef de famille fumait silencieusement sa pipe.

Quand nous fûmes sur le point de partir, l'aubergiste

en réglant nos comptes, marqua cinquante sapèques pour les animaux que nous avions attachés dans la cour pendant notre dîner. Évidemment on voulait nous faire payer comme des Tartares. Samdadchiemba ne put contenir son indignation. — Est-ce que tu crois, s'écria-t-il, que nous autres Dchiaours, nous ne connaissons pas les règlements des hôtelleries? Où a-t-on jamais vu payer pour attacher des animaux à une cheville de bois? Dis-moi, maître d'hôtel, combien demandes-tu de sapèques pour la comédie que tu viens de jouer avec ta femme?... Le sarcasme était sanglant. Les éclats de rire du public donnèrent raison à Samdadchiemba, et nous partîmes en payant simplement nos dépenses particulières.

La route qui conduit à *Si-Ning-Fou*, est en général bonne et assez bien entretenue; elle serpente à travers une campagne fertile, très-bien cultivée, et pittoresquement accidentée par de grands arbres, des collines et de nombreux ruisseaux. Le tabac est la culture principale du pays. Nous rencontrâmes, chemin faisant, plusieurs moulins à eau remarquables par leur simplicité, comme tous les ouvrages des Chinois. Dans ces moulins, la meule supérieure est immobile; c'est celle de dessous qui tourne par le moyen d'une roue unique, que le courant d'eau met en mouvement. Pour faire manœuvrer ces moulins, quelquefois construits sur de larges proportions, il n'est besoin que d'une très-petite quantité d'eau; car on la fait tomber sur la roue comme une cascade, ayant au moins vingt pieds de haut.

Un jour avant d'arriver à *Si-Ning-Fou*, nous eûmes une route extrêmement pénible, très-dangereuse, et qui nous invita souvent à nous recommander à la protection de la divine Providence. Nous marchions à travers d'énormes rochers, et le long d'un profond torrent dont les eaux tumultueuses bondissaient à nos pieds. Le gouffre était toujours béant devant nous ; il eût suffi d'un faux pas pour y rouler ; nous tremblions surtout pour les chameaux, si maladroits et si lourds quand il faut marcher sur un chemin scabreux. Enfin, grâce à la bonté de Dieu, nous arrivâmes sans accident à *Si-Ning*. Cette ville est immense, mais elle est peu habitée, et tombe presque en ruines sur plusieurs points. Son commerce est en grande partie intercepté par *Tang-Keou-Eul*, petite ville située sur les bords de la rivière *Keou-Ho*, à la frontière qui sépare le *Kan-Sou* du *Koukou-Noor*.

Il est d'usage à *Si-Ning-Fou*, on pourrait même dire de règle, qu'on ne reçoit pas dans les hôtelleries les étrangers tels que Tartares, Thibétains et autres ; ils vont loger dans des établissements nommés *Maisons de repos* (Sié-Kia), où les autres voyageurs ne sont pas admis. Nous allâmes donc mettre pied à terre dans une *Maison de repos*, et nous y fûmes très-bien reçus. Les *Sié-Kia* diffèrent des autres hôtelleries, en ce qu'on y est logé, nourri et servi gratuitement. Comme le commerce est le but ordinaire des étrangers, les chefs de ces établissements perçoivent un revenu sur tout ce qu'on vend ou qu'on achète. Pour tenir une Maison de repos, il faut avoir la permission des autorités du lieu, et leur payer annuellement une certaine somme, plus ou moins grande, suivant l'importance des affaires commerciales. En apparence, les étrangers sont très-bien traités, mais au fond ils sont toujours sous la dépendance des Sié-Kia, qui, étant d'intelligence avec les marchands de la ville, trouvent ainsi à gagner de part et d'autre.

Quand nous partîmes de *Si-Ning-Fou,* il se trouva que le *Sié-Kia* n'avait pas fait sur nous un grand profit ; car nous n'avions ni rien vendu, ni rien acheté. Cependant, comme il eût été ridicule et injuste de vivre ainsi aux dépens du prochain, nous dédommageâmes le chef de la *Maison de repos,* et nous lui payâmes le séjour que nous avions fait chez lui, au taux des hôtelleries ordinaires.

Après avoir traversé plusieurs torrents, gravi grand nombre de collines rocailleuses, et franchi encore deux fois la grande muraille, nous arrivâmes à *Tang-Keou-Eul.* Nous étions au mois de janvier ; quatre mois à peu près s'étaient écoulés depuis notre départ de la *Vallée-des-Eaux-Noires. Tang-Keou-Eul* est une petite ville, mais très-populeuse, très-active et très-commerçante. C'est une véritable tour de Babel : on y trouve réunis les Thibétains orientaux, les *Houng-Mao-Eul* ou Longues-Chevelures, les Elents, les Kolo, les Chinois, les Tartares de la mer Bleue, et les Musulmans descendants d'anciennes migrations du Turkestan. Tous portent dans cette ville le caractère de la violence. Chacun marche dans les rues armé d'un grand sabre, et affectant dans sa démarche une indépendance féroce. Il est impossible de sortir sans être témoin de quelque bataille.

CHAPITRE II.

Récits concernant la route du Thibet. — Caravane de Tartares-Khalkhas. — Fils du roi du *Koukou-Noor*. — *Sandara-le-Barbu*. — Étude de la langue thibétaine. — Caractère fourbe et méchant de Sandara. — Samdadchiemba est pillé par les brigands. — Deux mille bœufs volés aux *Houng-Mao-Eul*, ou *Longues-Chevelures*. — Affreux tumulte à *Tang-Keou-Eul*. — Portrait et caractère des Longues-Chevelures. — *Hoeï-Hoeï*, ou Musulmans établis en Chine. — Cérémonies religieuses présidées par le Mufti. — Indépendance dont jouissent les Hoeï-Hoeï. — Fêtes du premier jour de l'an. — Notre tente déposée au mont-de-piété. — Départ pour la lamaserie de *Kounboum*. — Arrivée de nuit. — Emprunt d'une habitation. — Usage singulier du *Khata*. — Le vieux Akayé. — Le Kitas-Lama. — Le bègue. — Nombreux pèlerins à *Kounboum*. — Description de la célèbre fête des fleurs.

Les *Maisons de repos* sont très-multipliées dans la petite ville de *Tang-Keou-Eul*, à cause du grand nombre d'étrangers que le commerce y attire de toutes parts. Ce fut dans un de ces établissements, tenu par une famille de Musulmans, que nous allâmes loger. Le négoce n'étant pour rien dans nos affaires, nous dûmes en avertir franchement le chef, et fixer les conditions de notre séjour dans sa maison ; il fut convenu que nous y serions comme dans une hôtellerie ordinaire. Tout cela était à merveille ; mais en définitive, qu'allions-nous devenir ? Cette question ne laissait pas que de nous préoccuper, et de nous tourmenter un peu.

Jusqu'à *Tang-Keou-Eul* nous avions suivi avec succès

et assez rapidement, l'itinéraire que nous nous étions tracé; nous pouvons même dire que cette partie de notre voyage, nous avait réussi au-delà de toute espérance. A cette heure il s'agissait donc de poursuivre notre plan, et de pénétrer jusqu'à Lha-Ssa, capitale du Thibet. Or la chose semblait hérissée de difficultés presque insurmontables. *Tang-Keou-Eul* était pour nous comme des colonnes d'Hercule, avec leur désolant *Nec plus ultra,* « Vous n'irez pas plus loin. » Cependant nous avions déjà parcouru trop de chemin, pour être accessibles au découragement. Nous apprîmes que presque annuellement des caravanes partaient de Tang-Keou-Eul, et finissaient par arriver jusqu'au cœur du Thibet. Il ne nous en fallait pas davantage; ce que d'autres hommes entreprenaient et exécutaient, nous avions la prétention de l'entreprendre et de l'exécuter aussi; cela ne nous paraissait pas au-dessus de nos forces. Il fut donc arrêté que le voyage se ferait jusqu'au bout, et qu'il ne serait pas dit que des missionnaires catholiques auraient moins de courage, pour les intérêts de la foi, que des marchands pour un peu de lucre. La possibilité du départ étant ainsi tranchée, nous n'eûmes plus à nous occuper que de l'opportunité.

Notre grande affaire fut donc de recueillir tous les renseignements possibles sur cette fameuse route du Thibet. On nous en dit des choses affreuses; il fallait pendant quatre mois voyager à travers un pays absolument inhabité, et par conséquent faire, avant de partir, toutes les provisions nécessaires. Dans la saison de l'hiver, le froid était horrible, et souvent les voyageurs étaient gelés, ou ensevelis sous des avalanches de neige. Pendant l'été, il s'en noyait un grand nombre ; car il fallait traverser de grands fleuves, sans pont, sans barque, n'ayant d'autre secours que des animaux qui souvent ne savaient pas nager. Puis par-dessus tout cela venaient les hordes de brigands, qui à certaines époques de l'année parcouraient le désert, détroussaient les voyageurs, et les abandonnaient, sans habits et sans nourriture, au milieu de ces épouvantables contrées; enfin on nous racontait des choses à faire dresser les cheveux sur la tête. Ces récits, en apparence fabuleux, ou du moins très-exagérés, étaient toutefois les mêmes dans toutes les bouches, et toujours d'une effrayante uniformité. On pouvait d'ailleurs voir et interroger, dans les rues de Tang-Keou-Eul, quelques Tartares-Mongols, qui étaient comme les pièces justificatives de ces longues histoires d'aventures tragiques; c'étaient les débris d'une grande caravane, assaillie l'année précédente par une troupe de brigands. Ils avaient trouvé moyen de s'échapper, mais leurs nombreux compagnons avaient été abandonnés à la merci des Kolo (brigands). Tous ces renseignements, incapables d'ébranler notre résolution, furent seulement pour nous un motif de ne pas précipiter notre départ, et d'attendre une bonne occasion.

Il y avait six jours que nous étions à Tang-Keou-Eul, lorsqu'une petite caravane de Tartares-Khalkhas vint mettre pied à terre dans notre Maison de repos. Elle arrivait des frontières de la Russie, et s'en allait à Lha-Ssa pour rendre hommage à un tout jeune enfant qui, disait-on, était le fameux *Guison-Tamba* nouvellement transmigré. Quand ces Tartares surent que nous attendions une occasion favorable pour nous acheminer vers le Thibet, ils furent au comble de la joie ; car ils voyaient que leur petite troupe allait inopinément se grossir de trois pèlerins, et en cas de guerre contre les Kolo, de trois combattants. Nos barbes et nos moustaches leur donnèrent une haute idée de notre valeur, et nous fûmes spontanément décorés par eux du titre de *Batourou* (braves). Tout cela était fort honorable et fort engageant. Cependant, avant de nous décider au départ, nous voulûmes préalablement faire quelques paisibles et mûres réflexions. La caravane qui encombrait la grande cour de la Maison de repos, ne comptait que huit hommes; tout le reste n'était que chameaux, chevaux, tentes, bagages et instruments de cuisine ; il est vrai que ces huit hommes, à les entendre, étaient tous des foudres de guerre. Au moins étaient-ils armés jusqu'aux dents ; ils venaient étaler en notre présence leurs fusils à mèche, leurs lances, leurs flèches, et surtout une pièce d'artillerie, un petit canon de la grosseur du bras ; il était sans affût, mais bien ficelé entre les deux bosses d'un chameau ; il devait produire un effet merveilleux. Tout cet appareil guerrier était peu fait pour nous rassurer ; d'autre part, nous comptions médiocrement sur l'influence morale de nos longues barbes. Il fallait pourtant prendre une détermination ; les Tartares-Khalkhas nous pressaient vivement, et nous répondaient d'un succès complet. Parmi les personnes désintéressées en cette affaire, les unes nous disaient que l'occasion était excellente, qu'il fallait en profiter ; d'autres assuraient que c'était une imprudence, qu'une si petite troupe serait infailliblement *mangée par les Kolo* : qu'il valait mieux, puisque nous n'étions pas pressés, attendre la grande ambassade thibétaine.

Cette ambassade ne faisait guère que d'arriver à Péking ; elle ne pouvait être de retour que dans huit mois. Ce long retard nous parut ruineux. Comment, avec nos modiques ressources, nourrir dans une auberge cinq animaux pendant un si long-temps ? Ayant tout pesé, tout calculé..., A la garde de Dieu, dîmes-nous, et partons. Nous annonçâmes notre résolution aux Tartares, qui en furent dans l'enthousiasme. Aussitôt le chef de la Maison de repos fut chargé de nous acheter de la farine pour quatre mois. — Pourquoi des provisions pour quatre mois, nous dirent les Tartares ? — On dit que la route est de trois mois au moins, il est bon de s'approvisionner pour quatre, en cas d'accident. — C'est vrai ; l'ambassade thibétaine met beaucoup de temps à faire cette route. Mais, nous autres Tartares, nous voyageons autrement ; il nous faut au plus une lune et demie ; nous allons au galop, tous les jours nous parcourons à peu près deux cents lis (vingt lieues)... Ces paroles nous firent spontanément changer de résolution. Nous étions dans l'impossibilité absolue de suivre cette caravane. D'abord, pour notre compte, n'étant pas accoutumés, comme les Tartares, à des marches forcées, nous eussions été tués au bout de quelques jours ; puis nos animaux, maigres et épuisés par quatre mois de fatigues continuelles, n'eussent pu résister long-temps au galop de nos compagnons. Les Tartares avaient à leur disposition une quarantaine de chameaux ; ils pouvaient impunément en crever la moitié. Ils convinrent qu'avec nos trois chameaux, il était impossible de se mettre en route ; aussi nous conseillaient-ils d'en acheter une douzaine. Le conseil était, en soi, excellent ; mais relativement à notre bourse, il était absurde; douze bons chameaux nous eussent coûté trois cents onces d'argent; or nous n'en avions guère que deux cents.

Les huit Tartares-Khalkhas étaient tous de famille princière. La veille de leur départ, ils reçurent la visite du fils du roi du Koukou-Noor, qui se trouvait alors à Tang-Keou-Eul. Comme la chambre que nous occupions était la plus propre de toutes celles de la Maison de repos, ce fut chez nous qu'eut lieu l'entrevue. Le jeune prince du Koukou-Noor nous étonna par sa belle mine et la grâce de ses manières : il était facile de voir qu'il passait plus de temps à Tang-Keou-Eul que sous la tente mongole; il était vêtu d'une belle robe de drap couleur bleu de ciel; par-dessus il portait une espèce de gilet en drap violet avec de larges bordures en velours noir. Son oreille gauche était ornée, d'après la mode thibétaine, d'une boucle en or où pendaient quelques joyaux; sa figure était presque blanche, et respirait une grande douceur; l'exquise propreté de ses habits n'avait rien de tartare. Comme la visite d'un prince du Koukou-Noor était pour nous presque un événement, nous nous mîmes en frais. Samdadchiemba eut ordre de préparer des rafraîchissements, c'est-à-dire, une grande cruche de thé au lait bien bouillant. Son Altesse royale daigna en accepter une tasse, et le restant fut distribué à son état-major, qui faisait antichambre dans la neige, au milieu de la cour. La conversation roula sur le voyage du Thibet. Le prince promit aux Tartares-Khalkhas une escorte pour tout le temps qu'ils voyageraient dans ses Etats.—Plus loin, dit-il, je ne réponds de rien; tout dépendra de votre bonne ou mauvaise destinée.—Il ajouta ensuite, en s'adressant à nous, que nous faisions très-bien d'attendre l'ambassade thibétaine, avec laquelle nous pourrions voyager avec plus de sécurité et moins de fatigues. En s'en allant, le royal visiteur retira d'une bourse élégamment brodée une petite fiole en agathe, et nous offrit une prise de tabac.

Le lendemain, les Tartares-Khalkhas se mirent en route. Quand nous les vîmes partir, nous eûmes un instant de tristesse, car il nous était pénible de ne pouvoir les accompagner ; mais ces sentiments ne furent que passagers. Nous étouffâmes promptement ces inutiles regrets, et nous songeâmes à utiliser du mieux possible le temps que nous avions à attendre avant notre départ. Il fut décidé que nous chercherions un maître, et que nous nous enfoncerions tout entiers dans l'étude de la langue thibétaine et des livres bouddhiques.

A onze lieues de Tang-Keou-Eul, il existe, dans le pays des *Si-Fan*, ou Thibétains orientaux, une lamaserie dont la renommée s'étend, non-seulement dans toute la Tartarie, mais encore jusqu'aux contrées les plus reculées du Thibet. Les pélerins y accourent de toute part pour visiter ces lieux, devenus célèbres par la naissance de *Tsong-Kaba-Remboutchi*, fameux réformateur du bouddhisme. La lamaserie porte le nom de *Kounboum*, et compte près de quatre mille Lamas, Si-Fan, Tartares, Thibétains et Dchiahours. Il fut convenu qu'on y ferait une promenade, pour tâcher d'engager un Lama à venir nous enseigner pendant quelques mois la langue thibétaine. M. Gabet partit accompagné de Samdadchiemba, et M. Huc resta à Tang-Keou-Eul, pour prendre soin des animaux et veiller sur le bagage.

Après une absence de cinq jours, M. Gabet fut de retour à la Maison de repos. Les affaires allaient pour le mieux : il avait fait à la lamaserie de *Kounboun* une véritable trouvaille ; il revenait accompagné d'un Lama âgé de trente-deux ans, et qui en avait passé dix dans une grande lamaserie de Lha-Ssa. Il parlait à merveille le pur thibétain, l'écrivait avec facilité, et avait une grande intelligence des livres bouddhiques ; de plus il était très-familiarisé avec plusieurs autres idiomes, tels que le mongol, le si-fan, le chinois et le dchiahour ; c'était en un mot un philologue extrêmement distingué. Ce jeune Lama était Dchiahour d'origine, et cousin-germain de Samdadchiemba ; son nom était *Sandara* ; dans la lamaserie on l'appelait *Sandara-le-Barbu,* à cause de sa barbe qui était d'une longueur remarquable. En voyant le dévouement que le cousin de Samdadchiemba se hâta de nous témoigner, nous nous applaudîmes de ne nous être pas aventurés avec la caravane des Tartares-Khalkhas. Nous étions actuellement en mesure d'avoir sur le Thibet tous les renseignements désirables, et de nous instruire sur la langue et la religion de ces contrées célèbres.

Nous nous mîmes à l'étude avec une ardeur incroyable. D'abord nous commençâmes par composer en mongol deux dialogues où nous fîmes entrer les locutions les plus usuelles. Sandara nous les traduisit en thibétain avec une scrupuleuse attention. Tous les matins, il écrivait une page sous nos yeux, en nous rendant un compte à peu près grammatical de toutes les expressions : c'était notre leçon pour la journée ; nous la transcrivions plusieurs fois, pour rompre notre main à l'écriture thibétaine ; ensuite nous la chantions, selon la méthode des lamaseries, jusqu'à ce qu'elle se fût bien gravée dans notre mémoire. Le soir, notre maître nous faisait réciter le fragment de dialogue qu'il nous avait écrit le matin, et rectifiait ce qu'il y avait de vicieux dans notre prononciation. Sandara s'acquittait de sa charge avec talent et amabilité : quelquefois pendant la journée, en guise de récréation, il nous donnait des détails pleins d'intérêt sur le Thibet et sur les lamaseries qu'il avait visitées. Nous ne pouvions écouter les récits de ce jeune Lama, sans être saisis d'admiration : nulle part nous n'avions jamais entendu personne s'exprimer avec une si grande aisance, et d'une manière si piquante; les choses les plus simples et les plus communes devenaient, dans sa bouche, pittoresques et pleines de charmes; il était surtout remarquable quand il voulait faire adopter aux autres sa manière de voir. Son éloquence était naturelle et entraînante.

Après avoir surmonté les premières difficultés de la langue thibétaine, et nous être familiarisés avec les expressions qui sont d'un usage journalier, nous cherchâmes à donner à nos études une direction toute religieuse. Nous engageâmes Sandara à nous traduire en style sacré les prières catholiques les plus importantes, telles que l'Oraison dominicale, la Salutation angélique, le Symbole des apôtres, et les Commandements de Dieu : de là nous prîmes occasion de lui exposer les vérités de la religion chrétienne. Il parut d'abord extrêmement frappé de cette doctrine nouvelle pour lui, et si différente des enseignements vagues et incohérents du bouddhisme. Bientôt il attacha une si grande importance à l'étude de la religion chrétienne, qu'il abandonna complètement les livres lamanesques qu'il avait apportés avec lui. Il se mit à apprendre nos prières avec une ardeur qui nous comblait de joie. De temps en temps, pendant la journée, il interrompait ses occupations pour faire le signe de la croix ; il pratiquait cet acte religieux d'une manière si grave et si respectueuse, que nous ne doutions nullement qu'il ne fût chrétien au fond du cœur. Ces excellentes dispositions nous donnaient déjà les plus grandes espérances ; nous nous plaisions à regarder Sandara comme un futur apôtre, qui travaillerait un jour avec succès à la conversion des sectateurs de Bouddha.

Pendant que nous étions entièrement absorbés, maître et élèves, par des études si importantes, Samdadchiemba, qui ne se sentait aucune vocation pour les choses intellectuelles, passait son temps à courir les rues de Tang-Keou-Eul, ou à boire du thé. Ce genre de vie nous déplaisait fort ; nous cherchâmes donc à le tirer de cette oisiveté, et à l'utiliser dans sa spécialité de chamelier. Il fut décidé qu'il prendrait avec lui les trois chameaux, et qu'il irait les faire paître dans une vallée du Koukou-Noor, fameuse par l'abondance et la bonté de ses pâturages. Un Tartare de ce pays nous promit de le recevoir dans sa tente : cette mesure devait avoir le double avantage de procurer à Samdadchiemba une occupation conforme à ses goûts, et aux chameaux une nourriture meilleure et moins coûteuse.

Toutes les merveilles qu'il nous avait semblé découvrir dans Sandara s'évanouirent bientôt comme un beau songe. Ce jeune homme, d'un dévouement si pur en apparence, n'était au fond qu'un roué de Lama qui cherchait à exploiter nos sapèques. Quand il crut s'être rendu nécessaire, il jeta le masque, et mit en relief tout ce que son caractère avait de détestable. Il était fier, hautain, et surtout d'une insolence outrée. Dans les leçons de thibétain qu'il nous donnait, il avait remplacé ses premières formes d'honnêteté et de prévenance, par des manières choquantes, dures, et telles que ne s'en permettrait pas un pédagogue en présence d'un bambin : si nous lui demandions un éclaircissement qu'il nous eût par hasard déjà donné, nous étions sûrs d'entendre les douceurs suivantes : —Comment ! vous autres, qui êtes des savants, vous avez besoin qu'on vous répète trois fois la même explication? Mais si je disais trois fois une chose à un mulet, il s'en souviendrait, je pense.— Il eût été bien simple sans doute de couper court à toutes ces impertinences ; c'eût été de le chasser de chez nous, et de le renvoyer dans sa lamaserie. Plus d'une fois, il nous en vint la pensée et le désir ; mais nous préférâmes dévorer tous les jours quelques humiliations, et garder auprès de nous ce Lama, dont les talents étaient incontestables, et qui, sous ce rapport, pouvait nous être d'une grande utilité. Sa rudesse excessive pouvait même nous servir à faire des progrès dans l'étude du thibétain ; car nous étions sûrs qu'il ne nous passerait jamais la moindre faute de grammaire ou de prononciation, qu'au contraire nous serions toujours repris de manière à nous en souvenir. Ce système, quoique pénible, et parfois écrasant pour l'amour-propre, valait cependant incomparablement mieux que la méthode dont usent les chrétiens chinois à l'égard des missionnaires européens. Moitié par politesse, moitié par dévotion, ils sont toujours à s'extasier sur tout ce que dit leur Père spirituel ; au lieu de le reprendre franchement des fautes qui fourmillent souvent dans sa manière de parler, ils s'appliquent quelquefois à imiter son vicieux langage, afin de s'en faire mieux comprendre; aussi comme on se trouve désappointé, quand on est obligé d'avoir des rapports avec des païens, qui n'ont pas toujours la dévotion de vous trouver une belle prononciation! Comme on regrette alors de n'avoir pas eu pour pédagogue quelque Sandara barbu! Pour toutes ces raisons, nous résolûmes de garder notre maître tel quel, de supporter toutes ses invectives, et de tirer de lui le meilleur parti possible. Comme nous avions découvert que c'était aux sapèques qu'il en voulait, il fut couvenu que ses leçons lui seraient honorablement payées; de plus, nous devions fermer les yeux sur ses petites escroqueries, et faire semblant de ne pas voir qu'il s'entendait avec les marchands qui nous vendaient nos provisions journalières.

Il y avait à peine quelques jours que Samdadchiemba était parti, lorsqu'il reparut inopinément. Il avait été pillé par les brigands, qui lui avaient enlevé toute sa provision de farine, de beurre et de thé. Il y avait un jour et demi qu'il n'avait rien mangé. Sa voix était creuse, sa figure pâle et décharnée. Ne voyant qu'un chameau dans la cour, nous pensâmes que les deux autres étaient devenus la proie des brigands; mais Samdadchiemba nous rassura, en nous disant qu'il les avait confiés à la famille tartare qui lui donnait l'hospitalité. A ce récit, Sandara fronça les sourcils. — Samdadchiemba, dit-il, tu es mon frère cadet; j'ai donc le droit de t'adresser quelques questions. — Il lui fit ensuite subir un interrogatoire, avec toute la ruse et la finesse d'un procureur du roi qui est à la recherche d'un délit. Il demanda tous les détails, et s'appliqua à faire ressortir les contradictions dans lesquelles tombait l'accusé, et à mettre en relief l'invraisemblance de cette aventure. Il demanda comment les brigands avaient volé le beurre, et laissé le sac dans lequel il était renfermé? Comment ils avaient respecté la petite fiole à tabac, et emporté la bourse brodée qui lui servait d'étui? Quand il eut achevé son sévère interrogatoire, il ajouta malicieusement : — Je viens de faire quelques questions à mon frère, mais c'est par pure curiosité; je n'y attache aucune importance. Ce n'est pas moi qui suis obligé de débourser pour lui acheter des provisions.

Samdadchiemba était affamé. Nous lui donnâmes quelques sapèques, et il alla dîner à un restaurant voisin. Aussitôt qu'il fut sorti, Sandara prit la parole : — On ne me persuadera jamais, dit-il, que mon frère a été pillé. Les brigands de ces pays-ci font les choses tout différemment. Samdadchiemba, en arrivant chez les Tartares, a voulu faire le généreux. Il a distribué ses provisions à droite et à gauche, pour se faire des amis. Qu'a-t-il à craindre à être prodigue? Est-ce que ce qu'il donne lui coûte quelque chose? — La probité de Samdadchiemba nous était assez connue, pour nous faire mépriser ces méchantes insinuations. Sandara était jaloux de la confiance que nous accordions à son cousin. Il voulait, en outre, nous faire croire qu'il était sincèrement attaché à nos intérêts, et écarter par là les soupçons que nous pouvions avoir sur ses petites rapines. Samdadchiemba ne s'aperçut nullement de la perfidie de son cousin. Nous lui donnâmes de nouvelles provisions, et il repartit pour les pâturages de Koukou-Noor.

Le lendemain, la ville de Tang-Keou-Eul fut le théâtre d'un désordre affreux. Les brigands avaient apparu dans le voisinage, et avaient emmené deux mille bœufs appartenant aux *Houng-Mao-Eul*, ou *Longues-Chevelures*. Ces Thibétains orientaux partent tous les ans, par grandes caravanes, des pieds des monts *Bayan-Khara*, et viennent à Tang-Keou-Eul vendre des pelleteries, du beurre et une espèce de thé sauvage qui croît dans leurs contrées. Pendant qu'ils s'occupent d'affaires commerciales, ils laissent leurs nombreux troupeaux dans de vastes prairies peu éloignées de la ville, et dépendantes de l'autorité chinoise. Il n'y avait pas d'exemple, disait-on, que les brigands eussent jamais osé approcher de si près des frontières de l'Empire. Leur récente audace, et surtout le caractère violent des *Longues-Chevelures*, avaient excité dans la ville une confusion épouvantable. A la nouvelle que leurs troupeaux avaient été enlevés, ils s'étaient rendus tumultuairement, et leur grand sabre à la main, au tribunal chinois, réclamant, à grands cris, justice et vengeance. Le Mandarin, saisi de frayeur, envoya à l'instant deux cents soldats à la poursuite des voleurs. Mais les *Longues-Chevelures*, persuadés que des piétons ne parviendraient jamais à atteindre les brigands, qui étaient d'excellents cavaliers, montèrent eux-mêmes à cheval et volèrent en désordre sur les traces de leurs bœufs. Ils revinrent le lendemain, sans avoir rien vu et la rage dans le cœur. Ces hommes imprévoyants et à moitié sauvages, étaient partis sans la moindre provision, sans songer que, dans le désert, ils ne trouveraient rien pour vivre. Après une journée de marche forcée, la faim les avait obligés de rebrousser chemin.

Les soldats chinois n'avaient pas été si simples; ils n'étaient partis, pour cette expédition guerrière, qu'accompagnés d'un grand nombre d'ânes et de bœufs, chargés de batteries.... de cuisine, et de munitions..... de bouche. Comme il leur importait fort peu d'aller se battre pour deux mille bœufs qui ne leur appartenaient pas, après une petite promenade militaire, ils s'étaient arrêtés le long d'une rivière, et avaient passé là quelques jours, buvant, mangeant, jouant et se divertissant, sans se mettre plus en peine des brigands, que s'il n'en eût jamais existé au monde. Quand ils eurent consommé leurs provisions, ils revinrent tout doucement à Tang-Keou-Eul, et déclarèrent au Mandarin qu'ils avaient parcouru tout le désert, sans pouvoir atteindre les brigands : qu'une fois, ils avaient été sur le point de les saisir; mais qu'ils avaient usé de leurs moyens magiques, et que tout s'était évanoui. A Tang-Keou-Eul, on est persuadé que les brigands sont tous plus ou moins sorciers; que pour se rendre invisibles, ils n'ont besoin que de souffler en l'air, ou de jeter derrière eux quelques crottes de mouton. Il est probable que ce sont les soldats chinois qui ont accrédité ces fables. Ce qu'il y a de certain, c'est que dans toutes leurs expéditions, elles leur servent merveilleusement. Les Mandarins, sans doute, n'en sont pas les dupes; mais pourvu que les victimes des voleurs s'en contentent, c'est tout ce qu'il leur faut.

Pendant plusieurs jours, les *Houng-Mao-Eul* furent furieux. Ils parcouraient les rues, agitant leurs sabres, et vociférant mille imprécations contre les brigands. Personne n'osait se présenter sur leur passage; on respectait partout leur colère. La vue de ces hommes, lors même qu'ils sont calmes et de bonne humeur, est, du reste, faite pour inspirer le plus grand effroi. Ils sont revêtus, en toute saison, d'une large robe en peaux de mouton, grossièrement retroussée aux reins par une épaisse corde en poil de chameau. Abandonnée à elle-même, la robe traînerait jusqu'à terre; mais lorsqu'elle est relevée, elle n'arrive que jusqu'au dessus du genou, ce qui donne au buste une tournure boursoufflée et monstrueuse. Ils sont chaussés de grosses bottes en cuir, qui montent seulement au dessus du mollet, et comme ils ne portent pas de culotte, leurs jambes sont toujours à moitié nues. Des cheveux noirs et graisseux descendent, par longues mèches, sur leurs épaules, s'avancent sur leur front, et souvent leur cachent une partie du visage. Leur bras droit est toujours nu, et tout-à-fait hors de la manche, qu'ils rejettent en arrière. Un long et large sabre est passé en travers de leur ceinture, au dessous de la poitrine; leur main droite est toujours posée sur la poignée. Ces habitants du désert ont les mouvements brusques et saccadés, la parole brève et énergique. Il y a dans le timbre de leur voix, quelque chose de métallique et d'étourdissant. Parmi eux, il en est qui sont extrêmement riches. Ils font consister le luxe à garnir de pierreries le fourreau de leur sabre, et quelquefois à ajouter à leur robe, une bordure de peau de tigre. Les chevaux qu'ils conduisent à Tang-Keou-Eul sont d'une beauté remarquable; ils sont vigoureux, bien faits, et ont la démarche fière. Ils sont de beaucoup supérieurs à ceux de la Tartarie, et justifient pleinement cette locution chinoise : *Si-ma, toung-nieou... Chevaux de l'occident, bœufs de l'orient.*

Comme les *Houng-Mao-Eul* sont pleins de bravoure, et d'une indépendance qui approche de la férocité, ce sont eux qui donnent le ton dans la ville de Tang-Keou-Eul; chacun cherche à singer leur allure, pour acquérir la réputation de brave et se rendre redoutable. Il résulte de là que Tang-Keou-Eul ne ressemble pas mal à un immense repaire de brigands. Tout le monde y est échevelé et vêtu en désordre. On vocifère, on se heurte, on se bat, et souvent le sang coule. Au plus fort de l'hiver, et quoique, dans ce pays, le froid soit d'une rigueur extrême, on va les bras nus et une partie des jambes à découvert. Se vêtir convenablement serait une marque de pusillanimité. *Un bon brave,* comme on dit, ne doit avoir peur de rien, ni des hommes ni des éléments. A Tang-Keou-Eul, les Chinois ont beaucoup perdu de leur urbanité et des formes polies de leur langage. Ils subissent involontairement l'influence des Houng-Mao-Eul, qui conversent entr'eux à peu près comme doivent faire les tigres dans les bois. Le jour où nous arrivâmes à Tang-Keou-Eul, quelques minutes avant d'entrer dans la ville, nous rencontrâmes une *Longue-Chevelure,* qui venait d'abreuver son cheval sur les bords de la rivière *Keou-Ho.* Samdadchiemba, qui se sentait toujours porté vers les hommes à tournure excentrique, s'approcha courtoisement de lui et le salua à la Tartare, en disant: — Frère, es-tu en paix? — Le Houng-Mao-Eul se retourna brusquement. — OEuf de tortue, s'écria-t-il d'une voix de stentor, qu'est-ce que cela te fait que je sois en paix ou en guerre? De quel droit appelles-tu ton frère un homme qui ne te connaît pas? — Samdadchiemba demeura morfondu; cela ne l'empêcha pas pourtant de trouver admirable cette fierté des *Longues-Chevelures.*

Tang-Keou-Eul, à cause de sa malpropreté et de son excessive population, est une ville dont le séjour est très-malsain. On respire partout une odeur de graisse et de beurre, qui suffoque le cœur. Certains quartiers surtout, où se ramassent les pauvres et les vagabonds, sont d'une infection insupportable. Ceux qui n'ont pas de maison où ils puissent s'abriter, se retirent aux angles des rues ou dans les recoins des places, et se couchent pêle-mêle et à moitié nus sur des tas de paille presque réduite en fumier. Là, on voit étendus des enfants étiolés, des vieillards impotents, et des malades de toute espèce. Quelquefois, parmi eux, se trouvent des cadavres, que personne ne prend le soin d'enterrer; ce n'est qu'à la dernière extrémité, et lorsqu'ils commencent à entrer en putréfaction, qu'on les traîne au milieu de la voie publique; alors l'autorité les fait enlever. Cette misère hideuse fait pulluler au sein de la population, une foule de petits voleurs et d'escrocs, dont l'audace et l'adresse laisseraient bien loin les Robert-Macaire de l'occident. Le nombre en est si grand, que l'autorité, de guerre lasse, a fini par ne plus s'en mêler. C'est donc à chacun à veiller sur ses sapèques et à défendre son bagage. Ces industriels exploitent, de préférence, les Maisons de repos et les hôtelleries; ils colportent divers articles de marchandises, des bottes, des habits de peau, du thé en brique, et vont les offrir aux étrangers. Ils sont ordinairement deux ensemble. Pendant que l'un est occupé de commerce, l'autre furete à droite et à gauche, et s'empare de tout ce qu'il trouve sous sa main. Ces gens-là sont d'une adresse inconcevable pour compter les sapèques, et en faire disparaître en même temps une certaine quantité, sans qu'il soit possible de s'en apercevoir. Un jour, deux de ces petits voleurs vinrent nous offrir à acheter une paire de bottes en cuir; des bottes excellentes, disaient-ils, des bottes comme on n'en trouverait dans aucune boutique, à l'épreuve de la pluie, et par-dessus tout, d'un bon marché à ne pas y croire; c'était une occasion unique dont il fallait profiter. Tout à l'heure on venait de leur en offrir douze cents sapèques... Comme nous n'avions pas besoin de bottes, nous répondîmes que nous n'en voulions à aucun prix. Les vendeurs firent les généreux. Parce que nous étions des étrangers, on nous les laissait à mille sapèques, puis à neuf cents, puis à huit, puis enfin à sept cents. Certes, dîmes-nous, nous n'avons pas besoin de bottes, il est vrai; cependant il faut profiter de ce bon marché; elles seront en réserve pour le voyage. Le marché fut donc conclu. Nous prîmes une ligature, et nous comptâmes sept cents sapèques au marchand. Celui-ci recompta sous nos yeux, trouva la somme convenue, et laissa les sapèques devant nous. Il appela ensuite son compagnon qui flânait dans la cour de la maison. — Tiens, dit-il, je vends ces fameuses bottes pour sept cents sapèques. — Impossible, dit l'autre... Comment, sept cents sapèques! Moi, je n'y consens pas. — Soit, lui répondîmes-nous, prenez vos bottes et partez. — Quand ils furent dehors, nous enfilâmes nos sapèques; mais il nous en manquait cent-cinquante. Ce n'était pas tout; pendant que l'un nous volait notre argent sous le nez, l'autre avait mis dans son sac deux énormes chevilles en fer que nous avions plantées dans la cour pour attacher nos chevaux. Depuis lors, nous prîmes la résolution, quoique un peu tard, de ne plus laisser entrer aucun marchand dans notre chambre.

La Maison de repos, comme nous l'avons déjà dit, était tenue par des Musulmans. Un jour leur Mufti, nouvellement arrivé de *Lan-Tcheou*, capitale du *Kan-Sou*, vint présider dans la maison à une cérémonie religieuse, dont on ne voulut pas nous expliquer le but. Sandara-le-Barbu prétendait, que le grand Lama des *Hoeï-Hoeï* venait leur enseigner la manière de frauder dans le commerce. Pendant deux jours, les principaux Musulmans de la ville se réunissaient dans une vaste salle voisine de notre chambre. Ils demeuraient pendant long-temps en silence, accroupis, et la tête penchée sur les genoux. Quand le Mufti paraissait, tout le monde poussait des gémissements et des sanglots. Après qu'on avait bien pleuré, le Mufti récitait, avec une effrayante volubilité de langue, quelques prières arabes; puis on pleurait encore un coup, et on se retirait. Cette larmoyante cérémonie se renouvelait trois fois par jour. Le matin du troisième, tous les Musulmans se rangèrent dans la cour autour du Mufti, qui était assis sur un escabeau recouvert d'un beau tapis rouge. Le chef de la maison conduisit un magnifique mouton orné de fleurs et de bandelettes. On le coucha sur les flancs. Pendant que le chef de la maison le tenait par la tête, et deux autres Musulmans par les pattes, on offrit au Mufti un couteau dans un plat d'argent. Il le prit avec gravité, et s'approchant de la victime, il le lui enfonça dans le cou jusqu'à la poignée. Aussitôt, des cris et des gémissements se firent entendre de toutes parts. On écorcha promptement le mouton, on le dépeça, et on alla le faire cuire dans la cuisine. Un grand gala, présidé par le Mufti, fut la clôture de toutes ces cérémonies.

Les Musulmans ou *Hoeï-Hoeï* sont très-nombreux en Chine. On prétend qu'ils y pénétrèrent sous la dynastie des *Thang*, qui commença en 618 et finit en 907. Ils furent reçus par l'Empereur, qui, à cette époque, résidait à *Si-Ngan-Fou*, aujourd'hui capitale du *Chan-Si*. On les accueillit avec bienveillance. L'Empereur, frappé de la beauté de leur physionomie, les combla de faveurs, et désira les voir s'établir dans l'empire. D'abord ils n'étaient, dit-on, que deux cents; mais ils se sont tellement multipliés, qu'ils forment aujourd'hui un peuple nombreux et redoutable aux Chinois. Le *Kan-Sou*, le Yun-Nan, le Sse-Tchouan, le Chan-Si, le Chen-Si, le Chang-Toung, le Pe-Tche-Ly, et le Liao-Toung, sont les provinces où ils sont le plus répandus. Il est même certaines localités où ils sont en majorité sur les Chinois. Ils se sont tellement mêlés et fondus dans l'empire, qu'il serait maintenant difficile de les reconnaître, s'ils ne portaient habituellement une petite calotte bleue, pour se distinguer des Chinois. Leur physionomie n'a rien conservé de son type primitif. Leur nez est devenu épaté, leurs yeux se sont rétrécis, et les pommettes de leurs joues ont fait saillie sur leur visage. Ils ne comprennent plus un seul mot de l'arabe; leurs prêtres seuls sont tenus d'apprendre à le lire. Le chinois est devenu leur propre langue. Cependant ils ont conservé une certaine énergie de caractère, qu'on rencontre rarement parmi les Chinois. Quoique en petit nombre, eu égard à l'immense population de l'empire, ils savent pourtant se faire craindre et respecter. Très-unis entr'eux, la communauté tout entière prend toujours parti dans les affaires qui intéressent quelqu'un de ses membres. C'est à cet esprit d'association, qu'ils doivent la liberté religieuse dont ils jouissent dans toutes les provinces. Personne n'oserait, en leur présence, trouver à redire à leurs croyances ou à leurs pratiques religieuses. Ils s'abstiennent de fumer, de boire du vin, de manger de la viande de cochon, de se mettre à table avec des païens, sans qu'on trouve cela mauvais. Il leur arrive même quelquefois de fronder les lois de l'empire, quand elles contrarient la liberté de leur culte. En 1840, pendant que nous étions dans notre mission de Tartarie, les *Hoeï-Hoeï* de la ville de *Hada* construisirent une mosquée ou *Li-Païe-Ssé*, comme on dit en Chine. Quand elle fut terminée, les Mandarins du lieu voulurent la leur faire démolir, parce que, contrairement aux lois, la construction en était plus élevée que celle du tribunal. A cette nouvelle, tous les Musulmans des environs furent en émoi; ils se réunirent, et jurèrent de soutenir tous en commun un procès contre les Mandarins, d'aller les accuser à Péking, et de ne mettre bas les armes que lorsqu'ils les auraient fait casser. Comme en Chine, dans une affaire de ce genre, c'est toujours l'argent qui a la plus grande influence, ils firent partout des souscriptions parmi leurs coreligionnaires, et finirent par avoir le dessus sur les Mandarins qui avaient voulu se mêler de leur mosquée. Ils les firent casser et envoyer en exil. Souvent nous nous sommes demandé comment il se faisait que les chrétiens de Chine vécussent dans l'oppression et à la merci des tribunaux, tandis que les Musulmans marchaient le front levé, et contraignaient les Chinois à respecter leurs croyances. Ce n'est pas certainement que la religion de Mahomet soit plus en harmonie avec les mœurs chinoises, que le christianisme ; bien au contraire, les chrétiens peuvent, sans manquer à leurs devoirs religieux, vivre dans l'intimité avec les païens, assister à leurs repas, s'envoyer mutuellement des cadeaux, célébrer en même temps les fêtes du nouvel an, toutes choses qui sont défendues aux *Hoeï-Hoeï* par l'esprit despotique et exclusif de leur religion. Si les chrétiens sont partout opprimés en Chine, il faut s'en prendre à ce grand isolement au milieu duquel ils vivent. Quand l'un d'eux est traîné devant les tribunaux, tous les autres se cachent, au lieu de venir à son secours, et de réprimer par leur nombre l'audace des Mandarins. Aujourd'hui surtout, qu'il existe de nouveaux décrets impériaux favorables au christianisme, si les chrétiens se levaient à la fois sur tous les points de l'empire, et entraient énergiquement en possession de leurs droits, donnant de la publicité au culte, et exerçant sans peur et à la face du soleil leurs pratiques religieuses, nul doute que personne n'oserait attenter à leur liberté. En Chine c'est comme partout ailleurs ; on n'est libre que lorsqu'on le veut bien, et ce vouloir ne résulte que de l'esprit d'association.

Nous approchions du premier jour de l'année chinoise. Déjà on faisait partout des préparatifs ; on renouvelait les sentences écrites sur papier rouge, qui décorent le devant des maisons ; les boutiques se remplissaient d'acheteurs, une activité plus grande encore que de coutume régnait dans tous les quartiers de la ville ; et les enfants, qui partout aiment tant à anticiper sur les jours de fête et de réjouissance, commençaient à faire entendre, à l'entrée de la nuit, quelques détonations de pétards. Sandara nous avertit qu'il ne pourrait passer les fêtes du nouvel an à Tang-Keou-Eul, qu'il était obligé de se rendre à la lamaserie, où il avait des devoirs à remplir vis-à-vis de ses maîtres et de ses supérieurs. Il ajouta, que le trois de la première lune, lorsqu'il aurait satisfait à toutes ses obligations, il s'empresserait de revenir, afin de nous continuer ses services. Il nous parla avec une honnêteté exquise, comme pour nous faire oublier les duretés journalières qu'il avait eues à notre égard. Nous n'insistâmes pas sur son retour. Quoique charmés qu'il eût la pensée de revenir, nous ne voulions pas le presser, de peur d'augmenter l'opinion qu'il avait déjà de son importance. Nous lui dîmes que, puisque les convenances l'appelaient à la lamaserie pour le premier de l'an, il devait s'y rendre. Nous lui offrîmes ensuite trois ligatures de sapèques, en lui disant, selon l'usage, que c'était pour boire avec ses amis une tasse de thé bien coloré. Pendant quelques minutes, il fit semblant de ne pas vouloir les accepter. Nous dûmes pour lors faire violence à sa délicatesse, et il se résigna enfin à les mettre dans son sac. Nous lui prêtâmes le petit mulet de Samdadchiemba, et il partit.

Les derniers jours de l'année sont ordinairement, pour tous les Chinois, des jours de violence et d'irritation. C'est à cette époque que chacun règle ses comptes, et que l'on va harceler les débiteurs, pour essayer d'en obtenir quelque chose. Tous les Chinois sont à la fois créanciers et débiteurs. Il résulte de là que tout le monde se cherche, tout le monde se poursuit. Cet homme, qui vient de faire chez son voisin un tapage affreux pour se faire payer ses dettes, rentre chez lui, et trouve sa maison sens-dessus-dessous par la présence d'un créancier. On vocifère de toute part, on s'injurie, on se bat. Le dernier jour, le désordre est à son comble ; on se hâte de vendre, pour réaliser quelques espèces. Les avenues des monts-de-piété sont encombrées. On y porte les habits, les couvertures de lit, les instruments de cuisine, et des meubles de toute espèce. Ceux qui ont déjà fait le vide dans leur maison cherchent ailleurs des ressources. Ils courent chez leurs parents ou leurs amis, emprunter des objets, qu'ils vont, disent-ils, leur rendre aussitôt, et immédiatement tout cela prend aussi la route du *Tang-Pou*. Cette espèce d'anarchie dure jusqu'à minuit. Alors tout rentre dans le calme ; il n'est plus permis à personne de réclamer ses dettes, pas même d'y faire la moindre allusion. On n'a plus que des paroles de paix et de bienveillance ; tout le monde fraternise. Ceux qui, l'instant d'auparavant, étaient sur le point de s'entr'égorger, font maintenant assaut de politesse et de cordialité.

Le nouvel an est fêté en Chine à peu près comme en Europe. Tout le monde se revêt de ses habits de luxe ; on se rend des visites cérémonieuses et de pure étiquette ; on s'envoie mutuellement des cadeaux, on joue, on assiste à des festins ; on va voir la comédie, les saltimbanques et les escamoteurs. Tout le temps se passe en réjouissances, où les pétards et les feux d'artifice jouent toujours le plus grand rôle. Cependant, après quelques jours, les boutiques se rouvrent, et les affaires reprennent insensiblement leur cours. Alors les banqueroutes se déclarent ;

c'est ce que les Chinois appellent *laisser la porte fermée.*

Les *Hoeï-Hoeï* ne font pas la fête du nouvel an à la même époque que les Chinois. Dans leur calendrier spécial, ils suivent l'hégire de Mahomet. Cette circonstance nous valut de passer ces jours de désordre et de tumulte dans la plus grande tranquillité. L'époque fixée pour la réclamation des dettes fut seulement signalée par quelques querelles; mais, après cela, tout rentra dans une paix profonde. La Maison de repos ne fut pas même troublée par des détonations de pétards. Nous profitâmes de ce calme et de l'absence de Sandara, pour revoir toutes nos leçons de thibétain. Les deux dialogues que nous possédions furent analysés, décomposés, soumis en quelque sorte au creuset et à l'alambic, dans toutes leurs parties. Les soins du ménage nous volaient bien un peu de temps; mais nous nous rattrapions pendant la nuit, ce qui ne faisait pas trop le compte du chef de la maison. S'étant aperçu que nous lui causions une trop grande dépense en fait d'éclairage, il nous enleva la bouteille d'huile, et s'avisa, en véritable Turc qu'il était, de nous taxer journellement notre lumière. Comme nous ne voulions pas être condamnés aux ténèbres avant minuit, nous achetâmes un paquet de chandelles; nous fabriquâmes ensuite, avec un long clou et une moitié de rave, un chandelier, peu élégant et peu riche si l'on veut, mais qui n'en faisait pas moins admirablement son office. Quand l'huile du Turc était consumée, nous allumions notre chandelle, et nous pouvions de cette façon donner libre cours à notre ardeur pour l'étude du thibétain. Il nous arrivait parfois d'interrompre notre travail, et de nous délasser en causant de la France. Après avoir erré long-temps, en esprit, dans notre chère patrie, nous ne pouvions qu'avec une certaine difficulté rentrer dans la réalité de notre position. Il nous semblait étrange, et pour ainsi dire impossible, de nous trouver, par une nuit silencieuse, accroupis sur quelques caractères thibétains, au milieu d'un pays inconnu, presque au bout du monde.

Le troisième jour de la première lune, Sandara-le-Barbu reparut. Pendant son absence nous avions joui d'une paix si douce et si inaltérable, que sa vue nous causa une impression pénible ; nous fûmes comme ces écoliers qui ne peuvent se défendre d'un sentiment d'effroi à l'approche du régent. Cependant Sandara fut charmant et aimable au-delà de toute expression. Après nous avoir souhaité la bonne année, et débité de la meilleure grâce du monde les phrases les plus fraternelles, les plus sentimentales, il se mit à gloser sans fin sur le petit mulet que nous lui avions prêté. D'abord, en allant, il l'avait jeté par terre une douzaine de fois, ce qui en retour lui avait fait prendre le parti d'aller à pied ; mais ce petit animal était si drôle, il l'avait tant amusé en route par ses bizarreries, qu'il n'avait pas eu le temps de se fatiguer. Après avoir assez causé de futilités, on parla affaires. Sandara nous dit que, puisque nous étions décidés à attendre l'ambassade thibétaine, il nous invitait à aller nous établir à la lamaserie de Kounboum. Puis, avec son éloquence accoutumée, il nous développa les avantages que pouvait présenter une lamaserie à des gens d'étude et de prière. Une proposition semblable mettait le comble à nos désirs ; mais nous n'eûmes garde de faire les enthousiastes. Nous nous contentâmes de dire froidement à Sandara : Essayons..; allons voir.

Le lendemain fut consacré aux préparatifs de départ. N'ayant plus nos chameaux avec nous, nous louâmes une charrette pour transporter nos bagages. En annonçant notre départ au chef de la Maison de repos, nous lui réclamâmes notre tente de voyage, qu'il nous avait empruntée depuis une douzaine de jours, pour aller faire une partie de plaisir avec ses amis, dans *la Terre des herbes*; il nous répondit qu'il allait nous l'envoyer à l'instant, qu'elle était déposée chez un de ses amis. Nous attendîmes, mais toujours vainement; la nuit arriva sans que la tente parût. Enfin on nous dit que l'individu n'était pas chez lui, qu'il serait de retour dans deux jours, et que la tente nous serait envoyée à la lamaserie. Sandara avait affecté de garder le silence au sujet de cette affaire; mais, quand fut venue la nuit, voyant que tout n'était pas encore prêt, il ne put davantage contenir son impatience. — On voit bien, nous dit-il, que vous êtes des gens d'un autre monde; est-ce que vous ne comprenez pas que votre tente est au Mont-de-Piété? — Au Mont-de-Piété? Pas possible! — La chose est pour moi plus que probable; le *Hoeï-Hoeï* aura eu besoin d'argent pour payer ses dettes à la fin de la douzième lune; il a été fort heureux de vous avoir chez lui; il vous a emprunté votre tente; mais au lieu d'aller faire une partie de plaisir, soyez sûrs qu'il l'a portée tout droit au *Tang-Pou*. Maintenant il n'a pas d'argent pour la retirer...... Tenez, faites-le venir ici; je vais moi-même l'interpeller, nous verrons. — Nous le fîmes prier de venir. Aussitôt qu'il fut dans notre chambre, Sandara-le-Barbu prit la parole avec une imposante solennité. — Écoute-moi, lui dit-il, ce soir j'ai à te dire quelques paroles. Toi, tu es un

Turc, moi, je suis un Lama....; cependant les lois de la raison sont égales pour tous. Tu as pris notre tente, et tu l'as portée au Mont-de-Piété; si tu étais dans l'embarras, tu as bien fait, on ne te le reproche pas; mais nous allons partir demain, et notre tente n'est pas encore ici. Qui a raison? Est-ce nous, de réclamer notre bien, ou toi, de ne pas nous le rendre? Ne dis pas que la tente est chez un de tes amis; moi, je te dis qu'elle est au Mont-de-Piété. Si, avant que nous ayons achevé de boire ce cruchon de thé, notre tente n'est pas ici, j'irai moi-même la réclamer au tribunal, et on verra si un Lama Dchiahour se laissera opprimer par un Turc. — Pour servir de péroraison à ce discours, Sandara donna un si grand coup de poing sur la petite table où nous buvions le thé, que nos trois écuelles en sautèrent en l'air. Le Turc n'avait rien à répliquer, et il était démontré pour nous que notre tente était au Mont-de-Piété. Le chef de la Maison de repos nous assura qu'avant peu nous l'aurions, et nous pria de ne pas ébruiter cette affaire, qui pourrait compromettre son établissement. A peine fut-il sorti, qu'un grand tumulte se fit entendre dans la cour; on ramassait de toute part des objets qu'on pût porter au Mont-de-Piété, des selles de cheval, des couvertures de lit, de vieux chandeliers en étain et des instruments de cuisine. Le soir, avant de nous coucher, nous avions notre tente bien ficelée sur la charrette qui devait nous transporter à la lamaserie.

Le lendemain à l'aube du jour, nous nous mîmes en route. Le pays que nous traversâmes est tantôt occupé par les *Si-Fan*, menant la vie nomade et faisant paître leurs troupeaux, tantôt habité par des Chinois, qui, comme dans

Le lendemain fut consacré aux préparatifs de départ. N'ayant plus nos chameaux avec nous, nous louâmes une charrette pour transporter nos bagages. En annonçant notre départ au chef de la Maison de repos, nous lui réclamâmes notre tente de voyage, qu'il nous avait empruntée depuis une douzaine de jours, pour aller faire une partie de plaisir avec ses amis, dans *la Terre des herbes*; il nous répondit qu'il allait nous l'envoyer à l'instant, qu'elle était déposée chez un de ses amis. Nous attendîmes, mais toujours vainement; la nuit arriva sans que la tente parût. Enfin on nous dit que l'individu n'était pas chez lui, qu'il serait de retour dans deux jours, et que la tente nous serait envoyée à la lamaserie. Sandara avait affecté de garder le silence au sujet de cette affaire; mais, quand fut venue la nuit, voyant que tout n'était pas encore prêt, il ne put davantage contenir son impatience. — On voit bien, nous dit-il, que vous êtes des gens d'un autre monde; est-ce que vous ne comprenez pas que votre tente est au Mont-de-Piété? — Au Mont-de-Piété? Pas possible! — La chose est pour moi plus que probable; le *Hoeï-Hoeï* aura eu besoin d'argent pour payer ses dettes à la fin de la douzième lune; il a été fort heureux de vous avoir chez lui; il vous a emprunté votre tente; mais au lieu d'aller faire une partie de plaisir, soyez sûrs qu'il l'a portée tout droit au *Tang-Pou*. Maintenant il n'a pas d'argent pour la retirer...... Tenez, faites-le venir ici; je vais moi-même l'interpeller, nous verrons. — Nous le fîmes prier de venir. Aussitôt qu'il fut dans notre chambre, Sandara-le-Barbu prit la parole avec une imposante solennité. — Écoute-moi, lui dit-il, ce soir j'ai à te dire quelques paroles. Toi, tu es un

Turc, moi, je suis un Lama....; cependant les lois de la raison sont égales pour tous. Tu as pris notre tente, et tu l'as portée au Mont-de-Piété ; si tu étais dans l'embarras, tu as bien fait, on ne te le reproche pas ; mais nous allons partir demain, et notre tente n'est pas encore ici. Qui a raison ? Est-ce nous, de réclamer notre bien, ou toi, de ne pas nous le rendre ? Ne dis pas que la tente est chez un de tes amis ; moi, je te dis qu'elle est au Mont-de-Piété. Si, avant que nous ayons achevé de boire ce cruchon de thé, notre tente n'est pas ici, j'irai moi-même la réclamer au tribunal, et on verra si un Lama Dchiahour se laissera opprimer par un Turc. — Pour servir de péroraison à ce discours, Sandara donna un si grand coup de poing sur la petite table où nous buvions le thé, que nos trois écuelles en sautèrent en l'air. Le Turc n'avait rien à répliquer, et il était démontré pour nous que notre tente était au Mont-de-Piété. Le chef de la Maison de repos nous assura qu'avant peu nous l'aurions, et nous pria de ne pas ébruiter cette affaire, qui pourrait compromettre son établissement. A peine fut-il sorti, qu'un grand tumulte se fit entendre dans la cour ; on ramassait de toute part des objets qu'on pût porter au Mont-de-Piété, des selles de cheval, des couvertures de lit, de vieux chandeliers en étain et des instruments de cuisine. Le soir, avant de nous coucher, nous avions notre tente bien ficelée sur la charrette qui devait nous transporter à la lamaserie.

Le lendemain à l'aube du jour, nous nous mîmes en route. Le pays que nous traversâmes est tantôt occupé par les *Si-Fan*, menant la vie nomade et faisant paître leurs troupeaux, tantôt habité par des Chinois, qui, comme dans la Tartarie orientale, empiètent insensiblement sur le désert, bâtissent des maisons, et livrent à la culture quelques lambeaux de la Terre des herbes. Ce petit voyage ne nous offrit rien de remarquable, si ce n'est qu'en traversant une petite rivière sur la glace, la charrette versa et se disloqua complètement. En France, afin de pouvoir continuer la route, il eût fallu un charron et un forgeron pour réparer les avaries; mais heureusement notre Phaéton était un Chinois, c'est-à-dire, un de ces hommes qui jamais ne se trouvent dans l'embarras, et qui, avec des pierres, des morceaux de bois et des bouts de corde, savent toujours se tirer d'affaire. Nous eûmes seulement à regretter la perte d'un peu de temps.

A un *li* de distance de la lamaserie, nous rencontrâmes quatre Lamas; c'étaient des amis de Sandara, qui venaient au-devant de nous. Leur costume religieux, l'écharpe rouge dont ils étaient enveloppés, leur bonnet jaune en forme de mitre, leur modestie, leurs paroles graves et articulées à voix basse, tout cela nous fit une singulière impression ; nous ressentions comme un parfum de la vie religieuse et cénobitique. Il était plus de neuf heures du soir, quand nous atteignîmes les premières habitations de la lamaserie. Afin de ne pas troubler le silence profond qui régnait de toutes parts, les Lamas firent arrêter un instant le voiturier, et remplirent de paille l'intérieur des clochettes qui étaient suspendues au collier des chevaux. Nous avançâmes ensuite à pas lents, et sans proférer une seule parole, dans les rues calmes et désertes de cette grande cité lamanesque. La lune s'était déjà couchée ; cependant le ciel était si pur, les étoiles étaient si brillantes, que nous pouvions aisément distinguer les nombreuses maisonnettes des Lamas, répandues sur les flancs de la montagne, et les formes grandioses et bizarres des temples bouddhiques, qui se dessinaient dans les airs comme de gigantesques fantômes. Ce qui nous frappait le plus, c'était ce silence majestueux et solennel qui régnait dans tous les quartiers de la lamaserie ; il n'était interrompu que par les aboiements entrecoupés de quelques chiens mal endormis, et par le son mélancolique et sourd d'une conque marine, qui marquait, par intervalles, les veilles de la nuit ; on eût cru entendre le chant lugubre de l'orfraie. Enfin, nous arrivâmes à la petite maison où logeait Sandara. Comme il était trop tard pour aller chercher une habitation qui pût nous convenir, notre pédagogue nous céda son étroite cellule, et alla chercher pour lui un gîte dans une maison voisine. Les Lamas qui nous avaient accompagnés ne se retirèrent qu'après nous avoir préparé du thé au lait, et nous avoir servi un grand plat de viande de mouton, du beurre frais, et quelques petits pains d'un goût exquis. Nous soupâmes d'un excellent appétit, car nous étions fatigués, et de plus nous éprouvions, au fond du cœur, un contentement dont nous ne pouvions nous rendre compte.

Pendant la nuit, nous essayâmes vainement de dormir ; le sommeil ne vint pas. Nous étions préoccupés de notre position, qui devenait de plus en plus étrange. C'était à ne pas y croire. Cette contrée d'*Amdo*, pays inconnu en Europe, cette grande lamaserie de *Kounboum*, si fameuse et si renommée parmi les bouddhistes, ces mœurs de couvent, cette cellule de Lama où nous étions couchés, tout cela nous tournoyait dans la tête, comme les formes vagues et insaisissables d'un songe. Nous passâmes la nuit à faire des plans.

Aussitôt que le jour commença à poindre, nous fûmes sur pied. Autour de nous, tout était encore dans le silence. Nous fîmes notre prière du matin, le cœur plein de sentiments qui jusqu'alors nous avaient été inconnus. C'était un mélange de bonheur et de fierté, de ce qu'il nous était donné de pouvoir invoquer le vrai Dieu dans cette fameuse lamaserie consacrée à un culte menteur et impie. Il nous semblait que nous venions de conquérir à la foi de Jésus-Christ, le bouddhisme tout entier.

Sandara ne tarda point à paraître. Il nous servit du thé au lait, des raisins secs, et des gâteaux frits au beurre. Pendant que nous étions occupés à déjeuner, il ouvrit une petite armoire, et en tira un plat en bois, proprement vernissé, et où des dorures et des fleurs se dessinaient sur un fond rouge. Après l'avoir bien nettoyé avec un pan de son écharpe, il étendit dessus une large feuille de papier rose ; puis, sur le papier, il arrangea symétriquement quatre belles poires, qu'il nous avait fait acheter à *Tang-Keou-Eul*. Le tout fut recouvert d'un mouchoir en soie, de forme oblongue, et qu'on nomme *khata*. C'était avec cela, nous dit-il, que nous devions aller emprunter une maison.

Le *khata*, ou *écharpe de bonheur*, joue un si grand rôle dans les mœurs thibétaines, qu'il est bon d'en dire quelques mots. Le *khata* est une pièce de soie, dont la finesse approche de celle de la gaze. Sa couleur est d'un blanc un peu azuré. Sa longueur est à peu près le triple de sa largeur ; les deux extrémités se terminent ordinairement en frange. Il y a des khatas de toute grandeur et de tout prix; car c'est un objet dont les pauvres, pas plus que les riches, ne peuvent se passer. Jamais personne ne marche sans en porter avec soi une petite provision. Quand on va faire une visite d'étiquette, quand on veut demander à quelqu'un un service, ou l'en remercier, on commence d'abord par déployer un *khata;* on le prend entre ses deux mains, et on l'offre à la personne qu'on veut honorer. Si deux amis, qui ne se sont pas vus depuis quelque temps, viennent par hasard à se rencontrer, leur premier soin est de s'offrir mutuellement un *khata.* Cela se fait avec autant d'empressement et aussi lestement qu'en Europe lorsqu'on se touche la main. Il est d'usage aussi, quand on s'écrit, de plier dans les lettres un petit khata. On ne saurait croire combien les Thibétains, les Si-Fan, les Houng-Mao-Eul, et tous les peuples qui habitent vers l'occident de la mer Bleue, attachent d'importance à la cérémonie du khata. Pour eux, c'est l'expression la plus pure et la plus sincère de tous les nobles sentiments. Les plus belles paroles, les cadeaux les plus magnifiques ne sont rien sans le khata. Avec lui au contraire les objets les plus communs acquièrent une immense valeur. Si on vient vous demander une grâce, le khata à la main, il est impossible de la refuser, à moins d'afficher le mépris de toutes les convenances. Cet usage thibétain s'est beaucoup répandu parmi les Tartares, et surtout dans leurs lamaseries. Les khatas forment une importante branche de commerce pour les Chinois de Tang-Keou-Eul. Les ambassades thibétaines ne passent jamais sans en emporter une quantité prodigieuse.

Quand nous eûmes terminé notre modeste déjeuner, nous sortîmes pour aller emprunter un logement. Sandara-le-Barbu nous précédait, portant gravement entre ses deux mains, le fameux plat de quatre poires. Cette démarche était pour nous si singulière, que nous en étions tout honteux. Il nous semblait que tout le monde avait les yeux fixés sur nous. Cependant il n'en était rien ; les Lamas que nous rencontrions sur notre passage, passaient silencieusement leur chemin, sans tourner la tête, sans faire aucune attention à nous. Les petits *chabis,* légers et espiègles comme sont partout les écoliers, étaient les seuls qui parussent se préoccuper de nos personnages. Enfin nous entrâmes dans une maison. Le maître était dans la cour, occupé à étendre au soleil du fumier de cheval. Nous ayant aperçus, il s'enveloppa promptement de son écharpe, et entra dans sa cellule. Nous l'y suivîmes, et Sandara lui offrit le khata et le plat de poires, accompagnant le tout d'une harangue en thibétain oriental, dont nous ne comprîmes pas un seul mot. Pendant ce temps, nous nous tenions modestes et recueillis, comme de pauvres malheureux qui n'ont pas même la capacité de solliciter eux-mêmes une faveur. Le Lama nous fit asseoir sur un tapis, nous offrit une tasse de thé au lait, et nous dit en langue mongole, qu'il était heureux que des étrangers venus de si loin, que des Lamas du ciel d'occident, eussent daigné jeter leurs regards sur sa chétive habitation.... S'il eût compris le français, c'eût été le cas de répondre : Monsieur, il n'y a pas de quoi... Mais comme il fallait parler mongol, nous lui dîmes qu'en effet nous étions de bien loin, que cependant on retrouvait, en quelque sorte, sa patrie, quand on avait le bonheur de rencontrer une hospitalité comme la sienne.... Après avoir pris une tasse de thé, et causé un instant de la France, de Rome, du Pape et des Cardinaux, nous nous levâmes pour aller visiter la demeure qui nous était destinée. Pour de pauvres nomades comme nous, c'était magnifique. On nous octroyait une vaste chambre avec un grand *kang*; puis une cuisine séparée, avec fourneaux, marmite et quelques ustensiles; enfin, une écurie pour le cheval et le mulet. Il y avait vraiment de quoi en pleurer de joie. Nous regrettâmes beaucoup de n'avoir pas à notre disposition un autre khata, afin de remercier immédiatement cet excellent Lama.

Qu'il est puissant l'empire de la religion sur le cœur de l'homme, même lorsque cette religion est fausse, et ignorante de son véritable objet! Quelle différence entre ces Lamas si généreux, si hospitaliers, si fraternels envers des étrangers, et les Chinois, ce peuple de marchands, au cœur sec et cupide, qui vendent au voyageur jusqu'à un verre d'eau froide! En voyant l'accueil qu'on nous faisait dans la lamaserie de *Kounboum*, nos souvenirs se reportèrent involontairement sur ces couvents élevés par l'hospitalité de nos religieux ancêtres, et qui étaient autrefois comme autant d'hôtelleries, où les voyageurs et les pauvres trouvaient toujours le soulagement du corps et les consolations de l'âme.

Le jour même, nous effectuâmes notre déménagement. Les Lamas voisins de la demeure de Sandara s'empressèrent de nous aider. On voyait qu'ils se faisaient un véritable plaisir de transporter, sur leurs épaules, quelque chose de notre bagage. Ce furent eux qui balayèrent, allumèrent le feu sous le kang, et disposèrent l'écurie de manière à pouvoir recevoir nos animaux. Quand tout fut terminé, le maître de la maison, d'après les règles de l'hospitalité, dut lui-même nous préparer un régal. Car dans un déménagement, on est censé n'avoir pas le temps de s'occuper de cuisine.

Nous pensons qu'on ne sera pas fâché de trouver ici un petit croquis de notre nouvelle maison, et de faire connaissance avec ses habitants. Immédiatement après la porte d'entrée, on trouvait une cour oblongue, entourée d'écuries commodément distribuées. A gauche de la porte, un corridor étroit conduisait à une seconde cour carrée, dont les quatre faces étaient formées par les cellules des Lamas. Le côté opposé au corridor était la demeure du maître de la maison, nommé *Akayé*, c'est-à-dire vieux frère. Akayé était un homme âgé de soixante et quelques années, d'une haute taille, mais maigre, sec, et complètement décharné. Sa longue figure n'était plus qu'un assemblage de quelques ossements recouverts d'une peau sèche et ridée. Lorsqu'il n'était pas enveloppé de son écharpe, et qu'il laissait à découvert ses bras noircis par le soleil, on les eût pris pour deux vieux ceps de vigne. Quoiqu'il se tînt encore fort droit sur ses jambes, sa démarche était pourtant chancelante. On eût dit qu'une mécanique le mettait en mouvement, et que chaque pas était le résultat d'un coup de piston. Pendant trente-huit ans, Akayé avait été employé dans l'administration temporelle de la lamaserie. Il y avait ramassé une assez bonne fortune; mais tout s'en était allé en bonnes œuvres, et en prêts qui ne lui avaient jamais été restitués. Actuellement, il était réduit à une grande pauvreté, n'ayant que cette maison, qu'il avait fait bâtir au temps de sa prospérité, et qu'il ne trouvait pas à vendre. La louer, cela ne se pouvait ; c'était contraire aux usages de la lamaserie, qui n'admettent pas de milieu entre la vente et le prêt gratuit d'une maison. Pour comble d'infortune, le vieux Akayé ne pouvait pas profiter des offrandes extraordinaires, qu'on distribue quelquefois aux Lamas qui ont atteint certains grades dans la hiérarchie. Ne s'étant occupé, pendant toute sa vie, que de choses temporelles, il n'avait pu faire ses études ; il était complètement illettré, et ne savait ni lire ni écrire. Cela ne l'empêchait pas cependant de prier du matin au soir ; il avait toujours son chapelet à la main, et on l'entendait continuellement grommeler à demi-voix quelques formules de prière. Cet homme avait un cœur excellent ; mais on ne paraissait pas faire grand cas de lui : il était vieux et ruiné.

A droite de la demeure du vieux Akayé, sur une autre face de la cour, logeait un Lama d'origine chinoise : on le nommait le *Kitas-Lama* (Lama chinois) ; quoiqu'il eût soixante-dix ans, il avait meilleure façon que le pauvre Akayé. Son corps commençait à se voûter ; malgré cela il était encore de taille moyenne et d'un riche embonpoint ; sa figure pleine de vivacité était ornée d'une belle barbe blanche, un peu jaunie à l'extrémité. Le Kitas-Lama était fameux dans la science lamanesque ; il parlait et écrivait à merveille le chinois, le mongol et le thibétain. Pendant un assez long séjour dans le Thibet, et dans plusieurs royaumes de la Tartarie, il avait amassé une grosse fortune ; on disait qu'il avait dans sa cellule plusieurs caisses remplies de lingots d'argent : son avarice était néanmoins sordide ; il vivait chichement, et était misérablement vêtu; il tournait sans cesse la tête de côté et d'autre, comme un homme qui a toujours peur qu'on ne le vole. Dans la Tartarie, il était considéré comme un grand Lama; mais à Kounboum où abondent les célébrités lamanesques, il se trouvait perdu dans la foule. Le Kitas-Lama avait avec lui un jeune chabi de onze ans : cet enfant était éveillé, malicieux, mais, au fond, d'un excellent caractère; tous les soirs on l'entendait se disputer avec son maître, qui lui reprochait de dépenser trop de beurre, de faire le thé trop noir, et de mettre à la lampe une trop grosse mèche.

En face de l'habitation du Kitas-Lama, était le logement des deux Missionnaires français : tout à côté de leur chambre, était une petite cellule, où demeurait modestement un étudiant en seconde année à la Faculté de médecine. Ce jeune Lama de vingt-quatre ans, était un gros gaillard bien membré, et dont la lourde et épaisse figure l'accusait de faire dans son étroit réduit une assez forte consommation de beurre. Nous ne pouvions jamais le voir mettre le nez à la porte de sa case, sans songer à ce rat de La Fontaine, qui, par dévotion, s'était retiré dans un fromage de Hollande. Ce jeune homme avait un bégaiement tétanique, au point de perdre souvent la respiration quand il voulait parler : cette infirmité le rendait timide, réservé, et contribuait peut-être aussi à développer en lui un caractère bon et serviable; il redoutait extrêmement la présence du jeune chabi, qui se faisait un malin plaisir de contrefaire sa manière de parler.

La partie de la cour qui faisait face au logement du vieux Akayé, était composée d'une rangée de petites cuisines séparées les unes des autres. Le maître de la maison, le Kitas-Lama, le bègue, les Missionnaires, chacun avait la sienne en particulier. D'après le style de la lamaserie, nous étions dans la maison quatre *familles* distinctes. Malgré la réunion de plusieurs familles dans une seule habitation, il y règne toujours beaucoup d'ordre et de silence ; on se visite rarement, et chacun s'occupe chez soi, sans se mêler aucunement des affaires d'autrui. Dans la maison où nous étions, on ne se voyait ordinairement que lorsqu'il faisait une belle journée. Comme nous étions au temps le plus rigoureux de l'hiver, aussitôt que le soleil plongeait ses rayons dans la cour, les quatre familles sortaient de leur cellule, et allaient s'accroupir sur un grand tapis de feutre. Le Kitas-Lama, dont les yeux étaient encore vifs, s'occupait à rapiécer ses misérables habits avec de vieux haillons. Akayé murmurait sa formule de prière, tout en grattant la peau rude et sonore de ses bras. L'étudiant en médecine repassait en chantant et sans bégayer sa leçon de thérapeutique. Quant à nous, ce n'était pas chose facile de nous distraire de ce singulier entourage : nous avions bien sur nos genoux notre cahier de dialogues thibétains ; mais nos yeux se portaient plus volontiers sur les trois familles qui se chauffaient au soleil.

La lamaserie de Kounboum compte à peu près quatre mille Lamas. Sa position offre à la vue un aspect vraiment enchanteur. Qu'on se figure une montagne coupée par un large et profond ravin, d'où sortent de grands arbres incessamment peuplés de corbeaux, de pies et de corneilles au bec jaune. Des deux côtés du ravin, et sur les flancs de la montagne, s'élèvent en amphithéâtre les blanches habita-

sages, décorations, tout est représenté en beurre frais. Trois mois sont employés à faire les préparatifs de ce singulier spectacle. Vingt Lamas, choisis parmi les artistes les plus célèbres de la lamaserie, sont journellement occupés à travailler le beurre, en tenant toujours les mains dans l'eau, de peur que la chaleur des doigts ne déforme l'ouvrage. Comme ces travaux se font en grande partie pendant les froids les plus rigoureux de l'hiver, ces artistes ont de grandes souffrances à endurer. D'abord ils commencent par bien brasser et pétrir le beurre dans l'eau, afin de le rendre ferme. Quand la matière est suffisamment préparée, chacun s'occupe de façonner les diverses parties qui lui ont été confiées. Tous ces ouvriers travaillent sous la direction d'un chef, qui a fourni le plan des fleurs de l'année, et qui préside à leur exécution. Les ouvrages étant terminés, on les livre à une autre compagnie d'artistes, chargés d'y apposer les couleurs, toujours sous la direction du même chef. Un musée tout en beurre, nous paraissait une chose assez curieuse, pour qu'il nous tardât un peu d'arriver au quinze de la lune.

La veille de la fête, l'affluence des étrangers fut inexprimable. *Kounboum* n'était plus cette lamaserie calme et silencieuse, où tout respirait la gravité et le sérieux de la vie religieuse ; c'était une cité mondaine, pleine d'agitation et de tumulte. Dans tous les quartiers, on n'entendait que les cris perçants des chameaux, et les grognements sourds des bœufs à long poil, qui avaient transporté les pèlerins. Sur les parties de la montagne qui dominent la lamaserie, on voyait s'élever de nombreuses tentes, où campaient tous ceux qui n'avaient pu trouver place dans les habitations des Lamas. Pendant toute la journée du quatorze, le nombre de ceux qui firent le pélerinage autour de la lamaserie fut immense. C'était pour nous un étrange et pénible spectacle, que de voir cette grande foule se prosternant à chaque pas, et récitant à voix basse son formulaire de prières. Il y avait parmi ces zélés bouddhistes, un grand nombre de Tartares-Mongols, tous venant de fort loin. Ils se faisaient remarquer par une démarche pesante et maussade, mais surtout par un grand recueillement et une scrupuleuse application à accomplir les règles de ce genre de dévotion. Les Houng-Mao-Eul ou Longues-Chevelures, y étaient aussi, et nous ne leur trouvâmes pas meilleure façon qu'aux Tang-Keou-Eul; leur sauvage dévotion faisait un singulier contraste avec le mysticisme des Mongols. Ils allaient fièrement, la tête levée, le bras droit hors de la manche de leur habit, toujours accompagnés de leur grand sabre et d'un fusil en bandoulière. Les Si-Fan du pays d'*Amdo* étaient les plus nombreux de tous les pélerins. Leur physionomie n'exprimait ni la rudesse des Longues-Chevelures, ni la candide bonne foi des Tartares. Ils accomplissaient leur pélerinage lestement et sans façon. Ils avaient l'air de dire : Nous autres, nous sommes de la paroisse; nous sommes au courant de tout cela.

La coiffure des femmes d'*Amdo* nous causa une agréable surprise; elles portaient un petit chapeau en feutre noir ou gris, dont la forme était absolument la même que celle de ces petits chapeaux pointus qui étaient autrefois si à la mode en France, et qu'on nommait, autant qu'il nous en souvient, *Chapeaux à la* ………… La seule différence, c'est que le ruban qui servait à serrer la forme par le bas, au lieu d'être noir, était rouge ou jaune. Les femmes d'*Amdo* laissent pendre sur leurs épaules leurs cheveux, divisés en une foule de petites tresses, ornées de paillettes de nacre et de perles en corail rouge. Le reste du costume ne diffère pas de celui des femmes Tartares. Mais la pesanteur de leur grande robe en peau de mouton, est corrigée par le petit chapeau à la trois pour cent, qui leur donne un air assez dégagé. Nous fûmes fort surpris de trouver parmi cette foule de pèlerins quelques Chinois, avec un chapelet à la main, et faisant comme tous les autres les prostrations d'usage. Sandara-le-Barbu nous dit que c'étaient des marchands de *Khata*; qu'ils ne croyaient pas à Bouddha, mais qu'ils simulaient de la dévotion, pour attirer des pratiques et vendre plus facilement leur marchandise. Nous ne pouvons dire si ces paroles de Sandara étaient une médisance ou une calomnie. Tout ce que nous savons, c'est qu'elles exprimaient passablement bien le génie chinois.

Le quinze, les pèlerins firent encore le tour de la lamaserie; mais ils étaient bien moins nombreux que les jours précédents. La curiosité les poussait plus volontiers vers les endroits où se faisaient les préparatifs de la fête des fleurs. Quand la nuit fut arrivée, Sandara vint nous inviter à aller voir ces merveilles de beurre que nous avions tant entendu prôner. Nous partîmes en la compagnie du bègue, du Kitat-Lama et de son Chabi. Nous ne laissâmes que le vieux Akayé pour garder la maison. Les fleurs étaient établies en plein air, devant les divers temples bouddhiques de la lamaserie. Elles étaient éclairées par des illuminations d'un éclat ravissant. Des vases innombrables, en cuivre jaune et rouge, et affectant la forme de calice, étaient distribués sur de légers échafaudages qui représentaient des dessins de fantaisie. Tous ces vases de diverses grosseurs, étaient remplis de beurre figé, d'où s'élevait une mèche solide entourée de coton. Ces illuminations étaient ordonnées avec goût. Elles n'eussent pas été déplacées à Paris, aux jours de réjouissance publique.

La vue des fleurs nous saisit d'étonnement. Jamais nous n'eussions pensé qu'au milieu de ces déserts, et parmi des peuples à moitié sauvages, il pût se rencontrer des artistes d'un si grand mérite. Les peintres et les sculpteurs que nous avions vus dans diverses lamaseries, étaient loin de nous faire soupçonner tout le fini que nous eûmes à admirer dans ces ouvrages en beurre. Ces fleurs étaient des bas-reliefs de proportions colossales, représentant divers sujets tirés de l'histoire du Bouddhisme. Tous les personnages avaient une vérité d'expression qui nous étonnait. Les figures étaient vivantes et animées, les poses naturelles, et les costumes portés avec grâce et sans la moindre gêne. On pouvait distinguer au premier coup d'œil la nature et la qualité des étoffes. Les costumes en pelleterie étaient surtout admirables. Les peaux de mouton, de tigre, de renard, de loup et de divers autres animaux, étaient si bien représentées, qu'on était tenté d'aller les toucher de la main, pour s'assurer si elles n'étaient pas véritables. Dans tous les bas reliefs, il était facile de reconnaître Bouddha. Sa figure pleine de noblesse et de majesté appartenait au type Caucasien. Elle était conforme aux traditions bouddhiques, qui prétendent que Bouddha, originaire du ciel d'occident, avait la figure blanche et légèrement colorée de rouge, les yeux largement fendus, le nez grand, les cheveux longs, ondoyants, et doux au toucher. Les autres personnages avaient tous le type mongol, avec les nuances thibétaine, chinoise, tartare et *si-fan*. En ne considérant que les traits du visage, et abstraction faite du costume, on pouvait les distinguer facilement les uns des autres. Nous remarquâmes quelques têtes d'hindous et de nègres, très-bien représentées. Ces dernières excitaient beaucoup la curiosité des spectateurs. Ces bas-reliefs grandioses étaient encadrés par des décorations représentant des animaux, des oiseaux et des fleurs; tout cela était aussi en beurre, et admirable par la délicatesse des formes et du coloris.

Sur le chemin qui conduisait d'un temple à l'autre, on rencontrait, de distance en distance, de petits bas-reliefs, ou étaient représentées, en miniature, des batailles, des chasses, des scènes de la vie nomade, et des vues des lamaseries les plus célèbres du Thibet et de la Tartarie. Enfin, sur le devant du principal temple, était un théâtre, dont, personnages et décorations, tout était beurre. Les personnages n'avaient pas plus d'un pied de haut; ils représentaient une communauté de Lamas se rendant au chœur, pour la récitation des prières. D'abord, on n'apercevait rien sur le théâtre. Quand le son de la conque marine se faisait entendre, on voyait sortir de deux portes latérales deux files de petits Lamas; puis venaient les supérieurs avec leurs habits de cérémonie. Après être restés un instant immobiles sur le théâtre, ils rentraient dans les coulisses, et la représentation était finie. Ce spectacle excitait l'enthousiasme de tout le monde. Pour nous, qui avions vu autre chose en fait de mécanisme, nous trouvions assez plats ces petits bons-hommes, qui arrivaient sans remuer les jambes, et s'en retournaient de la même façon. Une seule représentation comme cela nous suffit, et nous allâmes admirer les bas-reliefs.

Pendant que nous étions à examiner des groupes de diables, aussi grotesques, pour le moins, que ceux de Callot, nous entendîmes retentir, tout à coup, le bruit immense d'un grand nombre de trompettes et de conques marines. On nous dit que le Grand-Lama sortait de son sanctuaire pour aller visiter les fleurs. Nous ne demandions pas mieux; le Grand-Lama de *Kounboum* était pour nous chose curieuse à voir. Il arriva bientôt à l'endroit où nous étions arrêtés. Des Lamas-satellites le précédaient, en écartant la foule avec de gros fouets noirs; il allait à pied, et était entouré des principaux dignitaires de la lamaserie. Ce Bouddha-vivant nous parut âgé, tout au plus, d'une quarantaine d'années; il était de taille ordinaire, d'une physionomie commune et plate, et d'un teint fortement basané. Il jetait, en allant, un coup-d'œil maussade sur les bas-reliefs qui se trouvaient sur son passage. En regardant les belles figures de Bouddha, il devait sans doute se dire qu'à force de transmigrations, il avait singulièrement dégénéré de son type primitif. Si la personne du Grand-Lama nous frappa peu, il n'en fut pas ainsi de son costume, qui était rigoureusement celui des évêques; il portait sur sa tête une mitre jaune; un long bâton en forme de crosse était dans sa main droite; et ses épaules étaient recouvertes d'un manteau en taffetas violet, retenu sur la poitrine par une agrafe, et semblable en tout à une chape. Dans la suite, nous aurons à signaler de nombreux rapports entre le culte catholique et les cérémonies lamanesques.

Les spectateurs paraissaient se préoccuper peu du passage de leur Bouddha-vivant ; ils regardaient plus volontiers les Bouddhas de beurre, qui, au fond, étaient bien plus jolis. Les Tartares étaient les seuls qui donnassent quelques signes de dévotion ; ils joignaient les mains, courbaient la tête en signe de respect, et semblaient affligés qu'une foule trop pressée ne leur permît pas de se prosterner tout du long.

Quand le Grand-Lama eut fini sa tournée, il rentra dans son sanctuaire, et alors ce fut pour tout le monde comme le signal de s'abandonner sans réserve aux transports de la joie la plus folle. On chantait à perdre haleine, on dansait des farandoles ; puis on se poussait, on se culbutait, on poussait des cris, des hurlements à épouvanter les déserts ; on eût dit que tous ces peuples divers étaient tombés dans le délire. Comme au milieu de cet épouvantable désordre, il eût été facile de renverser les illuminations et les tableaux en beurre, des Lamas armés de grandes torches enflammées étaient chargés d'arrêter les flots de cette immense foule, qui bouillonnait comme une mer battue par la tempête. Nous ne pûmes résister long-temps à une semblable cohue. Le Kitat-Lama, s'étant aperçu de l'oppression dans laquelle nous étions, nous invita à prendre le chemin de notre habitation. Nous acceptâmes avec d'autant plus de plaisir, que la nuit était déjà fort avancée, et que nous éprouvions le besoin d'un peu de repos.

Le lendemain, quand le soleil se leva, il ne restait plus aucune trace de la grande fête des fleurs. Tout avait disparu ; les bas-reliefs avaient été démolis, et cette immense quantité de beurre avait été jetée au fond du ravin pour servir de pâture aux corbeaux. Ces travaux grandioses, où l'on avait employé tant de peine, dépensé tant de temps, et on peut dire aussi tant de génie, n'avaient servi qu'au spectacle d'une seule nuit. Chaque année, on fait des fleurs nouvelles, et sur un plan nouveau.

Avec les *fleurs,* disparurent aussi les pélerins. Déjà, dès le matin, on les voyait gravir à pas lents les sentiers sinueux de la montagne, et s'en retourner tristement dans leurs sauvages contrées ; ils s'en allaient tous la tête baissée et en silence ; car le cœur de l'homme peut porter si peu de joie en ce monde, que le lendemain d'une bruyante fête est ordinairement un jour rempli d'amertume et de mélancolie.

CHAPITRE III.

Naissance merveilleuse de *Tsong-Kaba*. — Sa préparation à l'apostolat. — Il part pour l'Occident. — Son entrevue avec le grand Lama du Thibet. — Il réforme le culte lamanesque. — Nombreux rapports de la réforme bouddhique avec le catholicisme. — Origine de ces rapports. — Arbre des *dix mille images*. — Enseignement lamanesque. — Faculté des prières. — Police de la lamaserie de Kounboum. — Offrandes des pèlerins. — Industrialisme des Lamas. — Les aventures de Sandara-le-Barbu. — Dispositions favorables des Lamas pour le christianisme. — Singulière pratique pour le soulagement des voyageurs. — Prières nocturnes. — Départ pour la lamaserie de *Tchogorton*.

La contrée d'*Amdo*, située au sud du Koukou-Noor, est habitée par des Thibétains orientaux qui, comme les Tartares mongols, mènent la vie pastorale et nomade. Ce pays est d'un aspect triste et sauvage. L'œil ne découvre de tous côtés que des montagnes d'ocre rouge ou jaune, presque sans végétation, et sillonnées en tous sens par de profonds ravins. Cependant, au milieu de ce sol stérile et désolé, on rencontre quelquefois des vallées assez abondantes en pâturages, où les tribus nomades conduisent leurs troupeaux.

Au rapport des chroniques lamanesques, vers le milieu du quatorzième siècle de notre ère, un pasteur de la contrée d'Amdo, nommé *Lombo-Moke*, avait dressé sa tente noire au pied d'une montagne, tout près de l'ouverture d'un large ravin, au fond duquel serpentait, sur un lit rocailleux, un ruisseau assez abondant. Lombo-Moke partageait, avec son épouse *Chingtsa-Tsio,* les soins de la vie pastorale. Ils ne possédaient pas de nombreux troupeaux; une vingtaine de chèvres, et quelques *sarligues* ou bœufs à long poil, étaient toute leur richesse. Depuis plusieurs années, ils vivaient seuls et sans enfants au sein de cette solitude sauvage. Lombo-Moke conduisait ses bestiaux dans les pâturages d'alentour, pendant que Chingtsa-Tsio, demeurée seule dans la tente, s'occupait à préparer les laitages, ou à tisser, selon l'usage des femmes d'Amdo, une toile grossière avec les longs poils des sarligues.

Un jour, Chingtsa-Tsio étant descendue au fond du ravin pour puiser de l'eau, éprouva un vertige, et tomba sans connaissance sur une large pierre où étaient gravés quelques caractères en l'honneur du Bouddha *Chakdja-Mouni.* Quand Chingtsa-Tsio se releva, elle ressentit une grande douleur au côté, et comprit que cette chute l'avait rendue féconde. Dans l'année de la *poule de feu* (1357), neuf mois après cet événement mystérieux, elle mit au monde un enfant que Lombo-Moke appela *Tsong-Kaba,* du nom de la montagne au pied de laquelle il avait planté sa tente depuis plusieurs années. Cet enfant merveilleux avait, en naissant, une barbe blanche, et portait sur sa figure une majesté extraordinaire. Ses manières n'avaient rien de puéril. Dès qu'il vit le jour, il fut capable de s'exprimer avec clarté et précision, dans la langue d'Amdo. Il parlait peu; mais ses paroles renfermaient toujours un sens profond touchant la nature des êtres et la destinée de l'homme.

A l'âge de trois ans, Tsong-Kaba résolut de renoncer

au monde et d'embrasser la vie religieuse. Chingtsa-Tsio, pleine de respect pour le saint projet de son fils, lui rasa elle-même la tête, et jeta sa belle et longue chevelure à l'entrée de la tente. De ces cheveux naquit spontanément un arbre dont le bois répandait un parfum exquis, et dont chaque feuille portait, gravé sur son disque, un caractère de la langue sacrée du Thibet. Dès lors, Tsong-Kaba vécut dans une si grande retraite, qu'il fuyait même jusqu'à la présence de ses parents. Il se retirait au sommet des montagnes les plus sauvages, au sein des plus profonds ravins, et passait les jours et les nuits dans la prière et la contemplation des choses éternelles. Ses jeûnes étaient longs et fréquents. Il respectait la vie des plus petits insectes, et s'interdisait rigoureusement l'usage de toute espèce de viande.

Pendant que Tsong-Kaba s'occupait ainsi à purifier son cœur par l'assiduité à la prière et les pratiques d'une vie austère, un Lama, venu des contrées les plus reculées de l'occident, passa par hasard dans le pays d'Amdo, et reçut l'hospitalité sous la tente de Lombo-Moke. Tsong-Kaba, émerveillé de la science et de la sainteté de l'étranger, se prosterna à ses pieds et le conjura de lui servir de maître. Les traditions lamanesques rapportent, que ce Lama des contrées occidentales, était remarquable non-seulement par sa doctrine, dont la profondeur était insondable, mais encore par l'étrangeté de sa figure. On remarquait surtout son grand nez, et ses yeux qui brillaient comme d'un feu surnaturel. L'étranger étant également frappé des qualités merveilleuses de Tsong-Kaba, ne balança point à le prendre pour son disciple. Il se fixa donc dans le pays d'Amdo, où il ne vécut que quelques années. Après avoir initié son disciple à toutes les doctrines admises par les saints les plus renommés de l'occident, il s'endormit sur une pierre, au sommet d'une montagne, et ses yeux ne se rouvrirent plus.

Tsong-Kaba, privé des leçons du saint étranger, n'en devint que plus avide d'instruction religieuse. Il ne tarda point à prendre la résolution d'abandonner sa tribu, et de s'en aller jusqu'au fond de l'occident, puiser à la véritable source les purs enseignements de la doctrine. Il partit, un bâton à la main, seul et sans guide, mais le cœur plein d'un courage surhumain. Il descendit d'abord directement vers le sud, et parvint, après de longues et pénibles courses, jusqu'aux frontières de la province du *Yun-Nan*, tout-à-fait à l'extrémité de l'empire chinois. Là, au lieu de suivre la même direction, il remonta vers le nord-ouest, en longeant les bords du grand fleuve *Yarou-Dsangbo*. Il arriva enfin à la sainte ville du royaume d'*Oui* (1). Comme il se disposait à continuer sa route, un *Lha* (esprit) tout resplendissant de lumière l'arrêta et lui défendit d'aller plus loin. — O Tsong-Kaba, lui dit-il, toutes ces vastes contrées appartiennent au grand empire qui t'a été accordé. C'est ici que tu dois promulguer les rites et les prières. C'est ici que s'accomplira la dernière évolution de ta vie immortelle. — Tsong-Kaba, docile à cette voix surnaturelle, entra dans *le pays des esprits* (Lha-Ssa), et choisit une pauvre demeure dans le quartier le plus solitaire de la ville.

(1) *Oui*, en thibétain, veut dire, centre, milieu. C'est le nom qu'on donne à la province qui occupe en effet le centre du Thibet, et dont la capitale est *Lha-Ssa*.

Le Religieux de la tribu d'Amdo ne tarda point à s'attacher des disciples. Bientôt sa doctrine nouvelle, et les rites inconnus qu'il introduisait dans les cérémonies lamanesques, ne manquèrent pas de causer quelque agitation. Enfin Tsong-Kaba se posa hardiment comme réformateur, et se mit à déclarer la guerre à l'ancien culte. Ses partisans augmentèrent de jour en jour, et furent nommés Lamas à bonnet jaune, par opposition aux Lamas à bonnet rouge, qui défendaient l'ancien système. Le roi de la contrée de *Oui*, et le Chakdja, Bouddha-vivant et chef de la hiérarchie lamanesque, s'émurent de cette nouvelle secte, qui introduisait la confusion dans les cérémonies religieuses. Le Chakdja manda en sa présence Tsong-Kaba, afin de s'assurer si sa science était aussi merveilleuse et aussi profonde que le prétendaient ses partisans. Le réformateur dédaigna de se rendre à cette invitation. Représentant d'un système religieux qui devait remplacer l'ancien, ce n'était pas lui qui devait faire acte de soumission.

Cependant, la secte des bonnets jaunes devenait dominante, et les hommages de la multitude se tournaient vers Tsong-Kaba. Le Bouddha Chakdja, voyant son autorité décliner, prit le parti d'aller trouver *le petit Lama de la province d'Amdo ;* car c'était ainsi que, par mépris, il appelait le réformateur des rites. Il espérait, dans cette entrevue, entrer en discussion avec son adversaire et faire triompher l'ancienne doctrine. Il s'y rendit avec grand appareil, et entouré de tous les attributs de sa suprématie religieuse. En entrant dans la modeste cellule de Tsong-Kaba, son grand bonnet rouge heurta le haut de la porte, et tomba à terre. Cet accident fut regardé par tout le monde comme un signe du triomphe du bonnet jaune. Le réformateur était assis sur un coussin, les jambes croisées, et ne parut pas faire attention à l'entrée du Chakdja. Il ne se leva pas pour le recevoir, et continua à dérouler gravement entre ses doigts les grains de son chapelet. Le Chakdja, sans s'émouvoir ni de la chute de son bonnet, ni du froid accueil qu'on lui faisait, entra brusquement en discussion. Il fit un pompeux éloge des rites anciens, et étala tous les droits qu'il avait à la prééminence. Tsong-Kaba, sans lever les yeux, l'interrompit en ces termes : — Lâche, cruel que tu es, lâche ce pou que tu tords entre tes doigts.... J'entends d'ici ses gémissements, et j'en ai le cœur navré de douleur. — Le Chakdja, tout en prônant son mérite, avait en effet saisi un pou sous ses habits, et au mépris de la doctrine de la transmigration, qui défend de tuer rien de ce qui a vie, il cherchait à l'écraser entre ses doigts. Ne sachant que répondre aux sévères paroles de Tsong-Kaba, il se prosterna à ses pieds et reconnut sa suprématie.

Dès ce moment, les réformes proposées par Tsong-Kaba ne trouvèrent plus d'obstacle; elles furent adoptées dans tout le Thibet, et dans la suite, elles s'établirent insensiblement dans les divers royaumes de la Tartarie. En 1409, Tsong-Kaba, étant âgé de cinquante deux ans, fonda la célèbre lamaserie de Kaldan, située à trois lieues de Lha-Ssa; elle existe encore aujourd'hui, et compte plus de huit mille Lamas. En 1419, l'âme de Tsong-Kaba, qui était devenu Bouddha, quitta la terre pour retourner dans le royaume céleste, où elle fut admise dans le ciel du ravissement. Son corps est resté à la lamaserie de Kaldan. On prétend que jusqu'à ce jour, il a conservé toute sa fraîcheur, et qu'il se soutient, par un prodige continuel, un peu au-dessus du sol, sans être appuyé ni retenu par rien. On ajoute, qu'il lui arrive quelquefois d'adresser la parole aux Lamas qui ont fait de grands progrès dans la perfection; mais les autres ne peuvent l'entendre.

Outre la réforme que Tsong-Kaba introduisit dans la liturgie, il se rendit encore célèbre par une rédaction nouvelle du corps doctrinal, laissé par *Chakdja-Mouni*. Le plus important de ses ouvrages est intitulé *Lam-Rim-Tsien-Bo*, c'est-à-dire : « Le chemin gradué de la perfection. »

Pour peu qu'on examine les réformes et les innovations introduites par Tsong-Kaba dans le culte lamanesque, on ne peut s'empêcher d'être frappé de leur rapport avec le catholicisme. La crosse, la mitre, la dalmatique, la chape ou pluvial, que les grands Lamas portent en voyage, ou lorsqu'ils font quelque cérémonie hors du temple ; l'office à deux chœurs, la psalmodie, les exorcismes, l'encensoir soutenu par cinq chaînes, et pouvant s'ouvrir et se fermer à volonté; les bénédictions données par les Lamas en étendant la main droite sur la tête des fidèles; le chapelet, le célibat ecclésiastique, les retraites spirituelles, le culte des saints, les jeûnes, les processions, les litanies, l'eau bénite : voilà autant de rapports que les bouddhistes ont avec nous. Maintenant, peut-on dire que ces rapports sont d'origine chrétienne? Nous le pensons ainsi; quoique nous n'ayons trouvé ni dans les traditions, ni dans les monuments du pays, aucune preuve positive de cet emprunt, il est permis néanmoins d'établir des conjectures, qui portent tous les caractères de la plus haute probabilité.

On sait qu'au quatorzième siècle, du temps de la domination des empereurs mongols, il existait de fréquentes relations entre les Européens, et les peuples de la Haute-Asie. Nous avons déjà parlé, dans la première partie de notre voyage, de ces ambassades célèbres que les conquérants Tartares envoyèrent à Rome, en France et en Angleterre. Nul doute que ces Barbares durent être frappés de la pompe et de l'éclat des cérémonies du culte catholique, et qu'ils en emportèrent dans leur désert des souvenirs ineffaçables. D'autre part, on sait aussi qu'à la même époque, des religieux de différents ordres entreprirent des courses lointaines, pour introduire le christianisme dans la Tartarie; ils durent pénétrer en même temps dans le Thibet, chez les Si-Fan, et les Mongols de la mer Bleue. Jean de Montcorvin, archevêque de Péking, avait déjà organisé un chœur, où de nombreux religieux mongols s'exerçaient tous les jours à la récitation des psaumes, et aux cérémonies catholiques. Maintenant, si on fait attention que Tsong-Kaba vivait précisément à la même époque où la religion chrétienne s'introduisait dans l'Asie centrale, on ne sera pas étonné de trouver, dans la réforme bouddhique, des rapports aussi frappants avec le christianisme.

Et ne pourrait-on pas dire encore quelque chose de plus positif? Cette légende de Tsong-Kaba, que nous avons recueillie sur le lieu même de sa naissance, et de la bouche de plusieurs Lamas, ne pourrait-elle pas venir à l'appui de notre opinion? Après avoir élagué tout le merveilleux qui a été ajouté à ce récit par l'imagination des Lamas, on peut admettre que Tsong-Kaba fut un homme au-dessus du commun par son génie, et peut-être aussi par sa vertu;

qu'il fut instruit par un étranger venu de l'occident ; qu'après la mort du maître, le disciple, se dirigeant vers l'ouest, s'arrêta dans le Thibet, où il propagea les enseignements qui lui avaient été donnés. Cet étranger à *grand nez*, n'était-ce pas un Européen, un de ces missionnaires catholiques qui à cette époque pénétrèrent en si grand nombre dans la Haute-Asie ? Il n'est pas étonnant que les traditions lamanesques aient conservé le souvenir de cette figure européenne, dont le type est si différent de celui des Asiatiques. Pendant notre séjour à *Kounboum*, nous avons entendu plus d'une fois des Lamas faire des réflexions sur l'étrangeté de notre figure, et dire, sans balancer, que nous étions du même pays que le maître de Tsong-Kaba. On peut supposer qu'une mort prématurée ne permit pas au Missionnaire catholique, de compléter l'enseignement religieux de son disciple qui dans la suite, voulant lui-même devenir apôtre, soit qu'il n'eût pas une connaissance suffisante du dogme chrétien, soit qu'il eût apostasié ses croyances, ne s'appliqua qu'à introduire une nouvelle liturgie. La faible opposition qu'il rencontra dans sa réforme, semblerait indiquer que déjà le progrès des idées chrétiennes dans ces contrées, avait beaucoup ébranlé le culte de Bouddha. Nous aurons à examiner plus tard, si les nombreux rapports que les bouddhistes ont avec les catholiques sont un obstacle ou un avantage pour la propagation de la foi dans la Tartarie et le Thibet.

La réforme de Tsong-Kaba a triomphé, dans tous les pays compris entre les monts Himalaya, les frontières russes, et la grande muraille de Chine. Elle a même pénétré dans quelques provinces du céleste empire, telles que le Kan-Sou, le Chan-Si, le Pétché-Li, et la Mantchourie tout entière. Les bonzes ont conservé les anciens rites, à part quelques légères innovations qu'ils ont adoptées dans certaines localités. Maintenant on distingue des Lamas de deux espèces, les jaunes, et les gris; c'est-à-dire ceux qui ont suivi la réforme, et ceux qui ont persisté dans le culte primitif. Ces deux sectes, qui, sans doute, autrefois, ont dû se traiter en rivales et se faire la guerre, vivent aujourd'hui dans un parfait accord. Les Bonzes et les Lamas se regardent comme étant d'une même famille.

La tribu d'Amdo, pays autrefois ignoré, et de nulle importance, a acquis, depuis la réforme du bouddhisme, une prodigieuse célébrité. La montagne au pied de laquelle Tsong-Kaba a reçu le jour, est devenu un lieu fameux de pélerinage. Les Lamas sont accourus de toutes parts y bâtir leurs cellules, et peu à peu s'est formée cette florissante lamaserie, dont la renommée s'étend jusqu'aux confins les plus reculés de la Tartarie. On l'a appelée *Kounboum*, de deux mots thibétains, qui veulent dire *Dix mille images*. Ce nom fait allusion à l'arbre, qui, suivant la légende, naquit de la chevelure de Tsong-Kaba, et qui porte un caractère thibétain sur chacune de ses feuilles.

Ici on doit naturellement s'attendre à ce que nous disions quelque chose de cet arbre. Existe-t-il encore? L'avons-nous vu? qu'offre-t-il de particulier? que faut-il penser de ses feuilles merveilleuses? Voilà tout autant de questions qu'on est en droit de nous faire. Nous allons donc tâcher d'y répondre autant qu'il nous sera possible.

Oui, cet arbre existe encore; et nous en avions entendu parler trop souvent durant notre voyage, pour que nous ne fussions pas quelque peu impatients d'aller le visiter. Au pied de la montagne où est bâtie la lamaserie, et non loin du principal temple bouddhique, est une grande enceinte carrée formée par des murs en briques. Nous entrâmes dans cette vaste cour, et nous pûmes examiner à loisir l'arbre merveilleux dont nous avions déjà aperçu de dehors quelques branches. Nos regards se portèrent d'abord avec une avide curiosité sur les feuilles, et nous fûmes consternés d'étonnement, en voyant, en effet, sur chacune d'elles, des caractères thibétains très-bien formés; ils sont d'une couleur verte, quelquefois plus foncée, quelquefois plus claire que la feuille elle-même. Notre première pensée fut de soupçonner la supercherie des Lamas; mais après avoir tout examiné avec l'attention la plus minutieuse, il nous fut impossible de découvrir la moindre fraude. Les caractères nous parurent faire partie de la feuille, comme les veines et les nervures; la position qu'ils affectent n'est pas toujours la même; on en voit tantôt au sommet ou au milieu de la feuille, tantôt à sa base ou sur les côtés; les feuilles les plus tendres représentent le caractère en rudiment, et à moitié formé; l'écorce du tronc et des branches, qui se lève à peu près comme celle des platanes, est également chargée de caractères. Si on détache un fragment de vieille écorce, on aperçoit sur la nouvelle, les formes indéterminées des caractères, qui déjà commencent à germer; et, chose singulière, ils diffèrent assez souvent de ceux qui étaient par-dessus. Nous cherchâmes partout, mais toujours vainement, quelque trace de supercherie; la sueur nous en montait au front. D'autres, plus habiles que nous, pourront peut-être donner des explications satisfaisantes sur cet arbre singulier ; pour nous, nous devons y renoncer. On sourira, sans doute, de notre ignorance ; mais peu nous importe, pourvu qu'on ne suspecte pas la sincérité de notre relation.

L'*Arbre des dix mille Images* nous parut très-vieux ; son tronc, que trois hommes pourraient à peine embrasser, n'a pas plus de huit pieds de haut ; les branches ne montent pas, mais elles s'étendent en panache, et sont extrêmement touffues ; quelques-unes sont desséchées et tombent de vétusté ; les feuilles demeurent toujours vertes ; le bois, d'une couleur rougeâtre, a une odeur exquise et qui approche un peu de celle de la canelle. Les Lamas nous dirent que, pendant l'été, vers la huitième lune, il produisait de grandes fleurs rouges d'une extrême beauté. On nous a assuré aussi, que nulle part il n'existait d'autre arbre de cette espèce ; qu'on avait essayé de le multiplier par des graines et des boutures, dans plusieurs lamaseries de la Tartarie et du Thibet, mais que toutes ces tentatives avaient été infructueuses.

L'empereur *Khanghi*, s'étant rendu en pélerinage à Kounboum, fit construire à ses dépens un dôme d'argent au-dessus de l'Arbre des dix mille Images ; de plus il fit don au Grand-Lama d'un beau cheval noir, qui faisait, dit-on, mille *lis* par jour, et d'une selle ornée de pierreries. Le cheval est mort, mais la selle se voit encore dans un des temples bouddhiques ; elle est l'objet d'une vénération particulière. Avant de quitter la lamaserie, Khanghi fonda un revenu annuel pour l'entretien de trois cent-cinquante Lamas.

La renommée de Kounboum, due d'abord à la célébrité

de Tsong-Kaba, se maintient aujourd'hui par la bonne discipline de la lamaserie, et la supériorité de son enseignement. Les Lamas sont censés étudiants pendant toute leur vie, car la science religieuse est réputée inépuisable. Les étudiants sont distribués en quatre sections, ou quatre facultés, suivant la nature des études spéciales auxquelles ils veulent s'appliquer : 1° La Faculté de mysticité, qui embrasse les règles de la vie contemplative, et les exemples renfermés dans la vie des saints bouddhistes ; 2° la Faculté de liturgie, comprenant l'étude des cérémonies religieuses, avec l'explication de tout ce qui sert au culte lamanesque ; 3° la Faculté de médecine, ayant pour objet les quatre cent quarante maladies du corps humain, la botanique médicale et la pharmacopée; 4° enfin, la Faculté des prières ; cette dernière est la plus estimée, la mieux rétribuée, et par conséquent celle qui réunit un plus grand nombre d'étudiants.

Les ouvrages volumineux qui servent de base à l'enseignement des prières, sont divisés en treize séries, qui sont comme autant de degrés dans la hiérarchie. La place que chaque étudiant occupe à l'école et au chœur, est marquée d'après la série des livres théologiques qu'il a déjà étudiés. Parmi ces nombreux Lamas, on voit des vieillards afficher, au dernier rang, leur paresse ou leur incapacité, tandis que des jeunes gens sont presque parvenus au sommet de la hiérarchie.

Pour obtenir les divers grades de la Faculté des prières, on exige seulement que l'étudiant récite imperturbablement les livres assignés. Quand il se croit suffisamment préparé, il en donne avis au Grand-Lama des prières, en lui offrant un magnifique khata, un plat de raisins secs, et quelques onces d'argent en lingot, suivant l'importance du grade qu'il prétend obtenir ; on fait aussi quelques cadeaux aux Lamas examinateurs. Quoiqu'il soit reconnu que les juges sont incorruptibles, cependant, à Kounboum comme ailleurs, on est persuadé que quelques offrandes à l'Académie, ne sont pas inutiles pour se tirer honorablement d'un examen. Les hommes sont partout les mêmes !

Devant le principal temple de la lamaserie, est une grande cour carrée, pavée avec de larges dalles, et entourée de colonnes torses, chargées de sculptures coloriées. C'est dans cette enceinte que les Lamas de la Faculté des prières, se réunissent à l'heure des cours, qui leur est annoncée au son de la conque marine ; ils vont s'accroupir selon leur rang sur les dalles nues, endurant pendant l'hiver le froid, le vent et la neige, exposés pendant l'été à la pluie et aux ardeurs du soleil. Les professeurs sont seuls à l'abri ; ils siégent sur une estrade surmontée d'un pavillon. C'est un singulier spectacle, que de voir tous ces Lamas enveloppés de leur écharpe rouge, coiffés d'une grande mitre jaune, et tellement pressés les uns contre les autres, qu'il est impossible d'apercevoir les dalles sur lesquelles ils sont assis. Après que quelques étudiants ont récité la leçon assignée par la règle, les professeurs donnent, à tour de rôle, des explications aussi vagues et aussi incompréhensibles que le texte ; mais personne ne fait le difficile, tout le monde se contente d'un à peu près. On est, du reste, convaincu que la sublimité d'une doctrine est en raison directe de son obscurité et de son impénétrabilité.

Le cours se termine ordinairement par une thèse soutenue par un étudiant désigné à l'avance. Chacun a le droit de l'interroger sur toute espèce de sujet qui lui passe par la tête. Il n'est rien de monstrueux comme ces thèses qui rappellent assez bien les fameuses discussions de ces écoles du moyen-âge, où l'on argumentait avec acharnement *de omni re scibili*. A Kounboum, il est de règle que le vainqueur monte sur les épaules du vaincu, et soit porté en triomphe tout autour des murs de l'école. Un jour Sandara-le-Barbu revint du cours, le visage plus épanoui et plus riant que de coutume. Bientôt nous apprîmes qu'il avait été le héros de la thèse ; il avait vaincu son concurrent, dans l'importante question de savoir pourquoi les poules et autres volatiles étaient privés d'une des fonctions vitales commune à tous les autres animaux. Nous citons cette particularité, parce qu'elle peut donner une idée de la hauteur et de la noblesse de l'enseignement lamanesque.

A certaines époques de l'année, le Bouddha-vivant, grand supérieur de la lamaserie, vient lui-même en personne et en grand appareil donner des explications officielles des livres sacrés. Quoiqu'elles ne soient ni plus savantes, ni plus claires que celles des professeurs, elles font pourtant autorité. La langue thibétaine est la seule qui soit admise dans les écoles.

La discipline de la lamaserie est vigilante et sévère. Dans les Facultés, pendant les heures des cours, et au chœur, pendant la récitation des prières, on voit toujours les Lamas censeurs, debout, appuyés sur une barre de fer, et maintenant, parmi les religieux, le bon ordre et le silence. La moindre infraction à la règle est sur-le-champ réprimée, d'abord verbalement, et, s'il en est besoin, à coups de barre de fer. Les vieillards, pas plus que les jeunes chabis, ne sont à l'abri de ces terribles corrections.

Les Lamas-satellites sont chargés de la police de la lamaserie; ils sont costumés de la même manière que les autres Lamas, à la seule différence que leurs habits sont de couleur grise, et qu'ils portent une mitre noire. Le jour et la nuit, ils circulent dans les rues de la cité, armés d'un gros fouet, et rétablissant l'ordre partout où le besoin l'exige. Trois tribunaux, où siégent des Lamas-juges, connaissent des affaires qui sont au-dessus de l'autorité des Lamas-satellites. Ceux qui se rendent coupables du plus petit larcin, sont expulsés de la lamaserie, après avoir été marqués au front et sur les deux joues d'un signe d'ignominie avec un fer rouge.

Les couvents bouddhiques, quoique semblables, sous plusieurs rapports, aux monastères chrétiens, en diffèrent pourtant essentiellement. Les Lamas sont soumis, il est vrai, à une même règle et à une même discipline, mais on ne peut pas dire qu'ils vivent en communauté. On remarque parmi eux, toutes les nuances de pauvreté et de richesse qui se rencontrent dans les cités mondaines. A Kounboum, nous avons vu plusieurs fois des Lamas couverts de haillons, allant mendier, à la porte de leurs riches confrères, quelques poignées de farine d'orge. Tous les trois mois, l'administration fait indistinctement à tous les Lamas attachés à la lamaserie, une distribution de farine qui leur est très-insuffisante. Les offrandes volontaires des pèlerins leur viennent bien en aide; mais, outre que ces offrandes sont incertaines, la répartition s'en faisant d'après les divers degrés de la hiérarchie, il y en a toujours plusieurs qui ne reçoivent que fort peu de chose.

On distingue des offrandes de deux espèces, en thé et en argent. La première se fait de la manière suivante : le pélerin qui veut régaler la tribu sacerdotale, va trouver les supérieurs de la lamaserie, et leur annonce, en leur offrant un khata, qu'il aura la dévotion de servir aux Lamas un thé général ou particulier. Le thé général est pour tout le monde indistinctement; le thé particulier, au contraire, n'est offert qu'à une des quatre Facultés, au choix du pélerin. Le jour fixé pour l'offrande du thé général, après la récitation en commun des prières du matin, le Lama président donne un signal pour avertir l'assemblée de garder son poste. Aussitôt une quarantaine de jeunes chabis, désignés par le sort, se rendent à la grande cuisine, et reparaissent un instant après, chargés de jarres de thé au lait; ils passent dans tous les rangs, et à mesure qu'ils avancent, les Lamas tirent de leur sein leur écuelle de bois, et on la leur remplit jusqu'au bord. Chacun boit en silence, ayant soin de ramener doucement un coin de son écharpe devant l'écuelle, afin de corriger, par cette précaution de modestie, l'inconvenance que pourrait présenter cet acte matériel, et peu en harmonie avec la sainteté du lieu. Ordinairement, le thé est préparé en assez grande quantité, pour qu'on puisse faire deux fois le tour, et remplir deux fois l'écuelle de chaque religieux. Le thé est plus ou moins fort et coloré, suivant la générosité du pélerin. Il en est qui joignent au thé une tranche de beurre frais pour chacun; ceux qui veulent faire les magnifiques, ajoutent à tout cela des gâteaux faits avec de la farine de froment. Quand le festin est terminé, le Lama-président proclame solennellement le nom du pieux pèlerin qui s'est procuré le mérite immense de régaler la sainte famille des Lamas. Aussitôt le pèlerin, qui ordinairement est présent à la cérémonie, se prosterne la face contre terre : les Lamas psalmodient à son intention quelques prières, et font ensuite processionnellement une évolution autour du bienfaiteur qui ne se relève que lorsque tout le monde est sorti.

Des offrandes de ce genre sont en réalité peu de chose pour chaque Lama ; mais, quand on songe qu'il se rencontre à la fois plus de quatre mille buveurs de thé, il est facile de comprendre que la dépense peut devenir sérieuse. Dans la lamaserie de Kounboum, un simple thé général, sans accompagnement de beurre et de gâteaux, s'élève à la somme de cinquante onces d'argent qui valent à peu près 500 fr.

Les offrandes en argent sont beaucoup plus coûteuses, car elles sont toujours accompagnées d'un thé général. L'argent ne se distribue pas au chœur. Après les prières communes, le Lama-président annonce que tel pèlerin, de tel pays, a offert tant d'onces d'argent à la sainte famille des Lamas, et que la somme exactement divisée a fourni tel quotient. Dans la journée, les Lamas se rendent au bureau des offrandes, où on leur compte scrupuleusement ce qui leur revient.

Il n'y a ni temps ni jour fixé pour les offrandes : elles sont toujours les bien-venues ; cependant, aux quatre grandes fêtes de l'année, elles sont plus nombreuses et plus importantes, à cause de la grande affluence des pèlerins. Après la fête des fleurs, le roi du Souniout, qui se trouvait à Kounboum, offrit, avant de s'en retourner en Tartarie, six cents onces d'argent, et un thé général pendant huit jours, avec accompagnement de beurre et de gâteaux : la dépense pouvait s'évaluer à 15,000 francs. Lorsque l'offrande est faite par un personnage distingué, il est d'usage que le Bouddha-vivant assiste à la cérémonie. On lui présente en particulier, dans une corbeille ornée de fleurs et de rubans, un lingot d'argent du poids de cinquante onces, une pièce de soie jaune ou rouge, une paire de bottes et une mitre, le tout recouvert d'un khata de luxe. Le pélerin se prosterne sur les marches de l'autel où est assis le Bouddha-vivant, et dépose la corbeille à ses pieds. Un chabi la reçoit, et en retour présente au pélerin un khata au nom du Bouddha-vivant, dont le rôle est de conserver l'impassibilité et la bonne tenue qui conviennent à une divinité.

En dehors des distributions et des offrandes, les Lamas de Kounboum ont plusieurs moyens d'augmenter le bien-être de leur position : il en est qui nourrissent des vaches, et vendent à leurs confrères le lait et le beurre qui servent d'assaisonnement au thé et à la farine d'orge. Quelques-uns forment des sociétés en commandite, et se chargent de la préparation des thés généraux que les pélerins offrent à la communauté ; d'autres sont tailleurs, teinturiers, bottiers, chapeliers, et confectionnent, moyennant salaire, tout ce qui appartient au costume des Lamas. Enfin on trouve à Kounboum, des boutiquiers, qui revendent à gros bénéfice, les marchandises qu'ils font venir de Tang-Keou-Eul ou de Si-Ning-Fou.

Dans la classe des Lamas industriels, il y en a pourtant

un certain nombre qui cherchent leur profit dans des occupations qui paraissent plus conformes à l'esprit de la vie religieuse ; ils s'occupent à imprimer ou à transcrire les livres lamanesques. On sait que l'écriture thibétaine procède horizontalement, et de gauche à droite. Quoique l'idiome des Lamas soit alphabétique, à peu près à la manière de nos langues européennes, cependant on ne se sert point de caractères mobiles. L'imprimerie stéréotype, à l'aide de planches en bois, est la seule qui soit en usage. Les livres thibétains ressemblent à un grand jeu de cartes ; les feuillets sont mobiles, et imprimés sur les deux faces. Comme ils ne sont ni cousus ni reliés, afin de les conserver, on les place entre deux planchettes en bois, qu'on serre ensuite avec des bandelettes jaunes. Les éditions des livres thibétains qui s'impriment à Kounboum sont grossières ; les caractères en sont baveux, sans délicatesse et sans netteté : elles sont, sous tous les rapports, très-inférieures à celles qui sortent de l'imprimerie impériale de Péking. Les éditions manuscrites sont au contraire magnifiques ; elles sont enrichies de dessins de fantaisie, et les caractères sont toujours pleins d'élégance et de pureté. Les Lamas n'écrivent pas au pinceau comme les Chinois ; ils se servent de baguettes de bambou, qu'ils taillent comme des plumes : leur écritoire est une petite boîte en cuivre, assez semblable, par la forme, à une tabatière à charnière ; elle est remplie de coton imbibé d'encre. Les Lamas collent leur papier pour l'empêcher de boire : au lieu de se servir, comme les Chinois, d'une dissolution d'alun, ils aspergent le papier, d'une eau blanchie d'un dixième de lait : la méthode est simple, facile, et donne un résultat très-satisfaisant.

Sandara-le-Barbu n'appartenait à aucune des classes d'industriels que nous venons d'énumérer ; il formait à lui seul une catégorie à part. Son métier, à lui, était d'exploiter les étrangers que la dévotion ou d'autres motifs amenaient à la lamaserie. Les Tartares-Mongols étaient surtout ceux qu'il travaillait avec le plus de succès. Il se présentait à eux en qualité de *cicerone*, et, grâce à la souplesse de son caractère et à la séduction de son langage, il finissait toujours par devenir leur homme d'affaires. Sandara ne jouissait pas à Kounboum d'une excellente renommée. Les bons Lamas avaient peu d'estime pour lui ; il y en eut même quelques-uns qui nous avertirent charitablement de ne pas trop nous fier à ses belles paroles, et de veiller avec soin sur notre bourse. Nous apprîmes que, forcé de quitter Lha-Ssa pour cause d'escroquerie, il avait parcouru pendant trois ans les provinces du Sse-Tchouan et du Kan-Sou, faisant métier de jouer la comédie et de dire la bonne aventure. Nous ne fûmes aucunement surpris d'apprendre une semblable nouvelle. Nous avions remarqué, que, lorsque Sandara se laissait aller franchement à son naturel, il prenait aussitôt toutes les allures d'un histrion.

Un soir qu'il nous parut d'une humeur plus aimable que de coutume, nous essayâmes de lui parler de ses anciennes prouesses. — Sandara, lui dîmes-nous, les Lamas désœuvrés et à paroles oiseuses, prétendent qu'à ton retour du Thibet, tu es resté trois ans en Chine. — Cette parole est vraie. — Il y en a qui disent même que tu chantes merveilleusement les discours de théâtre... Sandara sourit, puis se leva, fit claquer ses doigts en cadence, prit une pose théâtrale, et nous débita avec emphase une tirade de vers chinois. — Un Lama comédien, voilà qui est à merveille ! — Non, non, ce n'est pas cela. J'ai été d'abord Lama, puis comédien, puis enfin je suis redevenu Lama. Tenez, ajouta-t-il en s'asseyant à sa place accoutumée, puisque les gens désœuvrés racontent mes aventures, je veux moi-même vous les dire.

« ..... Après être demeuré pendant dix ans à Lha-Ssa, dans la lamaserie de *Séra*, le mal du pays me prit ; je ne pensais qu'à revoir les Trois Vallons. Le mal devint si violent, qu'il me fallut partir. J'eus pour compagnons de voyage quatre Lamas d'Amdo, qui s'en retournaient aussi dans leur pays. Au lieu de prendre la route de l'est, nous nous acheminâmes vers le sud, parce que de ce côté le désert est un peu habité. Nous allions, un bâton ferré à la main, et le dos chargé de notre petit bagage. Si, en chemin, nous rencontrions des tentes noires, nous y demandions l'hospitalité ; sinon, nous étions obligés, pour passer la nuit, de nous réfugier au fond des ravins ou à l'abri de quelque gros rocher. Vous savez que le Thibet est un pays tout couvert de grandes montagnes ; nous ne faisions donc que monter et descendre. Quoique ce fût dans l'été, il nous arrivait souvent de rencontrer de la neige. Les nuits étaient très-froides ; mais pendant le jour, nous éprouvions, au fond des vallées, une chaleur insupportable.

» ..... La route se faisait gaiement. Nous étions tous cinq bien portants et toujours de belle humeur, surtout quand les bergers des tentes noires nous avaient fait l'aumône d'un chevreau ou de quelque grosse boule de beurre. Nous traversâmes un pays où nous rencontrâmes des animaux bien singuliers. Ils n'étaient pas aussi gros qu'un chat ordinaire ; ils étaient enveloppés d'une espèce de poil aussi dur que des aiguilles de fer. Aussitôt que ces animaux nous apercevaient, ils se ramassaient en peloton, de manière qu'on ne pouvait plus distinguer ni pieds ni tête. Ce n'était qu'une grosse boule, entourée de toute part de longues et dures épines. D'abord ces bêtes nous firent peur. Nous ne savions pas trop ce que cela pouvait être ; car les livres de prières n'en parlent pas. Nous voulûmes pourtant les examiner de près. Comme ces boules ne peuvent pas se toucher avec la main, nous plaçâmes un bâton horizontalement sur l'une d'elles ; puis nous pressâmes si fort aux deux extrémités, que la boule s'entrouvrit. Il en sortit une petite figure, comme celle d'un homme qui nous regardait fixement. Nous poussâmes un grand cri, et nous nous sauvâmes à toutes jambes. Cependant peu à peu nous nous accoutumâmes à ces bêtes; bientôt même elles nous servirent d'amusement. Nous aimions à les faire rouler du haut des montagnes, en les poussant avec nos bâtons ferrés.

» ..... Nous rencontrâmes aussi des vers d'une espèce bien surprenante. Un jour qu'il faisait très-chaud, nous suivions le courant d'un petit ruisseau qui serpentait dans une vallée où il y avait de grandes herbes. Vers midi, après avoir préparé et bu notre thé, nous nous endormîmes au bord de l'eau. Vous savez que, selon les prescriptions de Tsong-Kaba, les Lamas à mitre jaune ne portent pas de culotte. Or, quand nous nous réveillâmes, nous trouvâmes que des vers nombreux s'étaient attachés à nos jambes. Ces vers étaient de couleur grise, et gros comme le doigt. Nous cherchâmes à les arracher de notre chair; mais cela nous fut impossible. Comme nous ne ressentions aucune douleur, nous attendîmes. Bientôt ces bêtes se gonflèrent, et devinrent toutes rondes; alors elles tombèrent d'elles-mêmes... Oh! assez, ce Thibet est un singulier pays. On y voit des animaux qu'on ne trouve nulle part ailleurs. Les Lamas qui n'ont pas fait ce voyage, ne veulent pas croire ce qu'on en raconte. — Ils ont tort, répondîmes-nous, ce que tu viens de dire est en tout point conforme à la vérité; ces animaux si curieux ne se trouvent pas exclusivement dans le Thibet; dans notre pays ils sont très-communs. Ceux qui sont enveloppés de dards se nomment, dans notre langue, hérissons; les gros vers gris s'appellent sangsues. — Comment! vous avez vu des animaux de ce genre? — Souvent. — Ah! tant mieux; il y a des Lamas qui n'y croient pas, vous pourrez leur en parler.

» ..... Notre route alla toujours bien jusqu'à la *mauvaise montagne*. Cette montagne est très-élevée, et couverte d'une grande forêt de pins et de houx; nous nous étions reposés au bas, pendant toute une journée, dans une tente noire. Quand la nuit fut venue, deux d'entre nous dirent: Le ciel est pur, la lune est belle; nous ferons bien de traverser la mauvaise montagne avec la fraîcheur de la nuit. Demain le temps sera chaud; il nous serait plus pénible de grimper. — Non, dirent les autres, la nuit est pour les bêtes sauvages. Les hommes ne doivent voyager que de jour... Ainsi, nous n'étions pas d'accord. Les premiers insistèrent; ils s'armèrent de leur bâton ferré, chargèrent le bagage sur leurs épaules, et se mirent en route.

Vous le voyez, c'était une bien mauvaise chose. Quand des pélerins se sont dit : Partons ensemble, ils ne doivent plus se séparer...

» ..... Aussitôt que le ciel commença à blanchir, nous nous mîmes en route. De cinq nous n'étions plus que trois. Comme nous étions sur le point d'arriver au sommet de la *mauvaise montagne*, — Tsong-Kaba, m'écriai-je, voilà que je trouve un bâton ferré ! — Tiens, dit un de mes compagnons, en jetant un coup-d'œil sur l'instrument que je venais de ramasser, ce bâton est celui de *Lobzan*... Nous l'examinâmes avec soin, et nous le reconnûmes. Voilà, dîmes-nous, ce qu'on gagne à voyager de nuit; on laisse tomber un objet, et puis on n'y voit pas pour le retrouver. Nous continuâmes notre route. Après une petite montée très-escarpée, nous arrivâmes sur le plateau de la montagne. Tous trois ensemble nous poussâmes un cri d'épouvante ; nous avions sous les yeux un autre bâton ferré, des habits de Lama entièrement déchirés, des lambeaux de chair humaine et des ossements rompus et à demi rongés. L'herbe arrachée, et la terre déchirée en plusieurs endroits, indiquaient qu'une grande lutte avait eu lieu. Nous ne doutâmes pas un instant, que des animaux sauvages, des tigres ou des loups, avaient dévoré nos deux compagnons de voyage. Je demeurai un instant comme anéanti au milieu de cet horrible spectacle ; puis je me mis à pleurer comme un enfant. Nous descendîmes avec effroi le versant de la mauvaise montagne. Depuis ce moment, la route fut tous les jours triste et silencieuse. Seulement, quand nous rencontrions quelques tentes noires, nous racontions aux bergers l'affreux malheur de nos deux compagnons, et ce récit apporta un allégement à notre douleur.

« ..... Trois lunes après notre départ de Lha-Ssa, nous arrivâmes à la frontière de Chine. Là nous nous séparâmes ; les deux Lamas d'Amdo remontèrent vers le nord, pour rejoindre leur pays : pour moi, je traversai la *muraille de dix mille lis*, et j'entrai dans la province du *Sse-Tchouen*. Après quelques jours, je trouvai dans une auberge une troupe de comédiens. Pendant toute la nuit, on chanta, on but du vin de riz, et on débita des paroles creuses. — Dans ce pays de Sse-Tchouen, me dit le chef de la troupe, il n'y a pas de Lamas ; que veux-tu faire de cette robe rouge et de ce chapeau jaune ? — Tu parles raison, lui répondis-je ; dans un pays de Lamas, être Lama, c'est bien : mais dans un pays de comédiens, il faut être comédien. Me voulez-vous dans la troupe ? — Bravo, bravo ! s'écria tout le monde ; te voilà des nôtres..... Et à ces mots, chacun me fit une profonde inclination, à laquelle je répondis en tirant la langue et en me grattant l'oreille, selon la manière de saluer des Thibétains. D'abord cette affaire ne fut qu'un petit jeu ; mais ensuite, venant à réfléchir qu'il ne me restait guère plus de viatique pour continuer ma route, je pris la chose au sérieux. Nous fîmes des arrangements avec le chef de la bande, et décidément je fus comédien.

« ..... Le lendemain, j'empaquetai mon costume religieux, et j'endossai les habits du monde. Comme ma mémoire était depuis long-temps exercée par l'étude des prières, il m'en coûta peu d'apprendre les rôles des comédies ; il me suffit de quelques jours pour devenir un habile acteur. Nous donnâmes des représentations, pendant plus d'un an, dans les villes et les villages du Sse-Tchouen. Ensuite la troupe eut fantaisie de parcourir la province du Yun-Nan. Je ne voulus pas la suivre, parce que cela m'eût trop éloigné de mon pays des *Trois-Vallons*. Nous fîmes donc le festin de séparation, et je m'acheminai lentement vers la maison paternelle. Je fus près de deux ans en route. Partout où je passais, je m'arrêtais quelques jours pour donner de petites représentations. De comédien, je m'étais fait bateleur. Mes profits furent assez honnêtes; car il vaut toujours mieux travailler pour son propre compte. Je fis mon entrée dans mon village, monté sur un âne magnifique que j'avais acheté à *Lan-Tcheou;* en outre, j'avais douze onces d'argent dans ma bourse. Je donnai quelques représentations à mes compatriotes, qui furent émerveillés de mon habileté. Mais je dus bientôt renoncer à mon métier de bateleur.

«..... Un soir que la famille était réunie pour écouter les histoires du Thibet, ma vieille mère gardait le silence, et sa figure paraissait abîmée de tristesse; bientôt je remarquai que de grosses larmes roulaient dans ses yeux. — Mère, lui dis-je, pourquoi pleurez-vous? Dans mon récit il n'y a aucune parole qui puisse exciter des larmes. —Ton récit, me répondit-elle, ne fait sur moi aucune impression ni agréable ni pénible; il frappe mes oreilles, sans pénétrer jusqu'à mon cœur. Ce qui m'attriste, ce qui m'émeut, c'est de penser que, lorsque tu partis il y a quatorze ans, pour aller visiter la terre des saints, tu étais revêtu de l'habit sacré des Lamas, et qu'aujourd'hui te voilà homme noir et bateleur... — Ces paroles me bouleversèrent. Après un moment de silence, je me levai, et je dis avec énergie:

Il est écrit dans la sainte doctrine : Il vaut mieux honorer son père et sa mère, que de servir les esprits du ciel et de la terre. Ainsi, mère, dites ce qu'il faut que je fasse, et votre fils obéira avec respect. — Rejette ces habits mondains, me dit ma mère, fais tomber cette tresse de cheveux, et rentre dans la famille des saints... Je n'avais rien à répondre : je me prosternai donc trois fois jusqu'à terre, en signe de soumission. Quand une mère parle, il faut obéir ; la piété filiale est la base de toute bonne doctrine. En vous traduisant les dix grands préceptes de Jéhovah, j'ai remarqué que le quatrième disait : Tu honoreras ton père et ta mère.

«..... Le lendemain je repris mes habits de Lama, et quelques jours après, je me mis en route pour Kounboum, où je travaille à me sanctifier..... ».

Ces dernières paroles de Sandara-le-Barbu méritaient, sans contredit, d'être accueillies par un grand éclat de rire. Cependant nous dûmes nous contenir, et mordre nos lèvres; car nous avions expérimenté que, malgré son grand zèle pour sa sanctification, il n'avait pas encore obtenu de grands résultats en fait de patience et de mansuétude.

Quand nous eûmes ouï ce sommaire des aventures de Sandara, il nous fut aisé de comprendre comment il se faisait qu'en toute circonstance il témoignât une si grande prédilection pour les hommes et les choses de la Chine. Les règlements laissés par Tsong-Kaba interdisent aux Lamas l'usage de l'ail, de l'eau-de-vie et du tabac à fumer. L'ail est défendu, parce qu'il est inconvenant de se présenter devant les images de Bouddha avec une haleine puante, et capable d'empester le parfum même de l'encens;

l'eau-de-vie, parce que cette boisson funeste trouble la raison, et soulève les passions du cœur ; le tabac, parce qu'il engendre la paresse, et absorbe des moments précieux qui doivent être consacrés à l'étude des prières et de la doctrine. Malgré ces prohibitions, très-bien motivées, les Lamas, qui ont pour principe de se sanctifier à la manière de Sandara, ne se font pas faute de fumer, de s'enivrer, et d'asssaisonner à l'ail cru leur farine d'orge. Mais tout cela se fait en cachette et à l'insu de la police. Dans la lamaserie de Kounboum, Sandara était le patron et l'introducteur des colporteurs chinois, qui faisaient la contrebande des denrées prohibées. Il se chargeait volontiers d'en faciliter la circulation, moyennant quelques légers bénéfices.

Quelques jours après la fête *des fleurs*, nous reprîmes avec courage l'étude du thibétain. Sandara venait tous les matins travailler avec nous. Nous nous occupâmes de la rédaction d'un abrégé de l'Histoire sainte, depuis la création du monde jusqu'à la prédication des apôtres. Nous donnâmes à ce travail la forme dialoguée. Les deux interlocuteurs étaient un Lama de Jéhovah et un Lama de Bouddha. Sandara s'occupait de ses fonctions en véritable mercenaire. Les dispositions qu'il avait d'abord manifestées à Tang-Keou-Eul, ses signes de croix, son penchant pour la doctrine chrétienne, tout cela n'avait été qu'une pure comédie. Les idées religieuses n'avaient plus aucune prise sur ce cœur cupide et blasé. Il avait rapporté de son long séjour parmi les Chinois, une incrédulité frondeuse, dont il aimait souvent à faire parade. A ses yeux, toute religion n'était qu'une industrie inventée par les gens d'esprit, pour l'exploitation des imbéciles. La vertu était un vain mot, et l'homme de mérite était celui qui avait assez d'adresse pour se tirer d'affaire mieux que les autres.

Malgré ces opinions sceptiques et impies, Sandara ne pouvait s'empêcher d'être plein d'admiration pour la doctrine chrétienne. Il était surtout frappé de l'enchaînement des faits historiques que nous lui faisions traduire. Il y trouvait un caractère d'authenticité, dont sont dénuées les fables accumulées dans les livres bouddhiques ; il nous le disait quelquefois, comme par surprise, car ordinairement il cherchait à soutenir en notre présence son triste rôle d'esprit fort. Quand il était avec les Lamas, il était plus à son aise : il publiait partout, qu'en fait de doctrine religieuse, nous étions capables d'en remontrer à tous les Bouddha-vivants.

Au bout de quelque temps, nous commençâmes par faire dans la lamaserie une certaine sensation ; on s'entretenait beaucoup des deux Lamas de Jéhovah, et de la nouvelle doctrine qu'ils enseignaient. On disait que jamais on ne nous voyait nous prosterner devant Bouddha ; que nous récitions trois fois par jour des prières qui n'étaient pas thibétaines ; que nous avions un langage particulier que personne n'entendait, mais qu'avec les autres, nous parlions tartare, chinois, et un peu thibétain. Il n'en fallait pas tant pour piquer la curiosité du public lamanesque. Tous les jours nous avions des visiteurs, et la conversation ne roulait jamais que sur des questions religieuses. Parmi tous ces Lamas, nous n'en trouvâmes pas un seul qui fût de la trempe incrédule de Sandara-le-Barbu ; ils nous parurent tous sincèrement religieux et pleins de bonne foi ; il y en avait même plusieurs qui attachaient une grande im-

dhisme. Il avait la prétention d'être, tout à la fois, bon chrétien et fervent bouddhiste ; dans les prières, il invoquait tour à tour Tsong-Kaba et Jéhovah ; il poussait la simplicité jusqu'à nous inviter quelquefois à prendre part à ses pratiques religieuses.

Un jour, il nous proposa pour le lendemain une partie de dévotion en faveur des voyageurs du monde entier. — Nous ne connaissons pas cette dévotion, lui dîmes-nous ; si tu voulais nous donner quelques explications?—Voici : on sait qu'il y a souvent des voyageurs qui se trouvent sur des chemins pénibles et difficiles ; quelquefois ces voyageurs sont de saints Lamas qui font pélerinage : or il arrive fréquemment qu'ils ne peuvent continuer leur route, parce qu'ils sont épuisés de fatigue ; dans ce cas, nous allons à leur secours, en leur envoyant des chevaux.—Oh! nous écriâmes-nous, cette pratique est bien belle, elle est très-conforme aux principes de la charité chrétienne ; mais considère que nous autres pauvres voyageurs, nous ne sommes pas actuellement en position de prendre part à cette belle œuvre; tu sais que nous ne possédons qu'un cheval et un petit mulet, que nous devons faire reposer, afin de nous en servir pour notre voyage du Thibet. — Tsong-Kaba ! s'écria le bègue, puis il frappa ses mains l'une contre l'autre, en signe de jubilation, et s'abandonna à un rire inextinguible. — Qu'as-tu donc à rire ? Ce que nous te disons, c'est la vérité, nous n'avons qu'un cheval et un petit mulet... — Quand le débordement de son hilarité fut un peu passé: — Ce n'est pas cela, nous dit-il, vous n'avez pas compris notre pratique de dévotion. Ce que nous envoyons aux voyageurs, ce sont des chevaux en papier.... Et en disant ces mots, il courut dans sa cellule.... C'eût été le cas de rire à notre tour, en apprenant que la charité des bouddhistes consistait à donner aux voyageurs des chevaux en papier. Mais nous conservâmes notre gravité ; car nous avions pris pour règle, de ne tourner jamais en ridicule les pratiques des Lamas. Un instant après, le bègue reparut, tenant dans ses mains quelques morceaux de papier, sur chacun desquels était imprimée l'image d'un cheval sellé, bridé, et allant ventre à terre. — Voilà, nous dit le bègue, les chevaux que nous envoyons aux voyageurs. Demain, nous monterons sur une haute montagne, à trente *lis* de la lamaserie; nous passerons la journée à réciter des prières et à expédier des chevaux. — Quel moyen employez-vous pour les envoyer aux voyageurs? — Un moyen fort simple. Après certaines formules de prières, nous prenons un paquet de chevaux que nous lançons en l'air; le vent les emporte; par la puissance de Bouddha, ils sont changés en véritables chevaux, et se présentent aux voyageurs... Nous dîmes sincèrement à notre cher voisin ce que nous pensions de cette pratique, et nous lui exposâmes les motifs qui nous empêchaient d'y prendre part. Il parut goûter fort tout ce que nous lui dîmes; mais cela ne l'empêcha pas de passer une grande partie de la nuit à fabriquer, par voie d'impression, une quantité prodigieuse de chevaux.

Le lendemain, avant que le jour parût, il se mit en route, avec quelques confrères, pleins de dévouement comme lui pour les pauvres voyageurs. Ils partirent chargés d'une tente, d'une marmite et de quelques provisions de bouche. Pendant toute la matinée, il fit un vent épouvantable, qui ne se calma que vers le milieu du jour; le ciel devint alors sombre et pesant, et la neige se mit à tomber par gros flocons. Nous attendions avec impatience le retour du bègue ; le pauvre malheureux nous revint sur le soir, tout transi de froid et brisé de fatigue. Nous l'invitâmes à se reposer un instant dans notre cellule ; nous lui servîmes du thé au lait et quelques pains frits au beurre. — La journée a été terrible, nous dit-il. — Oui, le vent a soufflé de ce côté-ci avec assez de violence. — Je crois pourtant que ce n'était rien, en comparaison de ce que nous avons ressenti sur le sommet de la montagne ; la tente, la marmite, tout a été emporté dans un tourbillon ; nous avons été obligés de nous coucher à plat ventre pour n'être pas nous-mêmes enlevés. — C'est bien fâcheux que vous ayez perdu votre tente et votre marmite. — C'est vrai, c'est un malheur. Cependant il faut avouer que le temps était très-favorable pour envoyer des chevaux aux voyageurs. Quand nous avons vu qu'il allait tomber de la neige, nous les avons fait partir en masse, et le vent les a emportés vers les quatre parties du monde. Si nous avions attendu plus tard, la neige les aurait mouillés, et ils seraient restés collés sur les flancs de la montagne. — Au bout du compte cet excellent jeune homme n'était pas si mécontent de sa journée.

Le vingt-cinq de chaque lune est le jour consacré pour l'envoi des chevaux aux pauvres voyageurs. Cette pratique n'est pas générale ; elle est laissée à la dévotion et au dévouement de chacun. Le vingt-huitième jour est désigné pour un autre genre d'exercice religieux, auquel tous les Lamas doivent prendre part. Dans la journée du vingt-sept, le bègue nous en prévint, en nous disant : La nuit prochaine, nous vous empêcherons peut-être de dormir ;

nous devons vaquer aux prières nocturnes.—Nous ne fîmes pas grande attention à cet avis. Nous pensâmes que, pendant la nuit, les Lamas réciteraient des prières dans leurs cellules, comme il leur arrivait assez fréquemment. Nous nous couchâmes donc à notre heure ordinaire, et nous nous endormîmes profondément, selon notre bonne habitude.

Conformément à la prophétie du bègue, notre sommeil ne demeura pas long-temps paisible. D'abord, il nous sembla rêver que nous entendions, au haut des airs, comme le concert d'une grande multitude. Ces voix confuses et indéterminées nous parurent devenir insensiblement fortes et distinctes. Nous nous réveillâmes, et nous entendîmes en effet le chant des prières lamanesques. Dans un clin d'œil, nous fûmes habillés, et nous nous rendîmes dans la cour de la maison. Elle était éclairée par un pâle reflet d'une lumière qui semblait venir d'en haut. Nous vîmes le vieux Akayé accroupi dans un coin, et occupé à dégrainer son chapelet. — Akayé, lui dîmes-nous, qu'est-ce que c'est donc que ce bruit étrange?—Ce sont les prières nocturnes. Si vous voulez voir, montez sur la terrasse de la maison..... Une échelle était tout à propos appliquée contre le mur; nous en montâmes rapidement les degrés, et nous fûmes bientôt témoins d'un singulier spectacle. Les terrasses de toutes les maisons étaient illuminées par des lanternes rouges suspendues à de longues perches. Tous les Lamas, revêtus de leur manteau de cérémonie et coiffés de la mitre jaune, étaient assis sur les plates-formes de leurs habitations, et chantaient des prières d'une voix lente et moyenne. Sur le haut de notre maison, nous trouvâmes le bègue, le Kitat-Lama et son chabi, entièrement absorbés dans leur cérémonie. Nous n'eûmes garde de les déranger, et nous nous contentâmes de regarder et d'écouter. Ces innombrables lanternes, avec leur lueur rougeâtre et fantastique, les édifices de la lamaserie vaguement éclairés par les reflets d'une lumière tremblante, ces quatre mille voix qui faisaient monter dans les airs un concert immense, auquel venait se joindre, de temps à autre, le bruit des trompettes et des conques marines, tout cela avait un aspect grandiose, et jetait l'âme dans une vague épouvante.

Après avoir considéré un instant ce spectacle étrange, nous descendîmes dans la cour, et nous trouvâmes le vieux Akayé toujours à la même place. — Hé bien, nous dit-il, avez-vous vu la cérémonie des prières nocturnes? —Oui; mais nous n'en comprenons pas le but. Serait-ce te déranger que de te demander quelques courtes explications?— Nullement; ces prières ont été établies pour chasser les démons. Autrefois ce pays en était désolé. Ils causaient des maladies aux bestiaux et corrompaient le lait des vaches; ils troublaient souvent les cellules des Lamas, ils portaient leur audace jusqu'à pénétrer dans le chœur, aux heures des prières générales, et leur présence s'annonçait par la confusion et la discordance qui régnaient dans la psalmodie. Pendant la nuit, ils se réunissaient par grandes troupes, au fond du ravin, et effrayaient tout le monde par des cris et des gémissements si étranges, que les hommes ne savent pas les imiter. Un Lama, plein de science et de sainteté, inventa les prières nocturnes, et, depuis qu'on les récite, les démons ont presque entièrement disparu de ces contrées. Il en vient encore de temps en temps; mais ils ne font pas de mal comme autrefois. — Akayé, lui dîmes-nous, est-ce que par hasard tu aurais vu quelquefois des démons?— Oh! non, jamais; et je suis sûr que vous autres non plus, vous n'en avez jamais vu. — Pourquoi, dis-tu cela?— C'est que les démons n'apparaissent qu'aux mauvais Lamas; les bons ne peuvent pas les voir... — En ce moment, les chants des Lamas, qui priaient sur les plates-formes, s'arrêtèrent; et tout à coup les trompettes, les cloches, les tambours et les conques marines retentirent à trois reprises différentes. Ensuite les Lamas poussèrent tous ensemble des cris affreux, semblables à des hurlements de bêtes féroces... La cérémonie était terminée. Les lanternes s'éteignirent, et tout rentra dans le silence. Nous souhaitâmes une bonne nuit au vieux Akayé, et nous allâmes reprendre notre sommeil.

Il y avait déjà plus de trois mois que nous résidions à Kounboum, jouissant de la sympathie des religieux bouddhistes et de la bienveillance de l'autorité. Mais depuis long-temps, nous étions en opposition flagrante avec une grande règle de la lamaserie. Les étrangers qui ne font que passer à Kounboum, ou qui doivent seulement y faire un court séjour, ont la faculté de s'habiller à leur gré. Ceux au contraire qui sont attachés à la lamaserie, et ceux qui doivent y résider pendant un long espace de temps, sont obligés de revêtir les habits sacrés des Lamas, c'est-à-dire la robe rouges, la petite dalmatique sans manches et laissant les bras à découvert, l'écharpe rouge, et la mitre jaune. On est très-sévère sur cette règle d'uniformité. Le grand Lama, chargé de veiller au maintien de la discipline, nous envoya donc, un beau jour, une espèce d'huissier, pour nous inviter officiellement à la stricte observance des statuts. Nous fîmes répondre au supérieur de la discipline, que n'étant pas de la religion de Bouddha, nous ne pouvions adopter les habits sacrés des Lamas, sans faire injure à nos saintes croyances ; que cependant, comme nous ne voulions pas occasionner le moindre désordre dans la lamaserie, nous étions tout disposés à la quitter, si l'on ne pouvait pas nous accorder une dispense au sujet du costume.

Plusieurs jours s'écoulèrent sans qu'on donnât suite à cette malencontreuse affaire. Dans cet intervalle, Samdadchiemba arriva avec les trois chameaux, qu'il avait jusquelà fait paître dans une vallée du Koukou-Noor. En cas de déménagement, son retour ne pouvait être plus à propos. Le gouvernement lamanesque nous envoya de nouveau son parlementaire. Il nous dit que le règlement de la lamaserie était inflexible, et qu'on était peiné que *notre sublime et sainte religion* ne nous permît pas de nous y conformer. Il ajouta, qu'on verrait avec plaisir que nous restassions dans le voisinage de la lamaserie, et qu'en conséquence, on nous invitait à aller nous fixer à *Tchogortan*, où nous pourrions garder le costume qui nous conviendrait.

Nous avions beaucoup entendu parler de la petite lamaserie de Tchogortan, qui est comme la maison de campagne de la faculté de médecine. Elle est éloignée de Kounboum tout au plus d'une demi-heure de chemin. Les grands Lamas et les étudiants de la section médicale, s'y rendent tous les ans vers la fin de l'été, et y passent ordinairement quinze jours, occupés à recueillir les plantes médicinales sur les montagnes environnantes. Pendant le reste de l'année, la plupart des maisons sont désertes; on y rencontre seulement quelques Lamas contemplatifs, qui ont creusé leur cellule dans les rochers les plus escarpés de la montagne.

La proposition du parlementaire ne pouvait mieux nous convenir, car la belle saison allait commencer. L'hiver à la ville, le printemps à la campagne, cela nous parut admirable. Pendant le séjour de trois mois que nous avions fait à Kounboum, nous nous étions passablement stylés aux convenances lamanesques. Nous achetâmes donc un khata et un petit plat de raisins secs, pour aller rendre une visite au Lama administrateur de Tchogortan. Il nous reçut avec affabilité, et nous promit de donner immédiatement ses ordres pour nous faire préparer une habitation convenable. Après avoir servi un splendide festin d'adieux au vieux Akayé, au Kitat-Lama et au bègue, nous chargeâmes notre bagage sur les chameaux, et nous nous acheminâmes gaiement vers la petite lamaserie.

CHAPITRE IV.

Aspect de la lamaserie de Tchogortan. — Lamas contemplatifs. — Lamas bouviers. — *Le livre des quarante-deux points d'enseignement proférés par Bouddha.* — Extrait des annales chinoises, sur la prédication du bouddhisme en Chine. — Les tentes noires. — Mœurs des Si-Fan. — Bœufs à long poil. — Aventure d'un *Karba* empaillé. — Chronique lamanesque sur l'origine des peuples. — Régime alimentaire. — Précieuses découvertes dans le règne végétal. — Fabrique de cordes de poil de chameau. — Nombreuses visites à Tchogortan. — Classification des *argols*. — Histoire de brigands. — Elévation de la *Pyramide de la Paix*. — La faculté de médecine à Tchogortan. — Médecins thibétains. — Départ pour la mer Bleue.

Une demi-heure nous suffit pour opérer notre déménagement de Kounboum à Tchogortan. Après avoir longé pendant quelque temps les flancs arides d'une haute montagne, nous descendîmes dans une grande vallée, au milieu de laquelle coulait un ruisseau dont les rives étaient encore bordées de glace. Le pays nous parut fertile en assez bons pâturages; mais, à cause de la froidure du climat, la végétation y est extrêmement paresseuse et tardive. Quoique nous fussions au mois de mai, les germes naissants qui sortaient de terre donnaient à peine à la vallée une teinte jaunâtre.

Un Lama, d'une figure rouge et bien rebondie, vint au-devant de nous, et nous conduisit à l'habitation que l'administrateur de la lamaserie nous avait fait préparer. Nous fûmes installés dans une grande chambre, qui, la veille encore, servait de demeure à quelques petits veaux, trop jeunes et trop faibles pour pouvoir suivre leurs mères sur les montagnes. On avait fait de grands efforts pour nettoyer l'appartement ; mais le succès n'avait pas été tellement complet, qu'on ne distinguât çà et là de nombreuses traces des anciens locataires ; on nous avait, du reste, assigné ce qu'il y avait de mieux dans la lamaserie.

Tchogortan est, comme nous l'avons déjà dit, la maison de campagne de la Faculté de médecine : l'aspect en est assez pittoresque, surtout pendant la saison de l'été. Les habitations des Lamas, construites au pied d'une grande montagne taillée à pic, sont ombragées par des arbres séculaires, dont les épais rameaux servent de retraite aux milans et aux corbeaux. A quelques pas au-dessous des maisons, coule un ruisseau abondant, entrecoupé de nombreuses digues, construites par les Lamas pour faire tourner les *tchukor* ou moulins à prières. On aperçoit, dans l'enfoncement de la vallée et sur les coteaux voisins, les tentes noires des Si-Fan et quelques troupeaux de chèvres et de *sarligues*. La montagne rocheuse et escarpée, à laquelle est adossée la lamaserie, sert de demeure à cinq religieux contemplatifs, qui, semblables à des aigles, ont choisi pour bâtir leurs aires les endroits les plus élevés et les plus inaccessibles : les uns ont creusé leur retraite dans la roche vive ; les autres demeurent dans des cellules de bois appliquées à la montagne comme d'énormes nids d'hirondelles ; quelques morceaux de bois plantés dans le rocher leur servent d'échelons pour monter et descendre. Un de ces ermites bouddhistes a entièrement renoncé au monde, et s'est privé volontairement de ces moyens de communication avec ses semblables ; un sac suspendu à une longue corde, sert à lui faire parvenir les aumônes des Lamas et des bergers du pays.

Nous avons eu des rapports assez fréquents avec ces Lamas contemplatifs, mais nous n'avons jamais pu savoir au juste ce qu'ils contemplaient là-haut, du fond de leur niche. Ils étaient eux-mêmes très-incapables de s'en rendre un compte bien exact ; ils avaient embrassé, nous disaient-ils, ce genre de vie, parce qu'ils avaient lu dans leurs livres, que des Lamàs d'une grande sainteté avaient vécu de la sorte. Au résumé, ils étaient assez bonnes gens : leur naturel était simple, paisible, et nullement farouche ; ils passaient le temps à prier, et quand ils en étaient fatigués, ils trouvaient dans le sommeil un honnête délassement.

Outre ces cinq contemplatifs qui demeuraient toujours au haut des rochers, il y avait dans le bas quelques Lamas à qui on avait confié la garde des maisons désertes de la lamaserie. Ceux-ci, par exemple, ne prenaient pas la vie comme les premiers, par son côté fin et mystique ; ils étaient au contraire tout-à-fait plongés dans le positif et la réalité des choses de ce monde : ils étaient bouviers. Dans la grande maison où l'on nous avait installés, il y avait deux gros Lamas, qui passaient poétiquement leur vie à nourrir une vingtaine de bœufs : soigner les petits veaux, traire les vaches, battre le beurre et presser les fromages, telles étaient leurs occupations de tous les jours. Ils paraissaient peu se préoccuper de contemplation ou de prières ; on les entendait pourtant pousser quelques exclamations vers Tsong-Kaba ; mais c'était toujours à cause de leurs bestiaux ; c'était parce que les bœufs se mutinaient, les vaches ne se laissaient pas traire avec patience, ou les jeunes veaux s'étaient échappés en folâtrant à travers la vallée. Notre arrivée au milieu d'eux leur avait fait trouver une certaine distraction à la monotonie de la vie pastorale. Ils venaient parfois nous visiter dans notre chambre, et passaient en revue les livres de notre petite bibliothèque de voyage, avec cette curiosité timide et respectueuse que les gens simples et illétrés témoignent toujours pour les œuvres de l'intelligence. S'il leur arrivait de nous trouver à écrire, ils oubliaient alors pendant long-temps et les troupeaux et les laitages; ils passaient des heures entières, debout, immobiles, et les yeux fixés sur notre plume de corbeau, qui courait sur le papier, et laissait en courant des caractères dont la finesse et l'étrangeté les tenait en extase.

La petite lamaserie de Tchogortan, nous plaisait au-delà de nos espérances. Nous ne regrettâmes pas une seule fois le séjour de Kounboum, pas plus que le prisonnier ne regrette son cachot après avoir recouvré la liberté. C'est que, nous aussi, nous nous sentions libres et émancipés. Nous n'étions plus sous la férule de Sandara-le-Barbu, de ce régent dur et impitoyable, qui, tout en nous donnant des leçons de thibétain, paraissait s'être en même temps imposé le devoir de nous façonner à la patience et à l'humilité. Le désir d'apprendre nous avait fait endurer tous ses mauvais traitements. Mais notre départ de Kounboum avait été pour nous une heureuse et favorable occasion d'arracher cette hideuse sangsue, qui, pendant cinq mois entiers, était demeurée opiniâtrément collée à notre existence. D'ailleurs, les quelques succès que nous avions obtenus dans l'étude du thibétain, pouvaient nous dispenser d'avoir désormais un maître à nos côtés ; nous pouvions marcher seuls, et aller en avant sans avoir besoin d'un aide officiel.

Nos heures de travail étaient consacrées à revoir et à analyser nos dialogues, et à traduire un petit ouvrage thibétain, ayant pour titre : *Les quarante-deux points d'enseignement proférés par Bouddha.* Nous en possédions une magnifique édition en quatre langues, savoir : en thibétain, en mongol, en mantchou, et en chinois. Avec ce secours nous pouvions nous dispenser d'avoir recours à la science des Lamas. Quand le thibétain nous présentait quelque difficulté, nous n'avions, pour la lever, qu'à consulter les trois autres idiomes, qui nous étaient assez familiers.

Ce livre, attribué à Chakya-Mouni, est un recueil de préceptes et de sentences pour engager les hommes et surtout les religieux à la pratique de la vertu. Pour donner une idée de la morale des bouddhistes, nous allons citer quelques extraits de cet ouvrage, qui fait autorité dans le lamanisme.

I.

« .... Bouddha, le suprême des êtres, manifestant sa doc-
» trine, prononça ces mots : Il y a pour les vivants dix es-
» pèces d'actes, qu'on nomme bons ; il y a aussi dix espèces
» d'actes qu'on nomme mauvais. Si vous demandez, quels
» sont ces dix mauvais actes.... Il y en a trois qui appar-
» tiennent au corps, quatre à la parole, trois à la volonté.
» Les trois du corps sont : Le meurtre, le vol et les actions
» impures. — Les quatre de la parole sont : Les discours
» qui sèment la discorde, les malédictions outrageantes, les

» mensonges impudents et les propos hypocrites. — Les
» trois de la volonté, sont : L'envie, la colère et les pensées
» perverses.

II.

« Bouddha, manifestant sa doctrine, prononça ces mots :
» Le méchant qui persécute l'homme de bien, est semblable
» à l'insensé, qui, renversant sa tête, crache contre le ciel ;
» son crachat, ne pouvant souiller le ciel, retombe, au con-
» traire, sur lui-même. Il est encore semblable à celui qui,
» avec un vent contraire, jette de la poussière aux hommes ;
» la poussière ne peut salir les hommes, elle retourne, au
» contraire, sur son corps. Il ne faut pas persécuter les
» gens de bien, sans cela les calamités vous extermine-
» ront.

III.

« .... Bouddha.... etc.... Au-dessous du ciel, il y a vingt
» choses difficiles : 1° Etant pauvre et dans l'indigence,
» accorder des bienfaits, c'est difficile ; 2° étant riche et
» élevé en dignité, étudier la doctrine, c'est difficile ;
» 3° ayant fait le sacrifice de sa vie, mourir véritablement,
» c'est difficile ; 4° obtenir de voir les prières de Bouddha,
» c'est difficile ; 5° avoir le bonheur de naître dans le monde
» de Bouddha, c'est difficile ; 6° transiger avec la volupté,
» et vouloir être délivré de ses passions, c'est difficile ;
» 7° voir quelque chose d'aimable, et ne pas le désirer,
» c'est difficile ; 8° ne pas être porté vers ce qui est lucratif
» et honorable, c'est difficile ; 9° être injurié, et ne pas s'ir-
» riter, c'est difficile ; 10° dans le tourbillon des affaires, se

» conduire avec calme, c'est difficile ; 11° étudier beaucoup
» et approfondir, c'est difficile ; 12° ne pas mépriser un
» homme qui n'a pas étudié, c'est difficile ; 13° extirper
» l'orgueil de son cœur, c'est difficile ; 14° rencontrer un
» vertueux et habile maître, c'est difficile ; 15° pénétrer les
» secrets de la nature, et approfondir la science, c'est diffi-
» cile ; 16° ne pas être ému par un état de prospérité, c'est
» difficile ; 17° s'éloigner du bien, et vouloir marcher dans
» la sagesse, c'est difficile ; 18° décider les hommes à sui-
» vre leur conscience, c'est difficile ; 19° tenir toujours son
» cœur dans un mouvement égal, c'est difficile ; 20° ne
» pas médire, c'est difficile.

IV.

« ..... L'homme qui convoite les richesses, est semblable
» à un jeune enfant, qui, avec la pointe acérée d'un couteau,
» veut goûter du miel ; sans avoir eu le temps de savourer
» ce qui n'a fait qu'effleurer ses lèvres, il ne lui reste plus
» que les cuisantes douleurs d'une incision à la langue.

V.

« .... Il n'y a pas de passion plus violente que la volupté !
» Rien ne va au-delà de la volupté ! Par bonheur, il n'y a
» qu'une seule passion de ce genre ; car s'il y en avait deux,
» il n'y aurait pas un seul homme en tout l'univers qui
» pût suivre la vérité.

VI.

« ..... Bouddha prononça ces mots en présence de tous
» les *Charmanas* (1) : Gardez-vous de fixer les yeux sur les

(1) Les *Charmanas*, (en sanscrit, *S'raman'as*) sont des religieux de la hiérarchie lamanesque.

» femmes!.. Si vous vous rencontrez avec elles, que ce soit
» comme n'y étant pas. Gardez-vous de parler avec les
» femmes!... Si vous parlez avec elles, veillez avec soin sur
» votre cœur; que votre conduite soit irréprochable, vous
» disant intérieurement : Nous qui sommes des *Charma-*
» *nas*, résidant dans ce monde corrompu, nous devons
» être semblables à la fleur de nénuphar, qui ne contracte
» pas de souillure au milieu d'une eau bourbeuse.

VII.

» .....L'homme qui marche dans la pratique de la vertu,
» doit regarder les passions comme une herbe combusti-
» ble en présence d'un grand feu. L'homme jaloux de sa
» vertu, doit s'enfuir à l'approche des passions.

VIII.

» Un Charmana qui passait les nuits entières à chanter
» les prières, témoigna un jour, par sa voix triste et op-
» pressée, un grand découragement et le désir de s'en re-
» tourner. Bouddha fit appeler ce Charmana, et lui dit : —
» Au temps où tu étais dans ta famille, que faisais-tu? —
» Je pinçais sans cesse de la guitare..... Bouddha lui dit :
» — Si les cordes de la guitare se relâchaient, qu'arrivait-
» il? — Je n'obtenais pas de son. — Si les cordes étaient
» trop tendues, qu'arrivait-il? — Les sons étaient entre-
» coupés. — Lorsque les cordes obtenaient un juste équi-
» libre de tension et de souplesse, qu'arrivait-il? — Tous
» les sons s'accordaient dans une parfaite harmonie. —
» Bouddha prononça alors ces mots : Il en est de même de
» l'étude de la doctrine. Après que tu auras pris empire sur

» ton cœur, et réglé ses mouvements avec mesure et harmo-
» nie, il parviendra à l'acquisition de la vérité.

IX.

« Bouddha fit cette demande aux *Charmanas*.... A com-
» bien de temps est fixée la vie de l'homme ? Ils répondi-
» rent : Elle est bornée à quelques jours.... Bouddha pro-
» nonça ces mots : Vous n'avez pas encore acquis la
» connaissance de la doctrine.... S'adressant ensuite à un
» Charmana, il lui fit cette demande : A combien de temps
» est fixée la vie de l'homme? Il répondit : Elle est bornée
» au temps de prendre un repas.... Bouddha prononça ces
» mots : Va-t'en, toi non plus, tu n'as pas encore l'intel-
» ligence de la doctrine..... S'adressant ensuite à un
» autre Charmana, il lui fit cette demande : A combien de
» temps est fixée la vie de l'homme? Il répondit : Elle est
» bornée au temps qu'il faut pour émettre un souffle.....
» Après qu'il eut ainsi parlé, Bouddha prononça ces mots:
» C'est bien, on peut dire que tu as acquis l'intelligence de
» la doctrine.

X.

« ..... L'homme qui, pratiquant la vertu, s'applique à
» extirper les racines de ses passions, est semblable à celui
» qui déroule entre ses doigts les perles d'un chapelet. S'il
» va les prenant une à une, il arrive facilement au terme;
» en extirpant un à un ses mauvais penchants, on obtient
» la perfection.

XI.

« ..... Le Charmana qui pratique la vertu, doit se
» comparer au bœuf à long poil, qui, chargé de ba-
» gages, chemine au milieu d'un profond bourbier ; il n'ose
» regarder ni à droite ni à gauche, espérant toujours sortir

» de la boue, et parvenir au lieu de repos. Le Charmana,
» considérant ses passions comme plus terribles que cette
» boue, s'il ne détourne jamais ses yeux de la vertu, par-
» viendra certainement au comble de la félicité.....

Nous ne prolongerons pas davantage ces extraits. Le peu que nous venons de citer, suffira pour donner une idée du fond et de la forme de ce livre, qui fait également l'autorité parmi les Bonzes et parmi les Lamas. Il fut transporté de l'Inde en Chine, la soixante-cinquième année de l'ère chrétienne, à l'époque où le bouddhisme commença à se propager dans l'empire céleste. Les annales chinoises rendent compte de cet événement de la manière suivante :

«..... La vingt-quatrième année du règne de *Tchao-*
» *Wang*, de la dynastie des *Tcheou* (qui répond à l'an 1029
» avant Jésus-Christ), le huitième jour de la quatrième lune,
» une lumière, apparaissant au sud-ouest, illumina le palais
» du roi. Le monarque, voyant cette splendeur, interrogea
» les sages habiles à prédire l'avenir. Ceux-ci lui présentè-
» rent les livres où il était écrit que ce prodige présageait
» que du côté de l'occident avait apparu un grand saint, et
» que, mille ans après sa naissance, sa religion se répan-
» drait dans ces lieux.

«La cinquante-troisième année du règne de *Mou-Wang*,
» qui est celle du singe noir (951 avant Jésus-Christ), le
» quinzième jour de la seconde lune, Bouddha se mani-
» festa (mourut). Mille treize ans après, sous la dynastie de
» *Ming-Ti*, de la dynastie des *Han*, la septième année du
» règne de *Young-Ping* (64 après Jésus-Christ), le quin-
» zième jour de la première lune, le roi vit en songe un

» homme de couleur d'or, resplendissant comme le soleil,
» et dont la stature s'élevait à plus de dix pieds. Étant en-
» tré dans le palais du roi, cet homme dit : Ma religion se
» répandra dans ces lieux. Le lendemain, le roi interrogea
» les sages. L'un d'eux, nommé *Fou-Y*, ouvrant les Annales
» du temps de l'empereur *Tchao-Wang*, de la dynastie des
» *Tcheou*, fit connaître les rapports qui existaient entre le
» songe du roi et le récit des Annales. Le roi consulta les
» anciens livres, et ayant trouvé le passage correspondant
» au temps de *Tchao-Wang*, de la dynastie des *Tcheou*,
» fut rempli d'allégresse. Alors, il envoya les officiers *Tsa-*
» *In* et *Thsin-King*, le lettré *Wang-Tsun*, et quinze autres
» hommes pour aller dans l'Occident prendre des informa-
» tions sur la doctrine de Bouddha.

» Dans la dixième année (l'an 67 après Jésus-Christ),
» *Tsa-In, etc.*, étant arrivés dans l'Inde centrale, chez les
» grands *Youeï-Tchi*, rencontrèrent *Kas'yamatanga* et
» *Tcho-Fa-Lan*, et se procurèrent une statue de *Bouddha*
» et des livres en langue de *Fan* (*Fan-Lan-Mo*, ou *Brahma*),
» c'est-à-dire en sanscrit, et les transportèrent sur un che-
» val blanc jusqu'à la ville *Lo-Yang. Kas'yamatanga* et
» *Tchou-Fa-Lang* rendirent visite à l'Empereur, en costume
» de religieux, et furent logés dans le *Hong-Lon-Ssé*, appelé
» aussi *Sse-Pin-Ssé,* ou l'Hôtel des Étrangers.

» Dans la onzième année (l'an 68 après Jésus-Christ),
» l'Empereur ordonna de bâtir le *couvent du Cheval-Blanc*,
» en dehors de la porte *Yong-Mon*, à l'ouest de la ville de
» *Lo-Yang. Matanga* y traduisit *le Livre sacré en quarante-*
» *deux articles.* Six ans après, *Tsa-In* et *Tcho-Fa-Lan*
» convertirent des *Tao-Ssé* au bouddhisme. S'élevant en-

» suite dans l'espace, ils firent entendre au roi les vers
» suivants :

« Le renard n'est pas de la race des lions. La lampe
» n'a pas la clarté du soleil et de la lune. Le lac ne
» peut se comparer à la mer; les collines ne peuvent
» se comparer aux montagnes élevées.....

» Le nuage des prières se dilatant sur toute la sur-
» face de la terre, leur rosée bienfaitrice fécondant
» les germes du bonheur, et les rites divins opérant
» partout de merveilleux changements, tous les peu-
» ples marcheront dans les lois de la réhabilitation. »

Les premiers jours que nous passâmes à Tchogortan, nous les consacrâmes entièrement à la traduction du livre de Bouddha; mais bientôt nous fûmes obligés de donner une partie de notre temps aux soins de la vie pastorale. Nous avions remarqué que, tous les soirs, nos animaux revenaient affamés, et qu'au lieu d'engraisser ils maigrissaient de jour en jour; c'est que Samdadchiemba se mettait peu en peine de les conduire où il y eût de quoi brouter. Après les avoir poussés quelques instants devant lui, il les abandonnait sur quelque coteau aride, et puis il s'endormait tout bravement au soleil, ou s'en allait bavarder et boire du thé dans les tentes noires. Nous eûmes beau le haranguer, il n'en fit ni plus ni moins; son caractère insouciant n'en fut pas le moins du monde modifié. Nous n'eûmes d'autre moyen de remédier au mal, que de nous faire bergers.

Aussi bien, il était impossible de rester obstinément et exclusivement hommes de lettres, alors que tout, autour de nous, semblait nous convier à faire quelques concessions aux habitudes des peuples pasteurs. Les *Si-Fan* ou

Thibétains orientaux, sont nomades comme les Tartares-Mongols, et passent leur vie uniquement occupés de la garde de leurs troupeaux; ils ne logent pas, toutefois, comme les tribus mongoles, dans des ïourtes recouvertes de feutre. Les grandes tentes qu'ils se construisent avec de la toile noire, sont ordinairement de forme héxagone; à l'intérieur, on ne voit ni colonne ni charpente pour leur servir d'appui; les six angles du bas sont retenus au sol avec des clous, et le haut est soutenu par des cordages, qui, à une certaine distance de la tente, reposent d'abord horizontalement sur de longues perches, et vont ensuite, en s'inclinant, s'attacher à des anneaux fixés en terre. Avec ce bizarre arrangement de perches et de cordages, la tente noire des nomades Thibétains ne ressemble pas mal à une araignée monstrueuse qui se tiendrait immobile sur ses hautes et maigres jambes, mais de manière à ce que son gros abdomen fût au niveau du sol. Les tentes noires sont loin de valoir les ïourtes des Mongols; elles ne sont ni plus chaudes ni plus solides que de simples tentes de voyage. Le froid y est extrême, et la violence du vent les jette facilement à bas.

On peut dire, cependant, que sous un certain rapport, les *Si-Fan* paraissent plus avancés que les Mongols; ils semblent avoir quelque velléité de se rapprocher des mœurs des peuples sédentaires. Quand ils ont choisi un campement, ils ont l'habitude d'élever tout autour une muraille haute de quatre ou cinq pieds. Dans l'intérieur de leur tente, ils construisent des fourneaux qui ne manquent ni de goût ni de solidité. Malgré ces précautions, ils ne s'attachent pas davantage au sol qu'ils occupent; au moindre caprice, ils décampent, et détruisent, en partant, tous leurs ouvrages de maçonnerie ; ils emportent avec eux les principales pierres, qui sont comme une partie de leur mobilier.

Les troupeaux des Thibétains orientaux, se composent de moutons, de chèvres, et de bœufs à long poil ; ils ne nourrissent pas autant de chevaux que les Tartares, mais les leurs sont plus forts, et d'une tournure plus élégante ; les chameaux qu'on rencontre dans leur pays, appartiennent pour la plupart aux Tartares-Mongols.

Le bœuf à long poil, du nom chinois, *Tchang-Mao-Nieou*, est appelé *yak* par les Thibétains, *sarligue* par les Tartares, et bœuf grognant par les naturalistes européens. Le cri de cet animal imite, en effet, le grognement du cochon, mais sur un ton plus fort et plus prolongé. Le bœuf à long poil est trapu, ramassé, et moins gros que le bœuf ordinaire ; son poil est long, fin et luisant ; celui qu'il a sous le ventre, descend jusqu'à terre ; ses pieds sont maigres, et crochus comme ceux des chèvres ; aussi, aime-t-il à gravir les montagnes, et à se suspendre au-dessus des précipices. Quand il prend ses ébats, il redresse et agite sa queue, qui se termine par une grosse touffe de poil en forme de panache. La chair du bœuf à long poil est excellente ; le lait que donne la vache est délicieux, et le beurre qu'on en fait, au-dessus de tout éloge. Malte-Brun prétend que le lait de la vache grognante sent le suif. Certainement, il n'est pas permis de discuter sur les goûts ; cependant, il nous semble que la présomption doit être un peu en faveur de notre opinion ; car nous pensons que le savant géographe a eu moins que nous l'occasion d'aller boire du lait dans les tentes noires, et d'apprécier sa saveur.

Parmi les troupeaux des *Si-Fan*, on remarque quelques *bœufs jaunes*, qui sont de la race des bœufs ordinaires qu'on voit en France; mais ils sont, en général, faibles et de mauvaise mine. Les veaux qui naissent d'une vache à long poil et d'un bœuf jaune, se nomment *karba*; ils sont rarement viables; les vaches à long poil sont si pétulantes et si difficiles à traire, que pour les tenir en repos, on est obligé de leur donner leur petit veau à lécher. Sans ce moyen, il serait impossible d'en avoir une seule goutte de lait.

Un jour, un des Lamas bouviers qui logeait avec nous, s'en vint, la figure triste et allongée, nous annoncer qu'une de ses vaches avait mis bas pendant la nuit, et que malheureusement elle avait fait un *karba*. Le veau mourut en effet dans la journée. Le Lama se hâta d'écorcher la pauvre bête et de l'empailler. D'abord cela nous surprit fort, parce que ce Lama n'avait pas du tout la mine d'un homme à se donner le luxe d'un cabinet d'histoire naturelle. Quand l'ouvrage fut terminé, nous remarquâmes que le mannequin n'avait ni pieds ni tête; il nous vint alors en pensée, que c'était, tout bonnement, un oreiller qu'on avait voulu fabriquer. Cependant nous étions dans l'erreur, et nous n'en sortîmes que le lendemain matin, lorsque notre bouvier alla traire sa vache. Le voyant partir avec un petit seau à lait à la main et le mannequin sous le bras, il nous prit fantaisie de le suivre. Son premier soin fut de placer le *karba* empaillé aux pieds de la vache, et il se mit ensuite en devoir de lui presser les mamelles. La mère fit d'abord à son cher petit des yeux énormes; peu à peu elle baissa vers lui la tête, elle le flaira;

elle éternua dessus trois ou quatre fois, enfin elle se mit à le lécher avec une admirable tendresse. Ce spectacle nous fit mal au cœur; il nous semblait que celui qui le premier avait inventé cette affreuse parodie de ce qu'il y a de plus touchant dans la nature, ne pouvait être qu'un monstre. Cependant une circonstance assez burlesque diminua un peu l'indignation que nous inspirait cette supercherie. A force de lécher et de caresser son petit veau, la mère finit un beau jour par lui découdre le ventre. La paille en sortit, et la vache, sans s'émouvoir, se mit à brouter ce fourrage inespéré.

Les Si-Fan nomades se distinguent facilement des Mongols par une physionomie plus expressive, et par une plus grande énergie de caractère; leur figure est moins épatée, et on remarque, dans leur allure, une aisance et une vivacité qui contrastent avec la lourdeur des Tartares. Les divertissements folâtres, les chansons bruyantes et les éclats de rire animent sans cesse leur campement, et en bannissent la mélancolie; avec ces dispositions à la gaîté et au plaisir, les Si-Fan sont d'une humeur guerroyante, et d'un courage indomptable. Aussi témoignent-ils un mépris profond pour l'autorité chinoise; quoiqu'ils soient sur la liste des peuples tributaires, ils refusent obstinément à l'Empereur obéissance et tribut. Il y a même parmi eux des peuplades qui exercent habituellement leur brigandage jusque sur les frontières de l'empire, sans que les Mandarins chinois osent se mesurer avec eux. Les Si-Fan sont bons cavaliers, mais ils ne sont pas de la force des Tartares. Le soin de leurs troupeaux ne les empêche pas d'exercer un peu d'industrie, et de mettre à profit le poil de leurs bœufs et la laine de leurs moutons. Ils savent tisser des toiles grossières, dont ils font des tentes et des vêtements. Quand ils sont réunis autour de leur grande marmite de thé au lait, ils s'abandonnent comme les Tartares à leur humeur causeuse, et à leur goût pour les récits des aventures des Lamas et des brigands. Leur mémoire est pleine d'anecdotes et de traditions locales ; il suffit de les mettre sur la voie, et l'on est sûr de voir se dérouler un intarissable répertoire de contes et de légendes.

Un jour, pendant que nos chameaux broutaient tranquillement des arbustes épineux au fond de la vallée, nous allâmes chercher un abri contre le vent du nord, dans une petite tente d'où s'échappait une épaisse fumée. Nous y trouvâmes un vieillard, qui, à genoux et les mains appuyées contre terre, soufflait contre une pile d'argols qu'il venait de placer sur son foyer. Nous nous assîmes sur une peau d'yak. Le vieillard croisa ses jambes, et nous tendit la main. Nous lui donnâmes nos écuelles, qu'il remplit de thé au lait en nous disant : *Temou chi*, buvez en paix... Puis il nous considéra l'un après l'autre avec une certaine anxiété. — Aka (frère), lui dîmes-nous, c'est la première fois que nous venons nous asseoir dans ta tente. — Je suis vieux, nous répondit-il, mes jambes ne peuvent me soutenir ; sans cela, n'aurais-je pas été à Tchogortan vous offrir mon khata? D'après ce que j'ai entendu raconter aux bergers des tentes noires, vous êtes du fond du ciel d'occident. — Oui, notre pays est bien loin d'ici. — Etes-vous du royaume des *Samba* ou de celui des *Poba?* — Nous ne sommes ni de l'un ni de l'autre ; nous sommes du royaume des Français. — Ah oui! vous êtes des *Franba?* Je n'en avais jamais encore entendu parler. Il est si grand, cet occident! les royaumes y sont si nombreux! Mais au fond, cela n'y fait rien; nous sommes toujours de la même famille, n'est-ce pas? — Oui, certainement, tous les hommes sont frères, quel que soit leur royaume.—C'est vrai, ce que vous dites est fondé en raison, tous les hommes sont frères. Cependant on sait que sous le ciel, il existe trois grandes familles; nous autres hommes de l'occident, nous sommes tous de la grande famille thibétaine : voilà ce que j'ai voulu dire. — *Aka*, sais-tu d'où viennent ces trois grandes familles qui sont sous le ciel? — Voici ce que j'ai entendu dire aux Lamas instruits des choses de l'antiquité... Au commencement il n'y avait sur la terre qu'un seul homme; il n'avait ni maison ni tente : car, en ce temps là, l'hiver n'était pas froid, et l'été n'était pas chaud; le vent ne soufflait pas avec violence, il ne tombait ni de la pluie ni de la neige; le thé croissait de lui-même sur les montagnes, et les troupeaux n'avaient pas à craindre les animaux malfaisants. Cet homme eut trois enfants, qui vécurent long-temps avec lui, se nourrissant de laitage et de fruits. Après être parvenu à une très-grande vieillesse, cet homme mourut. Les trois enfants délibérèrent pour savoir ce qu'ils feraient du corps de leur père; ils ne purent s'accorder, car ils avaient chacun une opinion différente. L'un voulait l'enfermer dans un cerceuil et le mettre en terre, l'autre voulait le brûler, le troisième disait qu'il fallait l'exposer sur le sommet d'une montagne. Ils résolurent donc de diviser en trois le corps de leur père, d'en prendre chacun une partie et de se séparer. L'aîné eut la tête et les bras en partage; il fut l'ancêtre de la grande famille chinoise. Voilà pourquoi ses descendants sont devenus célèbres dans les arts et l'industrie, et remarquables par leur intelligence, par les ruses et les stratagèmes qu'ils savent inventer. Le cadet, qui fut le père de la grande famille Thibétaine, eut la poitrine en partage. Aussi les Thibétains sont-ils pleins de cœur et de courage ; ils ne craignent pas de s'exposer à la mort, et parmi eux, il y a toujours eu des tribus indomptables. Le troisième des fils, d'où descendent les peuples tartares, reçut pour héritage la partie inférieure du corps de son père. Puisque vous avez voyagé long-temps dans les déserts de l'orient, vous devez savoir que les Mongols sont simples et timides, ils sont sans tête et sans cœur ; tout leur mérite consiste à se tenir ferme sur leurs étriers, et bien d'aplomb sur leur selle. Voilà comment les Lamas expliquent l'origine des trois grandes familles qui sont sous le ciel, et la différence de leur caractère. Voilà pourquoi les Tartares sont bons cavaliers, les Thibétains bons soldats, et les Chinois bons commerçants. — Pour remercier le vieillard de son intéressante chronique, nous lui racontâmes, à notre tour, l'histoire du premier homme, du déluge, de Noé et de ses trois enfants. Il fut d'abord très-satisfait de retrouver, dans notre récit, ses trois grandes familles ; mais sa surprise fut grande, quand il nous entendit dire que les Chinois, les Tartares et les Thibétains étaient tous les enfants de Sem, et qu'en outre il y avait des peuples innombrables, qui formaient les deux autres familles de Cham et de Japhet. Il nous regardait fixement, la bouche entr'ouverte, et branlant de temps en temps la tête ; l'expression de sa physionomie semblait dire : Je n'aurais jamais cru que le monde fût si grand !

Le temps s'était vite écoulé pendant cet séance archéologique; après avoir salué le vieillard, nous allâmes vers nos chameaux, que nous poussâmes jusqu'à notre habitation de Tchogortan. Nous les attachâmes devant la porte à un pieu fixé en terre, et nous entrâmes dans notre petite cuisine pour faire les préparatifs du souper.

Culinairement parlant, nous étions beaucoup mieux à Tchogortan qu'à Kounboum. D'abord le lait, le caillé, le beurre et le fromage, tout cela était à discrétion. De plus nous avions fait une précieuse trouvaille dans un chasseur des environs. Quelques jours après notre arrivée, il était venu dans notre chambre, et tirant un magnifique lièvre d'un sac qu'il portait sur son dos, il nous avait demandé si les *Goucho* (1) du ciel d'occident mangeaient de la viande des animaux sauvages? — Certainement, lui répondîmes-nous; un lièvre est une excellente chose. Est-ce que, vous autres, vous n'en mangez pas? — Nous autres hommes noirs, quelquefois, mais les Lamas, jamais. Il leur est expressément défendu par les livres de prières, de manger de la chair noire. — La sainte loi de Jéhovah ne nous fait pas une pareille défense. — Dans ce cas, gardez cet animal, et si cela vous convient, je vous en apporterai tous les jours tant que vous voudrez; les coteaux qui environnent la vallée de Tchogortan en sont encombrés.....

L'affaire en était là, lorsqu'un Lama du voisinage entra par hasard dans notre chambre. En voyant étendu à nos pieds, ce lièvre encore tout chaud et tout sanglant : « Tsong-Kaba! Tsong-Kaba! » s'écria-t-il, en reculant d'horreur

(1) *Goucho*, titre honorifique des Lamas chez les Thibétains.

et en se voilant les yeux de ses deux mains. Après avoir lancé une malédiction contre le chasseur, il nous demanda si nous oserions manger de cette chair noire. — Pourquoi pas, lui répondîmes-nous, puisqu'elle ne peut nuire ni à notre corps ni à notre âme? — Là dessus, nous posâmes quelques principes de morale, et il nous fut facile de démontrer à nos auditeurs, que la venaison n'était, en soi, d'aucun obstacle à l'acquisition de la sainteté. Le chasseur jubilait, en écoutant nos paroles; le Lama, au contraire, était morfondu. Il se contenta de nous dire, que, pour nous, puisque nous étions étrangers et de la religion de Jéhovah, il n'y avait aucun mal à manger des lièvres; mais que, pour eux, ils devaient s'en abstenir, parce que s'ils manquaient à cette observance, et si le grand Lama venait à le savoir, ils seraient chassés impitoyablement de la lamaserie.

Notre thèse étant victorieusement prouvée, nous abordâmes aussitôt la proposition du chasseur, qui voulait, tous les jours, nous tuer autant de lièvres que nous voudrions. D'abord, nous lui demandâmes s'il parlait sérieusement. Sur sa réponse affirmative, nous lui dîmes que tous les matins, il pouvait nous apporter un lièvre; mais que nous entendions le lui payer. — Ici, les lièvres ne se vendent pas. Puisqu'il vous répugne pourtant de les recevoir gratuitement, vous me donnerez, pour chacun, le prix d'une charge de fusil..... Nous voulûmes faire les généreux, et il fut convenu que toutes les fois qu'il nous apporterait sa pièce de venaison, nous lui compterions quarante sapèques, à peu près la valeur de quatre sous.

Nous nous décidâmes à manger des lièvres, pour deux raisons. D'abord, par conscience, afin d'empêcher les

Lamas de s'imaginer que nous nous laissions influencer par les préjugés des sectateurs de Bouddha. En second lieu, par principe d'économie; car un lièvre nous revenait incomparablement moins cher que notre insipide farine d'orge.

Un jour, notre infatigable chasseur nous apporta, au lieu d'un lièvre, un énorme chevreuil. C'était encore de la chair noire et prohibée. De peur de transiger le moins du monde avec les superstitions bouddhiques, nous en fîmes l'acquisition pour la somme de trente sous (trois cents sapèques). Le tuyau de la cheminée en fuma huit jours entiers, et pendant tout ce temps, Samdadchiemba fut d'une humeur agréable.

De peur de contracter des habitudes exclusivement carnivores, nous essayâmes de faire entrer le règne végétal, pour quelque chose, dans notre alimentation quotidienne. Au milieu d'un désert, la chose était assez difficile. Cependant, à force d'industrie et d'expérience, nous finîmes par faire la découverte de quelques légumes sauvages, qui, préparés d'une certaine façon, n'étaient nullement à dédaigner. On nous permettra d'entrer dans quelques détails à ce sujet. La matière sera peut-être intrinsèquement d'un mince intérêt; mais elle peut avoir son utilité, considérée au point de vue du profit que pourront en tirer les voyageurs, qui, à l'avenir, auront à parcourir les déserts du Thibet.

Quand les premiers signes de la germination commencent à paraître, on n'a qu'à gratter la terre à un pouce de profondeur, et on trouve, en grande quantité, des racines rampantes, longues et grêles comme le chiendent. Cette racine est entièrement chargée d'une foule de petits renflements tuberculeux, remplis d'une fécule très-abondante et extraordinairement sucrée. Pour en faire une nourriture exquise, on n'a qu'à la laver avec soin, et ensuite la mettre frire dans du beurre. Un second mets, non moins distingué que le précédent, nous a été fourni par une plante très-commune en France, et dont jusqu'ici peut-être on n'a pas suffisamment apprécié le mérite ; nous voulons parler des jeunes tiges des fougères : Lorsqu'on les cueille toutes tendres, avant qu'elles ne se chargent de duvet, et pendant que les premières feuilles sont pliées et roulées sur elles-mêmes, il suffit de les faire bouillir dans l'eau pure, pour se régaler d'un plat de délicieuses arperges. Si nos paroles pouvaient être de quelque influence, nous recommanderions vivement à la sollicitude de M. le ministre de l'agriculture, ce végétal précieux, qui foisonne en vain sur nos montagnes et dans nos forêts. Nous lui recommanderions encore l'ortie, — *urtica urens*, — qui, à notre avis, serait susceptible de remplacer avantageusement les épinards. Plus d'une fois, nous avons eu occasion d'en faire l'heureuse expérience. Les orties doivent se recueillir lorsqu'elles sont sorties de terre depuis peu de temps, et que les feuilles sont encore tendres. On arrache le plant tout entier, avec une partie de ses racines. Pour se préserver de la liqueur âcre et mordicante qui s'échappe de ses piquants, il est bon d'envelopper sa main d'un linge, dont le tissu soit très-serré. Une fois que l'ortie a été échaudée avec de l'eau bouillante, elle est inoffensive. Ce végétal, si sauvage à l'extérieur, est doué d'une saveur très-délicate.

Nous pûmes jouir de cette admirable variété de mets,

pendant plus d'un mois. Ensuite, nos petits tubercules devinrent creux et coriaces, les tendres fougères acquirent la dureté du bois, et les orties, armées d'une longue barbe blanche, ne nous offrirent plus qu'un aspect menaçant et terrible. Plus tard, quand la saison fut plus avancée, les fraises parfumées des montagnes, et les blancs champignons de la vallée, remplacèrent honorablement les premiers légumes. Mais nous fûmes obligés d'attendre longtemps ces objets de luxe ; car dans le pays que nous habitions, les froids sont habituellement longs, et la végétation excessivement tardive. Pendant tout le mois de juin, il tombe encore de la neige, et le vent est tellement piquant, qu'il serait imprudent de se dépouiller de ses habits de peau. Vers les premiers jours de juillet, la chaleur du soleil commence à se faire sentir, et la pluie tombe par grandes ondées. Aussitôt que le ciel s'est un peu éclairci, une vapeur chaude s'échappe de la terre, avec une abondance surprenante. On la voit d'abord courir sur les coteaux et le long des vallées ; puis elle se condense, elle se balance un peu au-dessus du sol, et finit par devenir si épaisse, que la clarté du jour en est obscurcie. Quand cette vapeur est montée au haut des airs, en assez grande quantité pour former de gros nuages, le vent du sud se lève, et la pluie retombe avec violence. Ensuite, le ciel s'éclaircit de nouveau, et la vapeur de la terre remonte. Ces révolutions atmosphériques durent ainsi une quinzaine de jours. Pendant ce temps, la terre est comme en fermentation ; les animaux restent couchés, et les hommes ressentent, dans tous les membres, un malaise inexprimable. Les Si-Fan donnent à ce temps le nom de *Saison des vapeurs de la terre.*

Aussitôt que cette crise fut passée, les herbes de la vallée grandirent à vue d'œil, et les montagnes et les collines des environs se chargèrent, comme par enchantement, de fleurs et de verdure. Ce fut aussi pour nos chameaux une espèce de moment palingénésique. Ils se dépouillèrent entièrement de leur poil, qui tomba par grandes plaques semblables à de vieux haillons. Ils demeurèrent pendant quelques jours complètement nus, comme si on les eût rasés depuis le sommet de la tête jusqu'à l'extrémité de la queue. Ils étaient hideux à voir. A l'ombre, ils grelottaient de tous leurs membres, et pendant la nuit, nous étions obligés de les recouvrir de grands tapis de feutre pour les garantir du froid. Après quatre jours, le poil commença à repousser. D'abord, ce fut un duvet roux, d'une extrême finesse, et bouclé comme la toison d'un agneau. Autant nos chameaux avaient été sales et laids dans leur état de nudité, autant ils étaient beaux à voir dans leur frais et nouveau costume. Après une quinzaine de jours, leur fourrure tout entière avait repoussé. C'était pour eux le moment de se ruer avec ardeur sur les pâturages, et de faire une ample provision d'embonpoint pour le futur voyage. Afin d'aiguiser leur appétit, nous avions acheté du sel marin. Tous les matins, avant de les lancer dans la vallée, nous avions soin de leur en distribuer une bonne dose; et le soir, à leur retour, nous leur en servions également, pour les aider à ruminer pendant la nuit l'immense quantité de fourrage qu'ils avaient ramassé et pressé dans leur estomac.

Le dépouillement de nos chameaux avait servi à nous enrichir d'une immense quantité de poil ; nous en troquâmes la moitié contre de la farine d'orge, et nous cherchâmes à utiliser le reste. Un Lama, qui était habile cordier, nous suggéra une idée excellente ; il nous fit observer que, durant le long voyage du Thibet, nous aurions besoin d'une bonne provision de cordes pour attacher nos bagages, et que celles de poil de chameau, étaient, à cause de leur souplesse, les plus convenables pour les pays froids. Ce conseil, si plein de sagesse, fut immédiatement pris en considération. Le Lama nous donna gratuitement quelques leçons d'apprentissage, et nous nous mîmes à l'œuvre. En peu de temps, nous fûmes capables de tordre assez bien notre bourre, et de lui donner une forme qui ressemblait passablement à des cordes. Tous les jours, en allant visiter nos animaux au pâturage, nous prenions sous le bras un gros paquet de poil de chameau, et chemin faisant, nous tournions les simples cordons que nous devions ensuite combiner dans notre atelier.

Samdadchiemba se contentait de nous regarder faire, et de sourire quelquefois. Moitié par paresse, moitié par vanité, il s'abstenait de mettre la main à l'œuvre. — Mes Pères spirituels, nous dit-il un jour, comment des gens de votre qualité peuvent-ils s'abaisser jusqu'à faire des cordes ? Est-ce qu'il ne serait pas plus convenable d'en acheter, ou de les donner à faire à des gens du métier ? — Cette interpellation fut pour nous une bonne occasion de tancer vertement notre chamelier. Après lui avoir fait sentir que nous n'étions pas dans une position à faire les grands seigneurs, et que nous devions viser à l'économie, nous lui citâmes l'exemple de saint Paul, qui n'avait pas cru déroger à sa dignité en travaillant de ses mains, pour n'être point à charge aux fidèles. Aussitôt que Samdadchiemba eut appris que saint Paul avait été en même temps corroyeur et apôtre, il abdiqua, sur-le-champ, sa paresse et son amour propre, et se mit à travailler avec ardeur le poil de chameau. Quel ne fut pas notre étonnement, quand nous le vîmes à l'œuvre! Ce gaillard-là était un passementier très-distingué, et il ne nous l'avait jamais dit. Il choisit le poil le plus fin, et tissa pour nos chevaux des brides et des licous, où il y avait réellement beaucoup de savoir-faire. Il va sans dire qu'il fut mis de droit à la tête de notre entreprise, et qu'il prit la direction générale de la fabrique des cordes.

La belle saison amena à Tchogortan un grand nombre de promeneurs de la grande lamaserie de Kounboum; ils venaient prendre l'air de la campagne, et se reposer un peu de leurs études journalières. Notre chambre devint, pour lors, comme un lieu de pélerinage; car personne n'aurait voulu se dispenser, en venant se promener à Tchogortan, de rendre visite aux Lamas du ciel d'occident. Ceux que nous avions connus d'une manière plus particulière, et qui avaient commencé à s'instruire des vérités de la religion chrétienne, étaient attirés vers nous par un autre motif que la curiosité; ils désiraient avant tout s'entretenir de la sainte doctrine de Jéhovah, et nous demander des éclaircissements sur les difficultés qui leur étaient survenues. O! comme notre cœur était pénétré d'une joie ineffable, quand nous entendions ces religieux bouddhistes, prononcer avec respect les saints noms de Jésus et de Marie, et réciter avec dévotion les prières que nous leur avions enseignées ! Le bon Dieu, nous n'en doutons pas, leur tiendra grand compte de ces premiers pas dans la voie du salut, et ne manquera pas d'envoyer des pasteurs pour conduire définitivement au bercail ces pauvres brebis errantes.

Parmi tous ces Lamas, qui venaient se récréer quelques instants à Tchogortan, on remarquait surtout un grand nombre de Tartares-Mongols; ils arrivaient chargés de petites tentes, qu'ils allaient planter dans la vallée, le long du ruisseau, ou sur les collines les plus pittoresques. Là, ils passaient quelques jours entièrement plongés dans les délices de leur amour pour l'indépendance de la vie nomade; ils oubliaient pendant un instant la gêne et la contrainte de la vie lamanesque, pour ne s'occuper que du bonheur de vivre sous la tente au milieu du désert. On les voyait courir et folâtrer dans la prairie comme des enfants, s'exercer à la lutte et aux jeux divers qui leur rappelaient la patrie. La réaction était si forte, que la fixité de la tente finissait par leur devenir insupportable ; ils la changeaient de place trois ou quatre fois par jour; souvent même, ils l'abandonnaient; ils chargeaient sur leurs épaules leur batterie de cuisine et leurs seaux remplis d'eau, puis ils s'en allaient, en chantant, faire bouillir le thé sur le sommet d'une montagne, d'où ils ne descendaient qu'à l'approche de la nuit.

On voyait aussi accourir à Tchogortan, une certaine classe de Lamas non moins intéressante que celle des Mongols; ils arrivaient par grandes troupes dès la pointe du jour. Habituellement, ils avaient leur robe retroussée jusqu'aux genoux, et le dos chargé d'une grande hotte d'osier; ils parcouraient la vallée et les collines environnantes, pour recueillir, non des fraises ni des champignons, mais la fiente que les troupeaux des Si-Fan disséminaient de toutes parts. A cause de ce genre d'industrie, nous avions nommé ces Lamas, *Lamas-bousiers*, ou plus honorifiquement, *Lamas-argoliers*, du mot tartare, *argol*, qui désigne la fiente des animaux, lorsqu'elle est desséchée et propre au chauffage. Les Lamas qui exploitent ce genre de commerce, sont en général des personnages paresseux et indisciplinés, qui préfèrent à l'étude et à la retraite les courses vagabondes à travers les montagnes ; ils sont divisés en plusieurs compagnies, qui travaillent sous la conduite d'un chef chargé des plans et de la comptabilité. Avant la fin de la journée, chacun apporte ce qu'il a pu ramasser de butin au dépôt général, situé au pied d'une colline ou dans l'enfoncement d'une gorge. Là, on élabore avec soin cette matière première ; on la pétrit et on la moule en gâteaux, qu'on laisse exposés au soleil jusqu'à dessiccation complète ; ensuite, on arrange symétriquement tous ces argols les uns au-dessus des autres ; on en forme de grands tas, qu'on recouvre d'une épaisse couche de fiente, pour les préserver de l'action dissolvante de la pluie. Pendant l'hiver, ce chauffage est transporté à la lamaserie de Kounboum, et on le livre au commerce.

Le luxe et la variété des matières combustibles, dont jouissent les nations civilisées de l'Europe, ont dû probablement les dispenser de faire des études approfondies sur les diverses qualités d'argols. Il n'en a pas été ainsi parmi les peuples pasteurs et nomades ; une longue expérience leur a permis de classifier les argols avec un talent d'appréciation qui ne laisse rien à desirer. Ils ont établi quatre grandes divisions, auxquelles les générations futures n'auront, sans doute, à apporter aucune modification.

En première ligne, on place les argols de chèvre et de mouton ; une substance visqueuse, qui s'y trouve mêlée en grande proportion, donne à ce combustible une élévation de température vraiment étonnante. Les Thibétains et les Tartares s'en servent pour travailler les métaux ; un lingot de fer plongé dans un foyer de ces argols, est dans peu de temps chauffé au rouge blanc. Le résidu que les argols de chèvre et de mouton laissent après la combustion, est une espèce de matière vitreuse, transparente, de couleur verdâtre, et cassante comme le verre ; elle forme une masse pleine de cavités et d'une légèreté extrême : on dirait de la pierre ponce. On ne trouve pas dans ce résidu la moindre quantité de cendres, à moins que le combustible n'ait été mélangé de matières étrangères. Les argols de chameau constituent la seconde classe ; ils brûlent facilement, en jetant une belle flamme ; mais la chaleur qu'ils donnent est moins vive et moins intense que celle des précédents. La raison de cette différence est qu'ils contiennent en combinaison une moins grande quantité de substance visqueuse. La troisième classe renferme les argols appartenant à l'espèce bovine ; quand ils sont très-secs, ils brûlent avec beaucoup de facilité, et ne répandent pas du tout de fumée. Ce genre de chauffage est presque l'unique qu'on rencontre dans la Tartarie et dans le Thibet. Enfin, on place au dernier rang les argols des chevaux, et des autres animaux de la race chevaline. Ces argols n'ayant pas subi, comme les autres, le travail de la rumination, ne présentent qu'un amas de paille plus ou moins triturée; ils brûlent en répandant une fumée épaisse, et se consument à l'instant. Ils sont pourtant très-utiles pour commencer à allumer le feu; ils font en quelque sorte l'office d'amadou, et aident merveilleusement à enflammer les autres combustibles.

Nous comprenons que cette courte et incomplète dissertation sur les bouses est peu propre à intéresser un grand nombre de lecteurs. Cependant, nous n'avons pas cru devoir la retrancher, parce que nous nous sommes imposé l'obligation de ne négliger aucun des documents qui pouvaient être de quelque utilité pour ceux qui voudront, après nous, essayer de la vie nomade.

Les habitants de la vallée de Tchogortan, quoique jouissant en apparence d'une paix profonde, étaient néanmoins incessamment dominés par la crainte des brigands, qui, de temps en temps, nous dit-on, faisaient des incursions sur les montagnes, et enlevaient les bestiaux qu'ils rencontraient. On nous raconta qu'en 1842, ils étaient venus par grandes troupes, et avaient entièrement dévasté le pays. Au moment, où l'on s'y attendait le moins, ils avaient débouché par toutes les issues et les gorges des montagnes, et s'étaient répandus dans la vallée, en poussant des cris affreux, et en déchargeant leurs fusils à mèche. Les bergers, épouvantés par cette attaque imprévue, n'avaient pas même songé à opposer la moindre résistance; ils s'étaient sauvés à la hâte et en désordre, emportant au hasard un peu de leur bagage. Les brigands, profitant de cette terreur panique, incendièrent les tentes, et firent parquer dans une vaste enceinte, faite avec des cordages, tous les troupeaux qui étaient répandus aux environs. Ils se portèrent ensuite à la petite lamaserie de la Faculté de médecine. Mais les Lamas avaient aussi disparu, à l'exception des contemplatifs, qui étaient demeurés dans leurs nids suspendus aux flancs des rochers. Les brigands ravagèrent et démolirent tout ce qu'ils rencontrèrent. Ils brûlèrent les idoles de Bouddha, et rompirent les digues ménagées pour faire tourner les *tchukor*. On voyait encore, trois ans après, les traces de leurs féroces dévastations. Le temple bouddhique, qui s'élevait au pied de la montagne, n'avait pas encore été rebâti. Des ruines noircies par l'incendie, et des tronçons d'idoles à moitié calcinés, étaient disséminés çà et là sur le gazon. Les Lamas contemplatifs furent pourtant épargnés. Sans doute, les brigands trouvèrent trop long, ou trop difficile, d'aller les tourmenter dans leur demeure si haut placée, et presque inaccessible. Les excès auxquels ils s'étaient portés contre les tentes noires, et le temple même de Bouddha, témoignaient assez que s'ils avaient laissé en repos ces pauvres reclus, ce n'était nullement par respect ou par commisération.

Aussitôt que la nouvelle de l'arrivée des brigands fut parvenue à Kounboum, toute la lamaserie fut en insurrection. Les Lamas coururent aux armes, en poussant des cris. Ils se saisirent de tout ce qu'ils rencontrèrent sous leurs mains, dans les premiers mouvements d'exaltation, et se précipitèrent pêle-mêle, et au grand galop, vers la lamaserie de Tchogortan. Mais ils arrivèrent trop tard : les brigands avaient disparu avec tous les troupeaux des Si-Fan, et n'avaient laissé dans la vallée que des ruines fumantes.

Les bergers, qui, depuis cet événement, étaient revenus planter leur tente au milieu des pâturages de Tchogortan, étaient toujours aux aguets, dans la crainte de nouvelles invasions. De temps en temps, ils s'organisaient en patrouille, s'armaient de lances et de fusils, et allaient au loin à la découverte. Ces précautions n'étaient certainement pas capables d'intimider les voleurs; mais elles avaient l'avantage de maintenir la population dans une certaine sécurité.

Vers la fin du mois d'août, pendant que nous étions tranquillement occupés de la fabrication de nos cordes, des rumeurs sinistres commencèrent à circuler. Peu à peu, elles prirent tous les caractères d'une nouvelle certaine, et on ne douta plus qu'on ne fût menacé d'une prochaine et terrible invasion de brigands. Tous les jours, on avait à raconter quelque fait épouvantable. Les bergers de tel endroit avaient été surpris, les tentes incendiées, et les troupeaux volés. Ailleurs, il y avait eu une affreuse bataille et un grand nombre de personnes égorgées. Ces rumeurs devinrent si sérieuses, que l'administration de la lamaserie de Kounboum crut devoir prendre des mesures. Elle envoya à Tchogortan un grand Lama et vingt étudiants de la faculté des prières, chargés de préserver le pays de tout accident funeste. A leur arrivée, ils convoquèrent les chefs des familles Si-Fan, pour leur annoncer qu'ils étaient venus, et que par conséquent ils n'avaient rien à craindre. Le lendemain, ils montèrent sur la montagne la plus élevée des environs, dressèrent quelques tentes de voyage, et se mirent à réciter des prières avec accompagnement de musique. Ils demeurèrent là pendant deux jours entiers, qu'ils employèrent à prier, à faire des exorcismes, et à construire une petite pyramide en terre blanchie à l'eau de chaux ; au-dessus flottait, au bout d'un mat, un pavillon, sur lequel étaient imprimées des prières thibétaines. Ce modeste édifice fut nommé *Pyramide de la paix.* Après la cérémonie, le grand et les petits Lamas plièrent leurs tentes, descendirent de la montagne, et s'en retournèrent à Koumboum, bien persuadés qu'ils venaient d'opposer aux brigands une barrière infranchissable.

La Pyramide de la paix ne parut pas avoir rassuré complètement les bergers ; car, un beau matin, ils décampèrent tous ensemble, avec leurs bagages et leurs troupeaux, et s'en allèrent chercher ailleurs un poste moins dangereux. On nous engagea à suivre leur exemple ; mais nous aimâmes autant demeurer, car dans le désert il n'y a guère de lieu plus sûr qu'un autre. La fuite des pasteurs était d'ailleurs pour nous un gage que notre tranquillité ne serait pas troublée. Nous pensâmes que les brigands, venant à apprendre qu'il n'y avait plus de troupeaux dans la vallée de Tchogortan, n'auraient plus aucun intérêt à venir nous visiter. Nous élevâmes donc, nous aussi, dans notre cœur, une pyramide de la paix, c'est-à-dire, une ferme confiance en la protection divine, et nous nous tînmes calmes et tranquilles dans notre demeure.

Nous jouîmes pendant quelques jours de la solitude la plus profonde. Depuis que les troupeaux avaient disparu, les argoliers n'ayant plus rien à faire, avaient cessé de venir. Nous étions seuls avec quelques Lamas préposés à la garde de la lamaserie. Nos animaux se trouvèrent assez bien de ce changement, car dès lors tous les pâturages furent à eux ; ils purent brouter, en long et en large, les herbes de la vallée, sans crainte de rencontrer des rivaux.

Le désert ne tarda pas long-temps à redevenir vivant et animé. Vers le commencement du mois de septembre, les Lamas de la Faculté de médecine se rendirent à Tchogortan, pour se livrer aux travaux de l'herborisation. Les maisons disponibles en logèrent tant qu'elles purent en contenir, et le reste habita sous des tentes abritées par les grands arbres de la lamaserie. Tous les matins, après avoir récité les prières communes, bu le thé beurré et mangé la farine d'orge, tous les étudiants en médecine retroussaient leur robe, et se dispersaient sur les montagnes sous la conduite de leurs professeurs. Ils étaient tous armés d'un bâton ferré et d'une petite pioche ; une bourse en cuir, remplie de farine, était suspendue à leur ceinture; quelques-uns portaient sur le dos de grandes marmites; car la Faculté devait passer la journée tout entière sur la montagne. Avant le coucher du soleil, les Lamas médecins revenaient chargés d'énormes fagots de branches, de racines et d'herbages de toute espèce. En les voyant descendre péniblement les montagnes, appuyés sur leurs bâtons ferrés, on les eût pris plutôt pour des braconniers que pour des docteurs en médecine. Nous fûmes souvent obligés d'escorter ceux qui arrivaient spécialement chargés de plantes aromatiques ; car nos chameaux, attirés par l'odeur, se mettaient à leur poursuite, et auraient brouté sans scrupule ces simples précieux, destinés au soulagement de l'humanité souffrante. Le reste de la journée était employé à nettoyer et à étendre sur des nattes tous ces produits du règne végétal. La récolte des médecins dura pendant huit jours entiers. On en consacra cinq autres au triage et à la classification des divers articles. Le quatorzième jour, on en distribua une petite quantité à chaque étudiant, la majeure partie demeurant la propriété de la Faculté de médecine. Le quinzième jour enfin fut un jour de fête. Il y eut un grand festin, composé de thé au lait, de farine d'orge, de petits gâteaux frits au beurre, et de quelques moutons bouillis. Ainsi, se termina cette expédition botanico-médicale, et l'illustre Faculté reprit gaiement le chemin de la grande lamaserie.

Les drogues recueillies à Tchogortan sont déposées à la pharmacie générale de Kounboum. Quand elles ont été complètement desséchées à la chaleur d'un feu modéré, on les réduit en poudre, puis on les divise par petites doses, qu'on enveloppe proprement dans du papier rouge étiqueté en caractères thibétains. Les pélerins qui se rendent à Kounboum, achètent ces remèdes à un prix exorbitant. Les Tartares-Mongols ne s'en retournent jamais sans en emporter une bonne provision, car ils ont une confiance illimitée en tout ce qui vient de Kounboum. Sur leurs montagnes et dans leurs prairies ils trouveraient bien les mêmes plantes et les mêmes racines; mais quelle différence avec celles qui naissent, croissent et mûrissent dans le pays même de Tsong-Kaba!

Les médecins thibétains sont aussi empiriques que ceux des autres pays. Ils le sont même, peut-être, un peu plus. Ils assignent au corps humain quatre cent quarante maladies, ni plus ni moins. Les livres que les Lamas de la Faculté de médecine sont obligés d'étudier, et d'apprendre par cœur, traitent de ces quatre cent quarante maladies;

ils en indiquent les caractères, les moyens de les reconnaître et la manière de les combattre. Ces livres sont un ramassis d'aphorismes plus ou moins obscurs et d'une foule de recettes particulières. Les Lamas n'ont pas une si grande horreur du sang que les médecins chinois. Ils pratiquent quelquefois la saignée, et emploient fréquemment les ventouses. Pour cette dernière opération, ils font par avance subir à la peau de légères excoriations ; ensuite ils appliquent sur le membre du malade des cornes de bœuf percées au sommet. Ils aspirent l'air avec la bouche, et quand le vide est suffisamment obtenu, ils bouchent le trou en appliquant dessus, avec leur langue, une boulette de papier mâché qu'ils tiennent en réserve dans la bouche ; s'ils veulent enlever la ventouse, ils n'ont qu'à faire tomber cette espèce de mastic.

Les Lamas médecins attachent une importance extrême à l'inspection de l'urine du malade. Il leur en faut plusieurs échantillons, recueillis à diverses heures du jour et de la nuit. Ils l'examinent avec l'attention la plus minutieuse, et tiennent un grand compte de tous les changements que subit sa coloration. Ils la battent à plusieurs reprises avec une spatule en bois, puis ils portent le vase à l'oreille pour écouter le bruit ; car ils prétendent que, selon l'état du malade, son urine est *quelquefois muette et quelquefois parlante.* Un Lama médecin, pour être réputé habile et entendre parfaitement son métier, doit être capable de traiter et de guérir un malade sans l'avoir vu. L'inspection de l'urine doit suffire pour le diriger dans les prescriptions médicales.

Comme nous l'avons dit ailleurs, en parlant des Tartares-

Mongols, les Lamas font entrer beaucoup de pratiques superstitieuses dans l'exercice de la médecine. Cependant, malgré tout ce charlatanisme, on ne peut douter qu'ils ne soient en possession d'un grand nombre de recettes précieuses, et fondées sur une longue expérience. Il serait peut-être téméraire de penser que la science médicale n'a rien à apprendre des médecins tartares, thibétains et chinois, sous prétexte qu'ils ne connaissent pas la structure et le mécanisme du corps humain. Ils peuvent néanmoins être en possession de secrets très-importants, que la science seule est sans doute capable d'expliquer; mais qu'elle n'inventera peut-être jamais. Sans être savant, on peut souvent obtenir des résultats très-scientifiques. En Chine, en Tartarie et dans le Thibet, tout le monde est capable de faire de la poudre; cependant, on peut avancer qu'il n'y a personne, parmi ces peuples, qui puisse expliquer scientifiquement cette opération chimique; on a une bonne recette, et cela suffit pour obtenir un résultat satisfaisant.

Vers la fin du mois de septembre, on nous annonça la fameuse nouvelle que l'ambassade thibétaine était arrivée à *Tang-Keou-Eul ;* elle devait s'y arrêter pendant quelques jours, pour faire ses provisions de voyage et s'organiser en caravane. Enfin, après une longue et pénible attente, nous allions donc nous acheminer vers la capitale du Thibet. Nous fîmes, sans perdre de temps, tous les préparatifs nécessaires. Nous dûmes entreprendre un petit voyage à Kounboum, afin de nous approvisionner pour quatre mois; car, il n'y avait pas espoir de trouver en route la moindre chose à acheter. Tout bien calculé, il nous fallait cinq thés en briques, deux ventres de mouton remplis de beurre, deux sacs de farine de froment, et huit sacs de *tsamba*. On appelle *tsamba* la farine d'orge grillée ; ce mets insipide est la nourriture habituelle des peuples thibétains. On prend une demi-écuellée de thé bouillant; on ajoute par-dessus quelques poignées de tsamba, qu'on pétrit avec ses doigts; puis on avale, sans autre façon, cette espèce de pâte, qui n'est, en définitive, ni crue ni cuite ni froide, ni chaude. Si on veut traverser le désert et arriver à Lha-Ssa, on doit se résigner à dévorer du tsamba ; on a beau être Français, et avoir été accoutumé jadis à manger à la fourchette, il faut en passer par là.

Des personnes pleines d'expérience et de philanthropie, nous conseillèrent de faire une bonne provision d'ail, et d'en croquer tous les jours quelques gousses, si nous ne voulions pas être tués en route par des vapeurs meurtrières et empestées, qui s'échappent de certaines montagnes élevées. Sans discuter ni le mérite ni l'opportunité de ce conseil hygiénique, nous nous y conformâmes avec candeur et simplicité.

Notre séjour dans la vallée de Tchogortan avait été très-favorable à nos animaux; ils étaient parvenus à un état d'embonpoint où nous ne les avions jamais vus; les chameaux, surtout, étaient magnifiques; leurs bosses devenues fermes et dures, par l'abondance de la graisse qu'elles contenaient, se dressaient fièrement sur leurs dos, et semblaient défier les fatigues et les privations du désert. Cependant, trois chameaux ne pouvaient suffire à porter nos vivres et nos bagages. Nous ajoutâmes donc à notre caravane un supplément d'un chameau et d'un cheval, ce qui allégea notre bourse du poids de vingt-cinq onces d'argent; de plus, nous louâmes un jeune Lama des monts Ratchico, que nous avions connu à Kounboum ; il fut reçu dans la la troupe en qualité de pro-chamelier. Cette nomination, en rehaussant la position sociale de Samdadchiemba, diminuait aussi de beaucoup les fatigues de ses fonctions. D'après ces nouvelles dispositions, la petite caravane se trouvait organisée de la manière suivante : Le pro-chamelier, Charadchambeul, allait à pied, et traînait après lui les quatre chameaux attachés les uns à la queue des autres ; Samdadchiemba, chamelier titulaire, à califourchon sur son petit mulet noir, marchait à côté de la file, et les deux missionnaires fermaient la marche, montés chacun sur un cheval blanc. Après avoir échangé un grand nombre de khata avec nos connaissances et amis de Kounboum et de Tchogortan, nous nous mîmes en route, et nous nous dirigeâmes vers la mer Bleue, où nous devions attendre le passage de l'ambassade thibétaine.

De Tchogortan au Koukou-Noor, nous eûmes pour quatre jours de marche. Nous rencontrâmes sur notre route une petite lamaserie, nommée *Tansan*, renfermant tout au plus deux cents Lamas ; elle est située dans une position vraiment ravissante ; des montagnes rocailleuses, couronnées d'arbustes et de grands pins, lui forment une enceinte circulaire, au milieu de laquelle sont bâties les habitations des Lamas. Un ruisseau, bordé de vieux saules et de hautes tiges d'angélique, après avoir fait paisiblement le tour de la lamaserie, s'échappe avec bruit à travers les rochers, pour aller continuer son cours dans le désert. Le couvent bouddhique de *Tansan* est, dit-on, très-riche ; on prétend que les princes mongols du Koukou-Noor lui font annuellement des dons considérables.

En quittant la lamaserie de Tansan, nous entrâmes dans une grande plaine, où de nombreuses tentes mongoles et des troupeaux de toute espèce se dessinaient pittoresquement sur la verdure des pâturages. Nous rencontrâmes deux Lamas à cheval, qui faisaient la quête du beurre, parmi ces riches bergers. Ils se présentaient à la porte de chaque tente, et sonnaient à trois reprises de la conque marine. Aussitôt quelqu'un se présentait avec un petit pain de beurre, qu'il déposait, sans rien dire, dans un sac suspendu à la selle du cheval. Les quêteurs parcouraient ainsi toutes les tentes, sans jamais mettre pied à terre, et se contentant d'avertir les contribuables en leur faisant trois sommations avec la conque marine.

A mesure que nous avancions, le pays devenait plus fertile et moins montagneux. Enfin nous arrivâmes au milieu des vastes et magnifiques pâturages du Koukou-Noor. La végétation y est si vigoureuse, que les herbes montaient jusqu'au ventre de nos chameaux. Bientôt nous découvrîmes loin devant nous, tout-à-fait à l'horizon, comme un large ruban argenté, au dessus duquel flottaient de légères vapeurs blanches qui allaient se confondre dans l'azur des cieux. Notre pro-chamelier nous dit que c'était la mer Bleue. Ces mots nous firent éprouver un tressaillement de joie ; nous pressâmes la marche, et le soleil n'était pas encore couché, que nous avions dressé notre tente à une centaine de pas loin du rivage.

CHAPITRE V.

Aspect du Koukou-Noor. — Tribus des *Kolo*. — Chronique sur l'origine de la mer Bleue. — Description et marche de la grande caravane. — Passage du *Pouhain-Gol*. — Aventures de l'*Altère-Lama*. — Caractère de notre pro-chamelier. — Mongols de *Tsaidam*. — Vapeurs pestilentielles du *Bourhan-Bota*. — Ascension des monts *Chuga* et *Bayen-Kharat*. — Bœufs sauvages. — Cheval *hémione*. — Hommes et animaux tués par le froid. — Rencontre des brigands. — Plateau du *Tant-La*. — Sources d'eaux thermales. — Incendie dans le désert. — Village de *Na-Ptchu*. — Vente des chameaux et louage de bœufs à long poil. — Jeune chaberon du royaume de *Khartchin*. — Plaines cultivées de *Pampou*. — Montagne de la rémission des péchés. — Arrivée à Lha-Ssa.

Le lac Bleu, en mongol *Koukou-Noor*, et en thibétain *Tsot-Ngon-Po*, était anciennement appelé, par les Chinois, *Si-Haï* (mer occidentale); aujourd'hui ils lui donnent le nom de *Tsing-Haï* (mer Bleue). Cet immense réservoir d'eau, qui a plus de cent lieues de circonférence, semble en effet mériter plutôt le nom de mer, que celui de lac. Sans parler de sa vaste étendue, il est à remarquer que ses eaux sont amères et salées, comme celles de l'Océan, et subissent également la périodicité du flux et du reflux. L'odeur marine qu'elles exhalent se fait sentir bien au loin, dans le désert.

Vers la partie occidentale de la mer Bleue, il existe une petite île inculte et rocailleuse, habitée par une vingtaine de Lamas contemplatifs; ils y ont construit un temple bouddhique, et quelques habitations où ils passent leurs jours, dans le calme et la retraite, loin des distractions et des inquiétudes du monde. On ne peut aller les visiter, car sur toute l'étendue des eaux, il n'y a pas une seule barque ; du moins, nous n'en avons jamais aperçu, et les Mongols nous ont assuré que parmi leurs tribus personne ne s'occupait de navigation. Cependant, durant la saison de l'hiver, au temps des grands froids, les eaux se glacent assez solidement, pour permettre aux bergers des environs de se rendre en pèlerinage à la lamaserie. Ils apportent aux Lamas contemplatifs leurs modestes offrandes de beurre, de thé et de tsamba, et ils en reçoivent en échange des bénédictions pour la bonté des pâturages et la prospérité de leurs troupeaux.

Les tribus du Koukou-Noor sont divisées en vingt-neuf bannières, commandées par trois *Kiun-Wang*, deux *Beïlé*, deux *Beïssé*, quatre *Koung* et dix-huit *Taï-Tsi*. Tous ces princes sont tributaires de l'empereur chinois. Ils font tous les deux ans le voyage de Péking, où ils apportent en tribut des pelleteries, et de la poudre d'or qu'ils ramassent dans les sables de leurs rivières. Les vastes plaines qui avoisinent la mer Bleue, sont d'une grande fertilité, et d'un aspect assez agréable, quoiqu'elles soient entièrement dépouillées d'arbres; les herbes y sont d'une prodigieuse hauteur, et les nombreux ruisseaux qui fertilisent le sol, permettent aux grands troupeaux du désert de se désaltérer à satiété. Aussi les Mongols aiment-ils à dresser leurs tentes parmi ces magnifiques pâturages. Les hordes des brigands ont beau les harceler sans cesse, ils n'abandonnent jamais le pays. Ils se contentent de changer fréquemment de place, pour déjouer les poursuites de leurs ennemis ; et quand ils ne peuvent les éviter, ils acceptent le combat avec bravoure. Cette nécessité où ils se trouvent continuellement placés, de défendre leurs biens et leur vie, contre les attaques des *Si-Fan*, a fini par les rendre courageux et intrépides. A toute heure du jour et de la nuit, on les trouve prêts à combattre ; ils veillent à la garde de leurs troupeaux, toujours à cheval, toujours la lance à la main, un fusil en bandoulière, et un grand sabre passé à la ceinture. Quelle différence entre ces vigoureux pasteurs à longues moustaches, et les langoureux bergers de Virgile, toujours occupés à jouer de la flûte, ou à parer de rubans et de fleurs printannières leurs jolis chapeaux de paille.

Les brigands qui tiennent sans cesse en alerte les tribus mongoles du *Koukou-Noor*, sont des hordes de *Si-Fan* ou Thibétains orientaux, qui habitent du côté des monts *Bayen-Kharat*, vers les sources du fleuve Jaune. Dans le pays, ils sont connus sous le nom générique de *Kolo*. Leur repaire est, dit-on, caché dans des gorges de montagnes où il est impossible de pénétrer sans guide ; car toutes les avenues sont gardées par des torrents infranchissables, et par d'affreux précipices. Les Kolo n'en sortent que pour parcourir le désert, et se livrer au pillage et à la dévastation. Leur religion est le bouddhisme ; mais ils ont parmi eux une idole particulière qu'ils nomment la divinité du brigandage. C'est, sans contredit, celle qui leur inspire le plus de dévotion, et qu'ils honorent d'un culte tout spécial. Leurs Lamas sont occupés à prier, et à faire des sacrifices pour le bon succès des expéditions. On prétend que ces brigands sont dans la révoltante habitude, de manger le cœur de leurs prisonniers, dans le but d'entretenir et de fortifier leur courage. Il n'est pas, au reste, de pratiques monstrueuses, qui ne leur soient attribuées par les Mongols du Koukou-Noor.

Les Kolo sont divisés en plusieurs tribus, qui portent toutes un nom particulier; c'est seulement dans cette nomenclature, que nous avons entendu parler des *Khalmoukes*. Ce qu'on nomme la Khalmoukie est quelque chose de purement imaginaire; il s'en faut bien que les Khalmoukes jouissent en Asie d'une aussi grande importance que dans nos livres de géographie. Nous avons été obligés de travailler beaucoup, afin de parvenir à la simple découverte de leur nom. Dans la Khalmoukie même, personne n'avait entendu parler des Khalmoukes. Nous fûmes heureux de rencontrer un Lama qui avait beaucoup voyagé dans le Thibet oriental, et qui nous apprit enfin que, parmi les Kolo, il y avait une petite tribu nommée Kolo-Khalmouki. Il se peut que les Khalmoukes aient eu autrefois une grande importance, et aient occupé de vastes contrées; mais il se peut aussi que les voyageurs du treizième siècle, appuyés sur quelques notions vagues et indéterminées, en aient fait un peuple nombreux.

Le Koukou-Noor ne mérite pas non plus l'importance qu'on lui donne dans nos géographies; il occupe sur les cartes beaucoup plus d'extension qu'il n'en a réellement. Quoiqu'il comprenne vingt-neuf bannières, ses frontières sont assez resserrées; il est borné au nord par *Khilian-Chan*, au sud par le fleuve Jaune, à l'est par la province du *Kan-Sou*, et à l'ouest par la rivière *Tsaïdam*, où commence un autre pays tartare, habité par des peuplades, qui portent le nom de Mongols du Tsaidam.

D'après les traditions populaires du Koukou-Noor, la mer Bleue n'aurait pas toujours existé où on la voit aujourd'hui. Cette grande masse d'eau aurait primitivement occupé, dans le Thibet, la place où s'élève la ville de Lha-Ssa. Un beau jour, elle aurait abandonné son immense réservoir, et serait venue par une marche souterraine, jusqu'à l'endroit qui lui sert actuellement de lit. Voici de quelle manière on nous a raconté ce merveilleux événement.

Dans les temps anciens, les Thibétains du royaume d'*Oui* voulurent bâtir un temple au centre de la grande vallée qu'ils occupaient; on prépara à grands frais les matériaux les plus précieux, et l'édifice s'éleva rapidement; mais, au moment où il allait être terminé, il s'écroula tout à coup, sans qu'on pût découvrir la cause de ce désastre. L'année d'après, on fit de nouveaux préparatifs, et l'on travailla à la construction du temple avec une égale ardeur; mais il s'écroula encore une seconde fois; on fit une troisième tentative, qui fut également suivie de la même catastrophe. Tout le monde fut plongé dans la désolation la plus profonde, et on parla d'abandonner l'entreprise. Le roi ayant fait consulter un devin fameux dans le pays, celui-ci répondit qu'il ne lui était pas donné de connaître la cause qui s'opposait à l'édification du temple, mais qu'il savait qu'un grand saint de l'orient possédait un secret, et que, si l'on pouvait le lui arracher, l'obstacle disparaîtrait aussitôt. Il ne put donner de renseignements plus précis sur ce grand saint, ni sur le lieu qu'il habitait. Après de longues délibérations, on envoya à la découverte un Lama plein d'adresse et de courage. Il parcourut toutes les contrées situées à l'est du royaume d'*Oui;* il visita toutes les tribus tartares, s'arrêtant partout où il entendait parler de quelque homme renommé pour son savoir et sa sainteté. Toutes ses recherches furent inutiles; il eut beau interroger, beau parler de la vallée du royaume d'Oui, et du temple qu'on avait essayé d'y élever, il ne fut compris de personne. Il s'en retournait donc triste et découragé, lorsqu'en traversant les grandes plaines qui séparent le Thibet de la Chine, la sous-ventrière de sa selle venant à casser, il tomba de cheval. Ayant aperçu non loin de là, sur les bords d'un petit étang, une tente pauvre et délabrée, il s'y rendit pour réparer sa selle. Après avoir attaché son cheval à un pieu fixé à la porte de la tente, il entra et trouva un vénérable vieillard absorbé dans la prière. — Frère, dit le voyageur, que la paix soit toujours dans la demeure! — Frère, répondit le vieillard, sans faire le moindre mouvement, assieds-toi auprès de mon foyer..... Le Lama thibétain crut s'apercevoir que le vieillard était aveugle. — Je vois avec douleur, lui dit-il, que tu es privé de l'usage de tes yeux. — Oui, il y a un grand nombre d'années que j'ai perdu le bonheur de contempler le soleil et la verdure de nos belles prairies, mais la prière est un grand soulagement à mon infortune... Frère, il me semble que ton langage a un accent particulier, n'es-tu pas un homme de nos tribus? — Je suis un pauvre Lama de l'orient. J'ai fait vœu de visiter les temples qu'on a élevés dans les contrées mongoles, et de me prosterner devant les saints personnages que je rencontrerais sur ma route.

Un accident m'est arrivé en passant par ici; j'ai cassé la sous-ventrière de ma selle, et je suis venu dans ta tente pour la réparer. — Je suis aveugle, dit le vieillard, je ne puis moi-même te servir; regarde à côté de la tente, tu trouveras des courroies, prends celle qui te conviendra le mieux pour arranger ta selle..... Pendant que l'étranger choisissait une bonne courroie pour faire une sous-ventrière, le vieillard lui dit : — O Lama des contrées orientales! tu es heureux de pouvoir passer tes jours à visiter nos monuments sacrés! Les temples les plus magnifiques sont dans les contrées mongoles; les *Poba* (Thibétains) ne parviendront jamais à en avoir de semblables : c'est en vain qu'ils font des efforts pour en élever dans leur belle vallée; les fondements qu'ils jeteront seront toujours sapés par les flots d'une mer souterraine, dont ils ne soupçonnent pas l'existence... Après un moment de silence, le vieillard ajouta : Je viens de prononcer ces paroles, parce que tu es un Lama mongol, mais tu dois les conserver dans ton cœur, et ne les communiquer à personne. Si dans tes pélerinages, tu viens à rencontrer un Lama du royaume d'Oui, veille avec soin sur ta langue, car la révélation de mon secret causerait la ruine de nos contrées. Quand un Lama du royaume d'Oui saura que, dans leur vallée, il existe une mer souterraine, les eaux s'échapperont aussitôt, et viendront inonder nos prairies.

A peine eut-il achevé de parler, que l'étranger se leva, et lui dit : — Infortuné vieillard, sauve-toi! sauve-toi à la hâte! les eaux vont bientôt arriver, car je suis un Lama du royaume d'Oui!.... A ces mots, il sauta sur son cheval et disparut dans le désert.

Ces paroles furent comme un coup de foudre pour le pauvre vieillard. Après un instant de morne stupeur, il s'abandonna aux cris et aux gémissements. Pendant qu'il était dans cet état de désolation, son fils arriva, ramenant du pâturage un petit troupeau de sarligues. — Mon fils, lui dit le vieillard, selle promptement ton cheval, arme-toi de ton sabre, et précipite-toi du côté de l'occident; tu rencontreras un Lama étranger, que tu dois immoler sur-le-champ, car il m'a volé ma courroie. — Quoi! s'écria le jeune homme, saisi d'épouvante, c'est un meurtre que vous me commandez! Comment, mon père, pendant que nos tribus ne parlent qu'avec admiration de votre grande sainteté, vous osez m'ordonner d'immoler un pauvre voyageur, pour avoir pris dans votre tente une courroie dont il avait sans doute besoin! — Pars vite, ô mon fils, je t'en conjure, répétait le vieillard, en se tordant les bras de douleur; pars vite, et immole cet étranger, si tu ne veux pas que nous soyons tous engloutis dans les flots. Le jeune homme croyant que son père était dans un accès de délire, ne voulut pas le contredire de peur de l'irriter davantage; il monta à cheval, et courut sur les traces du Lama du royaume d'*Oui*. Il l'atteignit avant la fin du jour. — Saint personnage, lui dit-il, pardonne-moi si je viens interrompre ta marche; tu t'es reposé aujourd'hui dans notre tente, et tu as pris en partant une courroie que mon père redemande à grands cris; la fureur du vieillard est si grande, qu'il m'a ordonné de te mettre à mort; mais il n'est pas plus permis d'exécuter les ordres d'un vieillard en délire, que ceux d'un enfant. Rends-moi cette courroie, et je retournerai calmer mon père.... Le Lama du royaume d'*Oui*, descendit de cheval, détacha la sous-ventrière de la selle, et la remit au jeune homme, en lui disant : Ton père m'avait donné cette courroie; puisqu'il la regrette, reporte-la lui; les vieillards sont fantasques, il faut cependant les respecter toujours, et éviter avec soin de leur causer du chagrin.... Le Lama détacha sa ceinture, en fit une sous-ventrière, et continua sa route, tandis que le jeune homme retournait en toute hâte vers sa demeure.

Il arriva pendant la nuit, et trouva sa tente environnée d'une multitude de bergers, qui, ne comprenant rien aux gémissements du grand saint de la contrée, attendaient son retour avec anxiété. — Mon père, mon père ! s'écria le jeune homme, en mettant pied à terre, calmez-vous, voici votre courroie que je vous rapporte. — Et l'étranger, dit le vieillard, l'as-tu mis à mort? — Je l'ai laissé aller en paix dans son pays. N'aurais-je pas commis un grand crime, en tuant un Lama qui ne vous a fait aucun mal. Voici la courroie qu'il vous avait volée... Et en disant ces mots, il la remit entre les mains de son père. Le vieillard frissonna de tous ses membres, car il comprit que son fils avait pris le change. Le même mot mongol signifie, en effet, tout à la fois *courroie* et *secret*. Le vieillard avait voulu dire à son fils de tuer l'étranger qui lui avait volé son *secret*. Mais, voyant qu'on lui rapportait une *courroie*, il s'écria : L'occident triomphe ! c'est la volonté du ciel ! Il avertit ensuite les bergers de s'enfuir à la hâte avec leurs troupeaux, s'ils ne voulaient pas être engloutis par les eaux. Pour lui, il se prosterna au milieu de sa tente, et attendit la mort avec résignation.

Le jour avait à peine commencé à paraître, qu'on entendit sous terre un bruit sourd et majestueux, semblable au tumulte que font les torrents, quand ils roulent leurs ondes à travers les rochers des montagnes. Le bruit avança avec une épouvantable rapidité, et on vit bouillonner le petit étang au bord duquel le vieillard avait dressé sa tente. Bientôt, la terre éprouva de grandes secousses, les eaux souterraines montèrent avec impétuosité, et se répandirent comme une grande mer au milieu de ces plaines immenses; il périt des bestiaux innombrables et beaucoup de familles qui n'eurent pas le temps de se sauver. Le vieillard fut le premier englouti dans les flots.

Le Lama qui emportait le secret de cette grande catastrophe, arriva dans le royaume d'Oui, et trouva ses compatriotes plongés dans une grande consternation; ils avaient entendu dans la vallée un tumulte effroyable, et nul ne pouvait en assigner la cause. Il raconta l'histoire du vieillard aveugle, et après son récit, tout le monde comprit que le fracas qu'on avait entendu, avait été produit par la mer souterraine, au moment où elle s'était transportée à l'orient. On reprit avec enthousiasme les travaux de construction qui avaient été abandonnés, et on éleva un temple magnifique, qui est encore debout. Grand nombre de familles allèrent s'établir aux environs du temple, et peu à peu se forma une grande ville, qui prit le nom de *Lha-Ssa* (Terre des Esprits).

Cette singulière chronique sur l'origine de la mer Bleue, nous fut d'abord racontée, pour la première fois, dans le Koukou-Noor; on nous la répéta ensuite à Lha-Ssa, à peu près avec les mêmes circonstances. Il nous a été impossible de découvrir à quel événement historique pouvait faire allusion une fable aussi bizarre.

Nous séjournâmes dans le Koukou-Noor pendant près d'un mois. Des rumeurs continuelles sur le compte des brigands, nous forcèrent à décamper cinq ou six fois, et à suivre les tribus tartares, qui, au moindre bruit, changent de place, sans pourtant s'éloigner jamais trop des magnifiques pâturages qui avoisinent la mer Bleue.

Vers la fin du mois d'octobre, l'ambassade thibétaine arriva. Nous nous joignîmes à cette immense troupe, grossie en route par un grand nombre de caravanes mongoles, qui, comme nous, profitaient de cette excellente occasion pour faire le voyage de *Lha-Ssa*. Autrefois, le gouvernement thibétain envoyait, tous les ans, une ambassade à Péking. Celle de 1840, fut attaquée en route par un grand nombre de Kolo ; on se battit pendant une journée tout entière ; les Thibétains ayant été assez heureux pour mettre en fuite les brigands, continuèrent leur route pendant la nuit. Le lendemain, on s'aperçut qu'on n'avait plus dans la caravane le Tchanak-Kampo (1) ou Grand-Lama, accrédité près la cour de Péking, en qualité d'ambassadeur du Talé-Lama. Durant plusieurs jours, on fit des perquisitions, sans qu'on pût le retrouver ; on pensa que, dans la confusion du combat, il aurait bien pu être pris par les Kolo et emmené prisonnier. L'ambassade n'en continua pas moins sa route, et arriva à Péking sans son personnage officiel. Il va sans dire que l'Empereur fut désolé de ce funeste événement.

(1) *Tchanak*, nom que les Thibétains donnent à la ville de *Péking* : *Kampo*, pontife, c'est-à-dire pontife de Péking.

En 1841, nouveau combat contre les brigands, et aussi nouvelle catastrophe. Cette fois là, le Tchanak-Kampo ne fut pas enlevé par les Kolo, mais il en reçut dans le ventre un affreux coup de sabre, dont il mourut quelques jours après. L'Empereur, en apprenant ce nouveau sinistre, fut, dit-on, inconsolable; il envoya des dépêches au Talé-Lama, dans lesquelles il lui disait que, vu les difficultés et les dangers de la route, dorénavant il n'y aurait d'ambassade que tous les trois ans. D'après ces nouvelles dispositions, depuis 1841, il n'y avait pas eu d'autre ambassade que celle que nous venions de rencontrer, et qui était partie de Lha-Ssa en 1844. En allant, elle avait eu le bonheur de ne pas faire la rencontre des brigands, et par conséquent, son Tchanak-Kampo n'avait été ni volé ni tué.

Le lendemain de notre départ du Koukou-Noor, nous nous plaçames en tête de la caravane, puis nous nous arrêtâmes en route pour voir défiler devant nous cette immense troupe, et faire connaissance avec nos compagnons de voyage. Les hommes et les animaux qui composaient la caravane, peuvent être évalués au nombre suivant : Quinze mille bœufs à long poil, douze cents chevaux, autant de chameaux, et deux mille hommes, soit Thibétains, soit Tartares ; les uns allant à pied, d'autres étant montés sur des bœufs à long poil, le plus grand nombre étant à cheval ou à chameau. Tous les cavaliers étaient armés de lances, de sabres, de flèches et de fusils à mèche. Les piétons, nommés *lakto*, étaient chargés de conduire les files de chameaux, ou de diriger la marche capricieuse et désordonnée des troupeaux de bœufs. Le Tchanak-Kampo, voyageait dans une grande litière portée par deux mulets. En dehors de cette multitude, dont le voyage ne devait se terminer qu'à Lha-Ssa, il y avait une escorte de trois cents soldats chinois, fournis par la province de Kan-Sou, et deux cents braves Tartares, chargés, par les princes du Koukou-Noor, de protéger la sainte ambassade du Talé-Lama, jusqu'aux frontières du Thibet.

Les soldats de la province du *Kan-Sou*, s'acquittaient de leurs fonctions en véritables Chinois. De peur de quelque fâcheuse rencontre, ils se tenaient prudemment à la queue de la caravane; là, ils chantaient, ils fumaient et folâtraient tout à leur aise, sans se mettre en peine des brigands. Tous les jours, ils avaient la remarquable habitude de ne se mettre en route que lorsque la caravane tout entière avait défilé; alors, ils parcouraient soigneusement les divers campements, et ne manquaient pas de faire profit de tout ce qui avait pu être oublié. Marchant ensuite les derniers, ils avaient encore l'inappréciable avantage de pouvoir ramasser ce que les autres laissaient tomber. Les soldats tartares tentaient une conduite bien différente; on les voyait galopper sans cesse en avant et sur les flancs de la caravane, monter sur les collines, et s'enfoncer dans les profondes vallées, pour examiner si les brigands n'étaient pas en embuscade.

La marche et les mouvements de la caravane s'exécutaient avec assez d'ordre et de précision, surtout dans les commencements. Ordinairement, on partait tous les jours deux ou trois heures avant le lever du soleil, afin de pouvoir camper vers midi, et donner aux animaux le temps de paître pendant le reste de la journée; le réveil était annoncé par un coup de canon; aussitôt, tout le monde se levait, le feu s'allumait dans toutes les tentes, et pendant que les uns chargeaient les bêtes de somme les autres faisaient bouillir la marmite et préparaient le thé beurré; on en buvait à la hâte quelques écuellées, on dévorait quelques poignées de tsamba, et puis on jetait la tente à bas. Un second coup de canon donnait le signal du départ. Quelques cavaliers expérimentés et chargés de diriger la caravane, se mettaient en tête; ils étaient suivis par les longues files de chameaux, puis venaient les bœufs à long poil, qui s'avançaient par troupes de deux ou trois cents, sous la conduite de plusieurs lakto. Les cavaliers n'avaient pas de place fixe; ils allaient et venaient dans tous les sens, uniquement guidés par leur caprice. Les cris plaintifs des chameaux, les grognements des bœufs à long poil, les hennissements des chevaux, les clameurs et les chansons bruyantes des voyageurs, les sifflements aigus que faisaient entendre les lakto pour animer les bêtes de somme, et par-dessus tout les cloches innombrables qui étaient suspendues au cou des yak et des chameaux; tout cela produisait un concert immense, indéfinissable, et qui, bien loin de fatiguer, semblait, au contraire, donner à tout le monde du courage et de l'énergie.

La caravane s'en allait ainsi à travers le désert, par troupes et par pelotons, s'arrêtant tous les jours dans les plaines, dans les vallées, aux flancs des montagnes, et improvisant avec ses tentes si nombreuses, et si variées de forme et de couleur, des villes et des villages, qui s'évanouissaient le lendemain, pour reparaître un instant après sur un plan toujours nouveau. Quel étonnement pour ces vastes et silencieux déserts, de se voir tout à coup traversés par une multitude si grande et si bruyante ! En voyant toutes ces tentes de voyage, ces nombreux troupeaux, et ces hommes, tour à tour pasteurs et guerriers, nous ne pouvions nous empêcher de penser souvent à la marche des Israélites, lorsqu'ils s'en allaient à la recherche de la Terre promise, à travers les solitudes de Madian.

En quittant les bords de la mer Bleue, nous nous dirigeâmes vers l'ouest, en inclinant peut-être un peu vers le sud. Les premiers jours de marche ne furent que poésie ; tout allait au gré de nos désirs ; le temps était magnifique, la route était belle et facile, l'eau limpide, et les pâturages gras et abondants. Quant aux brigands, on n'y songeait même pas. Pendant la nuit, le froid se faisait bien un peu sentir ; mais on obviait à cet inconvénient, en endossant ses habits de peau. Nous étions, enfin, à nous demander ce que ce fameux voyage du Thibet avait de si épouvantable ; il nous semblait qu'il était impossible de voyager d'une manière plus commode et plus agréable. Hélas, cet enchantement ne fut pas de longue durée !

Six jours après notre départ, il fallut traverser le *Pouhain-Gol*, rivière qui prend sa source aux pieds des monts *Nan-Chan*, et va se jeter dans la mer Bleue. Ses eaux ne sont pas très-profondes, mais étant divisées en douze embranchements très-rapprochés les uns des autres, elles occupent en largeur un espace de plus d'une lieue. Nous eûmes le malheur d'arriver au premier embranchement du *Pouhain-Gol*, long-temps avant le jour ; l'eau était glacée, mais pas assez profondément pour que la glace pût nous servir de pont. Les chevaux étant arrivés les premiers, furent effrayés, et n'osèrent pas avancer ; ils s'arrêtèrent sur les bords, et donnèrent aux bœufs à long poil le temps de les joindre. Bientôt la caravane tout entière se trouva réunie sur un seul point; il serait impossible d'exprimer le désordre et la confusion qui régnaient au milieu de cette immense cohue, enveloppée des ténèbres de la nuit. Enfin, plusieurs cavaliers poussèrent leurs chevaux, et crevèrent la glace en plusieurs endroits. Alors, la caravane entra pêle-mêle dans la rivière; les animaux se heurtaient et faisaient rejaillir l'eau de toute part, la glace craquait, les hommes vociféraient; c'était un tumulte effroyable. Après avoir traversé le premier bras, il fallut recommencer la manœuvre au second, puis au troisième, et ainsi de suite. Quand le jour parut, la *sainte ambassade* était encore à gargouiller dans l'eau; enfin, après avoir beaucoup fatigué et beaucoup frissonné, au moral comme au physique, nous eûmes le bonheur de laisser derrière nous les douze embranchements du *Pouhain-Gol*, et de nous trouver en pays sec; mais toutes nos idées poétiques s'étaient évanouies, et nous commencions à trouver cette manière de voyager tout-à-fait détestable.

Et pourtant, tout le monde paraissait être dans la jubilation. On disait que le passage du *Pouhain-Gol* s'était exécuté admirablement bien. Un seul homme s'était cassé les jambes, et il ne s'était noyé que deux bœufs à long poil. Pour ce qui est des objets perdus ou volés pendant ce long désordre, on n'en tenait pas compte.

Quand la caravane reprit sa marche accoutumée, elle présentait un aspect vraiment risible. Les hommes et les animaux étaient plus ou moins chargés de glaçons. Les chevaux s'en allaient tristement, et paraissant fort embarrassés de leur queue, qui pendait tout d'une pièce, raide et immobile, comme si on l'eût faite de plomb et non de crins. Les chameaux avaient la longue bourre de leurs jambes chargée de magnifiques glaçons, qui se choquaient les uns les autres avec un bruit harmonieux. Cependant, il était visible que ces jolis ornements étaient peu de leur goût; car ils cherchaient de temps en temps à les faire tomber, en frappant rudement la terre de leurs pieds. Les bœufs à long poil étaient de véritables caricatures; impossible de se figurer rien de plus drôle : ils marchaient les jambes écartées, et portaient péniblement un énorme système de stalactites qui leur pendait sous le ventre jusqu'à terre. Ces pauvres bêtes étaient si informes, et tellement recouvertes de glaçons, qu'il semblait qu'on les eût mis confire dans du sucre candi.

Pendant les premiers jours de marche, nous nous trouvâmes un peu seuls et isolés au milieu de cette grande multitude. Nous étions sans amis et sans connaissances. Cependant, nous ne tardâmes pas à nous faire des camarades; car, pour lier les hommes entr'eux, il n'est rien de tel que les voyages. Les compagnons de route que nous nous fîmes, et auprès desquels nous allions tous les jours dresser notre tente, n'étaient ni marchands, ni pélerins, ni attachés à l'ambassade, ni simples voyageurs comme nous; c'étaient quatre Lamas, qui formaient une catégorie à part. Deux d'entr'eux étaient de Lha-Ssa, un du Thibet ultérieur, et le quatrième du royaume de Torgot. Chemin faisant, ils nous racontèrent leur longue et pittoresque histoire, dont nous allons donner ici un raccourci.

Les trois Lamas thibétains s'étaient fait les disciples

d'un Grand-Lama nommé *Altère*, qui se proposait de bâtir, aux environs de Lha-Ssa, un temple bouddhique, dont la grandeur et la magnificence surpasserait tous ceux qui existaient déjà. Un jour, il annonça à ses trois disciples que tous les plans étant arrêtés, il fallait commencer de grandes quêtes pour fournir aux frais énormes du saint édifice. Ils partirent donc tous quatre, le cœur plein de zèle et de dévouement, et dirigèrent d'abord leur marche vers le nord. Ils traversèrent toute l'Asie centrale, et s'avancèrent jusqu'au royaume de Torgot, tout près des frontières russes. Chemin faisant, ils s'arrêtaient dans toutes les lamaseries qu'ils rencontraient, et dans toutes les demeures des princes thibétains et tartares. Partout, ils recevaient de grosses offrandes; car, outre que l'œuvre était capable d'exciter par elle-même le plus vif intérêt, l'*Altère-Lama* avait des lettres de recommandation du Talé-Lama, du *Bandchan-Remboutchi*, et de tous les supérieurs des lamaseries les plus renommées du Thibet. Dans le Torgot, un riche Lama mongol, touché du dévouement de ces intrépides quêteurs, leur offrit tous ses troupeaux, et conjura l'Altère-Lama de vouloir bien lui permettre de s'adjoindre à eux pour continuer les quêtes dans les pays tartares. L'Altère-Lama, de son côté, ému d'un zèle si pur et d'un si grand désintéressement, voulut bien recevoir ses offrandes, et l'admettre au nombre de ses disciples. Les Lamas quêteurs furent donc au nombre de cinq.

Du Torgot, ils dirigèrent leur marche vers l'est, allant toujours de tribu en tribu, et grossissant dans la route leurs troupeaux de chevaux, de bœufs, de moutons et de chameaux. Ils parvinrent jusqu'au pays des Khalkhas, où ils demeurèrent long-temps à la lamaserie du Grand-Kouren, car les offrandes des pélerins tartares ne tarissaient pas. De là, ils descendirent vers le sud jusqu'à Péking, où ils convertirent en or et en argent les innombrables bestiaux qu'ils avaient ramassés de toute part. Après un long séjour dans la capitale de l'empire chinois, ils recommencèrent leurs courses dans les déserts de la Tartarie, et toujours quêtant, toujours recevant des offrandes, ils arrivèrent à Kounboum. Dans cette fameuse et sainte lamaserie, capable d'apprécier le mérite des bons Lamas, le zèle et le dévouement des célèbres quêteurs acquirent une renommée colossale ; ils devinrent l'objet de la vénération publique, et les maîtres jaloux de la perfection de leurs disciples, ne manquaient pas de les leur proposer pour modèles.

L'Altère-Lama, après trois ans de courses extrêmement méritoires, ne soupirait plus qu'après le moment de retourner à Lha-Ssa, et de consacrer à la construction de son temple toutes les riches offrandes qu'il était parvenu à recueillir. Aussi, grande fut sa joie, quand il apprit la nouvelle de l'arrivée de l'ambassade thibétaine. Il fut résolu qu'il la prendrait à son retour de Péking, et qu'il profiterait de cette bonne occasion, pour faire traverser à son or et à son argent le dangereux pays des Kolo. En attendant, on donnerait tous ses soins à faire les préparatifs de cet important voyage.

Mais, hélas ! les projets des hommes sont souvent traversés, au moment même où ils semblent devoir réussir de la manière la plus triomphante. Un beau jour, arrive à *Si-Ning-Fou*, un courrier extraordinaire de l'Empereur, portant des dépêches dans lesquelles il est enjoint au grand Mandarin de la ville de s'entendre avec le supérieur de la lamaserie de Kounboum, et d'empoigner l'Altère-Lama, accusé de se livrer depuis trois ans à des escroqueries de tout genre, au moyen de certaines lettres de recommandation faussement attribuées au Talé-Lama. Il fut fait ainsi qu'il avait été ordonné par sa majesté impériale. On comprend quelle dut être la stupéfaction de ce pauvre Altère-Lama, et surtout de ses quatre disciples, qui, dans toute cette affaire, avaient été d'une candeur vraiment admirable. Cette ambassade, sur la protection de laquelle on avait tant compté, avait été chargée, par le gouvernement thibétain, de chercher à s'emparer du grand quêteur, dont les merveilleux succès avaient été divulgués à Lha-Ssa par les bouches indiscrètes des pèlerins.

L'Altère-Lama, ayant été arrêté sans coup férir, fut immédiatement expédié sous bonne escorte pour Lha-Ssa. On lui fit suivre, par la province du Sse-Tchouan, la route des courriers de l'Empereur. Arrivé dans la capitale du Thibet, son affaire devait être examinée par ses juges naturels. En attendant, sa prodigieuse recette demeurait confisquée au profit du Talé-Lama; car rien de plus juste que de le mettre en possession de l'or et de l'argent qui avait été prélevé grâce à la toute-puissante influence de son nom. Pour ce qui est des quatre disciples du grand quêteur, il fut arrêté qu'ils attendraient l'ambassade thibétaine, et qu'ils s'en retourneraient avec elle, emmenant cinquante-huit magnifiques chameaux que s'était procuré l'Altère-Lama, et dont le gouvernement thibétain disposerait à leur arrivée à Lha-Ssa.

Ces quatre infortunés disciples étaient les camarades de route que notre bonne fortune nous avait fait rencontrer. Le souvenir de leur maître déchu, les poursuivait sans cesse, et les sentiments que ce souvenir excitait en eux n'étaient pas toujours les mêmes. Tantôt, ils regardaient leur maître comme un saint, et tantôt comme un voleur. Un jour, ils prononçaient son nom avec vénération, et en portant leurs mains jointes au front; un autre jour, ils le maudissaient, et crachaient en l'air en signe de mépris. Le Lama du Torgot surtout ne voyait que du bleu dans cette malencontreuse affaire. Il se reprochait parfois d'avoir fait offrande de tous ses troupeaux à un homme qui commençait à avoir passablement toutes les apparences d'un fripon. Cependant, il se consolait facilement de sa duperie; car, au bout du compte, elle lui avait fourni l'occasion de courir le monde, et de visiter les lamaseries les plus célèbres. Au fond, ces quatre Lamas étaient d'excellents jeunes gens et de bons compagnons de voyage. Tous les jours, ils avaient à nous raconter quelques nouvelles particularités de leurs longues aventures, et leurs récits contribuèrent plus d'une fois à nous faire oublier un instant les fatigues et les misères de la route.

Une cause permanente des souffrances que nous eûmes à endurer en route, fut, sans contredit, notre pro-chamelier Charadchambeul. Dès l'abord, ce jeune Lama nous avait paru un petit saint; mais dans la suite, nous nous aperçûmes que nous emmenions avec nous un petit diable à face humaine. L'aventure suivante nous ouvrit les yeux sur son compte, et nous fit entrevoir tout ce que nous aurions à souffrir de sa présence.

Le lendemain du passage du Pouhain-Gol, après avoir marché pendant une partie de la nuit, nous remarquâmes sur un de nos chameaux deux gros paquets soigneusement enveloppés, et que nous n'avions pas encore vus. Nous pensâmes que quelque voyageur, n'ayant pu les placer commodément sur ses bêtes de somme, avait prié Charadchambeul de s'en charger pour la journée; et là-dessus, nous continuâmes paisiblement notre route, sans plus nous occuper de cette particularité. Quand nous fûmes arrivés au campement, aussitôt qu'on eut mis bas les bagages, nous vîmes avec surprise notre Lama des monts Ratchico prendre ces deux paquets, les envelopper mystérieusement d'un tapis de feutre, et puis aller les cacher au fond de la tente. Evidemment, cette conduite provoquait des explications. Nous demandâmes à Charadchambeul quel était ce nouveau bagage qu'on voyait dans la tente. Il s'approcha de nous, et nous répondit à voix basse, comme craignant d'être entendu, que, pendant la nuit, Bouddha lui avait fait une faveur, qu'il lui avait fait trouver sur le chemin une bonne chose. Puis il ajouta, en souriant malicieusement, qu'à Lha-Ssa cette bonne chose se vendrait bien dix onces d'argent.... Ces paroles nous firent froncer le sourcil, et nous demandâmes à voir cette bonne chose. Charadchambeul ferma d'abord avec soin la porte de la tente, puis il dépouilla avec émotion sa prétendue trouvaille. C'étaient deux grandes jarres en cuir fondu, contenant une espèce d'eau-de-vie qu'on distille dans la province du Kan-Sou, et qui se vend assez cher. Sur ces deux jarres, il y avait des caractères thibétains, qui indiquaient le nom très-connu du propriétaire. Nous eûmes la charité de ne pas nous arrêter à la pensée que Charadchambeul avait volé ces jarres pendant la nuit ; nous aimâmes mieux supposer qu'il les avait ramassées le long du chemin. Mais notre pro-chamelier était un casuiste passablement relâché. Il prétendait que ces jarres lui appartenaient, que Bouddha lui en avait fait cadeau, et qu'il ne s'agissait plus que de les cacher avec soin, afin que le propriétaire ne les aperçût pas.—Essayer de raisonner morale et justice avec un gaillard de cette trempe, était peine et temps perdus. Nous lui déclarâmes énergiquement, que ces jarres n'étant ni à nous ni à lui, nous ne voulions ni les recevoir dans notre tente, ni les placer sur nos chameaux pendant le voyage, que nous n'avions nullement envie d'arriver à Lha-Ssa avec une réputation de voleurs.... Et afin qu'il prît bien au sérieux ce que nous lui disions, nous ajoutâmes que, s'il n'enlevait pas les jarres de notre tente, nous allions à l'instant avertir le propriétaire. Il se trouva un peu ébranlé par ces paroles. Afin d'achever de le déterminer à la restitution, nous lui conseillâmes de porter lui-même sa trouvaille à l'ambassadeur, en le priant de la faire remettre à son adresse. Le Tchanak-Kampo ne manquerait pas d'être touché de cette probité ; peut-être lui donnerait-il une récompense, ou du moins il se souviendrait de lui, et pourrait, à Lha-Ssa, lui être de quelque utilité. Après des contestations longues et violentes, ce parti fut adopté. Charadchambeul se présenta au Tchanak-Kampo, qui lui dit : — Tu es un bon Lama. Un Lama qui a la justice dans le cœur est agréable aux esprits.—Charadchambeul revint furieux. Il prétendit que nous lui avions fait faire une bêtise, et que le Tchanak-Kampo ne lui avait donné que quelques paroles creuses. Dès ce moment, il nous voua une haine implacable. Il ne s'acquitta plus que par boutades du travail qui lui était confié ; il se plut à gaspiller nos provisions de bouche ; tous les jours, il nous abreuva d'outrages et de malédictions ; et souvent sa rage se tournant contre les animaux, il les frappait horriblement sur la tête, au risque de les assommer. Renvoyer ce malheureux était chose impossible au milieu du désert. Nous dûmes nous armer de patience et de résignation, et veiller à ne pas irriter davantage ce caractère farouche et indompté.

Après cinq jours de marche depuis le passage du *Pouhain-Gol*, nous arrivâmes au *Toulain-Gol*, rivière étroite et peu profonde, que nous traversâmes sans obstacle. La caravane s'arrêta ensuite non loin d'une lamaserie, qui paraissait avoir été assez florissante, mais qui, en ce moment, était entièrement déserte. Les temples et les cellules des Lamas tombaient en ruine de toutes parts. Des chauves-souris et des rats énormes en avaient fait leur demeure. On nous dit que ce couvent bouddhique avait été assiégé durant trois jours par les brigands, qu'ils s'en étaient enfin rendus maîtres, et qu'après avoir massacré un grand nombre de ses habitants, ils l'avaient livré au pillage et à la dévastation. Depuis cette époque, aucun Lama n'avait plus osé venir s'y fixer. Cependant le pays n'était pas entièrement désert, comme nous l'avions d'abord pensé. En nous promenant à travers les collines rocheuses des environs, nous découvrîmes quelques troupeaux de chèvres et trois misérables tentes cachées dans les creux des ravins. Ces pauvres bergers sortirent, pour nous demander l'aumône de quelques feuilles de thé et d'un peu de tsamba.

Ils avaient les yeux hagards, et la figure blême et amaigrie. Ils ne savaient, disaient-ils, où se réfugier pour vivre en paix. La peur des brigands les dominait au point de leur enlever jusqu'au courage même de la fuite.

Le lendemain, la caravane continua sa route ; mais l'escorte chinoise demeura campée sur les bords de la rivière; sa tâche était finie. Après quelques jours de repos, elle devait rebrousser chemin, et rentrer dans ses foyers. Les marchands thibétains disaient que, les soldats chinois une fois partis, on pourrait du moins dormir en paix, sans avoir à se préoccuper des voleurs de nuit.

Le 15 novembre, nous quittâmes les magnifiques plaines du Koukou-Noor, et nous arrivâmes chez les Mongols de *Tsaidam*. Aussitôt après avoir traversé la rivière de ce nom, le pays change brusquement d'aspect. La nature est triste et sauvage ; le terrain, aride et pierreux, semble porter avec peine quelques broussailles desséchées et imprégnées de salpêtre. La teinte morose et mélancolique de ces tristes contrées, semble avoir influé sur le caractère de ses habitants qui ont tous l'air d'avoir le spleen. Ils parlent très-peu, et leur langage est si rude et si guttural, que les Mongols étrangers ont souvent de la peine à les comprendre. Le sel gemme et le borax abondent sur ce sol aride, et presque entièrement dépourvu de bons pâturages. On pratique des creux de deux ou trois pieds de profondeur, et le sel s'y rassemble, se cristallise et se purifie de lui-même, sans que les hommes aient le moins du monde à s'en occuper. Le borax se recueille dans de petits réservoirs, qui en sont entièrement remplis. Les Thibétains en emportent dans leur pays, pour le vendre aux orfèvres, qui s'en servent pour faciliter la fusion des métaux. Nous nous arrêtâmes pendant deux jours dans le pays de Tsaidam. On fit bombance avec du tsamba et quelques chèvres, que les bergers nous troquèrent contre du thé en brique. Les bœufs à long poil et les chameaux se régalèrent avec du nitre et du sel qu'ils trouvaient partout à fleur de terre. La caravane tout entière chercha à en ramasser le plus de force possible pour franchir le *Bourhan-Bota*, montagne fameuse par les vapeurs pestilentielles dont elle est, dit-on, continuellement enveloppée.

Nous nous mîmes en marche à trois heures du matin, et après beaucoup de circuits et de détours dans cette contrée montueuse, nous arrivâmes à neuf heures au pied du *Bourhan-Bota*. La caravane s'arrêta un instant, comme pour consulter ses forces ; on mesurait de l'œil les sentiers abruptes et escarpés de cette haute montagne ; on se montrait avec anxiété un gaz subtil et léger, qu'on nommait vapeur pestilentielle, et tout le monde paraissait abattu et découragé. Après avoir pris les mesures hygiéniques enseignées par la tradition, et qui consistent à croquer deux ou trois gousses d'ail, on commence enfin à grimper sur les flancs de la montagne. Bientôt, les chevaux se refusent à porter leurs cavaliers, et chacun avance à pied et à petits pas ; insensiblement, tous les visages blémissent, on sent le cœur s'affadir, et les jambes ne peuvent plus fonctionner; on se couche par terre, puis on se relève pour faire encore quelques pas ; on se couche de nouveau, et c'est de cette façon déplorable, qu'on gravit ce fameux Bourhan-Bota. Mon Dieu, quelle misère ! on sent ses forces brisées, la tête tourne, tous les membres semblent se disjoindre, on éprouve un malaise tout-à-fait semblable au mal de mer ; et malgré cela, il faut conserver assez d'énergie, non-seulement pour se traîner soi-même, mais encore pour frapper à coups redoublés les animaux qui se couchent à chaque pas, et refusent d'avancer. Une partie de la troupe, par mesure de prudence, s'arrêta à moitié chemin dans un enfoncement de la montagne où les vapeurs pestilentielles étaient, disait-on, moins épaisses ; le reste, par prudence aussi, épuisa tous ses efforts pour arriver jusqu'au bout, et ne pas mourir asphyxié au milieu de cet air chargé d'acide carbonique. Nous fûmes de ceux qui franchirent le Bourhan-Bota d'un seul coup. Quand nous fûmes arrivés au sommet, nos poumons se dilatèrent enfin à leur aise. Descendre la montagne, ne fut qu'un jeu, et nous pûmes aller dresser notre tente loin de cet air meurtrier que nous avions laissé de l'autre côté.

La montagne Bourhan-Bota, présente cette particularité assez remarquable, c'est que ce gaz délétère ne se trouve que sur la partie qui regarde l'est et le nord ; de l'autre côté, l'air est pur et facilement respirable ; il paraît que ces vapeurs pestilentielles ne sont autre chose que du gaz acide carbonique. Les gens attachés à l'ambassade nous dirent que, lorsqu'il faisait du vent, les vapeurs se faisaient à peine sentir, mais qu'elles étaient très-dangereuses lorsque le temps était calme et serein. Le gaz acide carbonique étant, comme on sait, plus pesant que l'air atmosphérique, doit se condenser à la surface du sol, et y demeurer fixé jusqu'à ce qu'une grande agitation de l'air vienne le mettre en mouvement, le disséminer dans l'atmosphère, et neutraliser ses effets. Quand nous franchîmes le Bourhan-Bota, le temps était assez calme. Nous remarquâmes que lorsque nous nous couchions par terre, nous respirions avec beaucoup plus de difficulté; si, au contraire, nous montions à cheval, l'influence du gaz se faisait à peine sentir. La présence de l'acide carbonique était cause qu'il était très-difficile d'allumer le feu; les argols brûlaient sans flamme, et en répandant beaucoup de fumée. Maintenant, dire de quelle manière se formait ce gaz, d'où il venait, c'est ce qui nous est impossible. Nous ajouterons seulement, pour ceux qui aiment à chercher des explications dans le nom même des choses, que *Bourhan-Bota* signifie, *cuisine de Bourhan;* Bourhan est, comme on sait, synonyme de Bouddha.

Pendant la nuit que nous passâmes de l'autre côté de la montagne, il tomba une épouvantable quantité de neige. Ceux qui la veille n'avaient pas osé continuer la route, vinrent nous rejoindre dans la matinée; ils nous annoncèrent qu'ils avaient achevé l'ascension de la montagne avec assez de facilité, parce que la neige avait fait disparaître les vapeurs.

Le passage du Bourhan-Bota n'avait été qu'une espèce d'apprentissage. Quelques jours après, le mont *Chuga* mit bien autrement à l'épreuve nos forces et notre courage. La marche devant être longue et pénible, le coup de canon, qui était le signal ordinaire du départ, se fit entendre à une heure après minuit. On fit du thé avec de la neige fondue; on prit un bon repas de tsamba, assaisonné d'une gousse d'ail hachée menu, et on se mit en route. Quand la grande caravane commença à s'ébranler, le ciel était pur, et la lune resplendissante faisait briller le grand tapis de neige dont le pays était entièrement couvert. Le mont *Chuga* étant peu escarpé du côté que nous gravissions, nous pûmes arriver au sommet au moment où l'aube commençait à blanchir. Le ciel se chargea bientôt de nuages, et le vent se mit à souffler avec une violence qui alla toujours croissant. Les flancs opposés de la montagne étaient tellement encombrés de neige, que les animaux en avaient jusqu'au ventre ; ils n'avançaient que par secousses et par soubresauts, et souvent, ils allaient se précipiter dans des gouffres dont on ne pouvait les retirer ; il en périt ainsi plusieurs. Nous marchions à l'encontre d'un vent si fort et si glacial, que la respiration se trouvait parfois arrêtée, et que, malgré nos bonnes fourrures, nous tremblions à chaque instant d'être tués par le froid. Afin d'éviter les tourbillons de neige que le vent nous lançait continuellement à la figure, nous suivîmes l'exemple de quelques voyageurs, qui étaient montés à rebours sur leur cheval, le laissant ensuite aller au gré de son instinct. Lorsqu'on fut arrivé au pied de la montagne, et qu'il fut permis d'avoir les yeux à l'abri du vent, on remarqua plus d'une figure gelée. M. Gabet eut à déplorer la mort passagère de son nez et de ses oreilles. Tout le monde eut la peau plus ou moins gercée et brûlée par le froid.

La caravane s'arrêta au pied du mont Chuga, et chacun alla chercher un abri dans le labyrinthe d'un grand nombre de gorges contiguës. Exténués de faim, et perclus de tous nos membres, il nous eût fallu, pour nous restaurer, une hôtellerie avec un bon feu, une table bien servie, et un lit chaudement bassiné ; mais le Chuga est loin d'avoir tout le confortable des Alpes ; les religieux bouddhistes n'ont pas eu encore la pensée de s'y établir pour venir au secours des pauvres voyageurs. Nous dûmes donc dresser notre tente au milieu de la neige, et puis aller à la découverte des argols. C'était un spectacle vraiment digne de pitié, que de voir cette multitude errant de toutes parts, et fouillant avec ardeur dans la neige, dans l'espoir d'y trouver ensevelie quelque vieille bouse de bœuf. Après de longues et pénibles recherches, nous eûmes tout juste ce qu'il fallait de chauffage pour faire fondre trois gros morceaux de glace, que nous fûmes obligés d'extraire, à grands coups de hache, d'un étang voisin. Notre feu n'étant pas assez ardent pour faire bouillir la marmite, nous dûmes nous contenter de pétrir notre tsamba dans de l'eau tiède et de l'avaler à la hâte, de peur de le voir se glacer entre nos doigts. Ce fut là tout le souper que nous eûmes après cette affreuse journée. Nous nous roulâmes ensuite dans notre peau de bouc et dans nos couvertures, et nous attendîmes, blottis dans un coin de la tente, le coup de canon qui devait nous faire reprendre le cours de nos impressions de voyage.

Nous laissâmes dans ce campement pittoresque et enchanté, les soldats tartares qui nous avaient escortés depuis notre départ du Koukou-Noor; ils ne pouvaient nous continuer plus loin leur généreuse protection; car le jour même, nous allions quitter la Tartarie pour entrer dans le territoire du Thibet antérieur. Les soldats chinois et tartares une fois partis, l'ambassade n'avait plus à compter que sur les ressources de sa valeur intrinsèque. Comme nous l'avons déjà dit, cette grande troupe de deux mille hommes était complètement armée; et tout le monde, à quelques exceptions près, se promettait bien d'agir, au besoin, en bon soldat; mais il faut avouer que l'allure naguère si intrépide et si guerrière de la caravane, s'était singulièrement modifiée depuis le passage du Bourhan-Bota. On ne chantait plus, on ne riait plus, on ne faisait plus caracoler les chevaux, on était morne et taciturne; toutes ces moustaches fièrement redressées au moment du départ, étaient très-humblement cachées dans des peaux d'agneau, dont on avait soin de s'envelopper la figure jusqu'aux yeux. Tous ces braves militaires avaient fait de leurs lances, de leurs fusils, de leurs sabres et de leurs carquois, des paquets qu'ils donnaient à porter à leurs bêtes de somme. Au reste, on ne pensait guère au danger d'être égorgé par les brigands; on n'avait peur que de mourir de froid.

Ce fut au mont Chuga que commença sérieusement la longue série de nos misères. La neige, le vent et le froid se déchaînèrent sur nous, avec une fureur qui alla croissant de jour en jour. Les déserts du Thibet sont, sans contredit, le pays le plus affreux qu'on puisse imaginer. Le sol allant toujours en s'élevant, la végétation diminuait à mesure que nous avancions, et le froid prenait une intensité effrayante. Dès lors, la mort commença à planer sur la pauvre caravane. Le manque d'eau et de pâturages ruina promptement les forces des animaux. Tous les jours, on était obligé d'abandonner des bêtes de somme qui ne pouvaient plus se traîner. Le tour des hommes vint un peu plus tard. L'aspect de la route nous présageait un bien triste avenir. Nous cheminions, depuis quelques jours, comme au milieu des excavations d'un vaste cimetière. Les ossements humains et les carcasses d'animaux, qu'on rencontrait à chaque pas, semblaient nous avertir que, sur cette terre meurtrière, et au milieu de cette nature sauvage, les caravanes qui nous avaient précédés n'avaient pas eu un sort meilleur que le nôtre.

Pour surcroît d'infortune, M. Gabet tomba malade. La santé commença à l'abandonner au moment même où les affreuses difficultés de la route semblaient exiger un redoublement d'énergie et de courage. Le froid excessif qu'il avait enduré au passage du mont Chuga, avait entièrement brisé ses forces. Il lui eût fallu, pour reprendre sa vigueur première, du repos, des boissons toniques, et une nourriture substantielle et fortifiante. Or, nous n'avions à lui donner que de la farine d'orge, et du thé fait avec de l'eau de neige; de plus, il devait, malgré son extrême faiblesse, monter tous les jours à cheval, et lutter contre un climat de fer... Et nous avions encore deux mois de route à faire, au plus fort de l'hiver! O que l'avenir était sombre!

Vers les premiers jours de décembre, nous arrivâmes en présence du *Bayen-Kharat*, fameuse chaîne de montagnes, qui va se prolongeant du sud-est au nord-ouest, entre le Hoang-Ho et le Kin-Cha-Kiang. Ces deux grands fleuves, après avoir roulé parallèlement leurs ondes des deux côtés du Bayen-Kharat, se séparent ensuite, et prennent une direction opposée, l'un vers le nord, et l'autre vers le sud. Après mille détours capricieux dans la Tartarie et dans le Thibet, ils entrent tous les deux dans l'empire chinois; et après l'avoir arrosé d'occident en orient, ils se rapprochent, à mesure qu'ils avancent vers leur embouchure, et se jettent dans la mer Jaune, à peu de distance l'un de l'autre. L'endroit où nous franchîmes le Bayen-Kharat n'est pas très-éloigné des sources du fleuve Jaune; nous les avions à notre gauche, et il nous eût fallu tout au plus deux journées de marche pour aller les visiter. Mais ce n'était nullement la saison des parties de plaisir. Nous étions loin de songer à une excursion de touriste aux sources du fleuve Jaune; pour le moment, le passage du Bayen-Kharat avait de quoi nous préoccuper suffisamment.

Du pied jusqu'à la cime, la montagne était complètement enveloppée d'une épaisse couche de neige. Avant d'en entreprendre l'ascension, les principaux membres de l'ambassade tinrent conseil. On délibérait, non pas pour savoir si on franchirait ou non la montagne; puisqu'on voulait arriver à Lha-Ssa, il fallait absolument passer par là. Il n'était pas non plus question de savoir si on attendrait ou non la fonte des neiges; mais on débattait les avantages qu'il y aurait d'effectuer l'ascension le jour même, ou d'attendre au lendemain. La crainte des avalanches dominait tous les esprits, et l'on eût voulu avoir une assurance contre le vent. — A l'exemple de tous les conseils du monde, le conseil de l'ambassade thibétaine fut bientôt divisé en deux partis. Les uns dirent qu'il fallait partir le jour même, les autres soutinrent qu'il serait mieux d'attendre au lendemain. Pour se tirer d'embarras, on eut recours aux Lamas qui avaient quelque réputation de savoir deviner. Mais cet expédient ne réussit pas à ramener les esprits à l'unité. Parmi les devins, il y en eut qui prétendirent que la journée serait calme, et que le lendemain on aurait un vent épouvantable; il y en eut d'autres qui assurèrent tout-à-fait le contraire. La caravane se trouva dès lors divisée en deux camps, celui du mouvement et celui de la résistance; ou, en d'autres termes, il y eut les progressifs et les stationnaires. On comprend qu'en notre qualité de citoyens français, nous nous rangeâmes instinctivement du côté des progressifs, c'est-à-dire, de ceux qui voulaient marcher, et en finir le plus tôt possible avec cette fâcheuse montagne. Il nous parut, au reste, que la logique était en faveur de notre parti. Le temps était présentement calme, et nous ne savions pas ce qu'il serait le lendemain. Nous nous mîmes donc à escalader ces montagnes de neige, quelquefois à cheval et souvent à pied. Dans ce dernier cas, nous faisions passer devant nous nos animaux, et nous nous cramponnions à leur queue. Ce moyen est sans contredit le moins fatigant qu'on puisse imaginer pour gravir des montagnes. M. Gabet souffrit horriblement; mais enfin, Dieu, dans sa bonté infinie, nous donna assez de force et de courage pour arriver jusqu'au bout. Le temps fut constamment calme, et nous ne fûmes écrasés par aucune espèce d'avalanche.

Le lendemain, dès la pointe du jour, le parti stationnaire se mit en marche, et traversa la montagne avec succès. Comme nous avions eu l'honnêteté de l'attendre, il se joignit à nous, et nous entrâmes ensemble dans une vallée dont la température n'était pas excessivement rigoureuse. La bonté des pâturages engagèrent la caravane à y prendre un jour de repos. Un lac profond où nous creusâmes des puits dans la glace, nous fournit de l'eau en abondance. Le chauffage ne nous manqua pas non plus, car les ar-

bassades et les pèlerins ayant l'habitude de s'arrêter dans cette vallée, après le passage du Bayen-Kharat, on est toujours sûr d'y trouver une grande quantité d'argols. Les grands feux ne discontinuèrent pas un seul instant. Nous brûlâmes tout, sans scrupule et sans crainte de faire tort à nos successeurs. Nos quinze mille bœufs à long poil, étaient chargés de combler le déficit.

Nous quittâmes la grande vallée de Bayen-Kharat, pour aller dresser notre tente sur les bords du *Mouroui-Oussou* (1). Vers sa source, ce fleuve magnifique porte le nom de Mouroui-Oussou (*eau tortueuse*); plus bas, il s'appelle *Kin-Cha-Kiang* (fleuve au sable d'or); arrivé dans la province du Sse-Tchouan, c'est le fameux Yang-Dze-Kiang, ou fleuve Bleu. Au moment où nous passâmes le Mouroui-Oussou sur la glace, un spectacle assez bizarre s'offrit à nos yeux. Déjà nous avions remarqué de loin, pendant que nous étions au campement, des objets informes et noirâtres, rangés en file en travers de ce grand fleuve. Nous avions beau nous rapprocher de ces ilots fantastiques, leur forme ne se dessinait pas d'une manière plus nette et plus claire. Ce fut seulement quand nous fûmes tout près, que nous pûmes reconnaître plus de cinquante bœufs sauvages incrustés dans la glace. Ils avaient voulu, sans doute, traverser le fleuve à la nage, au moment de la concrétion des eaux, et ils s'étaient trouvés pris par les glaçons, sans avoir la force de s'en débarrasser, et de continuer leur route. Leur belle tête, surmontée de grandes cornes, était encore à découvert; mais le reste du corps était pris dans

---

(1) Les Thibétains le nomment *Polei-Tchou*, fleuve du Seigneur.

la glace, qui était si transparente, qu'on pouvait distinguer facilement la position de ces imprudentes bêtes ; on eût dit qu'elles étaient encore à nager. Les aigles et les corbeaux leur avaient arraché les yeux.

On rencontre fréquemment des bœufs sauvages dans les déserts du Thibet antérieur. Ils vont toujours par troupes nombreuses, et se plaisent sur les sommets des montagnes. Pendant l'été, ils descendent dans les vallées pour se désaltérer aux ruisseaux et aux étangs ; mais pendant la longue saison de l'hiver, ils restent sur les hauteurs, et se contentent de manger de la neige et quelques herbes d'une extrême dureté. Ces animaux sont d'une grosseur démesurée, leur poil est long et noir, ils sont surtout remarquables par la grandeur et la forme superbe de leurs cornes. Il n'est pas prudent de leur faire la chasse, car on les dit extrêmement féroces. Quand on en trouve quelques-uns qui se sont isolés des troupeaux, on peut se hasarder à les mitrailler ; mais il faut que les chasseurs soient en grand nombre, pour bien assurer leurs coups. S'ils ne tuent pas le bœuf, il y a grand risque qu'il ne coure sur eux et ne les mette en pièces. Un jour, nous aperçûmes un de ces bœufs qui s'amusait à lécher du nitre dans une petite enceinte entourée de rochers. Huit hommes, armés de fusils à mèche, se détachèrent de la caravane, et allèrent se poster en embuscade sans que le bœuf les aperçût. Huit coups de fusils partirent à la fois ; le bœuf leva la tête, regarda avec des yeux enflammés d'où partaient les coups, puis il s'échappa au grand galop, et se mit à bondir dans la plaine, en poussant des mugissements affreux. On prétendit qu'il avait été blessé, mais qu'effrayé à la vue de la caravane, il n'avait pas osé se précipiter sur les chasseurs.

Les mulets sauvages sont aussi très-nombreux dans le Thibet antérieur. Quand nous eûmes traversé le Mouroui-Oussou, nous en rencontrâmes presque tous les jours. Cet animal, que les naturalistes ont nommé *cheval hémione* ou cheval demi-âne, a la grandeur d'un mulet ordinaire; mais il a le corps plus beau, son attitude est plus gracieuse, et ses mouvements sont plus légers; son poil est, sur le dos, de couleur rousse, puis il va s'éclaircissant insensiblement jusque sous le ventre, où il est presque blanc. Les hémiones ont la tête grosse, disgracieuse, et nullement en rapport avec l'élégance de leur corps; ils marchent la tête haute, et portent droites leurs longues oreilles. Quand ils galopent, ils tournent la tête au vent, et relèvent leur queue, qui ressemble entièrement à celle des mulets : le hennissement qu'ils font entendre est vibrant, clair et sonore; ils sont d'une si grande agilité, qu'il est impossible aux cavaliers tartares ou thibétains de les atteindre à la course. Quand on veut les prendre, on se met en embuscade vers les endroits qui conduisent aux ruisseaux où ils vont se désaltérer, et alors on les tue à coups de flèches ou de fusils : leur chair est excellente, et leurs peaux servent à faire des bottes. Les chevaux demi-ânes sont féconds, et se reproduisent en perpétuant l'espèce, qui demeure toujours inaltérable : on n'a jamais pu encore les plier à la domesticité. On nous a dit qu'on en avait pris de tout jeunes, qu'on avait essayé de les élever avec d'autres poulains, mais qu'il avait toujours été impossible de les monter et de les accoutumer à porter des fardeaux. Aussitôt qu'on les laissait libres, ils s'échappaient et rentraient dans l'état sauvage. Nous n'avons pas remarqué pourtant que leur caractère fût extrêmement farouche; nous les avons vu folâtrer quelquefois avec les chevaux de la caravane, qui paissaient aux environs du campement; mais à l'approche de l'homme, qu'ils distinguent et sentent de fort loin, ils prenaient aussitôt la fuite. Les lynx, les chamois, les rennes et les bouquetins abondent dans le Thibet antérieur.

Quelques jours après le passage du Mourouï-Oussou, la caravane commença à se débander : ceux qui avaient des chameaux voulurent prendre les devants, de peur d'être trop retardés par la marche lente des bœufs à long poil. D'ailleurs la nature du pays ne permettait plus à une aussi grande troupe de camper dans le même endroit. Les pâturages devenaient si rares et si maigres, que les bestiaux de la caravane ne pouvaient aller tous ensemble, sous peine de mourir de faim. Nous nous joignîmes à ceux qui avaient des chameaux, et nous laissâmes derrière nous les bœufs à long poil. Notre bande fut encore obligée, dans la suite, de se fractionner : la grande unité étant une fois rompue, il se forma une foule de petits chefs de caravane, qui ne s'entendaient pas toujours sur les lieux où il fallait camper ni sur les heures du départ.

Nous arrivions insensiblement vers le point le plus élevé de la haute Asie, lorsqu'un terrible vent du nord, qui dura pendant quinze jours, vint se joindre à l'affreuse rigueur de la température, et nous menacer des plus grands malheurs. Le temps était toujours pur; mais le froid était si épouvantable, qu'à peine à midi pouvait-on ressentir un peu l'influence des rayons du soleil; encore fallait-il avoir soin de se mettre bien à l'abri du vent. Pendant le reste de la journée, et surtout pendant la nuit, nous étions dans l'appréhension continuelle de mourir gelés. Tout le monde eut bientôt la figure et les mains crevassées. Pour donner une certaine idée de ce froid, dont il est impossible de bien comprendre la rigueur, à moins d'en avoir éprouvé les effets, il suffira de citer une particularité qui nous paraît assez frappante. Tous les matins, avant de se mettre en route, on prenait un repas, et puis on ne mangeait que le soir lorsqu'on était arrivé au campement. Comme le tsamba n'était pas un mets assez appétissant, pour que nous pussions en manger tout d'un coup une quantité suffisante pour nous soutenir durant la route, nous avions soin d'en pétrir dans du thé trois ou quatre boules que nous mettions en réserve pour la journée. Nous enveloppions cette pâte bouillante dans un linge bien chaud, et nous la placions sur notre poitrine. Nous avions par-dessus tous nos habits, savoir : une robe en grosse peau de mouton, puis un gilet en peau d'agneau, puis un manteau court en peau de renard, puis enfin une grande casaque en laine. Hé bien, durant ces quinze jours, nos gâteaux de tsamba se sont toujours gelés; quand nous les retirions de notre sein, ce n'était plus qu'un mastic glacé qu'il fallait pourtant dévorer, au risque de se casser les dents, si nous ne voulions pas mourir de faim.

Les animaux, accablés de fatigues et de privations, ne résistaient plus que difficilement à un froid si rigoureux. Les mulets et les chevaux étant moins vigoureux que les chameaux et les bœufs à long poil, réclamèrent des soins extraordinaires. On fut obligé de les habiller avec de grands tapis de feutre qu'on leur ficelait autour du corps, et de leur envelopper la tête avec du poil de chameau. Dans d'autres circonstances tous ces bizarres accoutrements eussent excité notre hilarité, mais nous étions trop malheureux pour rire. Malgré toutes ces précautions, les animaux de la caravane furent décimés par la mort.

Les nombreuses rivières que nous avions à passer sur la glace étaient encore un inconcevable sujet de misères et de fatigues. Les chameaux sont si maladroits; ils ont la marche si lourde et si pesante, que, pour faciliter leur passage, nous étions obligés de leur tracer un chemin, en semant sur la rivière du sable et de la poussière, ou en brisant avec nos haches la première couche de glace. Après cela, il fallait prendre les chameaux les uns après les autres et les guider avec soin sur la bonne route : s'ils avaient le malheur de faire un faux et de glisser, c'était fini; ils se jetaient lourdement à terre, et on avait toutes les peines du monde à les faire relever. Il fallait d'abord les décharger de leur bagage, puis on les traînait sur les flancs jusqu'au bord de la rivière, où l'on étendait des tapis sur la glace; quelquefois même tout cela était inutile; on avait beau les frapper, les tirailler, ils ne se donnaient pas même la peine de faire un effort pour se relever : on était alors forcé de les abandonner, car on ne pouvait s'arrêter dans cet affreux pays, pour attendre qu'il prît fantaisie à un chameau de se remettre sur ses jambes.

Tant de misères réunies finirent par jeter les pauvres voyageurs dans un abattement voisin du désespoir. A la mortalité des animaux, se joignit celle des hommes, que le froid saisissait, et qu'on abandonnait encore vivants le long du chemin. Un jour, que l'épuisement de nos bêtes de somme nous avait forcé de ralentir notre marche, et de rester un peu en arrière de la troupe, nous aperçûmes un voyageur assis à l'écart sur une grosse pierre ; il avait la tête penchée sur sa poitrine, les bras pressés contre les flancs, et demeurait immobile comme une statue. Nous l'appelâmes à plusieurs reprises, mais il ne nous répondit pas; il ne témoigna pas même, par le plus petit mouvement, qu'il eût entendu notre voix. — Quelle folie, nous disions-nous, de s'arrêter ainsi en route avec un temps pareil! Ce malheureux va certainement mourir de froid..... Nous l'appelâmes encore, mais il garda toujours la même immobilité. Nous descendîmes de cheval, et nous allâmes vers lui. Nous reconnûmes un jeune Lama mongol, qui était venu souvent nous visiter dans notre tente. Sa figure était comme de la cire, et ses yeux entr'ouverts avaient une apparence vitreuse ; il avait des glaçons suspendus aux narines et aux coins de la bouche. Nous lui adressâmes la parole sans pouvoir obtenir un seul mot de réponse : un instant nous le crûmes mort. Cependant il ouvrit les yeux, et les fixa sur nous avec une horrible expression de stupidité : ce malheureux était gelé, et nous comprîmes qu'il avait été abandonné par ses compagnons. Il nous parut si épouvantable de laisser ainsi mourir un homme sans essayer de lui sauver la vie, que nous ne balançâmes point à le prendre avec nous. Nous l'arrachâmes de dessus cette affreuse pierre où on l'avait mis, et nous le plaçâmes sur le petit mulet de Samdadchiemba. Nous l'enveloppâmes d'une couverture, et nous le conduisîmes ainsi jusqu'au campement. Aussitôt que la tente fut dressée, nous allâmes visiter les compagnons de ce pauvre jeune homme. Quand ils surent ce que nous avions fait, ils se prosternèrent pour nous remercier ; ils nous dirent que nous avions un cœur excellent, mais que nous nous étions donné en vain une grande peine ; que le malade était perdu..... Il est gelé, nous dirent-ils, et le froid est bien près de gagner le cœur ! Il nous fut impossible de partager le désespoir de ces voyageurs. Nous retournâmes à notre tente, et l'un deux nous accompagna, pour voir si l'état du malade offrait encore quelques ressources. Quand nous arrivâmes le jeune Lama était mort !

Plus de quarante hommes de la caravane, furent abandonnés encore vivants dans le désert, sans qu'il fût possible de leur donner le moindre soulagement. On les faisait aller à cheval ou à chameau tant qu'il y avait quelque espérance ; mais, quand ils ne pouvaient, ni manger, ni parler, ni se soutenir, on les exposait sur la route. On ne pouvait s'arrêter pour les soigner dans un désert inhabité, où l'on avait à redouter les bêtes féroces, les brigands, et surtout le manque de vivres. Ah ! quel spectacle affreux, de voir ces hommes mourants, abandonnés le long du chemin ! Pour dernière marque d'intérêt, on déposait à côté d'eux une écuelle en bois et un petit sac de farine d'orge ; ensuite, la caravane continuait tristement sa route. Quand tout le monde était passé, les corbeaux et les vautours qui tournoyaient sans cesse dans les airs, s'abattaient sur ces infortunés, qui, sans doute, avaient encore assez de vie pour se sentir déchirer par ces oiseaux de proie.

Les vents du nord aggravèrent beaucoup la maladie de M. Gabet. De jour en jour, son état devenait plus alarmant.

Sa grande faiblesse ne lui permettant pas d'aller à pied, et ne pouvant ainsi se donner un peu d'exercice pour se réchauffer, il eut les pieds, les mains et la figure gelés ; ses lèvres étaient déjà livides, et ses yeux presque éteints ; bientôt, il n'eut plus même la force de se soutenir à cheval. Nous n'eûmes d'autre moyen que de l'envelopper dans des couvertures, de ficeler le tout sur un chameau, puis de mettre notre confiance en la bonté de la divine Providence.

Un jour, que nous suivions les sinuosités d'un vallon, le cœur oppressé par de tristes pensées, voilà que, tout à coup, nous voyons apparaître deux cavaliers sur la cime des montagnes environnantes. En ce moment, nous allions de compagnie avec une petite troupe de marchands thibétains, qui, comme nous, avaient laissé passer en avant le gros de la caravane, de peur de fatiguer les chameaux par une marche trop précipitée. — Tsong-Kaba ! s'écrièrent les Thibétains, voilà là-bas des cavaliers…. Cependant, nous sommes dans le désert ; on sait qu'il n'y a pas ici de pasteurs de troupeaux. — Ils avaient à peine prononcé ces paroles, que nous aperçûmes un grand nombre d'autres cavaliers, apparaître encore sur divers points. Nous ne pûmes nous empêcher d'éprouver un frémissement subit, en les voyant se précipiter tous ensemble du haut des montagnes, et courir vers nous avec impétuosité. Dans ce pays inhabité, que faisaient ces cavaliers ? que voulaient-ils ?…. Nous ne doutâmes pas un instant que nous ne fussions tombés entre les mains des brigands. Leur allure, d'ailleurs, n'était nullement propre à nous rassurer : Un fusil en bandoulière, deux grands sabres suspendus de chaque côté de la ceinture, des cheveux noirs qui tombaient en longues mêches sur leurs épaules, des yeux flamboyants, et une peau de loup sur la tête, en guise de bonnet, tel était l'effrayant portrait des personnages dont nous étions environnés. Ils étaient au nombre de vingt-sept, et de notre côté, nous n'étions que dix-huit, et probablement pas tous des guerriers bien éprouvés. On mit pied à terre de part et d'autre, et un courageux Thibétain de notre petite bande s'avança pour parler au chef des brigands, qu'on distinguait à deux petits drapeaux rouges qui flottaient derrière la selle de son cheval. Après une longue conversation assez animée : — Quel est cet homme, dit le chef des Kolo, en indiquant M. Gabet, qui, attaché sur son chameau, était le seul qui n'eût pas mis pied à terre? — C'est un Grand-Lama du ciel d'occident, répondit le marchand thibétain; la puissance de ses prières est infinie. — Le Kolo porta ses deux mains jointes au front, et considéra M. Gabet, qui, avec sa figure gelée et son bizarre entourage de couvertures bariolées, ne ressemblait pas mal à ces idoles terribles qu'on rencontre parfois dans les temples païens. Après avoir contemplé un instant le fameux Lama du ciel d'occident, le brigand adressa quelques paroles, à voix basse, au marchand thibétain; puis, ayant fait un signe à ses compagnons, ils sautèrent tous à cheval, partirent au grand galop, et disparurent derrière les montagnes. — N'allons pas plus loin, nous dit le marchand thibétain, dressons ici notre tente; les Kolo sont des brigands, mais ils ont le cœur grand et généreux; quand ils verront que nous restons sans peur entre leurs mains, ils ne nous attaqueront pas..... D'ailleurs, ajouta-t-il, je crois qu'ils redoutent beaucoup la puissance des Lamas du ciel d'occident. — Sur l'avis du marchand, tout le monde se mit en devoir de camper.

Les tentes furent à peine dressées, que les Kolo reparurent sur la crête de la montagne ; ils coururent de nouveau vers nous avec leur rapidité accoutumée. Le chef entra seul dans le camp, les autres attendirent un peu en dehors de l'enceinte. Le Kolo s'adressa au Thibétain qui lui avait parlé la première fois. — Je viens, lui dit-il, te demander l'explication d'une chose que je ne comprends pas. Vous savez que nous campons derrière cette montagne, et vous osez dresser votre tente ici, tout près de nous ! Combien donc, êtes-vous d'hommes dans votre bande ? — Nous ne sommes que dix-huit. Vous autres, si je ne me trompe, vous êtes vingt-sept ; mais les gens de cœur ne prennent jamais la fuite. — Vous voulez donc vous battre ? — Si nous n'avions pas plusieurs malades dans la caravane, je répondrais, Oui ;.... car j'ai déjà fait mes preuves avec les Kolo. — Toi, tu t'es battu avec les Kolo ? à quelle époque ? Comment t'appelles-tu ? — Il y a cinq ans, lors de l'affaire du Tchanak-Kampo ; voici encore un souvenir.... Et il découvrit son bras droit, marqué d'une large entaille de sabre. — Le brigand se mit à rire, et lui demanda de nouveau son nom. — Je m'appelle *Rala-Tchembé*, répondit le marchand ; tu dois connaître ce nom ? — Oui, tous les Kolo le connaissent, c'est le nom d'un brave.... Et, en disant ces mots, il sauta en bas de son cheval ; il tira un sabre de sa ceinture, et l'offrit au Thibétain. — Tiens, lui dit-il, reçois ce sabre, c'est le meilleur que j'aie ; nous nous sommes battus assez souvent ; à l'avenir, quand nous nous rencontrerons, nous devons nous traiter en frères. — Le

Thibétain reçut le cadeau du chef des brigands, et lui offrit en retour un arc et un carquois magnifiques qu'il avait achetés à Péking.

Les Kolo qui étaient restés hors du camp, voyant que leur maître avait fraternisé avec le chef de la caravane, mirent pied à terre, attachèrent leurs chevaux deux à deux par la bride, et vinrent boire amicalement le thé avec les pauvres voyageurs, qui commençaient, enfin, à respirer à leur aise. Tous ces brigands furent extrêmement aimables; ils demandèrent des nouvelles des Tartares-Kalkhas qu'ils attendaient spécialement, disaient-ils, parce que l'année précédente, ils leur avaient tué trois hommes qu'il fallait venger. On fit aussi un peu de politique. Les brigands prétendirent qu'ils étaient grands amis du Talé-Lama, et ennemis irréconciliables de l'empereur de Chine; qu'à cause de cela, ils manquaient rarement de piller l'ambassade quand elle se rendait à Péking, parce que l'Empereur était indigne de recevoir les présents du Talé-Lama, mais qu'ils la respectaient ordinairement à son retour, parce qu'il était très-convenable que l'Empereur fît des cadeaux au Talé-Lama. Après avoir fait honneur au thé et au tsamba de la caravane, ces brigands nous souhaitèrent bon voyage et reprirent le chemin de leur campement. Toutes ces fraternelles manifestations ne nous empêchèrent pas de dormir avec un œil ouvert. La nuit ne fut pas troublée, et le lendemain nous continuâmes en paix notre route. Parmi les nombreux pèlerins qui ont fait le voyage de Lha-Ssa, il en est fort peu qui puissent se vanter d'avoir vu les brigands de si près, sans en avoir reçu aucun mal.

Nous venions d'échapper à un grand danger; mais il

s'en préparait un autre, nous disait-on, bien plus formidable encore, quoique d'une nature différente. Nous commencions à gravir la vaste chaîne des monts *Tant-La*. Au dire de nos compagnons de voyage, tous les malades devaient mourir sur le plateau, et les bien-portants y endurer une forte crise. M. Gabet fut irrévocablement condamné à mort par les gens d'expérience. Après six jours de pénible ascension sur les flancs de plusieurs montagnes, placées comme en amphithéâtre les unes au-dessus des autres, nous arrivâmes enfin sur ce fameux plateau, le point peut-être le plus élevé du globe. La neige semblait y être incrustée, et faire partie du sol. Elle craquait sous nos pas; mais nous y laissions à peine une légère empreinte. Pour toute végétation, on rencontrait çà et là quelques bouquets d'une herbe courte, pointue, lisse, ligneuse à l'intérieur, dure comme du fer, sans être cassante; de sorte qu'on eût pu facilement en faire des aiguilles de matelassier. Les animaux étaient si affamés, qu'il leur fallait, bon gré mal gré, attaquer cet atroce fourrage. On l'entendait craquer sous leurs dents, et ils ne pouvaient parvenir à en dévorer quelques parcelles, qu'après de vigoureux tiraillements et à la condition de s'ensanglanter les lèvres.

Des bords de ce magnifique plateau, nous apercevions à nos pieds les pics et les aiguilles de plusieurs immenses massifs, dont les derniers rameaux allaient se perdre dans l'horizon. Nous n'avons rien vu de comparable à ce grandiose et gigantesque spectacle. Pendant les douze jours que nous voyageâmes sur les hauteurs du Tant-La, nous n'eûmes pas de mauvais temps; l'air fut calme, et Dieu nous envoya tous les jours un soleil bienfaisant et tiède, pour tempérer un peu la froidure de l'atmosphère. Cependant, l'air excessivement raréfié, à cette hauteur considérable, était d'une vivacité extrême. Des aigles monstrueux suivaient la grande troupe des voyageurs, qui leur laissait tous les jours un certain nombre de cadavres. Il était écrit que la petite caravane des Missionnaires français devait, elle aussi, payer son tribut à la mort qui se contenta de notre petit mulet noir. Nous le lui abandonnâmes tout à la fois avec regret et résignation. Les tristes prophéties qui avaient été faites au sujet de M. Gabet, se trouvèrent avoir menti. Ces redoutables montagnes lui furent au contraire très-favorables. Elles lui rendirent peu à peu la santé et ses forces premières. Ce bienfait, presque inespéré de la divine Providence, nous fit oublier toutes nos misères passées. Nous reprîmes un nouveau courage, et nous espérâmes fermement que le bon Dieu nous permettrait d'arriver au terme de notre voyage.

La descente du Tant-La fut longue, brusque et rapide. Durant quatre jours entiers, nous allâmes comme par un gigantesque escalier, dont chaque marche était formée d'une montagne. Quand nous fûmes arrivés au bas, nous rencontrâmes des sources d'eau thermale, d'une extrême magnificence. On voyait, parmi d'énormes rochers, un grand nombre de réservoirs creusés par la nature, où l'eau bouillonnait comme dans de grandes chaudières placées sur un feu très-actif. Quelquefois, elle s'échappait à travers les fissures des rochers, et s'élançait dans toutes les directions par une foule de petits jets bizarres et capricieux. Souvent l'ébullition devenait tout à coup si violente, au milieu de certains réservoirs, que de grandes colonnes d'eau montaient et retombaient avec intermittence, comme si elles eussent été poussées par un immense corps de pompe. Au-dessus de ces sources, des vapeurs épaisses s'élevaient continuellement dans les airs, et se condensaient en nuages blanchâtres. Toutes ces eaux étaient sulfureuses. Après avoir long-temps bondi et rebondi dans leurs vastes réservoirs de granit, elles abandonnaient enfin ces rochers, qui semblaient vouloir les retenir captives, et allaient se réunir dans une petite vallée où elles formaient un large ruisseau qui s'écoulait sur un lit de cailloux jaunes comme de l'or. Ces eaux bouillantes ne conservaient pas long-temps leur fluidité. L'extrême rigueur de l'atmosphère les refroidissait si rapidement, qu'à une demi-lieue loin de sa source, le ruisseau était presque entièrement glacé. On rencontre fréquemment, dans les montagnes du Thibet, des sources d'eaux thermales. Les Lamas médecins reconnaissent qu'elles ont de grandes propriétés médicales; ils en prescrivent volontiers l'usage à leurs malades, soit en bains, soit en boisson.

Depuis les monts Tant-La jusqu'à Lha-Ssa, on remarque que le sol va toujours en inclinant. A mesure qu'on descend, l'intensité du froid diminue, et la terre se recouvre d'herbes plus vigoureuses et d'une plus grande variété. Un jour, nous campâmes dans une vaste plaine, où les pâturages étaient d'une merveilleuse abondance. Comme nos animaux souffraient depuis long-temps d'une affreuse famine, on décida qu'on les ferait profiter de l'occasion, et qu'on s'arrêterait pendant deux jours.

Le lendemain matin, au moment où nous faisions tranquillement bouillir le thé dans l'intérieur de notre tente, nous aperçûmes au loin une troupe de cavaliers qui se dirigeaient sur nous, ventre à terre. A cette vue, il nous sembla que le sang se glaçait dans nos veines; nous fûmes d'abord comme pétrifiés. Après ce premier instant de stupeur, nous sortîmes avec précipitation, et nous courûmes à la tente de *Rala-Tchembé*. — Les Kolo! les Kolo! nous écriâmes-nous; voici une grande troupe de Kolo qui arrive. — Les marchands thibétains, qui étaient occupés à boire du thé et à pétrir du tsamba, se mirent à rire, et nous invitèrent à nous asseoir. — Prenez le thé avec nous, dirent-ils, il n'y a plus de Kolo à craindre; les cavaliers qui viennent sont des amis. Nous commençons à entrer dans les pays habités; derrière cette colline que nous avons à notre droite, il y a un grand nombre de tentes noires. Les cavaliers que vous prenez pour des Kolo, sont des bergers du voisinage. — Ces paroles nous rendirent la paix, et la paix nous ramenant l'appétit, nous nous assîmes volontiers pour partager le déjeuner des marchands thibétains. A peine nous avait-on versé une écuellée de thé beurré, que les cavaliers furent à la porte de la tente. Bien loin d'être des brigands, c'étaient au contraire de fort braves gens, qui venaient nous vendre du beurre et de la viande fraîche. Leurs selles ressemblaient à des établis de bouchers; elles soutenaient de nombreux quartiers de mouton et de chevreau, qui pendaient le long des flancs des chevaux. Nous achetâmes huit gigots de mouton, qui, étant gelés, pouvaient se transporter facilement. Ils nous coûtèrent une vieille paire de bottes de Péking, un briquet de Péking, et la selle de notre petit mulet qui, fort heureusement, était aussi une selle de Péking.... Tous les objets qui viennent de Péking sont très-estimés par les Thibétains, et surtout par ceux qui en sont encore à la vie pastorale et nomade. Aussi les marchands qui accompagnent l'ambassade, ont-ils grand soin d'inscrire invariablement sur tous leurs ballots : *Marchandises de Péking*. Le tabac à priser fait surtout fureur parmi les Thibétains. Tous les bergers nous demandèrent si nous n'avions pas du tabac à priser de Péking. M. Huc, qui était le seul priseur de la troupe, en avait eu autrefois ; mais depuis huit jours, il en était réduit à remplir sa tabatière d'un affreux mélange de terre et de cendres. Ceux qui ont une habitude longue et invétérée du tabac, pourront comprendre tout ce qu'une position pareille avait de triste et de lamentable.

Condamnés depuis plus de deux mois à ne vivre que de farine d'orge délayée dans du thé, la seule vue de nos quartiers de mouton, semblait déjà nous fortifier l'estomac, et rendre un peu de vigueur à nos membres amaigris. Tout le reste de la journée se passa en opérations culinaires. En fait d'épices et d'assaisonnement, nous n'avions que de l'ail, et encore tellement gelé et ridé, qu'il était presque anéanti dans son enveloppe. Nous épluchâmes tout ce qui nous restait, et nous l'insérâmes dans deux gigots, que nous mîmes bouillir dans notre grande marmite. Les argols, qu'on trouvait en abondance dans cette bienheureuse plaine, nous permirent de faire assez bon feu pour cuire convenablement notre inappréciable souper. Le soleil était sur le point de se coucher ; et Samdadchiemba, qui venait d'inspecter un gigot avec l'ongle de son pouce, nous annonçait triomphalement que le mouton était cuit à point, lorsque nous entendîmes retentir de toutes parts ce cri désastreux : *Mi yon! mi yon!* Le feu! le feu! D'un bond, nous fûmes hors de notre tente. Le feu avait pris en effet, dans l'intérieur du camp, aux herbes sèches, et menaçait d'envahir nos demeures de toile ; la flamme courait dans tous les sens avec une rapidité effrayante. Tous les voyageurs, armés de tapis de feutre, cherchaient à étouffer l'incendie, ou du moins à l'empêcher de gagner les tentes. Elles furent heureusement préservées. Le feu, chassé de tous les côtés, se fraya une issue, et s'échappa dans le désert. Alors la flamme, poussée par le vent, s'étendit au milieu de ces vastes pâturages, qu'elle dévorait en courant. Nous pensions qu'il n'y avait plus rien à craindre ; mais le cri : Sauvez les chameaux! sauvez les chameaux! nous fit aussitôt comprendre combien peu nous avions d'expérience d'un incendie dans le désert. Nous remarquâmes bientôt que les chameaux attendaient stupidement la flamme, au lieu de fuir comme les chevaux et les bœufs. Nous volâmes alors au secours des nôtres, qui étaient encore assez éloignés de l'incendie. Mais le feu y fut presque aussitôt que nous. Bientôt nous fûmes entourés de flammes. Nous avions beau pousser et frapper ces stupides chameaux, pour les forcer à fuir, ils demeuraient immobiles, se contentant de tourner la tête et de nous regarder flegmatiquement, comme pour nous demander de quel droit nous venions les empêcher de paître. Il y aurait eu, en vérité, de quoi les tuer! La flamme consumait avec une si grande rapidité l'herbe qu'elle rencontrait sur son passage, qu'elle atteignit bientôt les chameaux. Le feu prit à leur longue et épaisse bourre, et nous dûmes nous précipiter sur eux avec des tapis de feutre, pour éteindre l'incendie qui s'était allumé sur leurs corps. Nous pûmes en sauver trois, qui eurent seulement l'extrémité du poil flambé. Mais le quatrième fut réduit à un état pitoyable ; il ne lui resta pas un brin de poil sur le corps ; tout fut consumé jusqu'à la peau, qui elle-même fut affreusement charbonnée.

Les pâturages qui furent dévorés par les flammes, pouvaient occuper un espace d'une demi-lieue en longueur, sur un quart de largeur. Les Thibétains ne cessaient de s'applaudir du bonheur qu'ils avaient eu d'arrêter les progrès de l'incendie, et nous partageâmes volontiers leur joie, quand nous comprîmes toute l'étendue du malheur dont nous avions été menacés. On nous dit que si le feu avait encore continué quelque temps, il serait parvenu jusqu'aux tentes noires, et qu'alors les bergers auraient couru après nous, et nous auraient infailliblement massacrés. Rien n'égale la fureur de ces pauvres habitants du désert, lorsque, par malice ou par imprudence, on réduit en cendres des pâturages qui sont leur unique ressource. C'est à peu près comme si on détruisait leurs troupeaux.

Quand nous nous remîmes en route, le chameau grillé n'était pas encore mort, mais il se trouvait tout-à-fait hors de service ; les trois autres durent se prêter à la circonstance, et recevoir sur leur dos chacun une partie des bagages que portait leur infortuné compagnon de route. Au reste, toutes les charges étaient beaucoup diminuées de leur pesanteur depuis notre départ du Koukou-Noor ; nos sacs de farine étaient à peu près vides ; et depuis que nous étions descendus des monts Tant-La, nous étions obligés de nous mettre à la ration de deux écuellées de tsamba par jour. Avant de partir, nous avions assez bien fait nos calculs ; mais nous n'avions pas compté sur le gaspillage que nos deux chameliers feraient de nos provisions ; le premier, par bêtise et insouciance, et le second, par méchanceté. Heureusement que nous étions sur le point d'arriver à une grande station thibétaine, où nous devions trouver les moyens de nous approvisionner.

Après avoir suivi pendant quelques jours une longue série de vallons, où l'on découvrait parfois quelques tentes noires et de grands troupeaux d'yaks, nous allâmes enfin camper à côté d'un grand village thibétain. Il est situé sur les bords de la rivière *Na-Ptchu*, désignée sur la carte de M. Andriveau-Goujon, par le nom mongol de *Khara-Oussou* ; les deux dénominations signifient également : *Eaux-Noires*. Na-Ptchu est la première station thibétaine de quelque importance, que l'on rencontre en allant à Lha-Ssa. Le village est composé de maisons bâties en terre, et d'une foule de tentes noires. Les habitants ne cultivent pas la terre. Quoiqu'ils demeurent toujours à poste fixe, ils sont bergers comme les tribus nomades, et ne s'occupent que du soin d'élever des troupeaux. On nous raconta, qu'à une époque très-reculée, un roi du Koukou-Noor, ayant fait la guerre aux Thibétains, les subjugua en grande partie, et donna le pays de Na-Ptchu aux soldats qu'il avait emmenés avec lui. Quoique ces Tartares soient actuellement fondus dans les peuples thibétains, on peut encore remarquer, parmi les tentes noires, un certain nombre de iourtes-mongoles. Cet événement peut aussi expliquer l'origine d'une foule d'expressions mongoles, qui sont en usage dans le pays, et qui sont passées dans le domaine de l'idiome thibétain.

Les caravanes qui se rendent à Lha-Ssa, doivent forcément s'arrêter quelques jours à Na-Ptchu, pour organiser un nouveau système de transport; car les difficultés d'un chemin horriblement rocailleux, ne permettent pas aux chameaux d'aller plus loin. Notre premier soin fut donc de chercher à vendre les nôtres; ils étaient si misérables et si éreintés, que personne n'en voulait. Enfin, une espèce de vétérinaire, qui, sans doute, avait quelque recette pour les tirer du mauvais état dans lequel ils se trouvaient, se présenta; nous lui en vendîmes trois pour quinze onces d'argent, et nous lui abandonnâmes l'*incendié* par-dessus le marché. Ces quinze onces d'argent étaient juste ce qu'il nous fallait pour louer six bœufs à long poil, qui devaient transporter les bagages jusqu'à Lha-Ssa.

Une seconde opération, fut de renvoyer le Lama des Monts Ratchico. Après lui avoir fait largement ses comptes, nous lui dîmes que, s'il avait l'intention d'aller à Lha-Ssa, il devait se choisir d'autres compagnons; qu'il pouvait se regarder comme libéré des engagements qu'il avait contractés avec nous. Enfin, nous nous séparâmes de ce malheureux qui avait doublé, par sa méchanceté, les peines et les misères que nous avions eues à endurer en route.

Notre conscience nous fait un devoir d'avertir les personnes que des circonstances quelconques pourront amener à Na-Ptchu, qu'elles feront bien de s'y tenir en garde contre les voleurs. Les habitants de ce village thibétain sont remarquables par leurs escroqueries; ils exploitent les caravanes mongoles et autres d'une manière indigne.

Pendant la nuit, ils s'introduisent adroitement dans les tentes, et en emportent tout ce qui tombe sous leurs mains; en plein jour même, ils exercent leur industrie avec un aplomb et une habileté capables de donner de la jalousie aux filous les plus distingués de Paris.

Après avoir fait provision de beurre, de tsamba et de quelques quartiers de mouton, nous nous acheminâmes vers Lha-Ssa, dont nous n'étions guère éloignés que d'une quinzaine de jours de marche. Nous eûmes pour compagnons de voyage des Mongols du royaume de Khartchin, qui se rendaient en pèlerinage au *Sanctuaire Éternel* (1); ils avaient avec eux leur grand *Chaberon*, c'est-à-dire, un Bouddha-vivant, qui était supérieur de leur lamaserie. Ce Chaberon était un jeune homme de dix-huit ans; il avait des manières agréables et distinguées; sa figure, pleine de candeur et d'ingénuité, contrastait singulièrement avec le rôle qu'on lui faisait jouer. A l'âge de cinq ans, il avait été déclaré Bouddha et Grand-Lama des Bouddhistes de Khartchin. Il allait passer quelques années dans une des grandes lamaseries de Lha-Ssa, pour s'appliquer à l'étude des prières, et acquérir la science convenable à sa dignité. Un frère du roi de Khartchin et plusieurs Lamas de qualité, étaient chargés de lui faire cortége et de le servir en route. Le titre de Bouddha-vivant paraissait être, pour ce pauvre jeune homme, une véritable oppression. On voyait qu'il aurait voulu pouvoir rire et folâtrer tout à son aise; en route, il lui eût été bien plus agréable de faire caracoler son cheval, que d'aller gravement entre deux ca-

---

(1) Les Tartares donnent à Lha-Ssa, le nom de *Mouhe-Dchot*, sanctuaire éternel.

valiers d'honneur qui ne quittaient jamais ses côtés. Quand on était arrivé au campement, au lieu de rester continuellement assis sur des coussins, au fond de sa tente, et de singer les idoles des lamaseries, il eût bien mieux aimé se répandre dans le désert, et s'abandonner comme tout le monde aux travaux de la vie nomade; mais rien de tout cela ne lui était permis. Son métier, à lui, consistait à faire le Bouddha, sans se mêler aucunement des soins qui ne devaient regarder que les simples mortels.

Le jeune Chaberon se plaisait assez à venir de temps en temps causer dans notre tente; au moins, lorsqu'il était avec nous, il lui était permis de mettre de côté sa divinité officielle, et d'appartenir franchement à l'espèce humaine. Il était très-curieux d'entendre ce que nous lui racontions des hommes et des choses de l'Europe. Il nous questionnait avec beaucoup d'ingénuité sur notre religion; il la trouvait très-belle; et quand nous lui demandions s'il ne vaudrait pas mieux être adorateur de Jéhovah que Chaberon, il nous répondait qu'il n'en savait rien. Il n'aimait pas, par exemple, qu'on lui demandât compte de sa vie antérieure et de ses continuelles incarnations; il rougissait à toutes ces questions, et finissait par nous dire que nous lui faisions de la peine en lui parlant de toutes ces choses-là. C'est qu'en effet le pauvre enfant se trouvait engagé dans une espèce de labyrinthe religieux auquel il ne comprenait rien du tout.

La route qui conduit de Na-Ptchu à Lha-Ssa, est, en général, rocailleuse et très-fatigante. Quand on arrive à la chaîne des monts Koïran, elle est d'une difficulté extrême. Pourtant, à mesure qu'on avance, on sent son cœur s'épanouir, en voyant qu'on se trouve dans un pays de plus en plus habité. Les tentes noires qu'on aperçoit dans le lointain, les nombreux pélerins qui se rendent à Lha-Ssa, les innombrables inscriptions gravées sur des pierres amoncelées le long du chemin, les petites caravanes de bœufs à long poil qu'on rencontre de distance en distance, tout cela contribue un peu à alléger les fatigues de la route.

A quelques journées de distance de Lha-Ssa, le caractère exclusivement nomade des Thibétains s'efface peu à peu. Déjà quelques champs cultivés apparaissent dans le désert. Les maisons remplacent insensiblement les tentes noires. Enfin les bergers ont disparu, et l'on se trouve au milieu d'un peuple agricole.

Le quinzième jour après notre départ de Na-Ptchu, nous arrivâmes à Pampou qui, à cause de sa proximité de Lha-Ssa, est regardé par les pélerins comme le vestibule de la ville sainte. Pampou, désigné par erreur sur la carte de géographie sous le nom de *Panctou*, est une belle plaine arrosée par une grande rivière, dont les eaux, distribuées dans plusieurs canaux, répandent la fécondité dans la campagne. Il n'y a pas de village proprement dit; mais on aperçoit, de tous côtés, de grandes fermes terminées en terrasse, et ordinairement très-bien blanchies à l'eau de chaux. Elles sont toujours entourées de grands arbres, et surmontées d'une petite tourelle en forme de pigeonnier, où flottent des banderolles de toutes couleurs, chargées d'inscriptions thibétaines. Après plus de trois mois de route dans d'affreux déserts, où il n'était possible de rencontrer que des bêtes fauves et des brigands, la plaine de Pampou nous parut le pays le plus beau du monde. Ce long et pénible voyage nous avait tellement rapprochés de l'état sauvage, que nous étions comme en extase devant tout ce qui tenait à la civilisation. Les maisons, les instruments aratoires, tout, jusqu'à un simple sillon, nous paraissait digne d'attirer notre attention. Ce qui nous frappa pourtant le plus, ce fut la prodigieuse élévation de température que nous remarquâmes au milieu de ces terres cultivées. Quoique nous fussions à la fin du mois de janvier, la rivière et les canaux étaient seulement bordés d'une légère couche de glace; on ne rencontrait presque personne qui fût vêtu de pelleteries.

A Pampou, notre caravane fut obligée de se transformer encore une fois. Ordinairement, les bœufs à long poil ne vont pas plus loin; ils sont remplacés par des ânes extrêmement petits, mais robustes, et accoutumés à porter des fardeaux. La difficulté de trouver un assez grand nombre d'ânes pour les bagages des Lamas de Khartchin et les nôtres, nous contraignit de séjourner à Pampou pendant deux jours. Nous utilisâmes ce temps en essayant de mettre un peu d'ordre dans notre toilette. Nous avions la chevelure et la barbe si hérissées, la figure si noircie par la fumée de la tente, si crevassée par le froid, si maigre, si décomposée, que nous eûmes pitié de nous-mêmes, quand nous pûmes considérer notre image dans un miroir. Pour ce qui est de notre costume, il était parfaitement assorti à notre personne.

Les habitants de Pampou vivent, en général, dans une grande aisance; aussi sont-ils continuellement gais et sans souci. Tous les soirs, ils se réunissent devant les fermes, et on les voit, hommes, femmes et enfants, sautiller en cadence, en s'acompagnant de la voix. Quand ces danses champêtres sont terminées, le maître de la ferme régale tout le monde avec une espèce de boisson aigrelette faite d'orge fermentée. C'est une espèce de bierre à laquelle il ne manque que du houblon.

Après deux jours de réquisitions dans toutes les fermes de la plaine, la caravane des ânes se trouva enfin organisée, et nous nous mîmes en route. Nous n'étions séparés de Lha-Ssa que par une montagne; mais c'était, sans contredit, la plus ardue et la plus escarpée de toutes celles que nous eussions rencontrées dans notre voyage. Les Thibétains et les Mongols la gravissent avec une grande dévotion ; ils prétendent que ceux qui ont le bonheur d'arriver au sommet reçoivent la rémission complète de leurs péchés. Ce qu'il y a de certain, c'est que, si cette montagne n'a pas le pouvoir de remettre les péchés ; elle a du moins celui d'imposer une longue et rude pénitence à ceux qui la franchissent. Nous étions partis à une heure après minuit, et ce ne fut que vers dix heures du matin que nous atteignîmes le sommet. Nous fûmes contraints d'aller presque tout le temps à pied, tant il est difficile de se tenir à cheval parmi ces sentiers escarpés et rocailleux.

Le soleil était sur le point de se coucher, quand nous achevâmes de descendre les nombreuses spirales de la montagne. Nous débouchâmes dans une large vallée, et nous aperçûmes à notre droite Lha-Ssa, cette célèbre métropole du monde bouddhique. Cette multitude d'arbres séculaires, qui entourent la ville comme d'une ceinture de feuillage ; ces grandes maisons blanches, terminées en plate-forme et surmontées de tourelles ; ces temples nombreux aux toitures dorées, ce *Bouddha-La*, au-dessus duquel s'élève le palais du Talé-Lama..., tout donne à Lha-Ssa, un aspect majestueux et imposant.

A l'entrée de la ville, des Mongols que nous avions connus en route, et qui nous avaient précédés de quelques jours, vinrent nous recevoir et nous inviter à mettre pied à terre dans un logement qu'ils nous avaient préparé. Nous étions au 29 janvier 1846; il y avait dix-huit mois que nous étions partis de la Vallée-des-Eaux-Noires.

CHAPITRE VI.

Logement dans une maison thibétaine.—Aspect de Lha-Ssa.— Palais du Talé-Lama. — Portrait des Thibétains. — Monstrueuse toilette des femmes. — Produits industriels et agricoles du Thibet.— Mines d'or et d'argent. — Étrangers résidant à Lha-Ssa. — Les *Pébouns*. — Les *Katchis*.— Les Chinois. — État des relations entre la Chine et le Thibet. — Nombreuses hypothèses du public à notre sujet. — Nous nous présentons aux autorités. — Forme du gouvernement thibétain. — Grand Lama de *Djachi-Loumbo*. — Confrérie des *Kelans*. — Prophétie thibétaine. — Mort tragique de trois Talé-Lama. — Notice sur *Ki-Chan*. — Condamnation du *Nomekhan*. — Révolte de la lamaserie de *Séra*.

Après dix-huit mois de luttes contre des souffrances et des contradictions sans nombre, nous étions enfin arrivés au terme de notre voyage, mais non pas au bout de nos misères. Nous n'avions plus, il est vrai, à redouter de mourir de faim ou de froid, sur une terre inhabitée, mais des épreuves et des tribulations d'un autre genre, allaient nous assaillir sans doute, au milieu de ces populations infidèles, auxquelles nous voulions parler de Jésus mort sur la croix pour le salut des hommes. Après les peines physiques, c'était le tour des souffrances morales. Nous comptâmes encore, pour ces nouveaux combats, sur la bonté infinie du Seigneur. Nous espérâmes que celui qui nous avait protégés dans le désert contre les intempéries des saisons, voudrait bien nous continuer sa divine assistance contre la malice des hommes, au sein de la capitale du bouddhisme.

Le lendemain de notre arrivée à Lha-Ssa, nous prîmes un guide thibétain et nous parcourûmes les divers quartiers de la ville, en quête d'un appartement à louer. Les maisons de Lha-Ssa sont généralement grandes, à plusieurs étages, et terminées par une terrasse légèrement inclinée pour faciliter l'écoulement des eaux : elles sont entièrement blanchies à l'eau de chaux, à l'exception de quelques bordures et des encadrements des portes et des fenêtres qui sont en rouge ou en jaune. Les Bouddhistes réformés affectionnent spécialement ces deux couleurs : elles sont pour ainsi dire sacrées à leurs yeux, et ils les nomment couleurs lamanesques. Les habitants de Lha-Ssa étant dans l'usage de peindre tous les ans leurs maisons, elles sont habituellement d'une admirable propreté, et paraissent toujours bâties de fraîche date ; mais, à l'intérieur, elles sont loin d'être en harmonie avec la belle apparence qu'elles offrent au-dehors. Les appartements sont sales, enfumés, puants, et encombrés de meubles et d'ustensiles répandus çà et là dans un désordre dégoûtant. Les habitations thibétaines ne sont, en quelque sorte, que de grands sépulcres blanchis ;... véritable image du bouddhisme et de toutes les fausses religions, qui ont toujours soin de recouvrir, de certaines vérités dogmatiques, et de quelques principes moraux, la corruption et le mensonge qu'elles recèlent.

Après de longues investigations, nous choisîmes enfin un tout petit logement, qui faisait partie d'une grande maison où se trouvaient réunis une cinquantaine de locataires. Notre pauvre gîte était à l'étage supérieur ; on y montait par vingt-six degrés en bois, dépourvus de rampe, et tellement raides et étroits que, pour obvier au désagrément de se casser le cou, il était extrêmement prudent de s'aider des pieds et des mains. Notre appartement se composait d'une grande chambre carrée et d'un petit corridor auquel nous donnions le nom de cabinet. La chambre était éclairée, au nord-est, par une étroite fenêtre garnie de trois épais barreaux en bois, et au zénith par une lucarne ronde percée au toit ; ce dernier trou servait à beaucoup de choses : d'abord il donnait entrée au jour, au vent, à la pluie et à la neige ; en second lieu il laissait sortir la fumée qui s'élevait de notre foyer. Afin de se mettre à l'abri de la froidure de l'hiver, les Thibétains ont imaginé de placer, au milieu de leurs chambres, un petit bassin en terre cuite où on fait brûler des argols. Comme ce combustible est souvent sujet à répandre beaucoup plus de fumée que de chaleur, quand on a envie de se chauffer, on comprend tout l'avantage d'avoir une lucarne au-dessus de sa tête : ce trou inappréciable, nous donnait la possibilité d'allumer un peu de feu, sans courir risque d'être étouffés par la fumée. Il y avait bien dans tout cela, le petit inconvénient de recevoir de temps à autre la pluie ou la neige sur son dos ; mais, quand on a mené la vie nomade, on ne s'arrête pas à si peu de chose. La chambre avait pour ameublement deux peaux de bouc étendues à droite et à gauche de notre plat à feu, puis deux selles de cheval, notre tente de voyage, quelques vieilles paires de bottes, deux malles disloquées, trois robes déchirées suspendues à des clous, nos couvertures de nuit roulées les unes dans les autres, et une grande provision de bouse sèche empilée dans un coin. Comme on voit, nous nous trouvions du premier coup tout-à-fait au niveau de la civilisation thibétaine. Le cabinet, où s'élevait un magnifique fourneau en maçonnerie, nous tenait lieu de cuisine et d'office ; nous y avions installé Samdadchiemba, qui, après avoir résigné son emploi de chamelier, cumulait les fonctions de cuisinier, de maître-d'hôtel et de palefrenier. Nos deux chevaux blancs étaient logés dans un recoin de la cour, et se reposaient de leur pénible et glorieuse campagne, en attendant l'occasion de passer à de nouveaux maîtres ; ces pauvres bêtes étaient tellement exténuées, que nous ne pouvions convenablement les mettre en vente, avant qu'il leur eût repoussé un peu de chair entre la peau et les os.

Aussitôt que nous eûmes organisé notre maison, nous nous occupâmes de visiter en détail la capitale du Thibet, et de faire connaissance avec ses nombreux habitants. Lha-Ssa n'est pas une grande ville ; elle a tout au plus deux lieues de tour ; elle n'est pas enfermée, comme les villes de Chine, dans une enceinte de remparts. On prétend qu'autrefois elle en avait, mais qu'ils furent entièrement détruits dans une guerre que les Thibétains eurent à soutenir contre les Indiens du Boutan ; aujourd'hui on n'en retrouve pas les moindres vestiges. En dehors des faubourgs, on voit un grand nombre de jardins plantés de grands arbres, qui font à la ville un magnifique entourage de verdure. Les principales rues de Lha-Ssa sont très-larges, bien alignées et assez propres, du moins quand il ne pleut pas ; les faubourgs sont d'une saleté révoltante et inexprimable. Les maisons, comme nous l'avons déjà dit, sont généralement grandes, élevées et d'un bel aspect ; elles sont construites les unes en pierres, les autres en briques, et quelques-unes en terre : mais elles sont toujours blanchies avec tant de soin qu'elles paraissent avoir toutes la même valeur. Dans les faubourgs, il existe un quartier dont les maisons sont entièrement bâties avec des cornes de bœufs et de moutons : ces bizarres constructions sont d'une solidité extrême, et présentent à la vue un aspect assez agréable. Les cornes de bœufs étant lisses et blanchâtres, et celles des moutons étant au contraire noires et raboteuses, ces matériaux étranges se prêtent merveilleusement à une foule de combinaisons, et forment sur les murs des desseins d'une variété infinie ; les interstices qui se trouvent entre les cornes, sont remplis avec du mortier : ces maisons sont les seules qui ne soient pas blanchies. Les Thibétains ont le bon goût de les laisser au naturel, sans prétendre rien ajouter à leur sauvage et fantastique beauté. Il serait superflu de faire remarquer que les habitants de Lha-Ssa font une assez grande consommation de bœufs et de moutons ; leurs maisons en cornes en sont une preuve incontestable.

Les temples bouddhiques sont les édifices les plus remarquables de Lha-Ssa. Nous n'en ferons pas ici la description, parce qu'ils ressemblent tous à peu près à ceux dont nous avons eu déjà occasion de parler. Il y a seulement à remarquer qu'ils sont plus grands, plus riches, et recouverts de dorures avec plus de profusion.

Le palais du Talé-Lama mérite, à tous égards, la célébrité dont il jouit dans le monde entier. Vers la partie septentrionale de la ville et tout au plus à un quart d'heure de distance, il existe une montagne rocheuse, peu élevée, et de forme conique. Elle s'élève au milieu de cette large vallée, comme un ilot isolé au-dessus d'un immense lac,

Cette montagne porte le nom de *Bouddha-La*, c'est-à-dire montagne de Bouddha, montagne divine ; c'est sur ce socle grandiose, préparé par la nature, que les adorateurs du Talé-Lama, ont édifié un palais magnifique où réside en chair et en os leur divinité vivante. Ce palais est une réunion de plusieurs temples, de grandeur et de beauté différentes ; celui qui occupe le centre est élevé de quatre étages, et domine tous les autres ; il est terminé par un dôme entièrement recouvert de lames d'or, et entouré d'un grand péristyle dont les colonnes sont également dorées. C'est là que le Talé-Lama a fixé sa résidence ; du haut de ce sanctuaire élevé, il peut contempler, aux jours des grandes solennités, ses adorateurs innombrables se mouvant dans la plaine, et venant se prosterner au pied de la montagne divine. Les palais secondaires, groupés autour du grand temple, servent de demeures à une foule de Lamas de tout ordre, dont l'occupation continuelle est de servir le Bouddha-vivant, et de lui faire la cour. Deux belles avenues bordées de grands arbres, conduisent de Lha-Ssa au Bouddha-La ; on y voit toujours un grand nombre de pèlerins étrangers, déroulant entre leurs doigts leur long chapelet bouddhique, et des Lamas de la cour revêtus d'habits magnifiques, et montés sur des chevaux richement harnachés. Il règne continuellement aux alentours du Bouddha-La, une grande activité ; mais en général tout le monde y est grave et silencieux ; les pensées religieuses paraissent préoccuper tous les esprits.

Dans l'intérieur de la ville, l'allure de la population offre un caractère tout différent ; on crie, on s'agite, on se presse, et chacun s'occupe avec ardeur de vendre ou d'acheter. Le commerce et la dévotion attirent sans cesse à Lha-Ssa un grand nombre d'étrangers, et font de cette ville comme le rendez-vous de tous les peuples asiatiques; les rues sont sans cesse encombrées de pèlerins et de marchands, parmi lesquels on remarque une étonnante variété de physionomies, de costumes et d'idiomes. Cette immense multitude est en grande partie flottante, et se renouvelle tous les jours. La population fixe de Lha-Ssa, se compose de Thibétains, de Pébouns, de Katchis et de Chinois.

Les Thibétains appartiennent à la grande famille qu'on a coutume de désigner par le nom de race mongole ; ils ont les cheveux noirs, la barbe peu fournie, les yeux petits et bridés, les pommettes des joues saillantes, le nez court, la bouche largement fendue, et les lèvres amincies ; leur teint est légèrement basané : cependant, dans la classe élevée, on trouve des figures aussi blanches qu'en Europe. Les Thibétains sont de taille moyenne ; à l'agilité et à la souplesse des Chinois, ils joignent la force et la vigueur des Tartares. Les exercices gymnastiques, et surtout la danse, paraissent faire leurs délices ; leur démarche est cadencée et pleine de légèreté. Quand ils vont dans les rues, on les entend fredonner sans cesse des prières ou des chants populaires; ils ont de la générosité et de la franchise dans le caractère; braves à la guerre, ils affrontent la mort avec courage; ils sont aussi religieux, mais moins crédules que les Tartares. La propreté est peu en honneur parmi eux ; ce qui ne les empêche pas d'aimer beaucoup le luxe et les habits somptueux.

Les Thibétains ne se rasent pas la tête; ils laissent flotter leurs cheveux sur les épaules, se contentant de les raccourcir de temps en temps avec des ciseaux. Les élégants de Lha-Ssa ont depuis peu d'années adopté la mode de les tresser à la manière des Chinois, et d'attacher ensuite au milieu de leur tresse des joyaux en or, ornés de pierres précieuses et de grains de corail. Leur coiffure ordinaire est une toque bleue avec un large rebord, en velours noir, surmontée d'un pompon rouge; aux jours de fête, ils portent un grand chapeau rouge, assez semblable pour la forme au berret basque; il est seulement plus large, et orné sur les bords de franges longues et touffues. Une large robe agrafée au côté droit par quatre crochets, et serrée aux reins par une ceinture rouge; enfin des bottes en drap rouge ou violet, complètent le costume simple, et pourtant assez gracieux des Thibétains. Ils suspendent ordinairement à leur ceinture, un sac en taffetas jaune, renfermant leur inséparable écuelle de bois, et deux petites bourses de forme ovale et richement brodées, qui ne contiennent rien du tout, et servent uniquement de parure.

Les femmes thibétaines ont un habillement à peu près semblable à celui des hommes; par-dessus leur robe, elles ajoutent une tunique courte, et bigarrée de diverses couleurs; elles divisent leurs cheveux en deux tresses, qu'elles laissent pendre sur leurs épaules. Les femmes de classe inférieure sont coiffées d'un petit bonnet jaune, assez semblable au bonnet de la liberté qu'on portait sous la République française. Les grandes dames ont pour tout ornement de tête, une élégante et gracieuse couronne, fabriquée avec des perles fines. Les femmes thibétaines se soumettent dans leur toilette à un usage, ou plutôt à une règle incroyable, et sans doute unique dans le monde : avant de sortir de leurs maisons, elles se frottent le visage avec une espèce de vernis noir et gluant, assez semblable à de la confiture de raisin. Comme elles ont pour but de se rendre laides et hideuses, elles répandent sur leur face ce fard dégoûtant à tort et à travers, et se barbouillent de manière à ne plus ressembler à des créatures humaines. Voici ce qui nous a été dit sur l'origine de cette pratique monstrueuse : Il y a à peu près deux cents ans, le Nomekhan, ou Lama-Roi qui gouvernait le Thibet antérieur, était un homme rigide et de mœurs austères. A cette époque, les Thibétaines, pas plus que les femmes des autres contrées de la terre, n'étaient dans l'habitude de s'enlaidir; elles avaient au contraire, dit-on, un amour effréné du luxe et de la parure; de là naquirent des désordres affreux, et une immoralité qui ne connut plus de bornes. La contagion gagna peu à peu la sainte famille des Lamas; les couvents bouddhiques se relâchèrent de leur antique et sévère discipline, et furent travaillés d'un mal qui les poussait rapidement à une complète dissolution. Afin d'arrêter les progrès d'un libertinage qui était devenu presque général, le Nomekhan publia un édit, par lequel il était défendu aux femmes de paraître en public, à moins de se barbouiller la figure de la façon que nous avons déjà dite. De hautes considérations morales et religieuses motivaient cette loi étrange, et menaçaient les réfractaires des peines les plus sévères, et surtout de la colère et de l'indignation de Bouddha. Il fallut, sans contredit, un courage bien extraordinaire, pour oser publier un édit semblable; mais la chose la plus étonnante, c'est que les femmes se soient montrées obéissantes et résignées. La tradition n'a pas conservé le plus léger souvenir de la moindre insurrection, de la plus petite émeute. Conformément à la loi, les femmes se noircirent donc à outrance, se rendirent laides à faire peur, et l'usage s'est religieusement conservé jusqu'à ce jour; il paraît que la chose est considérée maintenant comme un point de dogme, comme un article de dévotion. Les femmes qui se barbouillent de la manière la plus dégoûtante, sont réputées les plus pieuses. Dans les campagnes, l'édit est observé avec scrupule, et de façon à ce que les censeurs ne puissent jamais y trouver rien à redire; mais à Lha-Ssa, il n'est pas rare de rencontrer dans les rues, des femmes qui, au mépris des lois et de toutes les convenances, osent montrer en public leur physionomie non vernissée, et telle que la nature la leur a donnée. Celles qui se permettent cette licence, ont une très-mauvaise réputation, et ne manquent jamais de se cacher quand elles aperçoivent quelque agent de la police.

On prétend que l'édit du Nomekhan a fait un grand bien à la moralité publique. Nous n'avons aucune raison pour avancer positivement le contraire; cependant nous pouvons dire que les Thibétains sont bien loin d'être exemplaires sous le rapport des bonnes mœurs; il existe parmi eux de grands désordres, et nous serions tentés de croire que le vernis le plus noir et le plus hideux est impuissant pour ramener à la vertu des peuples corrompus. Le christianisme est seul capable de retirer les nations païennes des vices honteux au milieu desquels elles croupissent.

Une chose qui tendrait à faire croire que, dans le Thibet, il y a peut-être moins de corruption que dans certaines autres contrées païennes, c'est que les femmes y jouissent d'une grande liberté. Au lieu de végéter emprisonnées au fond de leurs maisons, elles mènent une vie laborieuse et pleine d'activité. Outre qu'elles sont chargées des soins du ménage, elles concentrent entre leurs mains tout le petit commerce. Ce sont elles qui colportent les marchandises de côté et d'autre, les étalent dans les rues, et tiennent presque toutes les boutiques de détail. Dans la campagne, elles ont aussi une grande part aux travaux de la vie agricole.

Les hommes, quoique moins laborieux et moins actifs que les femmes, sont loin pourtant de passer leur vie dans l'oisiveté. Ils s'occupent spécialement de la filature et du tissage des laines. Les étoffes qu'ils fabriquent portent le nom de *Pou-Lou;* elles sont très-étroites, et d'une grande solidité ; leurs qualités varient d'une manière étonnante. On trouve, dans leurs fabriques, depuis le drap le plus grossier et le plus velu, jusqu'au mérinos le plus beau et le plus fin qu'on puisse imaginer. D'après une règle de la réforme bouddhique, tous les Lamas doivent être habillés de pou-lou rouge. Il s'en fait une grande consommation dans le Thibet, et les caravanes en emportent une quantité considérable dans le nord de la Chine et dans la Tartarie. Le pou-lou le plus grossier se vend à vil prix ; mais celui qui est de qualité supérieure, est d'une cherté excessive.

Les bâtons d'odeur, si célèbres en Chine sous le nom de *Tsan-Hiang,* parfums du Thibet, sont, pour les habitants de Lha-Ssa, un objet de commerce assez important. On les fabrique avec la poudre de divers arbres aromatiques, auxquels on mélange du musc et de la poussière d'or. Avec tous ces ingrédients, on élabore une pâte de couleur violette, qu'on moule ensuite en petits bâtons cylindriques, ayant la longueur de trois ou quatre pieds. On les brûle dans les lamaseries, et devant les idoles qu'on honore dans l'intérieur des maisons. Quand ces bâtons d'odeur sont allumés, ils se consument lentement sans jamais s'éteindre, et répandent au loin un parfum d'une douceur exquise. Les marchands thibétains qui se rendent tous les ans à Péking, à la suite de l'ambassade, en exportent des quantités considérables, et les vendent à un prix exorbitant. Les Chinois du nord falsifient les bâtons d'odeur, et les livrent au commerce sous le nom de *Tsan-Hiang*; mais ils ne peuvent soutenir la comparaison avec ceux qui viennent du Thibet.

Les Thibétains n'ont pas de porcelaine; ils fabriquent néanmoins des poteries de tout genre avec une rare perfection. Comme nous l'avons déjà fait observer ailleurs, toute leur vaisselle consiste en une simple écuelle de bois, que chacun porte cachée dans son sein, ou suspendue à sa ceinture dans une bourse de luxe. Ces écuelles sont faites avec les racines de certains arbres précieux, qui croissent sur les montagnes du Thibet. Elles sont de forme gracieuse, mais simples et sans ornement. On se contente de les enduire d'un léger vernis, qui ne fait disparaître ni leur couleur naturelle, ni les marbrures formées par les veines du bois. Dans le Thibet tout entier, depuis le mendiant le plus misérable jusqu'au Talé-Lama, tout le monde prend ses repas dans une écuelle de bois. Il est vrai que les Thibétains ne confondent pas indistinctement les écuelles entre elles, comme nous serions tentés de le faire, nous autres Européens. On doit donc savoir qu'il y a écuelle et écuelle; il y en a qu'on achète pour quelques pièces de monnaie, et d'autres dont le prix va jusqu'à cent onces d'argent, à peu près mille francs. Et si l'on nous demande quelle différence nous avons remarquée entre ces diverses qualités d'écuelles en bois, nous répondrons, la main sur la conscience, que toutes nous ont paru à peu près de même valeur, et qu'avec la meilleure volonté du monde, il nous a toujours été impossible de saisir entre elles une différence de quelque importance. Les écuelles de première qualité, disent les Thibétains, ont la vertu de neutraliser les poisons.

Quelques jours après notre arrivée à Lha-Ssa, désireux que nous étions de remonter un peu notre vaisselle, déjà bien vieille et bien avariée, nous entrâmes dans une boutique d'écuelles. Une Thibétaine, au visage richement vernissé de noir, était au comptoir. Cette dame, jugeant à notre mine tant soit peu exotique et étrange, que nous étions, sans doute, des personnages de haute distinction, ouvrit un tiroir et en exhiba deux petites boîtes artistement façonnées, dans chacune desquelles était contenue une écuelle trois fois enveloppée dans du papier soyeux. Après avoir examiné la marchandise avec une sorte d'anxiété, nous demandâmes le prix. — *Tchik-la, gatsé-ré?* Combien chaque? — Excellence, cinquante onces d'argent la pièce. — A peine eûmes-nous entendu ces paroles foudroyantes, que nos oreilles se mirent à bourdonner, et qu'il nous sembla que tout tournoyait dans la boutique. Avec toute notre fortune, nous eussions pu, tout au plus, acheter quatre écuelles en bois! Quand nous fûmes un peu revenus de notre saisissement, nous replaçâmes avec respect les deux précieuses gamelles dans leurs boîtes respectives, et nous passâmes en revue les nombreuses collections qui étaient étalées sans façon sur les rayons de la boutique. — Et celles-ci, combien la pièce? *Tchik-la, gatsé ré?* — Excellence, une paire pour une once d'argent. — Nous payâmes sur-le-champ une once d'argent, et nous emportâmes nos deux écuelles avec une joie triomphante; car elles nous paraissaient absolument semblables à celles qui valaient 500 francs pièce..... De retour au logis, le maître de la maison, à qui nous nous hâtâmes de montrer notre emplette, nous dit que, pour une once d'argent, on pouvait avoir au moins quatre écuelles de cette façon.

Les pou-lou, les bâtons odorants, et les écuelles en bois sont les trois principales branches d'industrie que les Thibétains exploitent avec quelque succès. Pour tout le reste, ils travaillent mal ou médiocrement, et les grossiers produits de leurs arts et métiers ne méritent pas d'être mentionnés. Leurs productions agricoles n'offrent non plus rien de remarquable. Le Thibet, presque entièrement recouvert de montagnes, et sillonné de torrents impétueux, fournit à ses habitants peu de terres cultivables. Il n'y a guère que les vallées qu'on puisse ensemencer avec quelque espérance d'avoir une moisson à recueillir. Les Thibétains cultivent peu le froment, et encore moins le riz. La principale récolte est en *Tsing-Kou,* ou orge noire, dont on fait le *tsamba,* base alimentaire de toute la population thibétaine, riche ou pauvre. La ville de Lha-Ssa est abondamment approvisionnée de moutons, de chevaux et de bœufs grognants. On y vend aussi d'excellents poissons frais, et de la viande de porc dont le goût est exquis. Mais, le plus souvent, tout cela est très-cher et hors de la portée du bas peuple. En somme, les Thibétains vivent très-mal. D'ordinaire, leurs repas se composent uniquement de thé beurré et de tsamba, qu'on pétrit grossièrement avec les doigts. Les plus riches suivent le même régime; et c'est vraiment pitié de les voir façonner une nourriture si misérable, dans une écuelle qui a coûté quelquefois cent onces d'argent. La viande, quand on en a, se mange hors des repas; c'est une affaire de pure fantaisie. Cela se pratique à peu près, comme, ailleurs, on mange, par gourmandise, des fruits ou quelque légère pâtisserie. On sert ordinairement deux plats, l'un de viande bouillie et l'autre de viande crue; les Thibétains dévorent l'une et l'autre avec un égal appétit, sans qu'il soit besoin qu'aucun genre d'assaisonnement leur vienne en aide. Ils ont pourtant le bon esprit de ne pas manger sans boire. Ils remplissent, de temps en temps, leur écuelle chérie d'une liqueur aigrelette faite avec de l'orge fermentée, et dont le goût est assez agréable.

Le Thibet, si pauvre en produits agricoles et manufacturés, est riche en métaux au-delà de tout ce qu'on peut imaginer; l'or et l'argent s'y recueillent avec une si grande facilité, que les simples bergers eux-mêmes connaissent l'art de purifier ces métaux précieux. On les voit quelquefois au fond des ravins, ou aux anfractuosités des montagnes, accroupis à côté d'un feu d'argols de chèvres, et s'amusant à purifier dans des creusets, la poudre d'or qu'ils ont recueillie çà et là, en faisant paître leurs troupeaux. Il résulte de cette grande abondance de métaux, que les espèces sont de peu de valeur, et par suite, les denrées se maintiennent toujours à un prix très-élevé. Le système monétaire des Thibétains ne se compose que de pièces d'argent; elles sont un peu plus grandes, mais moins épaisses, que nos pièces d'un franc. D'un côté, elles portent des inscriptions en caractères thibétains, parsis ou indiens; de l'autre, elles ont une couronne composée de huit petites fleurs rondes. Pour la facilité du commerce, on fractionne ces pièces de monnaie, de telle sorte que le nombre des fleurettes restant sur le fragment, détermine sa valeur. La pièce entière se nomme *Tchan-Ka*. Le *Tché-Ptché* est une moitié du Tchan-Ka, et par conséquent, n'a que quatre fleurettes. Le *Cho-Kan* en a cinq, et le *Kagan* trois. Dans les grandes opérations commerciales, on se sert de lingots d'argent, qu'on pèse avec une balance romaine graduée d'après le système décimal. Les Thibétains comptent, le plus souvent, sur leur chapelet; quelques-uns, et surtout les marchands, se servent du *souan-pan* chinois; les savants, enfin, opèrent avec les chiffres que nous nommons arabes, et qui paraissent être très-anciens dans le Thibet. Nous avons vu plusieurs livres lamanesques manuscrits, renfermant des tableaux et des figures astronomiques, représentés avec des chiffres arabes. La pagination de ces livres était pareillement marquée avec ces mêmes caractères. Quelques-uns de ces chiffres ont, avec ceux dont on se sert en Europe, une légère différence; la plus notable est celle du 5, qui se trouve renversé de la manière suivante 9.

D'après les quelques détails que nous venons de donner sur les productions du Thibet, il est permis de conclure que ce pays est peut-être le plus riche et en même temps le plus pauvre du monde. Riche en or et en argent, pauvre en tout ce qui fait le bien-être des masses. L'or et l'argent recueillis par le peuple, est absorbé par les grands, et surtout par les lamaseries, réservoirs immenses, où s'écoulent par mille canaux, toutes les richesses de ces vastes contrées. Les Lamas, mis d'abord en possession de la majeure partie du numéraire par les dons volontaires des fidèles, centuplent ensuite leur fortune par des procédés usuraires, dont la friponnerie chinoise est elle-même scandalisée. Les offrandes qu'on leur fait, sont comme des crochets dont ils se servent pour attirer à eux toutes les bourses. L'argent se trouvant ainsi accumulé dans les coffres des classes privilégiées, et d'un autre côté, les choses nécessaires à la vie ne pouvant se procurer qu'à un prix très-élevé, il résulte de ce désordre capital, qu'une grande partie de la population est continuellement plongée dans une misère affreuse. A Lha-Ssa, le nombre des mendiants est très-considérable. Ils entrent dans l'intérieur des maisons, et vont, de porte en porte, solliciter une poignée de tsamba. Leur manière de demander l'aumône consiste à présenter le poing fermé, en tenant le pouce en l'air. Nous devons ajouter, à la louange des Thibétains, qu'ils ont généralement le cœur compatissant et charitable ; rarement, ils renvoient les pauvres sans leur faire quelque aumône.

Parmi les étrangers qui constituent la population fixe de Lha-Ssa, les Péboun sont les plus nombreux. Ce sont des Indiens venus du côté du Boutan, par delà les monts

Himalaya. Ils sont petits, vigoureux, et d'une allure pleine de vivacité; ils ont la figure plus arrondie que les Thibétains; leur teint est fortement basané, leurs yeux sont petits, noirs et malins; ils portent au front une tache de rouge ponceau, qu'ils renouvellent tous les matins. Ils sont toujours vêtus d'une robe en *pou-lou* violet, et coiffés d'un petit bonnet en feutre, de la même couleur, mais un peu plus foncée. Quand ils sortent, ils ajoutent à leur costume une longue écharpe rouge, qui fait deux fois le tour du cou, comme un grand collier, et dont les deux extrémités sont rejetées par-dessus les épaules.

Les Péboun sont les seuls ouvriers métallurgistes de Lha-Ssa. C'est dans leur quartier qu'il faut aller chercher les forgerons, les chaudronniers, les plombiers, les étameurs, les fondeurs, les orfèvres, les bijoutiers, les mécaniciens, même les physiciens et les chimistes. Leurs ateliers et leurs laboratoires sont un peu souterrains. On y entre par une ouverture basse et étroite; et avant d'y arriver, il faut descendre trois ou quatre marches. Sur toutes les portes de leurs maisons, on voit une peinture représentant un globe rouge, et au-dessous un croissant blanc. Evidemment, cela signifie le soleil et la lune. Mais à quoi cela fait-il encore allusion? C'est ce dont nous avons oublié de nous informer.

On rencontre, parmi les Péboun, des artistes très-distingués en fait de métallurgie. Ils fabriquent des vases en or et en argent pour l'usage des lamaseries, et des bijoux de tout genre, qui, certainement, ne feraient pas déshonneur à des artistes européens. Ce sont eux qui font aux temples bouddhiques ces belles toitures en lames dorées, qui résistent à toutes les intempéries des saisons, et conservent toujours une fraîcheur et un éclat merveilleux. Ils sont si habiles pour ce genre d'ouvrage, qu'on vient les chercher du fond de la Tartarie pour orner les grandes lamaseries. Les Péboun sont encore les teinturiers de Lha-Ssa. Leurs couleurs sont vives et persistantes; leurs étoffes peuvent s'user, mais jamais se décolorer. Il ne leur est permis de teindre que les *pou-lou*. Les étoffes qui viennent des pays étrangers, doivent être employées telles qu'elles sont ; le gouvernement s'oppose absolument à ce que les teinturiers exercent sur elles leur industrie. Il est probable que cette prohibition a pour but de favoriser le débit des étoffes fabriquées à Lha-Ssa.

Les Péboun ont le caractère extrêmement jovial et enfantin; aux moments de repos, on les voit toujours rire et folâtrer; pendant les heures de travail, ils ne cessent jamais de chanter. Leur religion est le bouddhisme indien. Quoiqu'ils ne suivent pas la réforme de Tsong-Kaba, ils sont pleins de respect pour les cérémonies et les pratiques lamanesques. Ils ne manquent jamais, aux jours de grande solennité, d'aller se prosterner aux pieds du Bouddha-La, et d'offrir leurs adorations au Talé-Lama.

Après les Péboun, on remarque à Lha-Ssa, les Katchi, ou Musulmans originaires de Kachemir. Leur turban, leur grande barbe, leur démarche grave et solennelle, leur physionomie pleine d'intelligence et de majesté, la propreté et la richesse de leurs habits : tout en eux contraste avec les peuples de race inférieure auxquels ils se trouvent mêlés. Ils ont, à Lha-Ssa, un gouverneur, duquel ils dépendent immédiatement, et dont l'autorité est reconnue par le gouvernement thibétain. Ce gouverneur est en même temps chef de la religion musulmane. Ses compatriotes le considèrent, sur cette terre étrangère, comme leur pacha et leur muphti. Il y a déjà plusieurs siècles que les Katchi se sont établis à Lha-Ssa. Autrefois, ils abandonnèrent leur patrie pour se soustraire aux vexations d'un certain pacha de Kachemir, dont le despotisme leur était devenu intolérable. Depuis lors, les enfants de ces premiers émigrants se sont si bien trouvés dans le Thibet, qu'ils n'ont plus songé à s'en retourner dans leur pays. Ils ont pourtant encore des relations avec Kachemir; mais les nouvelles qu'ils en reçoivent sont peu propres à leur donner l'envie de renoncer à leur patrie adoptive. Le gouverneur Katchi, avec lequel nous avons eu des relations assez intimes, nous a dit que les Pélins de Calcutta (les Anglais) étaient aujourd'hui maîtres de Kachemir. — Les Pélins, nous disait-il, sont les hommes les plus rusés du monde. Ils s'emparent petit à petit de toutes les contrées de l'Inde; mais c'est toujours plutôt par tromperie qu'à force ouverte. Au lieu de renverser les autorités, ils cherchent habilement à les mettre de leur parti, et à les faire entrer dans leurs intérêts. Ainsi, à Kachemir, voici ce qu'ils disent : Le monde est à Allah; la terre est au Pacha; c'est la Compagnie qui gouverne.

Les Katchi sont les plus riches marchands de Lha-Ssa; ce sont eux qui tiennent les magasins de lingerie et tous les objets de luxe et de toilette; ils sont, en outre, agents de change, et trafiquent sur l'or et l'argent. De là vient qu'on trouve presque toujours des caractères parsis sur les monnaies thibétaines. Tous les ans, quelques-uns d'entre eux se rendent à Calcutta pour des opérations commerciales; les Katchi sont les seuls à qui l'on permette de passer les frontières, pour se rendre chez les Anglais; ils partent munis d'un passeport du Talé-Lama, et une escorte thibétaine les accompagne jusqu'au pied des Himalaya. Les objets qu'ils rapportent de Calcutta se réduisent à bien peu de chose : ce sont des rubans, des galons, des couteaux, des ciseaux, quelques autres articles de quincaillerie, et un petit assortiment de toiles de coton; les soieries et les draps qu'on trouve dans leurs magasins, et qui ont à Lha-Ssa un assez grand débit, leur viennent de Péking par les caravanes; les draps sont russes, et par conséquent leur reviennent à bien meilleur marché que ceux qu'ils pourraient acheter à Calcutta.

Les Katchi ont à Lha-Ssa une mosquée, et sont rigides observateurs de la loi de Mahomet; ils professent ostensiblement leur mépris pour toutes les pratiques superstitieuses des Bouddhistes. Les premiers qui sont arrivés à Lha-Ssa, ont pris des femmes thibétaines, qui ont été obligées de renoncer à leur religion pour embrasser le mahométisme. Maintenant, ils ont pour règle de ne plus contracter des alliances qu'entre eux; il s'est ainsi formé insensiblement, au cœur du Thibet, comme un petit peuple à part, n'ayant ni le costume, ni les mœurs, ni le langage, ni la religion des indigènes. Parce qu'ils ne se prosternent pas devant le Talé-Lama, et ne vont pas prier dans les lamaseries; tout le monde dit que ce sont des impies. Cependant, comme, en général, ils sont riches et puissants, on se range dans les rues pour les laisser passer, et chacun leur tire la langue en signe de respect. Dans le

Thibet, quand on veut saluer quelqu'un, on se découvre la tête, on tire la langue, et on se gratte l'oreille droite; ces trois opérations se font en même temps.

Les Chinois qu'on voit à Lha-Ssa, sont pour la plupart soldats ou employés dans les tribunaux; ceux qui demeurent fixés dans cette ville, sont en très-petit nombre. A toutes les époques, les Chinois et les Thibétains ont eu ensemble des relations plus ou moins importantes; souvent ils se sont fait la guerre, et ont cherché à empiéter sur les droits les uns des autres. La dynastie tartare-mantchoue, comme nous l'avons déjà remarqué ailleurs, a compris, dès le commencement de son élévation, combien il lui était important de se ménager l'amitié du Talé-Lama, dont l'influence est toute puissante sur les tribus mongoles. En conséquence, elle n'a jamais manqué d'avoir à la cour de Lha-Ssa, deux grands Mandarins revêtus du titre de *Kin-Tchaï*, c'est-à-dire, ambassadeur ou délégué extraordinaire. Ces personnages ont pour mission avouée de présenter, dans certaines circonstances déterminées, les hommages de l'empereur chinois au Talé-Lama, et de lui prêter l'appui de la Chine dans les difficultés qu'il pourrait avoir avec ses voisins. Tel est, en apparence, le but de cette ambassade permanente; mais, au fond, elle n'est là que pour flatter les croyances religieuses des Mongols, et les rallier à la dynastie régnante, en leur faisant croire que le gouvernement de Péking a une grande dévotion pour la divinité du Bouddha-La. Un autre avantage de cette ambassade, c'est que les deux Kin-Tchaï peuvent facilement, à Lha-Ssa, surveiller les mouvements des peuples divers qui avoisinent l'empire, et en donner avis à leur gouvernement.

La trente-cinquième année du règne de *Kien-Long*, la cour de Péking avait à Lha-Ssa deux Kin-Tchaï, ou ambassadeurs, nommés, l'un, *Lo*, et l'autre, *Pou*. On avait coutume de les désigner en réunissant les noms, et en disant les Kin-Tchaï-*Lo-Pou*. Le mot Lo-Pou, voulant dire rave, en thibétain, ce terme devenait en quelque sorte injurieux, et le peuple de Lha-Ssa, qui n'a jamais vu de bon œil la présence des Chinois dans le pays, se servait volontiers de cette dénomination. Depuis quelque temps, d'ailleurs, les deux Mandarins chinois donnaient, par leur conduite, de l'ombrage aux Thibétains ; ils s'immisçaient tous les jours, de plus en plus, dans les affaires du gouvernement, et empiétaient ouvertement sur les droits du Talé-Lama. Enfin, pour comble d'arrogance, ils faisaient entrer de nombreuses troupes chinoises dans le Thibet, sous prétexte de protéger le Talé-Lama contre certaines peuplades du Népal, qui lui donnaient de l'inquiétude. Il était facile de voir que la Chine cherchait à étendre son empire et sa domination jusque dans le Thibet. L'opposition du gouvernement thibétain fut, dit-on, terrible, et le Nomekhan employa tous les ressorts de son autorité pour arrêter l'usurpation des deux Kin-Tchaï. Un jour qu'il se rendait au palais des ambassadeurs chinois, un jeune Lama lui jeta dans sa litière un billet sur lequel étaient écrits ces mots : — *Lo-Pou, ma, sa :* — c'est-à-dire, Ne mangez pas de raves, Abstenez-vous des raves. — Le Nomekhan comprit bien que, par ce jeu de mots, on voulait lui donner avis de se défier des Kin-Tchaï; Lo-Pou ; mais, comme l'avertissement manquait de clarté et de précision, il continua sa route. Pendant qu'il était en conférence secrète avec les deux délégués de la cour de Péking, des satellites s'introduisirent brusquement dans l'appartement, poignardèrent le Nomekhan, et lui tranchèrent la tête. Un cuisinier Thibétain, qui se trouvait dans une pièce voisine, accourut aux cris de la victime, s'empara de sa tête ensanglantée, l'ajusta au bout d'une pique, et parcourut les rues de Lha-Ssa, en criant, Vengeance, et Mort aux Chinois! La ville tout entière fut aussitôt soulevée, on courut aux armes de toutes parts, et l'on se précipita tumultueusement vers le palais des Kin-Tchaï, qui furent horriblement mis en pièces. La colère du peuple était si grande, qu'on poursuivit ensuite indistinctement tous les Chinois; on les traqua partout comme des bêtes sauvages, non-seulement à Lha-Ssa, mais encore sur tous les autres points du Thibet où ils avaient établi des postes militaires. On en fit une affreuse boucherie. Les Thibétains, dit-on, ne déposèrent les armes, qu'après avoir impitoyablement poursuivi et massacré tous les Chinois jusqu'aux frontières du Sse-Tchouen et du Yun-Nan.

La nouvelle de cette affreuse catastrophe étant parvenue à la cour de Péking, l'empereur Kien-Long ordonna immédiatement de grandes levées de troupes dans toute l'étendue de l'empire, et les fit marcher contre le Thibet. Les Chinois, comme dans presque toutes les guerres qu'ils ont eu à soutenir contre leurs voisins, eurent le dessous, mais ils furent victorieux dans les négociations. Les choses furent rétablies sur l'ancien pied, et depuis lors, la paix n'a jamais été sérieusement troublée entre les deux gouvernements.

Les forces militaires que les Chinois entretiennent dans

le Thibet, sont peu considérables. Depuis le Sse-Tchouen jusqu'à Lha-Ssa, ils ont, d'étape en étape, quelques misérables corps de garde, destinés à favoriser le passage des courriers de l'Empereur. Dans la ville même de Lha-Ssa, leur garnison se compose de quelques centaines de soldats, dont la présence contribue à relever et à protéger la position des ambassadeurs. De Lha-Ssa, en allant vers le sud jusqu'au Boutan, ils ont encore une ligne de corps de garde assez mal entretenus. Sur les frontières, ils gardent, conjointement avec les troupes thibétaines, les hautes montagnes qui séparent le Thibet des premiers postes anglais. Dans les autres parties du Thibet, il n'y a pas de Chinois ; l'entrée leur en est sévèrement interdite.

Les soldats et les Mandarins chinois établis dans le Thibet sont à la solde du gouvernement de Péking ; ils restent ordinairement trois ans dans le pays ; quand ce temps est écoulé, on leur envoie des remplaçants, et ils rentrent dans leurs provinces respectives. Il en est pourtant un certain nombre, qui, après avoir terminé leur service, obtiennent la permission de se fixer à Lha-Ssa, ou dans les villes situées sur la route du Sse-Tchouen. Les Chinois de Lha-Ssa sont peu nombreux ; il serait assez difficile de dire à quel genre de spécialité ils se livrent pour faire fortune. En général, ils sont un peu de tous les états, et savent toujours trouver mille moyens pour faire passer dans leur bourse les *tchan-ka* des Thibétains. Il en est plusieurs qui prennent une épouse dans le pays ; mais les liens du mariage sont incapables de les fixer pour la vie dans leur patrie adoptive. Après un certain nombre d'années ; quand ils jugent qu'ils ont fait des économies assez abondantes, ils s'en retournent tout bonnement en Chine, et laissent là leur femme et leurs enfants, à l'exception toutefois des garçons, qu'ils auraient scrupule d'abandonner. Les Thibétains redoutent les Chinois, les Katchi les méprisent, et les Péboun se moquent d'eux.

Parmi les nombreuses classes d'étrangers qui séjournent ou qui ne font que passer à Lha-Ssa, il n'y en avait aucune à laquelle nous eussions l'air d'appartenir ; nous ne ressemblions à personne. Aussi, dès les premiers jours de notre arrivée, nous aperçûmes-nous que l'étrangeté de notre physionomie attirait l'attention de tout le monde. Quand nous passions dans les rues, on nous examinait avec étonnement, et puis on faisait, à voix basse, de nombreuses hypothèses sur notre nationalité. On nous prenait tantôt pour deux Muphtis nouvellement arrivés de Kachemir, tantôt pour deux Brachmanes de l'Inde ; quelques-uns prétendaient que nous étions des Lamas du nord de la Tartarie ; d'autres enfin soutenaient que nous étions des marchands de Péking, et que nous nous étions déguisés pour suivre l'ambassade thibétaine. Mais toutes ces suppositions s'évanouirent bientôt ; car nous déclarâmes formellement aux Katchi que nous n'étions ni Muphtis ni Kachemiriens ; aux Péboun, que nous n'étions ni Indiens, ni Brachmanes ; aux Mongols, que nous n'étions ni Lamas, ni Tartares ; aux Chinois, que nous n'étions ni marchands, ni du royaume du milieu. Quand on fut bien convaincu que nous n'appartenions à aucune de ces catégories, on se mit à nous appeler *Azaras blancs*. La dénomination était très-pittoresque, et nous plaisait assez : cependant nous ne voulûmes pas l'adopter, sans prendre, par avance, quelques informations. Nous demandâmes donc ce qu'on entendait par Azara blanc... Il nous fut répondu que les Azaras étaient les plus fervents adorateurs de Bouddha qu'on connût; qu'ils composaient une grande tribu de l'Inde, et qu'ils faisaient souvent, par dévotion, le pélerinage de Lha-Ssa. On ajouta que, puisque nous n'étions ni Thibétains, ni Katchi, ni Péboun, ni Tartares, ni Chinois, nous devions certainement être Azaras. Il y avait seulement à cela un petit embarras; c'est que les Azaras qui avaient paru avant nous à Lha-Ssa, avaient la figure noire. On avait donc dû, pour résoudre la difficulté, nous appeler Azaras blancs. — Nous rendîmes encore hommage à la vérité, et nous déclarâmes que nous n'étions Azaras d'aucune façon, ni blancs, ni noirs.

Tous ces doutes sur le lieu de notre origine, furent d'abord assez amusants; mais ils devinrent bientôt graves et sérieux. Des esprits mal tournés allèrent s'imaginer que nous ne pouvions être que Russes ou Anglais; on finit même assez généralement par nous honorer de cette dernière qualification. On disait, sans trop se gêner, que nous étions des *Pélins de Calcutta,* que nous étions venus pour examiner les forces du Thibet, dresser des cartes de géographie, et chercher les moyens de nous emparer du pays. Tout préjugé national à part, il était très-fâcheux pour nous qu'on nous prît pour des sujets de Sa Majesté Britannique. Un pareil quiproquo ne pouvait que nous rendre très-impopulaires, et peut-être eût fini par nous faire écarteler; car les Thibétains, nous ne savons trop pourquoi, se sont mis dans la tête que les Anglais sont un peuple envahisseur et dont il faut se défier.

Pour couper court à tous les bavardages qui circulaient sur notre compte, nous prîmes la résolution de nous conformer à un règlement en vigueur à Lha-Ssa, et qui prescrit à tous les étrangers qui veulent séjourner dans la ville, pendant quelque temps, d'aller se présenter aux autorités. Nous allâmes donc trouver le chef de la police, et nous lui déclarâmes que nous étions du ciel d'occident, d'un grand royaume appelé la France, et que nous étions venus dans le Thibet pour y prêcher la religion chrétienne dont nous étions ministres. Le personnage à qui nous fîmes cette déclaration fut sec et impassible comme un bureaucrate. Il tira flegmatiquement son poinçon de bambou de derrière l'oreille, et se mit à écrire, sans réflexion aucune, ce que nous venions de lui dire. Il se contenta de répéter deux ou trois fois entre les dents les mots *France* et *religion chrétienne*, comme un homme qui ne sait pas trop de quoi on veut lui parler. Quand il eut achevé d'écrire, il essuya à ses cheveux son poinçon encore imbibé d'encre, et le réinstalla derrière l'oreille droite en nous disant : — *Yak pozé*, C'est bien. — *Témou chu*, Demeure en paix, lui répondîmes-nous ; et après lui avoir tiré la langue, nous sortîmes tout enchantés de nous être mis en règle avec la police. Nous circulâmes dès lors dans les rues de Lha-Ssa d'un pas plus ferme, plus assuré, et sans tenir aucun compte des propos qui bourdonnaient incessamment à nos oreilles. La position légale que nous venions de nous faire, nous relevait à nos propres yeux, et remontait notre courage. Quel bonheur, de nous trouver enfin sur une terre hospitalière, et de pouvoir respirer franchement un air libre, après avoir vécu si long-temps en Chine, toujours dans la contrainte, toujours en dehors des lois, toujours préoccupés des moyens de tricher le gouvernement de Sa Majesté impériale !

La sorte d'indifférence avec laquelle notre déclaration fut reçue par l'autorité thibétaine, ne nous étonna nullement. D'après les informations que nous avions déjà prises sur la manière d'être des étrangers à Lha-Ssa, nous étions convaincus qu'il ne nous serait fait aucune difficulté. Les Thibétains ne professent pas, à l'égard des autres peuples, ces principes d'exclusion qui font le caractère distinctif de la nation chinoise : tout le monde est admis à Lha-Ssa ; chacun peut aller et venir, se livrer au commerce et à l'industrie, sans que personne s'avise d'apporter la moindre entrave à sa liberté. Si l'entrée du Thibet est interdite aux Chinois, il faut attribuer cette prohibition au gouvernement de Péking, qui, pour se montrer conséquent dans sa politique étroite et soupçonneuse, empêche lui-même ses sujets de pénétrer chez les peuples voisins. Il est probable que les Anglais ne seraient pas plus repoussés que les autres, des frontières du Thibet, si leur marche envahissante, dans l'Indoustan, n'avait inspiré une légitime terreur au Talé-Lama.

Nous avons déjà parlé des nombreuses et frappantes analogies qui existent entre les rites lamanesques et le culte catholique. Rome et Lha-Ssa, le Pape et le Talé-Lama (1) pourraient encore nous fournir des rapprochements pleins

---

(1) *Dalaé-Lama* est une très-mauvaise transcription : c'est *Talé-Lama* qu'on doit prononcer. Le mot mongol *talé* veut dire mer, et a été donné au grand Lama du Thibet, parce que ce personnage est censé être une mer de sagesse et de puissance.

d'intérêt. Le gouvernement thibétain étant purement lamanesque, paraît, en quelque sorte, être calqué sur le gouvernement ecclésiastique des Etats pontificaux. Le Talé-Lama est le chef politique et religieux de toutes les contrées du Thibet; c'est dans ses mains que réside toute puissance législative, exécutive et administrative. Le droit coutumier et certains règlements, laissés par Tsong-Kaba, servent à le diriger dans l'exercice de son immense autorité. Quand le Talé-Lama meurt, ou pour parler le langage des Bouddhistes, quand il transmigre, on élit un enfant qui doit continuer la personnification indestructible du Bouddha-vivant : cette élection se fait par la grande assemblée des *Lamas-Houtouktou,* dont la dignité sacerdotale n'est inférieure qu'à celle du Talé-Lama. Plus bas, nous entrerons dans quelques détails sur la forme et les règles de cette singulière élection. Comme le Talé-Lama est non-seulement le souverain politique et religieux des Thibétains, mais encore leur Dieu visible, on comprend qu'il ne pourrait, sans compromettre gravement sa divinité, descendre des hauteurs de son sanctuaire, et se mêler à tout propos des choses humaines. Il s'est donc réservé les affaires de majeure importance, se contentant de régner beaucoup, et de gouverner très-peu. Au reste, l'exercice de son autorité dépend uniquement de son goût et de son bon plaisir. Il n'y a ni charte ni constitution pour contrôler sa manière de faire.

Après le Talé-Lama, que les Thibétains nomment aussi quelquefois *Kian-Ngan-Remboutchi* (souverain trésor), vient le *Nomekhan* ou empereur spirituel. Les Chinois lui donnent le nom de *Tsan-Wang,* roi du Thibet. Ce personnage est nommé par le Talé-Lama, et doit être toujours choisi parmi la classe des *Lamas-Chaberons*. Il conserve son poste pendant toute sa vie, et ne peut être renversé que par un coup d'Etat. Toutes les affaires du gouvernement dépendent du Nomekhan et de quatre ministres nommés *Kalons*. Les Kalons sont choisis par le Talé-Lama, sur une liste de candidats formée par le Nomekhan : ils n'appartiennent pas à la tribu sacerdotale, et peuvent être mariés; la durée de leur pouvoir est illimitée. Quand ils se rendent indignes de leurs fonctions, le Nomekhan adresse un rapport au Talé-Lama, qui les casse, s'il le juge opportun. Les fonctionnaires subalternes sont choisis par les Kalons, et appartiennent le plus souvent à la classe des Lamas.

Les provinces sont divisées en plusieurs principautés, qui sont gouvernées par des Lamas-Houtouktou. Ces espèces de petits souverains ecclésiastiques, reçoivent leur investiture du Talé-Lama, et reconnaissent son autorité suzeraine. En général, ils ont l'humeur guerroyante, et se livrent souvent, entre voisins, des combats à outrance, et toujours accompagnés de pillage et d'incendie.

Le plus puissant de ces Lamas souverains, est le Bandchan-Remboutchi, il réside à *Djachi-Loumbo* (1), capitale du Thibet ultérieur. Cette ville est située au sud de Lha-Ssa, et n'en est éloignée que de huit journées de marche. La célébrité du *Bandchan* actuel est prodigieuse; ses partisans prétendent que sa puissance spirituelle est aussi grande que celle du Talé-Lama, et que le sanctuaire de Djachi-Loumbo ne le cède pas en sainteté à celui du

---

(1) Djachi-Loumbo signifie *Montagne des Oracles*.

Bouddha-La. On admet pourtant généralement, que la puissance temporelle du Talé-Lama est supérieure à celle du Bandchan-Remboutchi. Une grande rivalité ne peut manquer de se déclarer, tôt ou tard, entre Lha-Ssa et Dja-chi-Loumbo, et de jeter les Thibétains dans de funestes divisions.

Le Bandchan-Remboutchi actuel est âgé d'une soixantaine d'années ; il est, dit-on, d'une belle et majestueuse taille, et d'une vigueur étonnante pour son âge déjà avancé. Ce singulier personnage se dit d'origine indienne ; il y a déjà quelques milliers d'années que sa première incarnation eut lieu dans le célèbre pays des Azaras. Les physionomistes, qui dès notre arrivée à Lha-Ssa, nous prenaient pour des Azaras blancs, ne manquèrent pas de nous engager vivement à faire un voyage de dévotion à Djachi-Loumbo, nous assurant, qu'en notre qualité de compatriotes du Bandchan-Remboutchi, nous en serions très-bien reçus. Les Lamas érudits, qui s'occupent des généalogies bouddhiques, expliquent comme quoi le Bandchan, après de nombreuses et merveilleuses incarnations dans l'Indoustan, a fini par apparaître dans le Thibet ultérieur, et par fixer sa résidence à Djachi-Loumbo. Quoi qu'il en soit de sa biographie, à laquelle, fort heureusement, nous sommes dispensés d'ajouter foi, il est certain que cet habile Lama a su se donner une vogue vraiment étonnante. Les Thibétains, les Tartares et autres Bouddhistes ne l'appellent jamais que le grand saint, et ne prononcent son nom qu'en joignant les mains et en levant les yeux au ciel ; ils prétendent que sa science est universelle ; il sait parler, disent-ils, toutes les langues de l'univers, sans les avoir jamais étudiées, et peut converser avec les pèlerins de toutes les parties du monde. Les Tartares ont une foi si vigoureuse en sa puissance, qu'ils l'invoquent continuellement. Dans les dangers, dans les afflictions, dans toutes les affaires pénibles et ardues, ils ont toujours à la bouche le nom magique du *Bokte* (saint).

Les pèlerins qui se rendent dans le Thibet, ne manquent jamais de visiter Djachi-Loumbo, d'aller se prosterner aux pieds du saint par excellence, et de lui présenter leurs offrandes. On ne saurait se faire une idée des sommes énormes que les caravanes tartares lui apportent annuellement. En retour des lingots d'or et d'argent qu'il enferme dans ses coffres, le Bandchan fait distribuer à ses adorateurs, des lambeaux de ses vieux habits, des chiffons de papier où sont imprimées des sentences en mongol ou en thibétain, des statuettes en terre cuite, et des pilules rouges d'une infaillible efficacité contre toute espèce de maladies. Les pèlerins reçoivent avec vénération toutes ces niaiseries, et les déposent religieusement dans un sachet qu'ils portent toujours suspendu à leur cou.

Ceux qui font le pèlerinage de Djachi-Loumbo, séculiers ou Lamas, hommes ou femmes, tout le monde se fait enrôler dans la confrérie des *Kélans,* instituée par le Bandchan-Remboutchi. Presque tous les Bouddhistes aspirent au bonheur de devenir membres de cette association, qui pourra fort bien un jour faire naître dans la haute Asie quelque grave événement. Tous les esprits, du reste, sont vivement préoccupés, et pressentent pour l'avenir une grande catastrophe. Voici quelles sont les étranges prophéties qui circulent à ce sujet :

Quand le saint de Djachi-Loumbo, quand le Bandchan-Remboutchi sera mort, il ne transmigrera plus comme par le passé dans le Thibet ultérieur. Sa nouvelle incarnation ira s'opérer au nord de Lha-Ssa, dans les steppes habitées par les *Ourianghaï*, dans le pays nommé *Thien-Chan-Pé-Lou*, entre les *Montagnes célestes* et les chaînes de l'*Altaï*. Pendant qu'il demeurera là quelques années inconnu se préparant par la retraite, la prière et les bonnes œuvres, aux grands événements de l'avenir, la religion de Bouddha ira s'affaiblissant dans tous les cœurs; elle ne vivra plus qu'au sein de la confrérie des Kélans. Dans ces jours malheureux, les Chinois deviendront influents dans le Thibet; ils se répandront sur les montagnes et dans les vallées, et chercheront à s'emparer de l'empire du Talé-Lama. Mais cela ne durera que peu de temps. Il y aura un soulèvement général; les Thibétains prendront les armes, et massacreront dans une seule journée tous les Chinois jeunes et vieux, sans qu'il soit donné à un seul de repasser les frontières.

Un an après cette sanglante journée, l'empereur Chinois mettra sur pied de nombreux bataillons, et les fera marcher contre les Thibétains. Il y aura une réaction épouvantable; le sang coulera à flots, les torrents en seront rougis, et les Chinois finiront par s'emparer du Thibet; mais ce triomphe ne sera pas de longue durée. C'est alors que le Bandchan-Remboutchi manifestera sa puissance; il fera un appel à tous les Kélans de la sainte association; ceux qui seront déjà morts reviendront à la vie, et ils se rendront tous ensemble dans une vaste plaine de *Thien-Chan-Pé-Lou*. Là le Bandchan distribuera des flèches et des fusils à tout le monde, et fera de cette multitude une armée formidable dont il prendra lui-même le commandement. La confrérie des Kélans marchera à la suite du saint par excellence, et se précipitera sur les Chinois, qui seront taillés en pièces. Le Thibet sera conquis, puis la Chine, puis la Tartarie, puis le vaste empire des Oros. Le Bandchan sera proclamé souverain universel, et sous sa sainte influence, le lamanisme refleurira bientôt : des lamaseries superbes s'élèveront de toute part, et le monde entier reconnaîtra la puissance infinie des prières bouddhiques.

Ces prédictions, dont nous nous contentons de donner un simple résumé, sont racontées par tout le monde en détail, et dans les plus petites circonstances ; mais ce qu'il y a de bien étonnant, c'est que personne ne paraît douter de la certitude des événements qu'elles annoncent ; chacun en parle comme d'une chose certaine et indubitable. Les Chinois résidant à Lha-Ssa semblent également ajouter foi à la prophétie, mais ils ont le bon esprit de ne pas trop s'en tracasser ; ils espèrent que la débâcle arrivera fort tard, que d'ici là ils seront peut-être morts ou que du moins ils auront le temps de la voir venir. Pour ce qui est du Bandchan-Remboutchi, il se prépare, dit-on, avec ardeur à cette grande révolution dont il doit être l'âme. Quoique déjà avancé en âge, il se livre souvent à des exercices militaires ; tous les instants de la journée qui ne sont pas absorbés par ses hautes fonctions de Bouddha-vivant, il les utilise en se familiarisant à son futur métier de généralissime des Kélans. On prétend qu'il lance très-bien une flèche, et qu'il se sert avec habileté de la lance et du fusil à mèche. Il nourrit de grands troupeaux de chevaux pour sa future cavalerie, et des meutes de chiens énormes, qui, joignant une force prodigieuse à une intelligence supérieure, devront jouer un rôle important dans la grande armée des Kélans.

Ces idées folles et extravagantes ont tellement pénétré dans les masses, et surtout dans l'esprit de ceux qui se sont enrôlés dans la confrérie des Kélans, qu'elles pourraient fort bien, un jour, occasionner une révolution dans le Thibet. Ce n'est jamais vainement que les peuples se préoccupent ainsi de l'avenir. Après la mort du grand Lama de Djachi-Loumbo, un aventurier audacieux n'aura qu'à se rendre dans le *Thien-Chan-Pé-Lou*, puis se proclamer hardiment Bandchan-Remboutchi, et faire un appel aux Kélans....; il n'en faudra peut-être pas davantage pour soulever ces populations fanatiques.

Un résultat actuel et immédiat de cette confrérie des Kélans, c'est de donner au Bandchan-Remboutchi une importance qui paraît porter peu à peu atteinte à la suprématie du Talé-Lama. Ce résultat est d'autant plus facile à obtenir, que le souverain de Lha-Ssa est un enfant de neuf ans, et que ses trois prédécesseurs ont expiré de mort violente avant d'atteindre leur majorité, fixée par les lois à vingt ans. Le Bandchan-Remboutchi, qui paraît être un homme habile et ambitieux, n'aura pas manqué, sans doute, d'utiliser cette période de quatre minorités, et de confisquer à son profit une partie de l'autorité spirituelle et temporelle du Talé-Lama.

La mort violente des trois Talé-Lama, prédécesseurs immédiats de celui qui règne aujourd'hui, a donné naissance, dans l'année 1844, à un événement, dont le Thibet, la Tartarie, la Chine même, se sont vivement préoccupés, et qui, à cause de son importance, mérite peut-être qu'on en dise ici quelque chose.

Le phénomène inoui de trois Talé-Lama morts successivement à la fleur de leur âge, avait plongé la population de Lha-Ssa dans une morne consternation. Peu à peu, de sourdes rumeurs commencèrent à circuler; et bientôt on fit entendre publiquement les mots de crime et d'assassinat. La chose alla si loin, qu'on racontait, dans les rues de la ville et dans les lamaseries, toutes les circonstances de ces funestes événements. On disait que le premier Talé-Lama avait été étranglé, le second écrasé par la toiture de sa chambre à coucher, et le troisième empoisonné avec ses nombreux parents, qui étaient venus s'établir à Lha-Ssa. Le Lama supérieur de la grande lamaserie de Kaldan, qui était très-dévoué au Talé-Lama, avait aussi subi le même sort. La voix publique désignait le Nomekhan comme auteur de tous ces attentats. Les quatre ministres n'en doutaient nullement, et connaissaient toute la vérité; mais ils se trouvaient dans l'impuissance de venger la mort de leur souverain; ils étaient trop faibles pour lutter contre le Nomekhan qui était soutenu par des amis nombreux et puissants.

Ce Nomekhan était Si-Fan, originaire de la principauté de *Yang-Tou-Sse* (1), dans la province du Kan-Sou. La suprême dignité de Tou-Sse était héréditaire dans sa famille, et un grand nombre de ses parents établis à Lha-Ssa

---

(1) Voir page 36 ce qui a été dit des *Tou-Sse*.

depuis plusieurs générations, exerçaient une grande influence sur les affaires du Thibet. Le Nomekhan de Yang-Toû-Sse, était encore bien jeune quand il fut investi d'une autorité qui ne le cédait qu'à celle du Talé-Lama. On prétend que peu d'années après son élévation au pouvoir, il manifesta ses sentiments ambitieux et un désir effréné de domination. Il usa de ses grandes richesses et de l'influence de ses parents, pour s'entourer d'une clientèle qui lui fût entièrement dévouée. Il s'appliqua spécialement à se créer des partisans parmi la classe des Lamas; et dans ce but, il prit sous sa protection immédiate la fameuse lamaserie de *Séra*, située à une demi-lieue de Lha-Ssa, et comptant plus de quinze mille religieux bouddhistes. Il la combla de ses faveurs, lui accorda des priviléges et des revenus immenses, et fit placer, dans les diverses administrations, un grand nombre de ses créatures. Les Lamas de Séra ne manquèrent pas de s'enthousiasmer pour le Nomekhan; ils le regardèrent comme un saint du premier ordre, et firent de ses perfections une nomenclature aussi étendue et aussi pompeuse que la nomenclature des perfections de Bouddha. Appuyé sur le parti puissant qu'il avait su se ménager, le Nomekhan ne mit plus de bornes à ses projets de domination. Ce fut alors qu'il fit périr successivement trois jeunes Talé-Lama, afin de conserver entre ses mains le pouvoir de régent.... Tel était le Nomekhan de Yang-Toû-Sse, ou du moins c'est ainsi qu'il nous fut représenté durant notre séjour à Lha-Ssa.

Il n'était pas aisé, comme on voit, de renverser un personnage dont la puissance était si solidement étayée. Les ministres Kalons ne pouvant combattre ouvertement le

Nomekhan, qu'avec la perspective de succomber dans la lutte, prirent le parti de dissimuler, et de travailler néanmoins, en secret, à la ruine de cet homme exécrable. L'assemblée du Houtouktou élut un nouveau Talé-Lama, ou plutôt désigna l'enfant dans le corps duquel l'âme du Bouddha-vivant avait transmigré. Il fut introniséau sommet du Bouddha-La. Le Nomekhan, comme tous les autres dignitaires, alla se prosterner à ses pieds, l'adora très-dévotement; mais sans doute se promettant bien *in petto*, de le faire transmigrer une quatrième fois, quand il le jugerait opportun.

Les Kalons prirent secrètement des mesures pour prévenir une nouvelle catastrophe. Ils s'entendirent avec le Bandchan-Remboutchi de Djachi-Loumbo; et il fut convenu que, pour arrêter les projets infâmes du Nomekhan, il fallait lui opposer la puissance irrésistible de l'empereur de Chine. Une requête fut donc rédigée et signée par le Bandchan et les quatre Kalons, puis envoyée secrètement à Péking par l'ambassade de 1844.

Pour trois raisons principales, le gouvernement de Péking ne pouvait se dispenser d'accorder aux Thibétains la protection qu'ils lui demandaient en cette grave circonstance. D'abord la dynastie tartare — mantchoue s'était solennellement déclarée protectrice du Talé-Lama; en second lieu, le Nomekhan, en tant qu'originaire de Yang-Tou-Sse, dans la province de Kang-Sou, était en quelque sorte justiciable de l'empereur Chinois; enfin, politiquement parlant, c'était, pour la cour de Péking, une excellente occasion d'établir son influence dans le Thibet, et d'y réaliser ses projets d'usurpation.

La requête envoyée à Péking par le Bandchan-Remboutchi et les quatre Kalons, fut reçue avec toute la faveur désirable. On songea aussitôt à faire partir pour Lha-Ssa, un ambassadeur d'une énergie et d'une prudence capables de renverser la puissance du Nomekhan. L'Empereur jeta les yeux sur le Mandarin *Ki-Chan*, et le chargea de cette mission difficile.

Avant d'aller plus loin, il ne sera peut-être pas superflu de faire connaître ce Ki-Chan, personnage très-célèbre en Chine, et qui a joué un rôle important dans l'affaire des Anglais, à Canton. Ki-Chan est Tartare-Mantchou d'origine; il a commencé sa carrière par être écrivain dans un des six grands tribunaux de Péking. Sa rare capacité ne tarda point à le faire remarquer, et quoiqu'il fût encore bien jeune, il monta rapidement les divers degrés de la magistrature. A l'âge de vingt-deux ans, il était gouverneur de la province du Ho-Nan; à vingt-cinq ans, il en fut vice-roi; mais il fut dégradé de cette charge, pour n'avoir pas su prévoir et arrêter un débordement du fleuve Jaune, qui causa de grands désastres dans la province qui lui avait été confiée. Sa disgrâce ne dura pas long-temps; il fut réintégré dans sa dignité première, et envoyé tour à tour, en qualité de vice-roi, dans les provinces du *Chan-Tong*, du *Sse-Tchouen* et du *Pé-Tche-Ly*. Il fut décoré du globule rouge, de la plume de paon et de la tunique jaune, avec le titre de *Heou-Yé* (prince impérial). Enfin, il fut nommé *Tchoung-Tang*, dignité la plus grande à laquelle un mandarin puisse jamais prétendre. On ne compte que huit *Tchoung-Tang* dans l'empire : quatre Mantchous et quatre Chinois; ils composent le conseil intime de l'Empereur, et ont le droit de correspondre directement avec lui.

Vers la fin de 1839, Ki-Chan fut envoyé à Canton, en qualité de vice-roi de la province, et avec le titre de commissaire impérial ; il avait tout pouvoir pour traiter au nom de son gouvernement avec les Anglais, et rétablir la paix qui avait été troublée par les mesures folles et violentes de *Lin*, son prédécesseur. Ce qui fait le plus grand éloge de la capacité de Ki-Chan, c'est qu'à son arrivée à Canton, il reconnut l'immense supériorité des Européens sur les Chinois, et comprit qu'une guerre était impossible. Il entra donc, sur-le-champ, en négociation avec M. Elliot, plénipotentiaire anglais ; et la paix fut conclue, moyennant la cession de la petite île de *Hong-Kong*. Pour cimenter la bonne harmonie qui venait de s'établir, entre l'empereur *Tao-Kouang* et la reine Victoria, Ki-Chan donna aux autorités anglaises un magnifique festin, auquel eut l'honneur d'assister M. de Rosamel, commandant de la corvette la *Danaïde*, arrivée depuis peu de jours dans la rade de Macao. Tout le monde fut enchanté des bonnes grâces et de l'amabilité du commissaire impérial.

Quelques jours s'étaient à peine écoulés, que les intrigues ourdies à Péking, par l'ancien commissaire impérial *Liu*, réussirent à faire casser, par l'Empereur, le traité qu'on venait de conclure à Canton. Ki-Chan fut accusé de s'être laissé corrompre par l'or des Anglais, et d'avoir vendu aux *diables marins* le territoire du céleste empire. L'Empereur lui envoya une lettre foudroyante, qui le déclarait digne de mort, et lui donnait ordre de se rendre immédiatement à Péking. Le pauvre commissaire impérial n'eut pas la tête tranchée, comme tout le monde s'y attendait; l'Empereur, dans sa paternelle mansuétude, lui fit grâce de la vie, et se contenta de le dégrader de tous ses titres, de lui retirer toutes ses décorations, de confisquer ses biens, de raser sa maison, de faire vendre ses femmes à l'encan, et de l'envoyer en exil au fond de la Tartarie.

Les amis nombreux et influents que Ki-Chan avait à la cour, ne l'abandonnèrent pas dans son malheur; ils travaillèrent avec courage et persévérance à le faire rentrer dans les bonnes grâces de l'Empereur. En 1844, il fut enfin rappelé de son exil, et envoyé à Lha-Ssa, en qualité de délégué extraordinaire, pour traiter l'affaire du Nomekhan. Il partit décoré du globule bleu, au lieu du rouge, qu'il portait avant sa chute; on lui rendit la plume de paon, mais le privilége de porter la tunique jaune, lui fut encore interdit. Ses amis de Péking se cotisèrent, et lui firent bâtir, à leurs frais, une magnifique maison. Le poste du Kin-Tchaï, au milieu des montagnes du Thibet, était encore considéré comme un exil; mais c'était un acheminement vers une glorieuse et complète réhabilitation.

Aussitôt après son arrivée à Lha-Ssa, Ki-Chan se concerta avec le Bandchan-Remboutchi et les quatre Kalons, et fit arrêter le Nomekhan. Ensuite, il fit subir un interrogatoire à toutes les personnes attachées au service de l'accusé, et afin de les aider à déclarer la vérité, il leur fit enfoncer sous les ongles, de longues aiguilles en bambou. Par ce moyen, comme disent les Chinois, *la vérité fut séparée de l'erreur*, *et la conduite du Nomekhan fut manifestée au grand jour*. Ce malheureux avoua lui-même ses crimes, sans qu'il fût besoin de le soumettre à la question;

il se reconnut coupable d'avoir arraché trois vies au Talé-Lama, et de l'avoir fait transmigrer violemment; la première fois, par strangulation; la deuxième, par suffocation; et la troisième, par empoisonnement. Un procès-verbal fut dressé en chinois, en tartare et en thibétain. Le Nomekhan et ses complices le signèrent. Le Bandchan-Remboutchi, les quatre Kalons et l'ambassadeur chinois y apposèrent leur sceau, et il fut immédiatement envoyé à Péking, par un courrier extraordinaire. Tout cela se fit à huis-clos et dans le plus grand secret.

Trois mois après, la capitale du Thibet était plongée dans une affreuse agitation; on voyait placardé au grand portail du palais du Nomekhan, et dans les rues principales de la ville, un édit impérial, en trois langues, sur papier jaune, et avec des bordures représentant des dragons ailés. Après de hautes considérations sur les devoirs des rois et des souverains grands et petits; après avoir exhorté les potentats, les monarques, les princes, les magistrats et les peuples des quatre mers à marcher dans les sentiers de la justice et de la vertu, sous peine d'encourir la colère du ciel et l'indignation du grand Khan...; l'Empereur rappelait les crimes du Nomekhan, et le condamnait à un exil perpétuel sur les bords du *Sakhalien-Oula*, au fond de la Mantchourie..... A la fin, était la formule d'usage : Qu'on tremble, et qu'on obéisse!!!

Les habitants de Lha-Ssa, se portèrent avec empressement vers ces placards étranges, qu'ils n'étaient pas accoutumés de voir sur les murs de leur ville. La nouvelle de la condamnation du Nomekhan, se répandit avec rapidité parmi la multitude; des groupes nombreux se formèrent, où l'on discutait avec feu, mais à voix basse. Les figures étaient animées, et de tous côtés s'élevait un frémissement sourd et presque silencieux. L'agitation qui régnait parmi le peuple thibétain, avait moins pour objet la chute méritée du Nomekhan, que l'intervention de l'autorité chinoise, intervention dont tout le monde se sentait froissé et humilié.

A la lamaserie de Séra, l'opposition se manifesta avec une tout autre énergie. Aussitôt qu'on y eut connaissance de l'édit impérial, l'insurrection fut spontanée et générale. Ces quinze mille Lamas, qui étaient tous dévoués à la cause du Nomekhan, s'armèrent précipitamment de lances, de fusils, de bâtons, de tout ce qu'ils purent rencontrer, et se précipitèrent sur Lha-Ssa, dont ils n'étaient éloignés que d'une demi-lieue. Les épais nuages de poussière qu'ils soulevaient dans leur course désordonnée, et les épouvantables clameurs qu'ils faisaient entendre, annoncèrent leur arrivée aux habitants de Lha-Ssa. — Les Lamas de Séra! Voici les Lamas de Séra!... — Tel fut le cri qui retentit presque en même temps dans la ville entière, et qui porta l'effroi dans tous les cœurs. Les Lamas fondirent comme une avalanche sur la résidence de l'ambassadeur chinois, et en firent voler les portes en éclats, aux cris mille fois répétés de : Mort à Ki-Chan! mort aux Chinois! Mais ils ne trouvèrent personne sur qui ils pussent faire tomber leur colère. L'ambassadeur, prévenu à temps, de leur arrivée, avait couru se cacher chez un Kalon, et les gens de sa suite s'étaient dispersés dans la ville. La multitude des Lamas se divisa alors en plusieurs troupes; les uns se portèrent au palais du Nomekhan, et les autres envahirent la demeure des Kalons, demandant à grands cris qu'on leur livrât l'ambassadeur chinois. Il y eut, sur ce point, une lutte longue et acharnée, dans laquelle un des quatre ministres thibétains fut mis en lambeaux; les autres reçurent des blessures plus ou moins dangereuses.

Pendant qu'on se battait chez les Kalons pour s'emparer de la personne de Ki-Chan, la troupe la plus nombreuse des Lamas avait enfoncé les portes de la prison où était enfermé le Nomekhan, et voulait le porter en triomphe jusqu'à la lamaserie de Séra. Le Nomekhan s'opposa vivement à ce projet, et usa de toute son influence pour calmer l'exaltation des Lamas.... Il leur dit que leur révolte inconsidérée aggravait sa position au lieu de l'améliorer. — Je suis, leur dit-il, victime d'une conspiration; j'irai à Péking, j'éclairerai l'Empereur, et je reviendrai triomphant au milieu de vous. Maintenant, nous n'avons qu'à obéir au décret impérial.... Je partirai selon qu'il m'a été ordonné.... Vous autres, rentrez en paix dans votre lamaserie. — Ces paroles ne changèrent pas la résolution des Lamas; mais la nuit venant à tomber, ils reprirent tumultuairement le chemin de Séra, se promettant bien de mieux organiser leur plan pour le lendemain.

Quand le jour parut, les Lamas commencèrent à s'agiter dans leur immense couvent, et se préparèrent à envahir de nouveau la ville de Lha-Ssa; mais, à leur grand étonnement, ils aperçurent dans la plaine, aux environs de la lamaserie, des tentes nombreuses et une multitude de soldats thibétains et chinois, armés jusqu'aux dents, et qui leur barraient le passage. A cette vue, tous les courages s'évanouirent;... la conque marine se fit entendre, et ces soldats improvisés, jetant bas les armes, rentrèrent dans leurs cellules, prirent leur livre sous le bras, et se rendirent tranquillement au chœur, pour réciter, selon l'usage, les prières du matin.

Quelques jours après, le Nomekhan, accompagné d'une bonne escorte, prit la route du Ssé-Tchouen, et s'achemina comme un mouton vers l'exil qui lui avait été assigné. On n'a jamais bien compris à Lha-Ssa, comment cet homme, qui n'avait pas reculé devant le meurtre de trois Talé-Lamas, n'avait pas voulu profiter de l'insurrection des Lamas de Séra. Il est certain que, d'un seul mot, il eût pu anéantir tous les Chinois qui se trouvaient à Lha-Ssa, et peut-être mettre en feu le Thibet tout entier; mais le Nomekhan n'était pas trempé pour un pareil rôle; il avait la lâche énergie d'un assassin, et non l'audace d'un séditieux.

Ki-Chan, enivré de son triomphe, voulut étendre son pouvoir jusque sur les Thibétains complices du Nomekhan. Cette prétention ne fut pas du goût des Kalons, qui lui déclarèrent qu'à eux seuls appartenait le droit de juger des gens qui ne dépendaient en rien de la Chine, et contre lesquels on n'avait pas demandé la protection de l'Empereur. Le Kin-Tchaï n'insista point; mais pour ne pas avoir l'air de céder aux autorités thibétaines, il leur répondit officiellement qu'il leur abandonnait ces assassins de bas étage, parce qu'ils ne valaient pas la peine qu'un représentant du grand Empereur se mêlât de leur affaire.

Un nouveau Nomekhan a été mis à la place de l'exilé : on a choisi, pour cette charge éminente, le Chaberon de la lamaserie de *Ran-Tchan*, jeune homme de dix-huit ans. Le Talé-Lama et le nouveau Nomekhan étant mineurs, à l'époque où nous arrivâmes à Lha-Ssa, la régence était confiée au premier Kalon. Toute la sollicitude du Régent consistait à élever des digues contre les empiètements et les usurpations de l'ambassadeur chinois, qui cherchait, par tous les moyens, à profiter de la faiblesse dans laquelle se trouvait le gouvernement thibétain.

CHAPITRE VII.

Visite de cinq mouchards. — Comparution devant le Régent. — Ki-Chan nous fait subir un interrogatoire. — Souper aux frais du gouvernement. — Une nuit de prison chez le Régent. — Confidences du gouverneur des Katchi. — Visite domiciliaire. — Scellé apposé sur tous nos effets. — Tribunal sinico-thibétain. — Question des cartes de géographie. — Hommage rendu au christianisme et au nom français. — Le Régent nous alloue une de ses maisons. — Érection d'une chapelle. — Prédication de l'Évangile. — Conversion d'un médecin chinois. — Conférences religieuses avec le Régent. — Récréation avec un microscope. — Entretiens avec Ki-Chan. — Caractère religieux des Thibétains. — Célèbre formule des Bouddhistes. — Panthéisme bouddhique. — Élection du Talé-Lama. — La Petite vérole à Lha-Ssa. — Sépultures en usage dans le Thibet.

Aussitôt après que nous nous fûmes présentés aux autorités thibétaines, en leur déclarant qui nous étions, et le but qui nous avait amenés à Lha-Ssa, nous profitâmes de la position semi-officielle que nous venions de nous faire, pour entrer en rapport avec les Lamas thibétains et tartares, et commencer enfin notre œuvre de missionnaires. Un jour, que nous étions assis à côté de notre modeste foyer, nous entretenant de questions religieuses avec un Lama très-versé dans la science bouddhique, voilà qu'un Chinois vêtu d'une manière assez recherchée se présente inopinément à nous : il se dit commerçant, et témoigne un vif désir d'acheter de nos marchandises. Nous lui répondîmes que nous n'avions rien à vendre. — Comment rien à vendre? — Non, rien ; si ce n'est ces deux vieilles selles de cheval dont nous n'avons plus besoin. —Bon, bon! c'est précisément ce qu'il me faut ; j'ai besoin de selles ;... et tout en examinant notre pauvre marchandise, il nous adresse mille questions sur notre pays et sur les lieux que nous avons visités avant d'arriver à Lha-Ssa... Bientôt arrive un deuxième Chinois, puis un troisième, puis enfin deux Lamas enveloppés de magnifiques écharpes de soie. Tous ces visiteurs veulent nous acheter quelque chose ; ils nous accablent de questions, et paraissent en même temps scruter avec inquiétude tous les recoins de notre chambre. Nous avons beau dire que nous ne sommes pas marchands, ils insistent... A défaut de soieries, de draperies ou de quincailleries, ils s'accommoderont volontiers de nos selles ; ils les tournent et les retournent dans tous les sens ; ils les trouvent tantôt magnifiques et tantôt abominables ; enfin, après de longues tergiversations, ils partent en nous promettant de revenir.

La visite de ces cinq individus était faite pour nous donner à penser : leur façon d'agir et de parler n'avait rien de naturel. Quoique venus les uns après les autres, ils paraissaient s'entendre parfaitement, et marcher de concert vers un même but. Leur envie de nous acheter quelque chose, n'était évidemment qu'un prétexte pour déguiser leurs intentions : ces gens étaient plutôt des escrocs ou des mouchards, que de véritables marchands. —Attendons, dîmes-nous ; demeurons en paix ; plus tard, peut-être, nous verrons clair dans cette affaire.

L'heure de dîner étant venue, nous nous mîmes à table, ou plutôt nous demeurâmes accroupis à côté de notre foyer, et nous découvrîmes la marmite, où bouillait depuis quelques heures une bonne tranche de bœuf grognant. Samdadchiemba, en sa qualité de majordome, la fit monter à la surface du liquide au moyen d'une large spatule en bois, puis la saisit avec ses ongles et la jeta précipitamment sur un bout de planche, où il la dépeça en trois portions égales : chacun prit une ration dans son écuelle, et à l'aide de quelques petits pains cuits sous la cendre, nous commençâmes tranquillement notre repas, sans trop nous préoccuper ni des escrocs ni des mouchards. Nous en étions au dessert, c'est-à-dire, que nous en étions à rincer nos écuelles avec du thé beurré, lorsque les deux Lamas, prétendus marchands, reparurent. — Le Régent, dirent-ils, vous attend à son palais, il veut vous parler. — Bon! est-ce que le Régent, lui aussi, voudrait, par hasard, nous acheter nos vieilles selles? — Il n'est question ni de selles, ni de marchandises... Levez-vous promptement, et suivez-nous chez le Régent. — Notre affaire n'était plus douteuse; le gouvernement avait envie de se mêler de nous; mais dans quel but? Était-ce pour nous faire du bien ou du mal? pour nous donner la liberté, ou pour nous enchaîner? pour nous laisser vivre, ou pour nous faire mourir? C'était ce que nous ne savions pas, ce que nous ne pouvions prévoir. — Allons voir le Régent, dîmes-nous, et pour tout le reste, à la volonté du bon Dieu!

Après nous être revêtus de nos plus belles robes, et nous être coiffés de nos majestueux bonnets en peau de renard, nous dîmes à notre estafier : Allons! — Et ce jeune homme, fit-il, en nous montrant du doigt Samdadchiemba, qui lui tournait les yeux d'une manière fort peu galante? — Ce jeune homme! c'est notre domestique; il gardera la maison pendant notre absence. — Ce n'est pas cela; il faut qu'il vienne aussi; le Régent veut vous voir tous les trois. Samdadchiemba secoua, en guise de toilette, sa grosse robe de peau de mouton, posa d'une façon très-insolente une petite toque noire sur son oreille, et nous partîmes tous ensemble, après avoir cadenassé la porte de notre logis.

Nous allâmes au pas de charge pendant cinq ou six minutes, et nous arrivâmes au palais du premier Kalon, régent du Thibet. Après avoir traversé une grande cour, où se trouvaient réunis un grand nombre de Lamas et de Chinois, qui se mirent à chuchoter en nous voyant paraître, on nous fit arrêter devant une porte dorée dont les battants étaient entr'ouverts : l'introducteur passa par un petit corridor à gauche, et un instant après la porte s'ouvrit. Au fond d'un appartement orné avec simplicité, nous aperçûmes un personnage assis, les jambes croisées, sur un épais coussin recouvert d'une peau de tigre : c'était le Régent. De la main droite il nous fit signe d'approcher. Nous avançâmes jusqu'à lui, et nous le saluâmes en mettant notre bonnet sous le bras. Un banc recouvert d'un tapis rouge était placé à notre droite ; nous fûmes invités à nous y asseoir ; ce que nous fîmes immédiatement. Pendant ce temps, la porte dorée avait été refermée, et il n'était resté dans la salle, que le Régent et sept individus qui se tenaient debout derrière lui, savoir : quatre Lamas au maintien modeste et composé; deux Chinois dont le regard était plein de finesse et de malice, et un personnage qu'à sa grande barbe, à son turban et à sa contenance grave, nous reconnûmes être un Musulman. Le Régent était un homme d'une cinquantaine d'années; sa figure large, épanouie et d'une blancheur remarquable, respirait une majesté vraiment royale; ses yeux noirs, ombragés de longs cils, étaient intelligents et pleins de douceur. Il était vêtu d'une robe jaune doublée de martre-zibeline; une boucle ornée de diamants était suspendue à son oreille gauche, et ses longs cheveux, d'un noir d'ébène, étaient ramassés au sommet de la tête, et retenus par trois petits peignes en or. Son large bonnet rouge, entouré de perles et surmonté d'une boule en corail, était déposé à côté de lui sur un coussin vert.

Aussitôt que nous fûmes assis, le Régent se mit à nous considérer long-temps en silence et avec une attention minutieuse. Il penchait sa tête tantôt à droite, tantôt à gauche, et nous souriait d'une façon moitié moqueuse et moitié bienveillante. Cette espèce de pantomime nous parut, à la fin, si drôle, que nous ne pûmes nous empêcher de rire. — Bon! dîmes-nous en français et à voix basse, ce monsieur paraît assez bon enfant; notre affaire ira bien. — Ah! dit le Régent, d'un ton plein d'affabilité, quel langage parlez-vous? Je n'ai pas compris ce que vous avez dit. — Nous parlons le langage de notre pays. — Voyons, répétez à haute voix ce que vous avez prononcé tout bas. — Nous disions : Ce monsieur paraît assez bon enfant. — Vous autres, comprenez-vous ce langage, ajouta-t-il, en se tournant vers ceux qui se tenaient debout derrière lui? — Ils s'inclinèrent tous ensemble, et répondirent qu'ils ne comprenaient pas. — Vous voyez, personne ici n'entend le langage de votre pays; traduisez vos paroles en thibétain. — Nous disions que, dans la physionomie du premier Kalon, il y avait beaucoup de bonté.—Ah! oui, vous trouvez que j'ai de la bonté? Cependant je suis très-méchant. N'est-ce pas que je suis très-méchant? demanda-t-il à ses gens. — Ceux-ci se mirent à sourire, et ne répondirent pas.—Vous avez raison, continua le Régent, je suis bon, car la bonté est le devoir d'un Kalon. Je dois être bon envers mon peuple, et aussi envers les étrangers... Puis il nous fit un long discours auquel nous ne comprîmes que fort peu de chose. Quand il eut fini, nous lui dîmes que, n'ayant pas assez d'habitude de la langue thibétaine, nous n'avions pas entièrement pénétré le sens de ses paroles. Le Régent fit signe à un Chinois, qui avança d'un pas et nous traduisit sa harangue dont voici le résumé : — On nous avait fait appeler, sans avoir la moindre intention de nous molester. Les bruits contradictoires, qui depuis notre arrivée à Lha-Ssa, circulaient sur notre compte, avaient déterminé le Régent à nous interroger lui-même, pour savoir d'où nous étions.—Nous sommes du ciel d'occident, dîmes-nous au Régent. — De Calcutta? — Non, notre pays s'appelle la France.—Vous êtes, sans doute, du *Péling*? — Non, nous sommes Français?—Savez-vous écrire?—Mieux que parler... Le Régent se détourna, adressa quelques mots à un Lama qui disparut, et revint un instant après avec du papier, de l'encre et un poinçon en bambou. — Voilà du papier, nous dit le Régent; écrivez quelque chose.—Dans quelle langue? en thibétain?—Non, écrivez des caractères de votre pays.—L'un de nous prit le papier sur ses genoux, et écrivit cette sentence : *Que sert à l'homme de conquérir le monde entier, s'il vient à perdre son âme!*—Ah, voilà des caractères de votre pays! je n'en avais jamais vu de semblables ; et quel est le sens de cela ? — Nous écrivîmes la traduction en thibétain, en tartare et en chinois, et nous la lui fîmes passer. — On ne m'avait pas trompé, nous dit-il ; vous êtes des hommes d'un grand savoir. Voilà que vous pouvez écrire dans toutes les langues, et vous exprimez des pensées aussi profondes que celles qu'on trouve dans les livres de prières. Puis il répétait, en branlant lentement la tête : *Que sert à l'homme de conquérir le monde entier, s'il vient à perdre son âme!*

Pendant que le Régent et les personnages dont il était entouré, s'extasiaient sur notre merveilleuse science, on entendit tout à coup retentir, dans la cour du palais, les cris de la multitude et le bruit sonore du tamtam chinois. — Voici l'ambassadeur de Péking, nous dit le Régent ; il veut lui-même vous interroger. Dites-lui franchement ce qui vous concerne, et comptez sur ma protection ; c'est moi qui gouverne le pays. Cela dit, il sortit, avec les gens de sa suite, par une petite porte dérobée, et nous laissa seuls au milieu de cette espèce de prétoire.

L'idée de tomber entre les mains des Chinois nous fit d'abord une impression désagréable, et l'image de ces horribles persécutions, qui, à diverses époques, ont désolé les chrétientés de Chine, s'empara tout à coup de notre imagination ; mais nous fûmes bientôt rassurés, en réfléchissant que, seuls et isolés comme nous l'étions au milieu du Thibet, nous ne pouvions compromettre personne. Cette pensée nous donna du courage. — Samdadchiemba, dîmes-nous à notre jeune néophyte, c'est maintenant qu'il faut montrer que nous sommes des braves, que nous sommes des chrétiens. Cette affaire ira peut-être loin ; mais ne perdons jamais de vue l'éternité. Si on nous traite bien, nous remercierons le bon Dieu ; si on nous traite mal, nous le remercierons encore, car nous aurons le bonheur de souffrir pour la foi. Si on nous fait mourir, le martyre sera un beau couronnement de nos fatigues. Après seulement dix-huit mois de marche arriver au ciel, n'est-ce pas là un bon voyage ? n'est-ce pas avoir du bonheur ? Qu'en dis-tu, Samdadchiemba ? — Moi, je n'ai jamais eu peur de la mort ; si on me demande si je suis chrétien, vous verrez si je tremble !

Ces excellentes dispositions de Samdadchiemba nous remplirent le cœur de joie, et dissipèrent complètement l'impression fâcheuse que cette mésaventure nous avait occasionnée. Nous fûmes un instant sur le point de prévoir les questions qu'on nous adresserait, et les réponses que nous aurions à y faire ; mais nous repoussâmes ce conseil de la prudence humaine. Nous pensâmes que le moment était venu de nous en tenir strictement à ces paroles que Notre-Seigneur adressait à ses disciples : *Quand on vous conduira aux synagogues, aux magistrats et aux puissances, ne soyez point en peine de quelle manière vous répondrez, etc.* — Il fut seulement convenu qu'on saluerait le Mandarin à la française, et qu'on ne se mettrait pas à genoux en sa présence. Nous pensâmes que, lorsqu'on a l'honneur d'être chrétien, missionnaire et Français, on peut sans orgueil se tenir debout devant un Chinois quelconque.

Après quelques moments d'antichambre, un jeune Chinois élégamment vêtu et plein de gracieuses manières, vint nous annoncer que Ki-Chan, grand ambassadeur du grand empereur de la Chine, nous attendait pour nous interroger. Nous suivîmes cet aimable appariteur, et nous fûmes introduits dans une salle ornée à la chinoise, où Ki-Chan était assis sur une estrade haute de trois pieds et recouverte de drap rouge. Devant lui était une petite table en laque noire, où l'on voyait une écritoire, des pinceaux, quelques feuilles de papier, et un vase en argent rempli de tabac à priser. Au-dessous de l'estrade, étaient quatre scribes, deux à droite et deux à gauche ; le reste de la salle était occupé par un grand nombre de Chinois et de Thibétains, qui avaient mis leur beaux habits pour assister à la représentation.

Ki-Chan, quoique âgé d'une soixantaine d'années, nous parut plein de force et de vigueur. Sa figure est, sans contredit, la plus noble, la plus gracieuse et la plus spirituelle que nous ayons jamais rencontrée parmi les Chinois. Aussitôt que nous lui eûmes tiré notre chapeau, en lui faisant une courbette de la meilleure façon qu'il nous fût possible. — C'est bien, c'est bien, nous dit-il, suivez vos usages ; on m'a dit que vous parlez correctement le langage de Péking, je désire causer un instant avec vous. — Nous commettons beaucoup de fautes en parlant, mais ta merveilleuse intelligence saura suppléer à l'obscurité de notre parole. — En vérité, voilà du pur Pékinois ! vous autres Français, vous avez une grande facilité pour toutes les sciences ; vous êtes Français, n'est-ce pas ? — Oui, nous sommes Français. — Oh ! je connais les Français ; autrefois il y en avait beaucoup à Péking, j'en voyais quelques-uns. — Tu as dû en connaître aussi à Canton, quand tu étais commissaire impérial..... Ce souvenir fit froncer le sourcil à notre juge ;

il puisa dans sa tabatière une abondante prise de tabac, et la renifla de très-mauvaise humeur. — Oui, c'est vrai, j'ai vu beaucoup d'Européens à Canton... Vous êtes de la religion du Seigneur du Ciel, n'est-ce pas?—Certainement; nous sommes même prédicateurs de cette religion.—Je le sais, je le sais ; vous êtes, sans doute, venus ici pour prêcher cette religion? — Nous n'avons pas d'autre but. — Avez-vous déjà parcouru un grand nombre de pays? — Nous avons parcouru toute la Chine, toute la Tartarie et maintenant, nous voici dans la capitale du Thibet. — Chez qui avez-vous logé quand vous étiez en Chine? — Nous ne répondons pas à des questions de ce genre. — Et si je vous le commande? —Nous ne pourrons pas obéir... Ici, le juge dépité frappa un rude coup de poing sur la table. —Tu sais, lui dîmes-nous, que les chrétiens n'ont pas peur; pourquoi donc chercher à nous intimider? — Où avez-vous appris le chinois?— En Chine.— Dans quel endroit?— Un peu partout.— Et le tartare, le savez-vous ? où l'avez-vous appris? — En Mongolie, dans la Terre des herbes.

Après quelques autres questions insignifiantes, Ki-Chan nous dit que nous devions être fatigués, et nous invita à nous asseoir. Changeant ensuite brusquement de ton et de manière, il s'adressa à Samdadchiemba, qui, le poing sur la hanche, s'était tenu debout un peu derrière nous.— Et toi, lui dit-il, d'une voix sèche et courroucée, d'où es-tu? — Je suis du *Ki-Tou-Sse*. — Qu'est-ce que c'est que ce Ki-Tou-Sse? qui est-ce qui connaît cela?—Ki-Tou-Sse est dans le *San-Tchouen*. — Ah! tu es du San-Tchouen, dans la province du *Kan-Sou!*.... Enfant de la nation centrale, à genoux ! — Samdadchiemba pâlit, son poing se détacha de la hanche, et son bras glissa modestement le long de la cuisse... A genoux! répéta le Mandarin d'une voix vibrante. — Samdadchiemba tomba à genoux, en disant : A genoux, debout ou assis, ces positions me sont à peu près indifférentes : un homme de peine et de fatigue, comme moi, n'est pas accoutumé à ses aises. — Ah! tu es du Kan-Sou, dit le juge, en aspirant de grosses prises de tabac, ah! tu es du Kan-Sou, tu es un enfant de la nation centrale! C'est bien... Dans ce cas, c'est moi qui vais te traiter; ton affaire me regarde. Enfant de la nation centrale, réponds à ton père et mère, et garde-toi d'éparpiller des mensonges. Où as-tu rencontré ces deux étrangers? comment t'es-tu attaché à leur service? — Samdadchiemba fit avec beaucoup d'aplomb une longue histoire de sa vie, qui parut assez intéresser l'auditoire; puis il raconta comment il nous avait connus en Tartarie, et quels avaient été les motifs qui l'avaient porté à nous suivre. Notre jeune néophyte parla avec dignité, mais surtout avec une prudence à laquelle nous nous attendions peu. — Pourquoi es-tu entré dans la religion du Seigneur du ciel? ne sais-tu pas que le grand Empereur le défend? — *Le tout petit* (1) est entré dans cette religion, parce qu'elle est la seule véritable. Comment aurais-je pu croire que le grand Empereur proscrivait une religion qui ordonne de faire le bien et d'éviter le mal? — C'est vrai, la religion du Seigneur du ciel est sainte; je la connais. Pourquoi t'es-tu mis au service des étrangers? ne sais-tu pas que les lois le défendent? — Est-ce qu'un ignorant comme

(1) *Siao-ti,* expression dont se servent les Chinois, lorsqu'ils parlent d'eux-mêmes en présence des Mandarins.

moi peut savoir qui est étranger, ou qui ne l'est pas? Ces hommes ne m'ont jamais fait que du bien, ils m'ont toujours exhorté à la pratique de la vertu; pourquoi ne les aurais-je pas suivis? — Combien te donnent-ils pour ton salaire? — Si je les accompagne, c'est pour sauver mon âme, et non pas pour gagner de l'argent. Mes maîtres ne m'ont laissé jamais manquer ni de riz ni de vêtements; cela me suffit. — Es-tu marié? — Ayant été Lama avant d'entrer dans la religion du Seigneur du ciel, je n'ai jamais été marié... Le juge adressa ensuite, en riant, une question inconvenante à Samdadchiemba, qui baissa la tête et garda le silence. L'un de nous se leva alors, et dit à Ki-Chan : Notre religion défend non-seulement de commettre des actions impures, mais encore d'y penser et d'en parler; il ne nous est pas même permis de prêter l'oreille aux propos déshonnêtes. — Ces paroles prononcées avec calme et gravité, firent monter, à la figure de Son Excellence l'ambassadeur de Chine, une légère teinte de rougeur. — Je le sais, dit-il, je le sais, la religion du Seigneur du ciel est sainte; je la connais, j'ai lu ses livres de doctrine; celui qui suivrait fidèlement tous ses enseignements, serait un homme irréprochable... Il fit signe à Samdadchiemba de se lever; puis se tournant vers nous : Il est déjà nuit, dit-il; vous devez être fatigués, il est temps de prendre le repas du soir; allez, demain, si j'ai besoin de vous, je vous ferai appeler.

L'ambassadeur Ki-Chan avait parfaitement raison; il était fort tard, et les diverses émotions qui nous avaient été ménagées pendant la soirée, n'avaient été capables, en aucune façon, de nous tenir lieu de souper. En sortant du prétoire sinico-thibétain, nous fûmes accostés par un vénérable Lama, qui nous donna avis que le premier Kalon nous attendait. Nous traversâmes la cour, illuminée par quelques lanternes rouges; nous allâmes prendre à droite un escalier périlleux, dont nous montâmes les degrés en nous tenant prudemment accrochés à la robe de notre conducteur; puis, après avoir longé une longue terrasse, en marchant à la lueur douteuse des étoiles du firmament, nous fûmes introduits chez le Régent. L'appartement, vaste et élevé était splendidement éclairé au beurre; les murs, le plafond, le plancher même, tout était chargé de dorures et de couleurs éblouissantes. Le Régent était seul; il nous fit asseoir tout près de lui sur un riche tapis, et essaya de nous exprimer par ses paroles, et plus encore par ses gestes, combien il s'intéressait à nous. Nous comprîmes surtout très-clairement qu'on s'occupait de ne pas nous laisser mourir de faim. Notre pantomime fut interrompue par l'arrivée d'un personnage qui laissa en entrant ses souliers à la porte; c'était le gouverneur des Musulmans kachemiriens. Après avoir salué la compagnie, en portant la main au front, et en prononçant la formule « *Salamalek* » il alla s'appuyer contre une colonne, qui s'élevait au milieu de la salle, et paraissait en soutenir la charpente. Le gouverneur musulman parlait très-bien la langue chinoise; le Régent l'avait fait appeler pour servir d'interprète. Aussitôt après son arrivée, un domestique plaça devant nous une petite table, et on nous servit à souper aux frais du gouvernement thibétain. Nous ne dirons rien pour le moment de la cuisine du Régent; d'abord, parce que le grand appétit dont nous étions dévorés ne nous permit pas de faire une attention suffisante à la qualité des mets; en second lieu, parce que ce jour-là, nous avions l'esprit beaucoup plus tourné à la politique qu'à la gastronomie. Nous nous aperçûmes cependant que Samdadchiemba n'était pas là, et nous demandâmes ce qu'on en avait fait. — Il est avec mes domestiques, nous répondit le Régent; soyez sans inquiétude sur son compte, rien ne lui manquera.

Pendant et après le repas, il fut beaucoup question de la France et des pays que nous avions parcourus. Le Régent nous fit ensuite admirer les tableaux de peinture qui décoraient son appartement, et nous demanda si nous serions capables d'en faire autant. — Nous ne savons pas peindre, lui répondîmes-nous; l'étude et la prédication de la doctrine de Jéhovah est la seule chose qui nous occupe. — Oh! ne dites pas que vous ne savez pas peindre; je sais que les hommes de votre pays sont très-habiles dans cet art. — Oui, ceux qui en font un état, mais les ministres de la religion ne sont pas dans l'usage de s'en occuper. — Quoique vous ne soyez pas spécialement adonnés à cet art, cependant vous ne l'ignorez pas tout-à-fait;... vous savez bien, sans doute, tracer des cartes de géographie? — Non, nous ne le savons pas. — Comment? dans vos voyages vous n'avez jamais dessiné, vous n'avez fait aucune carte? — Jamais. — Oh! c'est impossible!.... La persistance du Régent à nous questionner sur un semblable sujet nous donna à penser. Nous lui exprimâmes l'étonnement que nous causaient toutes ces demandes. — Je vois, dit-il, que vous êtes des hommes pleins de droiture, je vais donc vous parler franchement. Vous savez que les Chinois sont soupçonneux; puisque vous êtes restés long-temps en Chine, vous devez les connaître aussi bien que moi; ils sont persuadés que vous parcourez les royaumes étrangers pour tracer des cartes et explorer tous les pays. Si vous dessinez, si vous faites des cartes de géographie, vous pouvez me l'avouer sans crainte ; comptez sur ma protection..... Évidemment, le Régent avait peur d'un envahissement ; il se figurait, peut-être, que nous étions chargés de préparer les voies à quelque armée formidable, prête à fondre sur le Thibet. Nous tâchâmes de dissiper ses craintes, et de l'assurer des dispositions extrêmement pacifiques du gouvernement français. Nous lui avouâmes que, cependant, parmi nos effets, il se trouvait un grand nombre de dessins et de cartes géographiques, que nous avions même une carte du Thibet.... À ces mots, la figure du Régent se contracta subitement.... Mais nous nous hâtâmes d'ajouter, pour le rassurer, que tous nos dessins et cartes de géographie étaient imprimés, et que nous n'en étions pas les auteurs. Nous prîmes de là occasion de parler au Régent, et au gouverneur kachemirien, des connaissances géographiques des Européens. Ils furent fort étonnés, quand nous leur dîmes que, parmi nous, les enfants de dix ou douze ans avaient une idée exacte et complète de tous les royaumes de la terre.

La conversation se prolongea bien avant dans la nuit. Le Régent se leva enfin, et nous demanda si nous n'éprouvions pas le besoin de prendre un peu de repos. — Nous n'attendions, lui répondîmes-nous, pour rejoindre notre demeure, que la permission du Kalon. — Votre demeure? mais j'ai donné ordre de vous préparer une chambre dans mon palais, vous coucherez ici cette nuit ; demain, vous retournerez à votre maison..... Nous voulûmes nous excuser, et remercier le Régent de sa bienveillante attention; mais nous nous aperçûmes bientôt que nous n'étions pas libres de refuser ce que nous avions eu la bonhomie de prendre pour une politesse. Nous étions tout bonnement prisonniers. Nous saluâmes le Régent un peu froidement, et nous suivîmes un individu, qui, après nous avoir fait traverser un grand nombre de chambres et de corridors, nous introduisit dans une espèce de cabinet, auquel nous avons bien le droit de donner le nom de prison, puisqu'il ne nous était pas permis d'en sortir pour aller ailleurs.

On nous avait préparé deux couchettes, qui, sans contredit, valaient infiniment mieux que les nôtres. Cependant nous regrettâmes nos pauvres grabats, où nous avions goûté si long-temps un sommeil libre et indépendant, durant nos grandes courses à travers le désert. Des Lamas et des serviteurs du Régent arrivèrent en foule pour nous visiter. Ceux qui étaient déjà couchés se relevèrent, et on entendit bientôt dans ce vaste palais, naguère si silencieux et si calme, les portes s'ouvrir et se fermer, et les pas précipités des curieux retentir dans tous les corridors. On se pressait autour de nous, et on nous examinait avec une insupportable avidité. Dans tous ces regards, qui se croisaient sur nous de tous côtés, il n'y avait ni sympathie ni malveillance; ils exprimaient seulement une plate curiosité. Pour tous ces individus qui nous entouraient, nous n'étions rien de plus qu'une sorte de phénomène zoologique. O qu'il est dur d'être ainsi donné en spectacle à une multitude indifférente!

Lorsque nous jugeâmes que ces importuns avaient suffisamment regardé et chuchoté, et qu'ils devaient se trouver satisfaits, nous les avertîmes que nous allions nous mettre au lit, et qu'ils nous feraient un plaisir extrême s'ils voulaient bien se retirer. Tout le monde nous fit une inclination de tête, quelques-uns même nous tirèrent la langue; mais personne ne bougea. Il était évident qu'on avait envie de savoir comment nous allions nous y prendre pour nous coucher. Ce désir nous parut quelque peu déplacé; cependant, nous crûmes devoir le tolérer jusqu'à un certain point. Nous nous mîmes donc à genoux, nous fîmes le signe de la croix, et nous récitâmes à haute voix notre prière du soir. Aussitôt que nous eûmes commencé, les chuchotements cessèrent, et on garda un silence religieux. Quand la prière fut terminée, nous invitâmes de nouveau les assistants à nous laisser seuls, et afin de donner un peu d'efficacité à nos paroles, nous soufflâmes immédiatement le luminaire de notre chambre. Le public, plongé tout à coup dans une obscurité profonde, prit le parti de rire et de se retirer à tâtons. Nous poussâmes la porte de notre prison, et nous nous couchâmes.

Aussitôt que nous fûmes étendus sur les lits du premier Kalon, nous nous trouvâmes beaucoup mieux disposés à causer qu'à dormir. Nous éprouvâmes un certain plaisir à récapituler les aventures de la journée. Les prétendus commerçants qui voulaient nous acheter nos selles de cheval, notre comparution devant le Régent, l'interrogatoire que nous avait fait subir l'ambassadeur Ki-Chan, notre souper aux frais du trésor public, nos longs entretiens avec le Régent : tout cela nous paraissait une fantasmagorie. Il nous semblait que notre journée tout entière n'avait été qu'un long cauchemar. Notre voyage même, notre arrivée à Lha-Ssa, tout nous semblait incroyable. Nous nous demandions s'il était bien vrai que nous, Missionnaires, nous Français, nous fussions réellement dans les Etats du Talé-Lama, dans la capitale du Thibet, couchés dans le palais même du Régent ! Tous ces événements passés et présents, se heurtèrent dans notre tête. L'avenir surtout nous apparaissait enveloppé de noirs et épais nuages. Comment tout cela va-t-il finir ? Nous dira-t-on : Vous êtes libres ; allez où il vous plaira ? Nous laissera-t-on croupir dans cette prison ? ou bien va-t-on nous y étrangler ? Ces réflexions étaient bien faites pour froisser le cœur, et donner un peu de migraine. Mais que la confiance en Dieu est une bonne chose au milieu des épreuves ! Comme on est heureux de pouvoir s'appuyer sur la Providence, alors qu'on se trouve seul, abandonné et privé de tout secours ! O ! nous disions-nous l'un à l'autre, soyons résignés à tout, et comptons sur la protection du bon Dieu. Pas un cheveu ne tombera de notre tête sans sa permission.

Nous nous endormîmes, dans ces pensées, d'un sommeil peu profond et souvent interrompu. Aussitôt que les premières lueurs du jour commencèrent à paraître, la porte de notre cellule s'ouvrit tout doucement, et nous vîmes entrer le gouverneur des Katchi. Il vint s'asseoir à côté de nous, entre nos deux couchettes, et nous demanda, d'un ton bienveillant et affectueux, si nous avions passé une assez bonne nuit. Il nous offrit ensuite une petite corbeille de gâteaux faits dans sa famille, et de fruits secs venus de Ladak. Cette attention nous toucha profondément ; ce fut comme si nous venions de faire la rencontre d'un ami sincère et dévoué.

Le gouverneur des Katchi était âgé de trente-deux ans ; sa figure, pleine de noblesse et de majesté, respirait en même temps une bonté et une franchise bien capables d'attirer notre confiance. Son regard, ses paroles, ses manières, tout en lui semblait nous exprimer combien vivement il s'intéressait à nous. Il était venu pour nous mettre au courant de ce qui aurait lieu pendant la journée, à notre sujet. — Dans la matinée, nous dit-il, l'autorité thibétaine se rendra avec vous dans votre demeure. On mettra le scellé sur tous vos effets, puis on les transportera au tribunal, où ils seront examinés, en votre présence, par le Régent et l'ambassadeur chinois. Si vous n'avez pas dans vos malles des cartes de géographie autographes, vous pouvez être tranquilles ; on vous laissera en paix. Si au contraire vous en avez, vous feriez bien de me prévenir d'avance, parce que nous pourrions, dans ce cas, trouver quelque moyen d'arranger l'affaire. Je suis très-lié avec le Régent ; (il nous avait été, en effet, facile de le remarquer la veille pendant notre souper) c'est lui-même qui m'a chargé de venir vous faire cette confidence.... Et il ajouta ensuite, en baissant la voix, que toutes ces tracasseries nous étaient suscitées par les Chinois, contre la volonté du gouvernement thibétain. Nous répondîmes au gouverneur des Katchi, que nous n'avions aucune carte de géographie autographe. Puis, nous lui parlâmes en détail de tous les objets qui étaient renfermés dans nos deux malles. — Puisqu'on doit aujourd'hui en faire la visite, tu jugeras par toi-même si nous sommes des gens qu'on peut croire, quand ils avancent quelque chose. — La figure du Musulman s'épanouit. Vos paroles, nous dit-il, me rassurent complètement. Parmi les objets dont vous m'avez parlé, il n'y a rien qui puisse vous compromettre. Les cartes de géographie sont très-redoutées dans ce pays. On en a une peur extrême, surtout depuis l'affaire d'un certain Anglais nommé Moorcroft, qui s'était introduit à Lha-Ssa, où il se faisait passer pour Kachemirien. Après y avoir séjourné pendant douze ans, il est reparti ; mais il a été assassiné sur la route de Ladak. Parmi ses effets, on a trouvé une nombreuse collection de cartes de géographie et de dessins qu'il avait composés pendant son séjour à Lha-Ssa. Cet événement a rendu les autorités chinoises très-soupçonneuses à ce sujet. Puisque vous autres vous ne faites pas de cartes de géographie, c'est bien. Je vais rapporter au Régent ce que vous m'avez dit.

Nous profitâmes du départ du gouverneur des Katchi, pour nous lever, car nous étions restés couchés, sans façon, pendant sa longue visite. Après avoir fait notre prière du matin, et avoir, de notre mieux, préparé nos cœurs à la patience et à la résignation, nous dégustâmes le déjeuner que le Régent venait de nous faire servir. C'était un plat de petits pains farcis de cassonade et de viande hachée, puis un pot de thé richement beurré. Nous fîmes honneur, plus volontiers, aux gâteaux et aux fruits secs que nous avait apportés le gouverneur des Katchi.

Trois Lamas-huissiers ne tardèrent pas à venir nous signifier l'ordre du jour, portant qu'on allait procéder à la visite de notre bagage. Nous nous inclinâmes respectueusement devant les ordres de l'autorité thibétaine, et nous

nous dirigeâmes vers notre domicile, accompagnés d'une nombreuse escorte. Depuis le palais du Régent jusqu'à notre habitation, nous remarquâmes sur notre passage une grande agitation. On balayait les rues, on enlevait les immondices avec empressement, et on tapissait le devant des maisons avec de grandes bandes de *pou-lou*, jaune et rouge. Nous nous demandions ce que signifiait tout cela, pour qui toutes ces démonstrations d'honneur et de respect;... lorsque nous entendîmes retentir derrière nous de vives acclamations. Nous tournâmes la tête, et nous reconnûmes le Régent. Il arrivait, monté sur un magnifique cheval blanc, et entouré de nombreux cavaliers. Nous arrivâmes presque en même temps que lui à notre logis. Nous ouvrîmes le cadenas qui en fermait la porte, et nous priâmes le Régent de vouloir bien nous faire l'honneur d'entrer dans les appartements des Missionnaires français.

Samdadchiemba, que nous n'avions pas revu depuis l'audience de l'ambassadeur chinois, se trouvait aussi au rendez-vous. Il était complètement stupéfait ; car il ne comprenait rien du tout à ces opérations. Les domestiques du Régent, avec lesquels il avait passé la nuit, n'avaient pu le mettre au courant des affaires. Nous lui dîmes un mot pour le rassurer, et lui donner à entendre qu'on n'allait pas tout de suite nous martyriser.

Le Régent s'assit, au milieu de notre chambre, sur un siége doré, qu'on avait eu soin de prendre au palais; puis il nous demanda si ce qu'il voyait dans notre demeure était tout notre avoir. — Oui, voilà tout ce que nous possédons, ni plus, ni moins. Voilà toutes nos ressources pour nous emparer du Thibet. — Il y a de la malice dans vos

voilà les clefs; ouvre-les, vide-les, examine à ton aise. — Ki-Chan rougit, et fit un mouvement en arrière. Sa délicatesse de Chinois parut s'indigner. — Est-ce que ces malles m'appartiennent, nous dit-il avec émotion?... Est-ce que j'ai le droit de les ouvrir? Si ensuite il vous manquait quelque chose, que diriez-vous? — Ne crains rien; notre religion nous défend de juger témérairement le prochain. —Ouvrez vous-mêmes vos malles... Je veux savoir ce qu'il y a; c'est mon devoir. Mais vous seuls avez le droit de toucher à ce qui vous appartient.

Nous fîmes sauter le sceau du Talé-Lama, le cadenas fut enlevé; et ces deux malles, que tout le monde perçait des yeux depuis long-temps, furent enfin ouvertes à tous les regards. Nous retirâmes tous les objets les uns après les autres, et nous les étalâmes sur une grande table. D'abord, parurent quelques volumes français et latins, puis des livres chinois et tartares, des linges d'église, des ornements, des vases sacrés, des chapelets, des croix, des médailles, et une magnifique collection de lithographies. Tout le monde était en contemplation devant ce petit musée européen. On ouvrait de grands yeux, on se poussait du coude, on faisait claquer les langues en signe d'admiration. Jamais personne n'avait rien vu de si beau, de si riche, de si merveilleux. Tout ce qui brillait blanc, était de l'argent; tout ce qui brillait jaune, était de l'or. Toutes les physionomies s'épanouirent, et on parut oublier complètement que nous étions des gens suspects et dangereux. Les Thibétains nous tiraient la langue, en se grattant l'oreille, et les Chinois nous faisaient les courbettes les plus sentimentales. Notre sac de médailles principalement faisait tournoyer les yeux dans toutes les têtes. On avait l'air d'espérer, qu'avant de quitter le prétoire, nous ferions au public une large distribution de ces brillantes pièces d'or.

Le Régent et Ki-Chan, dont les âmes étaient plus élevées que celles du vulgaire, et qui certainement ne convoitaient pas notre trésor, n'en avaient pas moins oublié leur rôle de juges. La vue de nos belles images coloriées les mettait tout hors d'eux-mêmes. Le Régent tenait les mains jointes, et regardait fixement et la bouche entr'ouverte, pendant que Ki-Chan pérorait, faisait le savant, et démontrait à l'auditoire comme quoi les Français étaient les artistes les plus distingués qu'il y eût au monde. Autrefois, disait-il, il avait connu à Péking un Missionnaire français qui tirait des portraits dont la ressemblance faisait peur. Il tenait son papier caché dans la manche de sa robe, saisissait les traits comme à la dérobée, et dans l'espace d'une pipe de tabac tout était terminé.— Ki-Chan nous demanda si nous n'avions pas des montres, des longues-vues, des lanternes magiques, etc. etc... Nous ouvrîmes alors une petite boîte que personne n'avait encore remarquée, et qui contenait un microscope. Nous en ajustâmes les diverses parties, et chacun n'eut plus d'yeux que pour cette singulière machine en or pur, et qui, sans contredit, allait opérer des choses étonnantes. Ki-Chan était le seul qui comprît ce que c'était qu'un microscope. Il en donna l'explication au public, avec beaucoup de prétention et de vanité. Puis il nous pria de placer quelque animalcule à l'objectif.... Nous regardâmes Son Excellence du coin de l'œil, puis nous démontâmes le microscope pièce à pièce, et nous le casâmes dans sa boîte. — Nous pensions, dîmes-nous à Ki-Chan, sur un ton tout-à-fait parlementaire, nous pensions être venus ici pour subir un jugement, et non pas pour jouer la comédie. — Quel jugement a-t-on à faire? dit-il, en se redressant vivement? Nous avons voulu visiter vos effets, savoir au juste qui vous êtes, et voilà tout. — Et les cartes de géographie, tu n'en parles pas? — Oui, oui; c'est le point important; où sont vos cartes de géographie? — Les voilà; et nous déployâmes les trois cartes que nous avions, savoir : une mappe-monde, une terre plate d'après la projection de Mercator, et un Empire chinois. L'apparition de ces cartes fut pour le Régent comme un coup de foudre. Le pauvre homme changea de couleur trois ou quatre fois dans l'espace d'une minute, comme si nous eussions déployé notre arrêt de mort. — Nous sommes heureux, dîmes-nous à Ki-Chan, de te rencontrer dans ce pays. Si, par malheur, tu n'étais pas ici, il nous serait impossible de convaincre les autorités thibétaines que nous n'avons pas nous-mêmes tracé ces cartes. Mais pour un homme instruit comme toi, pour un homme si bien au courant des choses de l'Europe, il est facile de voir que ces cartes ne sont pas notre ouvrage. — Ki-Chan parut extrêmement flatté du compliment. — C'est évident, dit-il; au premier coup-d'œil, on voit que ces cartes sont imprimées. Tiens, regarde, dit-il au Régent; ces cartes n'ont pas été faites par ces hommes; elles ont été imprimées dans le royaume de France. Toi, tu ne sais pas distinguer cela; mais moi je suis accoutumé depuis long-temps aux objets venus du ciel d'occident. — Ces paroles produisirent sur le Régent un effet magique; sa figure se dilata; il nous regarda avec des yeux où brillait le contentement, et il nous fit gracieusement un signe de tête, comme pour nous dire : C'est bien, vous êtes de braves gens.

Il était impossible de passer outre, sans faire un peu de géographie. Nous nous prêtâmes charitablement aux désirs que nous manifestèrent le Régent et l'ambassadeur chinois. Nous leur indiquâmes du doigt, sur la terre-plate de Mercator, la Chine, la Tartarie, le Thibet et toutes les autres contrées du globe. Le Régent fut anéanti en voyant combien nous étions éloignés de notre patrie, et quelle longue route nous avions été obligés de faire, sur mer et sur terre, pour venir lui faire une visite dans la capitale du Thibet. Il nous regardait avec stupéfaction; puis il levait le pouce de la main droite, en nous disant : — Vous êtes des hommes comme cela.... Ce qui voulait dire, dans la langue figurée des Thibétains : Vous êtes des hommes au superlatif. Après avoir reconnu les points principaux du Thibet, le Régent nous demanda où était *Calcutta*. — Voilà, lui dîmes-nous, en lui indiquant un tout petit rond sur les bords de la mer. — Et Lha-Ssa? où est donc Lha-Ssa? — Le voici.... Les yeux et le doigt du Régent se promenèrent un instant de Lha-Ssa à Calcutta, et de Calcutta à Lha-Ssa. — Les Pélins de Calcutta sont bien près de nos frontières, dit-il en faisant la grimace et en branlant la tête.... Peu importe, ajouta-t-il ensuite, voici les monts Himalaya!

Le cours de géographie étant terminé, les cartes furent repliées et mises dans leurs étuis respectifs, et on passa aux objets de religion. Ki-Chan en savait assez long là-dessus. Lorsqu'il était vice-roi de la province du Pé-Tche-Ly, il avait suffisamment persécuté les chrétiens, pour avoir eu de nombreuses occasions de se familiariser avec tout ce qui a rapport au culte catholique ; aussi, ne manqua-t-il pas de faire le connaisseur. Il expliqua les images, les vases sacrés, les ornements ; il sut même dire que, dans la boîte aux saintes huiles, il y avait un remède fameux pour les moribonds. Pendant toutes ces explications, le Régent était préoccupé et distrait ; ses yeux se tournaient incessamment vers un grand fer à hosties. Ces longues pinces terminées par deux larges lèvres, paraissaient agir fortement sur son imagination ; il nous interrogeait des yeux, et semblait nous demander si cet affreux instrument n'était pas quelque chose comme une machine infernale. Il ne fut rassuré qu'après avoir vu quelques hosties que nous tenions renfermées dans une boîte. Alors, seulement, il comprit l'usage de cette étrange machine.

Le bonhomme de Régent était tout rayonnant de joie et tout triomphant, de voir que, parmi nos effets, on n'avait rien trouvé qui pût nous compromettre. — Hé bien, dit-il à l'ambassadeur chinois, avec un ton plein de malice, que penses-tu de ces hommes ? que faut-il en faire ? —Ces hommes sont Français, ils sont ministres de la religion du Seigneur du ciel, ce sont de braves gens ; il faut les laisser en paix..... Ces paroles flatteuses furent accueillies dans la salle par un léger murmure d'approbation, et les deux Missionnaires répondirent au fond du cœur : *Deo gratias!*

La gent corvéable s'empara de notre bagage, et nous retournâmes à notre logis avec une démarche sans doute plus alerte et plus dégagée que lorsque nous en étions partis. La nouvelle de notre réhabilitation s'était promptement répandu dans la ville, et le peuple Thibétain accourait de toutes parts pour nous faire fête. On nous saluait avec empressement, et le nom Français était dans toutes les bouches. Dès ce moment, les Azaras blancs furent complétement oubliés.

Aussitôt que nous eûmes regarni nos appartements, nous distribuâmes quelques *tchang-ka* aux porteurs de nos effets, afin qu'ils pussent boire à notre santé un pot de petite bière thibétaine, et apprécier la magnanimité des Français qui ne font pas travailler le peuple gratis.

Tout le monde étant parti, nous rentrâmes dans notre solitude accoutumée, et la solitude amenant la réflexion, nous nous avisâmes de deux choses très-importantes : la première, que nous n'avions pas encore dîné, et la seconde, que nos deux coursiers n'étaient plus à leur ratelier. Pendant que nous songions aux moyens de faire promptement notre cuisine, et de découvrir ce qu'étaient devenus nos chevaux, nous vîmes apparaître au seuil de notre porte le gouverneur des Katchi qui nous tira de ce double embarras. Cet excellent homme ayant prévu que notre séance à la cour d'assises ne nous avait pas permis de faire bouillir notre marmite, arrivait suivi de deux domestiques portant une corbeille remplie de provisions. C'était un festin d'ovation qu'il nous avait préparé. — Et nos chevaux, pourrais-tu nous en donner des nouvelles ? nous ne les voyons plus dans la cour. — J'allais vous en parler ; ils sont depuis hier soir dans les écuries du Régent. Pendant votre absence, ils n'ont enduré ni la faim ni la soif. J'ai ouï dire que vous étiez dans l'intention de les vendre ;..... la chose est-elle vraie ? — O oui, c'est vrai ; ces animaux nous ruinent; mais ils sont si maigres! qui voudrait les acheter à cette heure? — Le Régent désire les acheter; le Régent? — Oui, lui-même; ne riez pas, ce n'est pas une plaisanterie.... Combien en voulez-vous? — Oh! ce qu'on voudra! — Hé bien, vos chevaux sont achetés. Et à ces mots, le Kachemirien déploya un petit paquet qu'il portait sous son bras, et posa sur le plancher deux lingots d'argent du poids de dix onces chaque. — Voilà, dit-il, le prix de vos deux chevaux. — Nous pensâmes que nos animaux, maigres et éreintés comme ils étaient, ne valaient pas cela, et nous le dîmes consciencieusement au gouverneur des Katchi; mais il fut impossible de rien changer à cette affaire, qui avait été déjà conclue et arrêtée d'avance. Le Régent prétendait que nos chevaux, quoique maigres, étaient d'excellente race, puisqu'ils n'avaient pas succombé aux fatigues de notre long voyage. De plus, ils avaient à ses yeux une valeur exceptionnelle, parce qu'ils avaient parcouru de nombreuses contrées; et surtout parce qu'ils avaient brouté les pâturages de *Kounboum*, patrie de *Tsong-Kaba*.

Vingt onces d'argent de plus dans notre maigre bourse, c'était une bonne fortune; nous avions de quoi faire les généreux. Aussi, sans désemparer, nous prîmes un de ces lingots, et nous le plaçâmes sur les genoux de Samdadchiemba. — Voilà pour toi, lui dîmes-nous; tu en auras pour t'endimancher des pieds à la tête. Samdadchiemba remercia froidement et maussadement; puis, les muscles de sa figure se détendirent, ses narines se gonflèrent, et sa large bouche se mit à sourire. Enfin il ne lui fut plus possible de comprimer sa joie; il se leva, et fit deux ou trois fois sauter en l'air son lingot, en s'écriant : — Voilà un fameux jour !... Au fait, Samdadchiemba avait raison ; cette journée, si tristement commencée, avait été bonne au-delà de ce que nous pouvions espérer. Nous avions maintenant à Lha-Ssa, une position honorable, et il allait enfin nous être permis de travailler librement à la propagation de l'Évangile.

La journée du lendemain fut encore plus heureuse que la précédente, et vint en quelque sorte mettre le comble à notre prospérité. Dans la matinée, nous nous rendîmes, accompagnés du gouverneur kachemirien, chez le Régent, auquel nous désirions exprimer notre gratitude pour les témoignages d'intérêt qu'il nous avait donnés. Nous fûmes accueillis avec bienveillance et cordialité. Le Régent nous dit, comme en confidence, que les Chinois étaient jaloux de nous voir à Lha-Ssa, mais que nous pouvions compter sur sa protection, et séjourner librement dans le pays, sans que personne eût le droit de s'immiscer dans nos affaires. — Vous êtes très-mal logés, ajouta-t-il, votre chambre m'a paru sale, étroite et incommode ; je prétends que des étrangers comme vous, des hommes venus de si loin, se trouvent bien à Lha-Ssa. Est-ce que dans votre pays de France, on ne traite pas bien les étrangers ? — On les traite à merveille. O ! si un jour tu pouvais y aller, tu verrais comme notre Empereur te recevrait ! — Les étrangers, ce sont des hôtes ; il vous faut donc abandonner la demeure que vous vous êtes choisie. J'ai donné ordre de vous préparer une demeure convenable dans une de mes maisons..... Nous acceptâmes avec empressement et reconnaissance une offre si bienveillante. Être logés commodément et gratis n'était pas chose à dédaigner dans notre position; mais nous appréciâmes, surtout, l'avantage de pouvoir fixer notre résidence dans une maison même du Régent. Une faveur si signalée, une protection si éclatante de l'autorité thibétaine, ne pouvait manquer de nous donner, auprès des habitans de Lha-Ssa, une grande influence morale, et de faciliter notre mission apostolique.

En sortant du palais, nous allâmes, sans perdre de temps, visiter la maison qui nous avait été assignée; c'était superbe, c'était ravissant! Le soir même nous opérâmes notre déménagement, et nous prîmes possession de notre nouvelle demeure.

Notre premier soin fut d'ériger dans notre maison une petite chapelle. Nous choisîmes l'appartement le plus vaste et le plus beau; nous le tapissâmes aussi proprement qu'il nous fut possible, et ensuite nous l'ornâmes de saintes images. O! comme notre âme fut inondée de joie, quand il nous fut enfin permis de prier publiquement au pied de la croix, au sein même de la capitale du bouddhisme, qui, peut-être, n'avait jamais encore vu briller à ses yeux le signe de notre rédemption! Quelle consolation pour nous, de pouvoir enfin faire retentir des paroles de vie aux oreilles de ces pauvres populations, assises depuis tant de siècles aux ombres de la mort! Cette petite chapelle était à la vérité bien pauvre, mais pour nous elle était ce centuple que Dieu a promis à ceux qui renoncent à tout pour son service. Notre cœur était si plein, que nous crûmes n'avoir pas acheté trop cher le bonheur que nous goûtions, par deux années de souffrances et de tribulations à travers le désert.

Tout le monde, à Lha-Ssa, voulut visiter la chapelle des Lamas français ; plusieurs, après s'être contentés de nous demander quelques éclaircissements sur la signification des images qu'ils voyaient, s'en retournaient en remettant à une autre époque de s'instruire de la sainte doctrine de Jéhovah ; mais plusieurs aussi se sentaient intérieurement frappés, et paraissaient attacher une grande importance à l'étude des vérités que nous étions venus leur annoncer. Tous les jours ils se rendaient auprès de nous avec assiduité ; ils lisaient avec application le résumé de la doctrine chrétienne, que nous avions composé à la lamaserie de *Kounboum*, et nous priaient de leur enseigner les *véritables prières*.

Les Thibétains n'étaient pas les seuls à montrer du zèle pour l'étude de notre sainte religion. Parmi les Chinois, les secrétaires de l'ambassadeur Ki-Chan venaient souvent nous visiter, pour s'entretenir de la grande doctrine de l'occident ; l'un d'entre eux, à qui nous avions prêté plusieurs ouvrages chrétiens écrits en tartare-mantchou, s'était convaincu de la vérité du christianisme et de la nécessité de l'embrasser, mais il n'avait pas le courage de faire publiquement profession de la foi, tant qu'il serait attaché à l'ambassade ; il voulait attendre le moment où il serait libre de rentrer dans son pays. Dieu veuille que ses dispositions ne se soient pas évanouies !

Un médecin, originaire de la province du Yun-Nan, montra plus de générosité. Ce jeune homme, depuis son arrivée à Lha-Ssa, menait une vie si étrange, que tout le monde le nommait l'*Ermite chinois*. Il ne sortait jamais, que pour aller voir ses malades, et ordinairement il ne se rendait que chez les pauvres. Les riches avaient beau le solliciter, il dédaignait de répondre à leurs invitations, à moins qu'il n'y fût forcé par la nécessité d'obtenir quelque secours ; car il ne recevait jamais rien des pauvres au service desquels il s'était voué. Le temps qui n'était pas absorbé par la visite des malades, il le consacrait à l'étude ; il passait même la majeure partie de la nuit sur ses livres. Il dormait peu, et ne prenait par jour qu'un seul repas de farine d'orge, sans qu'il lui arrivât jamais d'user de viande. Il n'y avait, au reste, qu'à le voir, pour se convaincre qu'il menait une vie rude et pénible : sa figure était d'une pâleur et d'une maigreur extrêmes; et quoiqu'il fût âgé tout au plus d'une trentaine d'années, il avait les cheveux presque entièrement blancs.

Un jour, il vint nous voir pendant que nous récitions le bréviaire dans notre petite chapelle ; il s'arrêta à quelques pas de la porte, et attendit gravement et en silence. Une grande image coloriée, représentant le crucifiement, avait sans doute fixé son attention; car, aussitôt que nous eûmes terminé nos prières, il nous demanda brusquement et sans s'arrêter à nous faire les politesses d'usage, de lui expliquer ce que signifiait cette image. Quand nous eûmes satisfait à sa demande, il croisa les bras sur sa poitrine, et sans dire un seul mot, il demeura immobile et les yeux fixés sur l'image du crucifiement ; il garda cette position pendant près d'une demi-heure ; ses yeux enfin se mouillèrent de larmes ; il étendit ses bras vers le Christ, puis tomba à genoux, frappa trois fois la terre de son front, et se releva en s'écriant : — Voilà le seul Bouddha que les hommes doivent adorer !—Ensuite il se tourna vers nous, et après nous avoir fait une profonde inclination, il ajouta : —Vous êtes mes maîtres, prenez-moi pour votre disciple.

Tout ce que venait de faire cet homme, nous frappa étrangement ; nous ne pûmes nous empêcher de croire qu'un puissant mouvement de la grâce venait d'ébranler son cœur. Nous lui exposâmes brièvement les principaux points de la doctrine chrétienne ; et à tout ce que nous lui disions, il se contentait de répondre, avec une expression de foi vraiment étonnante : Je crois ! Nous lui présentâmes un petit crucifix en cuivre doré, et nous lui demandâmes s'il voudrait l'accepter. Pour toute réponse il nous fit avec empressement une profonde inclination ; aussitôt qu'il eut le crucifix entre ses mains, il nous pria de lui donner un cordon, et immédiatement il le suspendit à son cou ; il voulut ensuite savoir quelle prière il pourrait réciter devant la croix.—Nous te prêterons, lui dîmes-nous, quelques livres chinois, où tu trouveras des explications de la doctrine et de nombreux formulaires de prières.—Mes maîtres, c'est bien;... mais je voudrais avoir une prière courte, facile, que je pusse apprendre à l'instant, et répéter souvent et partout.—Nous lui apprîmes à dire : Jésus, sauveur du monde, ayez pitié de moi. De peur d'oublier ces paroles, il les écrivit sur un morceau de papier, qu'il plaça dans une petite bourse suspendue à sa ceinture ; il nous quitta en nous assurant que le souvenir de cette journée ne s'effacerait jamais de sa mémoire.

Ce jeune médecin mit beaucoup d'ardeur à s'instruire des vérités de la religion chrétienne ; mais ce qu'il y eut en lui de remarquable, c'est qu'il ne chercha nullement à cacher la foi qu'il avait dans le cœur. Quand il venait nous visiter, ou quand nous le rencontrions dans les rues, il avait toujours son crucifix qui brillait sur sa poitrine, et il ne manquait jamais de nous aborder en disant : Jésus, sauveur du monde, ayez pitié de moi. C'était la formule qu'il avait adoptée pour nous saluer.

Pendant que nous faisions quelques efforts pour répandre le grain évangélique parmi la population de Lha-Ssa, nous ne négligeâmes pas de faire pénétrer cette divine semence jusque dans le palais du Régent; et ce ne fut pas sans l'espérance d'y recueillir un jour une précieuse moisson. Depuis l'espèce de jugement qu'on nous avait fait subir, nos relations avec le Régent étaient devenues fréquentes, et en quelque sorte pleines d'intimité. Presque tous les soirs, quand il avait terminé ses travaux de haute administration, il nous faisait inviter à venir partager avec lui son repas thibétain, auquel il avait soin de faire ajouter, à notre intention, quelques mets préparés à la chinoise. Nos entretiens se prolongeaient ordinairement bien avant dans la nuit.

Le Régent était un homme d'une capacité remarquable; issu d'une humble extraction, il s'était élevé graduellement et par son propre mérite jusqu'à la dignité de premier Kalon. Depuis trois ans seulement, il était parvenu à cette charge éminente ; jusque là il avait toujours rempli des fonctions pénibles et laborieuses ; il avait souvent parcouru, dans tous les sens, les immenses contrées du Thibet, soit pour faire la guerre ou négocier avec les Etats voisins, soit pour surveiller la conduite des Houtouktou placés au gouvernement des diverses provinces. Une vie si active, si agitée, et en quelque sorte incompatible avec l'étude, ne l'avait pas empêché d'acquérir une connaissance approfondie des livres lamanesques. Tout le monde s'accordait à dire que la science des Lamas les plus renommés, était inférieure à celle du Régent. On admirait surtout l'aisance avec laquelle il expédiait les affaires. Un jour, nous nous trouvions chez lui, quand on lui apporta un grand nombre de rouleaux de papier; c'étaient les dépêches des provinces; une espèce de secrétaire les déroulait les unes après les autres, et les lui présentait à lire, en tenant un genoux en terre. Le Régent les parcourait rapidement des yeux, sans pourtant interrompre la conversation qu'il avait engagée avec nous. Au fur et à mesure qu'il avait pris connaissance d'une dépêche, il saisissait son style de bambou, et écrivait ses ordres au bas du rouleau; il expédia ainsi toutes ses affaires avec promptitude, et comme en se jouant. Nous ne sommes nullement compétents pour nous faire juges du mérite littéraire qu'on attribuait au premier Kalon; il nous est seulement permis de dire que nous n'avons jamais vu d'écriture thibétaine aussi belle que la sienne.

Le Régent aimait beaucoup à s'occuper de questions religieuses, et le plus souvent elles faisaient la principale matière de nos entretiens. Au commencement, il nous dit ces paroles remarquables : —Tous vos longs voyages, vous les avez entrepris uniquement dans un but religieux;..... vous avez raison, car la religion est l'affaire importante des hommes; je vois que les Français et les Thibétains pensent de même à ce sujet. Nous ne ressemblons nullement aux Chinois qui comptent pour rien les affaires de l'âme. Cependant, votre religion n'est pas la même que la nôtre;... il importe de savoir quelle est la véritable. Nous les examinerons donc toutes les deux attentivement et avec sincérité ; si la vôtre est la bonne, nous l'adopterons ; comment pourrions-nous nous y refuser ? Si, au contraire, c'est la nôtre, je crois que vous serez assez raisonnables pour la suivre. Ces dispositions nous parurent excellentes ; nous ne pouvions, pour le moment, en désirer de meilleures.

Nous commençâmes par le christianisme. Le Régent, toujours aimable et poli dans les rapports qu'il avait avec nous, prétendit que, puisque nous étions ses hôtes, nos croyances devaient avoir l'honneur de la priorité. Nous passâmes successivement en revue les vérités dogmatiques et morales. A notre grand étonnement, le Régent ne paraissait surpris de rien. — Votre religion, nous répétait-il sans cesse, est conforme à la nôtre ; les vérités sont les mêmes, nous ne différons que dans les explications. Parmi tout ce que vous avez vu et entendu dans la Tartarie et dans le Thibet, vous avez dû, sans doute, trouver beaucoup à redire ; mais il ne faut pas oublier que les erreurs et les superstitions nombreuses que vous avez remarquées, ont été introduites par les Lamas ignorants, et qu'elles sont rejetées par les Bouddhistes instruits. — Il n'admettait entre lui et nous que deux points de dissidence, l'origine du monde et la transmigration des âmes. Les croyances du Régent, bien qu'elles parussent quelquefois se rapprocher de la doctrine catholique, finissaient néanmoins par aboutir à un vaste panthéisme ; mais il prétendait que nous arrivions aussi aux mêmes conséquences, et il se faisait fort de nous en convaincre.

La langue thibétaine, essentiellement religieuse et mystique, exprime avec beaucoup de clarté et de précision toutes les idées qui touchent à l'âme humaine et à la Divinité. Malheureusement, nous n'avions pas un usage suffisant de cette langue, et nous étions forcés, dans nos entretiens avec le Régent, d'avoir recours au gouverneur kachemirien pour nous servir d'interprète; mais comme il n'était pas lui-même très-habile à rendre en chinois des idées métaphysiques, il nous était très-souvent difficile de bien nous entendre. Un jour, le Régent nous dit : — La vérité est claire par elle-même ; mais si on l'enveloppe de mots obscurs, on ne l'aperçoit pas. Tant que nous serons obligés d'avoir le chinois pour intermédiaire, il nous sera impossible de nous comprendre. Nous ne discuterons avec fruit, qu'autant que vous parlerez clairement le thibétain. — Personne plus que nous n'était persuadé de la justesse de cette observation. Nous répondîmes au Régent, que l'étude de la langue thibétaine était l'objet de notre sollicitude, et que nous y travaillions tous les jours avec ardeur. — Si vous voulez, nous dit-il, je vous faciliterai les moyens de l'apprendre.... Au même instant, il appela un domestique, et lui dit quelques mots que nous ne comprîmes pas. Un tout jeune homme, élégamment vêtu, parut aussitôt, et nous salua avec beaucoup de grâce. — Voilà mon neveu, nous dit le Régent; je vous le donne pour élève et pour maître ; il passera toute la journée avec vous, et vous aurez ainsi occasion de vous exercer dans la langue thibétaine ; en retour vous lui donnerez quelques leçons de chinois et de mantchou. Nous acceptâmes cette proposition avec reconnaissance, et nous pûmes, en effet, par ce moyen, faire des progrès rapides dans la langue du pays.

Le Régent aimait beaucoup à s'entretenir de la France.

Durant nos longues visites, il nous adressait une foule de questions sur les mœurs, les habitudes et les productions de notre pays. Tout ce que nous lui racontions, des bateaux à vapeur, des chemins de fer, des aérostats, de l'éclairage au gaz, des télégraphes, du daguerréotype, et de tous nos produits industriels, le jetait comme hors de lui, et lui donnait une haute idée de la grandeur et de la puissance de la France.

Un jour que nous lui parlions des observatoires et des instruments astronomiques, il nous demanda s'il ne lui serait pas permis d'examiner de près cette machine étrange et curieuse que nous tenions dans une boîte. Il voulait parler du microscope. Comme nous étions de meilleure humeur, et infiniment plus aimables qu'au moment où l'on faisait la visite de nos effets, nous nous empressâmes de satisfaire la curiosité du Régent. Un de nous courut à notre résidence, et revint à l'instant avec le merveilleux instrument. Tout en l'ajustant, nous essayâmes de donner, comme nous pûmes, quelques notions d'optique à notre auditoire ; mais nous étant aperçus que la théorie excitait fort peu d'enthousiasme, nous en vînmes tout de suite à l'expérience. Nous demandâmes si dans la société quelqu'un serait assez bon pour nous procurer un pou. La chose était plus facile à trouver qu'un papillon. Un noble Lama, secrétaire de Son Excellence le premier Kalon, n'eut qu'à porter sa main à son aisselle par-dessous sa robe de soie, et il nous offrit un pou extrêmement bien membré. Nous le saisîmes immédiatement aux flancs avec la pointe de nos brucelles ; mais le Lama se mit aussitôt à faire de l'opposition ; il voulut empêcher à l'expérience, sous prétexte que nous allions procurer la mort d'un être vivant. — Sois sans crainte, lui dîmes-nous ; ton pou n'est pris que par l'épiderme ; d'ailleurs, il paraît assez vigoureux pour se tirer victorieusement de ce mauvais pas. — Le Régent, qui, comme nous l'avons dit, avait un symbolisme plus épuré que celui du vulgaire, dit au Lama de garder le silence et de nous laisser faire. Nous continuâmes donc l'expérience, et nous fixâmes à l'objectif cette pauvre petite bête, qui se dépitait de toutes ses forces, à l'extrémité des brucelles. Nous invitâmes ensuite le Régent à appliquer l'œil droit, en clignant le gauche, au verre qui se trouvait au haut de la machine. — Tsong-Kaba ! s'écria le Régent, ce pou est gros comme un rat..... Après l'avoir considéré un instant, il leva la tête et cacha sa figure dans ses deux mains, en disant que c'était horrible à voir..... Il voulut dissuader les autres de regarder, mais son influence échoua complètement. Tout le monde, à tour de rôle, alla se pencher sur le microscope, et se releva en poussant des cris d'horreur. Le Lama-secrétaire, s'étant avisé que son petit animal ne remuait plus guère, réclama en sa faveur. Nous enlevâmes les brucelles, et nous fîmes tomber le pou dans la main de son propriétaire. Mais hélas ! la pauvre victime était sans mouvement. Le Régent dit en riant à son secrétaire : — Je crois que ton pou est indisposé ;.... va, tâche de lui faire prendre une médecine ; autrement, il n'en reviendra pas.

Personne ne voulant plus voir des êtres vivants, nous continuâmes la séance, en faisant passer sous les yeux des spectateurs une petite collection de tableaux microscopiques. Tout le monde était dans le ravissement, et on ne parlait qu'avec admiration de la prodigieuse capacité des Français. Le Régent nous dit : — Vos chemins de fer et vos navires aériens ne m'étonnent plus tant; des hommes qui peuvent inventer une machine comme celle-ci, sont capables de tout.

Le premier Kalon était tellement engoué des choses de notre patrie, qu'il lui prit fantaisie d'étudier la langue française. Un soir, nous lui apportâmes, selon ses désirs, un *A B C* français, dont chaque lettre avait la prononciation écrite, au-dessous, avec des caractères thibétains. Il y jeta un coup-d'œil ; et comme nous voulions lui donner quelques explications, il nous répondit que cela n'était pas nécessaire, que ce que nous avions écrit était très-clair.

Le lendemain, aussitôt que nous parûmes en sa présence, il nous demanda quel était le nom de notre empereur?—Notre empereur s'appelle Louis-Philippe.—Louis-Philippe! Louis-Philippe!... C'est bien. — Puis il prit son poinçon, et se mit à écrire. Un instant après, il nous présenta un morceau de papier, où l'on voyait écrit, en caractères très-bien formés : LOUY FILIPE.

Pendant la courte période de notre prospérité à Lha-Ssa, nous eûmes aussi des relations assez familières avec l'ambassadeur chinois Ki-Chan. Il nous fit appeler deux ou trois fois pour parler politique, ou, selon l'expression chinoise, pour dire des paroles oiseuses. Nous fûmes fort surpris de le trouver si au courant des affaires d'Europe. Il nous parla beaucoup des Anglais et de la reine Victoria.— Il paraît, dit-il, que cette femme a une grande capacité ; mais son mari, selon moi, joue un rôle fort ridicule : elle ne le laisse se mêler de rien. Elle lui a fait arranger un jardin magnifique rempli d'arbres fruitiers et de fleurs de toute espèce, et c'est là qu'il est toujours enfermé, passant toute sa vie à se promener... On prétend qu'en Europe, il y a encore d'autres royaumes où les femmes gouvernent. Est-ce vrai? Est-ce que leurs maris sont également enfermés dans des jardins? Est-ce que dans le royaume de France vous avez aussi cet usage? — Non, en France les femmes sont dans les jardins, et les hommes se mêlent des affaires. —Voilà qui est la raison; agir autrement, c'est du désordre.

Ki-Chan nous demanda des nouvelles de Palmerston, s'il était toujours chargé des affaires étrangères .. —Et *Ilu* (1), qu'est-il devenu? le savez-vous?—Il a été rappelé; ta chute a entraîné la sienne. —C'est dommage; *Ilu* avait un cœur excellent, mais il ne savait pas prendre une résolution. A-t-il été mis à mort ou exilé? —Ni l'un ni l'autre. En Europe, on n'y va pas si rondement qu'à Péking.— Oui, c'est vrai; vos Mandarins sont bien plus heureux que nous. Votre gouvernement vaut mieux que le nôtre : notre Empereur ne peut tout savoir, et cependant c'est lui qui juge tout, sans que personne ose jamais trouver à redire à ses actes. Notre Empereur nous dit : —Voilà qui est blanc... Nous nous prosternons, et nous répondons : Oui, voilà qui est blanc.—Il nous montre ensuite le même objet, et nous dit : Voilà qui est noir... Nous nous prosternons de nouveau, et nous répondons : Oui, voilà qui est noir.—Mais enfin si vous disiez qu'un objet ne saurait être à la fois blanc et noir?—L'Empereur dirait peut-être à celui qui aurait ce courage : Tu as raison;... mais en même temps

---

(1) Nom chinoisé de M. Elliot, plénipotentiaire Anglais à Canton, au commencement de la guerre anglo-chinoise.

il le ferait étrangler ou décapiter. Oh! nous n'avons pas comme vous une *assemblée de tous les chefs* (*Tchoung-Teou-Y*; c'est ainsi que Ki-Chan désignait la chambre des députés.) Si votre Empereur voulait agir contrairement à la justice, votre *Tchoung-Teou-Y* serait là pour arrêter sa volonté.

Ki-Chan nous raconta de quelle manière étrange on avait traité à Péking la grande affaire des Anglais en 1839. L'Empereur convoqua les huit *Tchoung-Tang* qui composent son conseil intime, et leur parla des événements survenus dans le midi. Il leur dit que des aventuriers des mers occidentales s'étaient montrés rebelles et insoumis, qu'il fallait les prendre et les châtier sévèrement, afin de donner un exemple à tous ceux qui seraient tentés d'imiter leur inconduite... Après avoir ainsi manifesté son opinion, l'Empereur demanda l'avis de son conseil. Les quatre *Tchoung-Tang* mantchous se prosternèrent, et dirent : *Tché, tché, tché, Tchou-Dze-Ti, Fan-Fou*; Oui, oui, oui, voilà l'ordre du maître. Les quatre *Tchoung-Tang* chinois se prosternèrent à leur tour et dirent: *Ché, ché, ché, Hoang-Chang-Ti, Tien-Ngen*; Oui, oui, oui, c'est le bienfait céleste de l'Empereur... Après cela il n'y eut rien à ajouter, et le conseil fut congédié.

Cette anecdote est très-authentique; car Ki-Chan est un des huit *Tchoung-Tang* de l'empire. Il ajouta que, pour son compte, il était persuadé que les Chinois étaient incapables de lutter contre les Européens, à moins de modifier leurs armes et de changer leurs vieilles habitudes, mais qu'il se garderait bien de jamais le dire à l'Empereur, parce que, outre que le conseil serait inutile, il lui en coûterait peut-être la vie.

Nos relations fréquentes avec l'ambassadeur chinois, le Régent et le gouverneur kachemirien, ne contribuaient pas peu à nous attirer la confiance et la considération de la population de Lha-Ssa. En voyant augmenter de jour en jour le nombre de ceux qui venaient nous visiter et s'instruire de notre sainte religion, nous sentions nos espérances grandir, et notre courage se fortifier. Cependant, au milieu de ces consolations, une pensée venait incessamment nous navrer le cœur : nous souffrions de ne pouvoir offrir aux Thibétains le ravissant spectacle des fêtes pompeuses et touchantes du catholicisme. Il nous semblait toujours que la beauté de nos cérémonies eût agi puissamment sur ce peuple, si avide de tout ce qui tient au culte extérieur.

Les Thibétains, nous l'avons déjà dit, sont éminemment religieux ; mais, à part quelques Lamas contemplatifs, qui se retirent au sommet des montagnes, et passent leur vie dans le creux des rochers, ils sont très-peu portés au mysticisme. Au lieu de renfermer leur dévotion au fond de leur cœur, ils aiment au contraire à la manifester par des actes extérieurs. Ainsi les pèlerinages, les cérémonies bruyantes dans les lamaseries, les prostrations sur les plates-formes de leurs maisons, sont des pratiques extrêmement de leur goût. Ils ont continuellement à la main le chapelet bouddhique, qu'ils agitent avec bruit ; et ils ne cessent de murmurer des prières, lors même qu'ils vaquent à leurs affaires.

Il existe à Lha-Ssa une coutume bien touchante, et que nous avons été en quelque sorte jaloux de rencontrer parmi des infidèles. Sur le soir, au moment où le jour touche à son déclin, tous les Thibétains cessent de se mêler d'affaires, et se réunissent, hommes, femmes et enfants, conformément à leur sexe et à leur âge, dans les principaux quartiers de la ville et sur les places publiques. Aussitôt que les groupes se sont formés, tout le monde s'accroupit par terre, et on commence à chanter des prières lentement et à demi-voix. Les concerts religieux qui s'élèvent du sein de ces réunions nombreuses, produisent dans la ville une harmonie immense, solennelle, et qui agit fortement sur l'âme. La première fois que nous fûmes témoins de ce spectacle, nous ne pûmes nous empêcher de faire un douloureux rapprochement entre cette ville païenne, où tout le monde priait en commun, et les cités de l'Europe où l'on rougirait de faire en public le signe de la croix.

La prière que les Thibétains chantent dans les réunions du soir, varie suivant les saisons de l'année : celle au contraire qu'ils récitent sur leur chapelet, est toujours la même, et ne se compose que des six syllabes : *Om, mani padmé houm*. Cette formule, que les Bouddhistes nomment par abréviation le *mani*, se trouve non-seulement dans toutes les bouches, mais on la rencontre encore écrite de toutes parts, dans les rues, sur les places publiques, et dans l'intérieur des maisons. Sur toutes les banderolles qu'on voit flotter au-dessus des portes ou au sommet des édifices, il y a toujours un *mani* imprimé en caractères landza, tartares et thibétains. Certains Bouddhistes riches et zélés, entretiennent à leurs frais des compagnies de Lamas sculpteurs, qui ont pour mission de propager le *mani*. Ces étranges missionnaires s'en vont un ciseau et un marteau à la main, parcourant les campagnes, les montagnes et les déserts, et gravant la formule sacrée sur les pierres et les rochers qu'ils rencontrent.

Selon l'opinion du célèbre orientaliste Klaproth, *Om, mani padmé houm* n'est que la transcription thibétaine d'une formule sanscrite apportée de l'Inde dans le Thibet. Vers le milieu du septième siècle de notre ère, le célèbre Hindou *Tonmi Sambhodha* introduisit l'usage de l'écriture dans le Thibet; mais comme l'alphabet landza, qu'il avait d'abord adopté, parut au roi *Srong-Bdzan-Gombo* trop compliqué et trop difficile à apprendre, il l'invita à en rédiger un nouveau plus aisé, et mieux adapté à la langue thibétaine. En conséquence, *Tonmi-Sambhodha* s'enferma pendant quelque temps, et composa l'écriture thibétaine dont on se sert encore aujourd'hui, et qui n'est qu'une modification des caractères sanscrits. Il initia aussi le roi aux secrets du bouddhisme, et lui transmit la formule sacrée, *Om, mani padmé houm*, qui se répandit avec rapidité dans toutes les contrées du Thibet et de la Mongolie.

Cette formule a, dans la langue sanscrite, un sens complet et indubitable, qu'on chercherait vainement dans l'idiome thibétain. *Om* est, chez les Hindous, le nom mystique de la divinité, par lequel toutes les prières commencent. Il est composé de A, le nom de Vichnou; de O, celui de Siva; et de M, celui de Brahma. Cette particule mystique équivaut aussi à l'interjection *ô!* et exprime une profonde conviction religieuse; c'est en quelque sorte une formule d'acte de foi... *Mani* signifie joyau, chose précieuse; *padma*, le lotus; *padmé* est le vocatif du même mot..... Enfin, *houm* est une particule qui exprime le vœu, le désir, et équivaut à notre *Amen*. Le sens littéral de cette phrase est donc celui-ci :

> Om, mani padmé houm!
> O ! le joyau dans le lotus, Amen !

Les Bouddhistes du Thibet et de la Mongolie ne se sont pas contentés de ce sens clair et précis. Ils se sont torturé l'imagination pour chercher une interprétation mystique à chacune des six syllabes qui composent cette phrase. Ils ont écrit une infinité d'ouvrages extrêmement volumineux, où ils ont entassé extravagances sur extravagances, pour expliquer leur fameux *mani*. Les Lamas sont dans l'habitude de dire que la doctrine renfermée dans ces paroles merveilleuses, est immense, et que la vie tout entière d'un homme est insuffisante pour en mesurer l'étendue et la profondeur.

Nous avons été curieux de savoir ce que le Régent pensait de cette formule. Voici ce qu'il nous a dit à ce sujet : Les êtres animés, en thibétain, *semdchan*, et en mongol, *amitan*, sont divisés en six classes : les anges, les démons, les hommes, les quadrupèdes, les volatiles et les reptiles (1). Ces six classes d'êtres animés correspondent aux six syllabes de la formule *Om, mani padmé houm*. Les êtres animés roulent, par de continuelles transformations, et suivant leur mérite ou leur démérite, dans ces six classes, jusqu'à ce qu'ils aient atteint le comble de la perfection ; alors ils sont absorbés et perdus dans la grande essence de Bouddha, c'est-à-dire, dans l'âme éternelle et univer-

---

(1) La classe des reptiles comprend les poissons, les mollusques, et tous les animaux qui ne sont ni quadrupèdes ni volatiles.

selle, d'où émanent toutes les âmes, et où toutes les âmes, après leurs évolutions temporaires, doivent se réunir et se confondre. Les êtres animés ont, suivant la classe à laquelle ils appartiennent, des moyens particuliers pour se sanctifier, monter dans une classe supérieure, obtenir la perfection, et arriver enfin au terme de leur absorption. Les hommes qui récitent très-souvent et très-dévotement, *Om, mani padmé houm*, évitent de retomber, après leur mort, dans les six classes des êtres animés correspondant aux six syllabes de la formule, et obtiennent la plénitude de l'être par leur absorption dans l'âme éternelle et universelle de Bouddha.

Nous ne savons si cette explication, qui nous a été donnée par le Régent lui-même, est généralement adoptée par les Bouddhistes instruits du Thibet et de la Mongolie. On pourrait cependant remarquer, ce nous semble, qu'elle a une certaine analogie avec le sens littéral : *O! le joyau dans le lotus, Amen*. Le *joyau* étant l'emblème de la perfection, et le *lotus* celui de Bouddha, on pourrait dire peut-être, que ces paroles expriment le vœu d'acquérir la perfection, pour être réuni à Bouddha, être absorbé dans l'âme universelle. La formule symbolique : *O! le joyau dans le lotus, Amen!* pourrait alors se paraphraser ainsi : *O! que j'obtienne la perfection, et que je sois absorbé dans Bouddha, Amen!*

D'après l'explication du Régent, le *mani* serait en quelque sorte le résumé d'un vaste panthéisme, base de toutes les croyances des Bouddhistes. Les Lamas instruits disent que Bouddha est l'Être nécessaire, indépendant, principe et fin de toute chose. La terre, les astres, les hommes, tout ce qui existe, est une manifestation partielle et temporaire de Bouddha. Tout a été créé par Bouddha, en ce sens que tout vient de lui, comme la lumière vient du soleil. Tous les êtres émanés de Bouddha ont eu un commencement et auront une fin; mais de même qu'ils sont sortis nécessairement de l'essence universelle, ils y rentreront aussi nécessairement. C'est comme les fleuves et les torrents produits par les eaux de la mer, et qui, après un cours plus ou moins long, vont de nouveau se perdre dans son immensité. Ainsi Bouddha est éternel; ses manifestations aussi sont éternelles; mais en ce sens, qu'il y en a eu et qu'il y en aura toujours, quoique, prises à part, toutes doivent avoir un commencement et une fin.

Sans trop se mettre en peine si cela s'accorde ou non avec ce qui précède, les Bouddhistes admettent en outre un nombre illimité d'incarnations divines. Ils disent que Bouddha prend un corps humain et vient habiter parmi les hommes, afin de les aider à acquérir la perfection, et de leur faciliter la réunion à l'âme universelle. Ces Bouddha-vivants composent la classe nombreuse des *Chaberons,* dont nous avons déjà souvent parlé. Les Bouddha-vivants les plus célèbres sont, à Lha-Ssa, le Talé-Lama ; à Djachi-Loumbo, le Bandchan-Remboutchi ; au Grand-Kouren, le Guison-Tamba ; à Péking, le Tchang-Kia-Fo, espèce de grand aumônier de la cour impériale ; et dans le pays des *Ssamba,* au pied des monts Himalaya, le Sa-Dcha-Fo. Ce dernier a, dit-on, une mission passablement singulière. Il est nuit et jour en prière, afin de faire tomber continuellement de la neige sur la cime des Himalaya. Car, selon une tradition thibétaine, il existe, derrière ces monts élevés, un peuple sauvage et cruel, qui n'attend que la fonte des neiges pour venir massacrer les tribus thibétaines, et s'emparer du pays.

Quoique tous les Chaberons indistinctement soient des Bouddha-vivants, il y a néanmoins, parmi eux, une hiérarchie, dont le Talé-Lama occupe le sommet. Tous les autres reconnaissent ou doivent reconnaître sa suprématie. Le Talé-Lama actuel, nous l'avons déjà dit, est un enfant de neuf ans. Il y en a déjà six qu'il occupe le palais du Bouddha-La. Il est *Si-Fan* d'origine, et a été pris dans une famille pauvre et inconnue de la principauté de *Ming-Tchen-Tou-Sse*.

Quand le Talé-Lama est mort, ou pour parler bouddhiquement, quand il s'est dépouillé de son enveloppe humaine, on procède à l'élection de son successeur, de la manière suivante. On prescrit des prières et des jeûnes dans toutes les lamaseries. Les habitants de Lha-Ssa surtout, comme étant les plus intéressés à l'affaire, redoublent de zèle et de dévotion. Tout le monde se met en pèlerinage autour du Bouddha-La et de la *Cité des Esprits*; les *Tchu-Kor* tournent dans toutes les mains, la formule sacrée du *mani* retentit jour et nuit dans tous les quartiers de la ville, et les parfums brûlent de toutes parts avec profusion. Ceux qui croient posséder le Talé-Lama dans leur famille, en donnent avis à l'autorité de Lha-Ssa, afin qu'on puisse constater, dans les enfants désignés, leur qualité de Chaberons. Pour pouvoir procéder à l'élection du Talé-Lama, il faut avoir découvert trois Chaberons, authentiquement reconnus pour tels. On les fait venir à Lha-Ssa, et les Houtouktou des États lamanesques se constituent en assemblée. Ils s'enferment dans un temple du Bouddha-La, et passent six jours dans la retraite, le jeûne et la prière. Le septième jour, on prend une urne en or, contenant trois fiches également en or, sur lesquelles sont gravés les noms des trois petits candidats aux fonctions de divinité du Bouddha-La. On agite l'urne, le doyen des Houtouktou en tire une fiche, et le marmot dont le nom a été désigné par le sort, est immédiatement proclamé Talé-Lama. On le promène en grande pompe dans la rue de la Cité des Esprits, pendant que tout le monde se prosterne dévotement sur son passage, et on le colloque enfin dans son sanctuaire.

Les deux Chaberons en maillot, qui ont concouru pour la place de Talé-Lama, sont rapportés par leurs nourrices dans leurs familles respectives; mais pour les dédommager de n'avoir pas eu une bonne chance, le gouvernement leur fait un petit cadeau de cinq cents onces d'argent.

Le Talé-Lama est vénéré par les Thibétains et les Mongols comme une divinité. Le prestige qu'il exerce sur les populations bouddhistes, est vraiment étonnant; cependant, on a été beaucoup trop loin, quand on a avancé que ses excréments sont recueillis avec respect, et servent à fabriquer des amulettes que les dévots enferment dans des sachets et portent suspendus à leur cou. Il est également faux que le Talé-Lama ait la tête et les bras entourés de serpents, pour frapper l'imagination de ses adorateurs. Ces assertions, qu'on lit dans certaines géographies, sont entièrement dénuées de fondement. Pendant notre séjour à Lha-Ssa, nous avons beaucoup interrogé à ce sujet, et tout le monde nous a ri au nez. A moins de dire que, depuis le Régent jusqu'à notre marchand d'*argols,* tout le monde s'est entendu pour nous cacher la vérité, il faut convenir que les relations, qui ont donné cours à de pareilles fables, ont été écrites avec bien peu de circonspection.

Il nous a été impossible de voir le Talé-Lama ; ce n'est pas qu'on soit très-difficile pour laisser pénétrer les curieux ou les dévots jusqu'à lui, mais nous en avons été empêchés par une circonstance assez bizarre. Le Régent nous avait promis de nous conduire au Bouddha-La, et nous étions sur le point de faire cette fameuse visite, lorsqu'on s'imagina que nous donnerions la petite vérole au Talé-Lama. Cette maladie venait effectivement de se déclarer à Lha-Ssa, et on prétendait qu'elle avait été apportée de Péking par la grande caravane qui était arrivée depuis peu de jours. Comme nous avions fait partie de cette caravane, on nous demanda s'il ne serait pas mieux d'ajourner notre visite, que d'exposer le Talé-Lama à gagner la petite vérole. L'observation était trop raisonnable pour que nous eussions quelque chose à objecter.

La crainte que les Thibétains ont de la petite vérole, est inimaginable. Ils n'en parlent jamais qu'avec stupeur, et comme du plus grand fléau qui puisse désoler l'espèce humaine. Il n'est presque pas d'année où cette maladie ne fasse à Lha-Ssa des ravages épouvantables ; les seuls remèdes préservatifs que le gouvernement sache employer, pour soustraire les populations à cette affreuse épidémie, c'est de proscrire les malheureuses familles qui en sont atteintes. Aussitôt que la petite vérole s'est déclarée dans une maison, tous les habitants doivent déloger, et se réfugier, bon gré, mal gré, loin de la ville, sur le sommet des montagnes ou dans les déserts. Personne ne peut avoir de communication avec ces malheureux, qui meurent bientôt de faim et de misère, ou deviennent la proie des bêtes sauvages. Nous ne manquâmes pas de faire connaître au Régent la méthode précieuse usitée parmi les nations Européennes, pour se préserver de la petite vérole. Un des motifs qui nous avaient valu la sympathie et la protection du Régent, c'était l'espérance que nous pourrions un jour introduire la vaccine dans le Thibet. Le Missionnaire qui aurait le bonheur de doter les Thibétains d'un bienfait si signalé, acquerrait certainement sur leur esprit une influence capable de lutter avec celle du Talé-Lama lui-même. L'introduction de la vaccine dans le Thibet, par les Missionnaires, serait peut-être le signal de la ruine du lamanisme, et de l'établissement de la religion chrétienne parmi ces tribus infidèles.

Les galeux et les lépreux sont en assez grand nombre à Lha-Ssa. Ces maladies cutanées sont engendrées par la malpropreté, qui règne surtout dans les basses classes de la population. Il n'est pas rare, non plus, de rencontrer parmi les Thibétains des cas d'hydrophobie. On est seulement étonné que cette maladie horrible n'exerce pas de plus grands ravages, quand on songe à l'effrayante multitude de chiens affamés qui rôdent incessamment dans les rues de Lha-Ssa; ces animaux sont tellement nombreux dans cette ville, que les Chinois ont coutume de dire ironiquement, que les trois grands produits de la capitale du Thibet sont les Lamas, les femmes et les chiens, *Lama, Ya-Téou, Keou.*

Cette multitude étonnante de chiens, vient du grand

respect que les Thibétains ont pour ces animaux, et de l'usage qu'ils en font pour la sépulture des morts. Quatre espèces différentes de sépultures sont en vigueur dans le Thibet : la première, est la combustion ; la deuxième, l'immersion dans les fleuves et les lacs ; la troisième, l'exposition sur le sommet des montagnes ; et la quatrième, qui est la plus flatteuse de toutes, consiste à couper les cadavres par morceaux et à les faire manger aux chiens. Cette dernière méthode est la plus courue. Les pauvres ont tout simplement pour mausolée les chiens des faubourgs ; mais pour les personnes distinguées, on y met un peu plus de façon ; il y a des lamaseries où l'on nourrit *ad hoc* des chiens sacrés, et c'est là que les riches Thibétains vont se faire enterrer (1)....

(1) Strabon, parlant des coutumes des Scythes nomades, conservées chez les Sogdiens et les Bactriens, dit : « Dans la capitale des Bactriens, » l'on nourrit des chiens auxquels on donne un nom particulier ; et ce » nom rendu dans notre langue, voudrait dire *enterreurs*. Ces chiens » sont chargés de dévorer tous ceux qui commencent à s'affaiblir par » l'âge ou par la maladie. De là vient que les environs de cette capi- » tale n'offrent la vue d'aucun tombeau ; mais l'intérieur de ses » murs est tout rempli d'ossements. On dit qu'Alexandre a aboli cette » coutume.

Cicéron attribue le même usage aux Hyrcaniens, lorsqu'il dit : « In » Hyrcania plebs publicos alit canes ; optimates, domesticos. Nobile » autem genus canum illud scimus esse. Sed pro sua quisque facul- » tate parat, à quibus lanietur : eamque optimam illi esse censent se- » pulturam. » (*Quæst. Tuscul.*, lib. I, § 45.)

Justin dit aussi des Parthes : « Sepultura vulgò aut avium aut canum » laniatus est. Nuda demum ossa terrâ obruunt. » (*Note de Klaproth*.)

CHAPITRE VIII.

Notice sur Moorcroft voyageur anglais. — Voies de communication de Lha-Ssa en Europe. — Discussion avec l'ambassadeur chinois. — Lutte du Régent et de Ki-Chan à notre sujet. — Notre expulsion de Lha-Ssa est arrêtée. — Protestation contre cette mesure arbitraire. — Rapport de Ki-Chan à l'empereur de Chine. — Système de chronologie en usage dans le Thibet. — Nouvelle année thibétaine. — Fêtes et réjouissances. — Couvents bouddhiques de la province d'Oui. — Khaldan. — Préboung. — Séra. — Adieux du Régent. — Séparation de Samdadchiemba. — Ly, *le Pacificateur des royaumes*. — Triple allocution de l'ambassadeur chinois. — Adieux pittoresques de Ly-Kouo-Ngan et de son épouse. — Départ de Lha-Ssa pour Canton. — Passage d'une rivière dans une barque en cuir.

Nous avons déjà dit un mot du voyage de Moorcroft dans le Thibet, en parlant de la crainte excessive que les dessinateurs et les faiseurs de cartes de géographie, inspirent au gouvernement thibétain. Un jour, le gouverneur des Kachemiriens nous conduisit un de ses compatriotes, nommé Nisan, et qui avait été pendant long-temps le domestique de Moorcroft à Lha-Ssa. Il nous parla longuement de son ancien maître, et les détails qu'il nous donna vinrent confirmer tout ce qu'on nous avait déjà raconté. Les aventures de ce voyageur anglais nous paraissant trop étranges, pour être passées entièrement sous silence, nous avons jugé à propos de faire, sur ce sujet, une courte notice.

Selon les témoignages recueillis dans la capitale même du Thibet, Moorcroft arriva de Ladak à Lha-Ssa dans l'année 1826; il portait le costume musulman, et parlait la langue *Farsie;* il s'exprimait dans cet idiome avec une si grande facilité, que les Kachemiriens de Lha-Ssa le prirent pour un de leurs compatriotes. Il loua dans la ville une maison, où il séjourna pendant douze ans avec son domestique Nisan, qu'il avait amené de Ladak, et qui croyait lui-même avoir pour maître un Kachemirien. Moorcroft avait acheté quelques troupeaux de chèvres et de bœufs grognants, dont il avait confié la garde à des bergers thibétains qui stationnaient dans les gorges des montagnes, aux environs de Lha-Ssa. Sous prétexte d'aller visiter ses troupeaux, le faux musulman parcourait librement le pays, et profitait de ces fréquentes excursions, pour faire ses dessins et dresser ses cartes de géographie. On prétend que, n'ayant jamais appris la langue thibétaine, il s'abstenait d'avoir des rapports directs avec les gens de la contrée. Enfin, après avoir séjourné pendant douze ans à Lha-Ssa, Moorcroft reprit la route de Ladak; mais pendant qu'il était dans la province de *Ngari,* il fut assailli par une troupe de brigands qui l'assassinèrent. Les auteurs de ce meurtre ayant été poursuivis et arrêtés par le gouvernement thibétain, on retrouva une partie des effets du voyageurs anglais, parmi lesquels était une collection de dessins et de cartes géographiques. Ce fut seulement en ce moment, et à la vue de ces objets, que les autorités de Lha-Ssa connurent que Moorcroft était Anglais.

Avant de se séparer de son domestique, Moorcroft lui avait donné un billet, en lui disant de le montrer aux habitants de Calcutta, si jamais il allait dans cette ville, et que cela suffirait pour faire sa fortune. C'était sans doute une lettre de recommandation. La saisie des effets de Moorcroft fit si grand bruit dans le Thibet, que Nisan, craignant de se trouver compromis, détruisit sa lettre de recommandation. Il nous a dit lui-même que ce billet était d'une écriture entièrement semblable à la nôtre.

Les faits que nous venons de raconter, nous les tenons du Régent, du gouverneur kachemirien, de Nisan et de plusieurs autres habitants de Lha-Ssa. Avant d'arriver dans cette ville, nous n'avions jamais entendu parler de Moorcroft; c'est là que nous avons appris pour la première fois le nom de ce voyageur anglais. D'après ce que nous avons dit, il paraîtrait donc établi, que Moorcroft est réellement allé à Lha-Ssa en 1826, qu'il y a séjourné pendant douze ans, et qu'ensuite il a été assassiné sur la route de Ladak à Lha-Ssa.

Maintenant, voici d'autres renseignements qui s'accordent bien peu avec ceux qui nous ont été donnés dans la capitale du Thibet. D'après la Géographie universelle de Charles Ritter (1), Moorcroft fit d'abord, en 1812, un voyage qui dura deux mois; il fut ensuite chargé, par la Compagnie, de se procurer des chevaux du Turkestan, pour améliorer les races des haras de l'Inde. Dans ce but, il entreprit un second voyage en novembre 1819; il parvint jusqu'à Ladak, où il resta deux ans. Au mois d'octobre 1822, il quitta cette ville pour aller à Kachemir, et

---

(1) Asie, vol. V, pag. 800. Édition allemande de 1833 à 1837.

le 25 août 1825 il mourut à Andkou, sur le chemin d'Hérat à Balk. La mort de Moorcroft, à la date et au lieu indiqués par Charles Ritter, a été annoncée par son compagnon de voyage M. Tribeck, dans une lettre datée de Balk le 6 septembre 1825, et adressée au capitaine Wadé résidant à Loudiana (1).

Nous avouons qu'il nous est impossible d'accorder entre eux des documents si opposés. Si réellement Moorcroft n'a pas été à Lha-Ssa, comment se fait-il qu'il y soit si bien connu, et qu'on y parle de son séjour d'une manière si précise? Quel intérêt auraient pu avoir les Thibétains à forger de semblables anecdotes?... D'autre part, si Moorcroft a été à Lha-Ssa, comment expliquer cette lettre de M. Tribeck qui annonce que son compagnon de voyage est mort en 1825, précisément à la même époque où, selon l'autre hypothèse, il aurait été en route pour se rendre dans la capitale du Thibet?

Sans prétendre concilier toutes ces contradictions, nous allons citer un fait qui nous concerne, et qui paraîtra, peut-être, avoir une certaine analogie avec l'affaire de Moorcroft. Quelque temps après notre arrivée à Macao, nous lûmes l'article suivant dans le *Bengal Catholic Hérald* (2), journal imprimé à Calcutta... « Canton 12 septembre. — Les » Missionnaires français de notre ville ont reçu dernière- » ment la nouvelle de la mort lamentable de deux Pères de

---

(1) Voir le *Journal asiatique* de Londres, vol. XXI, page 786, et vol. XXII, page 596. Une notice sur les manuscrits de Moorcroft a été insérée dans le *Journal de la Société géographique* de Londres; vol. de 1831, page 234.

(2) *Bengal Catholic Herald*; vol. XII, no 9, pag. 120.

» leur mission dans la Tartarie-Mongole... » Après un court aperçu sur les pays mongolo-chinois, l'auteur de l'article poursuit ainsi : « Un Lazariste français, nommé Huc, ar-
» riva, il y a environ trois ans, chez quelques familles chi-
» noises, qui s'étaient établies dans la Vallée-des-Eaux-
» Noires, à environ deux cents lieues de marche de la
» grande muraille. Un autre Lazariste, dont le nom m'est
» inconnu (1), se joignit à lui dans le dessein de former
» une mission parmi les Bouddhistes mongols. Ils étu-
» dièrent la langue mongole avec les Lamas des monastères
» voisins. Il paraît qu'ils ont été pris pour des Lamas étran-
» gers, et qu'ils ont été traités avec amitié, surtout par les
» Bouddhistes, qui sont très-ignorants, et qui prenaient le
» latin de leurs bréviaires pour du sanscrit qu'ils ne com-
» prennent pas, mais pour lequel ils ont une vénération
» secrète, parce que les rites de leurs livres religieux, en
» mongol traduit du sanscrit, sont imprimés en encre
» rouge.

» Quand les Missionnaires se crurent suffisamment in-
» struits dans la langue, ils s'avancèrent dans l'intérieur,
» avec l'intention de commencer leur œuvre de conversion.
» Depuis cette époque, on ne reçut d'eux que quelques
» nouvelles incertaines ; mais en mai dernier, du fond de
» la Tartarie-Mongole, on apprit qu'ils avaient été attachés
» à la queue de chevaux, et traînés ainsi jusqu'à la mort.
» Les causes réelles de cet événement ne sont pas encore
» connues. »

Pendant qu'on annonçait ainsi notre mort avec des

(1) M. Gabet.

termes si positifs, nous touchions à la fin de notre long voyage, et nous étions sur le point d'arriver à Canton, jouissant heureusement d'une santé capable de réfuter les nouvelles qui couraient sur notre compte. Mais si, par hasard, nous eussions péri parmi les montagnes du Thibet, si l'on nous y eût assassinés; on fût demeuré convaincu que nous avions été attachés à la queue de chevaux, et que nous étions morts en Mongolie. Probablement on n'eût jamais cru que nous avions été jusqu'à la capitale du Thibet; et, plus tard, si quelque voyageur européen était arrivé à Lha-Ssa, et si on lui avait parlé de notre séjour dans cette ville, il eût été peut-être tout aussi difficile de concilier ces relations, que celles qui concernent Moorcroft.

Quoique la mort du voyageur anglais soit pour nous un événement plein d'obscurité, nous n'avons pas cru pouvoir nous dispenser de dire ce que nous en savions, sans prétendre infirmer, par les renseignements puisés à Lha-Ssa, les documents qui se trouvent consignés dans les journaux scientifiques de Londres.

Il y avait tout au plus un mois que nous étions à Lha-Ssa, et déjà les nombreux habitants de cette ville étaient accoutumés à parler avec respect et admiration de la sainte doctrine de Jéhovah, et du grand royaume de France. La paix et la tranquillité dont nous jouissions, la protection éclatante que nous accordait le gouvernement thibétain, la sympathie dont le peuple semblait nous entourer, tout nous donnait l'espérance, qu'avec l'aide de Dieu, nous pourrions jeter, au sein même de la capitale du Bouddhisme, les fondements d'une mission dont l'influence s'étendrait bientôt jusque chez les tribus nomades de la

Mongolie. Le moment paraissait arrivé où les pélerins tartares pourraient enfin venir s'instruire, à Lha-Ssa, de la seule doctrine qui puisse sauver les âmes et civiliser les nations.

Aussitôt que nous crûmes notre position assurée à Lha-Ssa, nous songeâmes aux moyens de renouer au plus tôt nos communications avec l'Europe. La voie du désert était impraticable. Nous avions bien pu traverser une fois, et comme miraculeusement, ces steppes infestées de brigands et de bêtes sauvages, mais il n'était pas permis de s'arrêter à la pensée d'organiser un service de courriers sur cette route affreuse. En supposant d'ailleurs toute la sécurité désirable, le trajet eût été d'une longueur à faire frémir. La voie de l'Inde nous parut la seule praticable. De Lha-Ssa jusqu'aux premiers postes anglais, il n'y a guère qu'un mois de marche. En établissant un correspondant par delà les monts Himalaya et un autre à Calcutta, nos communications avec la France devenaient, sinon promptes et faciles, du moins réalisables. Comme ce plan ne pouvait s'exécuter qu'avec l'assentiment du gouvernement thibétain, nous le communiquâmes au Régent, qui entra aussitôt dans nos vues. Il fut donc convenu qu'à la belle saison M. Gabet entreprendrait le voyage de Calcutta, avec une escorte thibétaine, qui l'accompagnerait jusqu'au Boutan.

Tels étaient les plans que nous formions pour l'établissement d'une mission à Lha-Ssa; mais en ce moment même l'ennemi de tout bien travaillait à ruiner nos projets, et à nous éloigner d'un pays qu'il semble avoir choisi pour le siége de son empire. Ayant entendu çà et là quelques paroles de mauvais augure, nous comprîmes que l'ambassadeur chinois tramait secrètement notre expulsion du Thibet. Le bruit vague de cette persécution n'avait, du reste, rien qui pût nous étonner. Dès le commencement, nous avions prévu que, s'il nous survenait des difficultés, ce ne pourrait être que de la part des Mandarins chinois. Ki-Chan, en effet, ne pouvait supporter de voir le gouvernement thibétain accueillir si favorablement une religion et des étrangers, que les absurdes préjugés de la Chine repoussent depuis si long-temps de ses frontières. Le christianisme et le nom français excitaient trop vivement la sympathie de la population de Lha-Ssa, pour que les Chinois n'en fussent pas jaloux. Un agent de la cour de Péking ne pouvait penser, sans dépit, à la popularité dont des étrangers jouissaient dans le Thibet, et à l'influence qu'ils exerceraient peut-être un jour dans un pays, que la Chine a tout intérêt à tenir sous sa domination. Il fut donc arrêté qu'on chasserait de Lha-Ssa les prédicateurs de la religion du Seigneur du ciel.

Un jour, l'ambassadeur Ki-Chan nous fit appeler, et après maintes cajoleries, il finit par nous dire que le Thibet était un pays trop froid, trop pauvre pour nous, et qu'il fallait songer à retourner dans notre royaume de France. Ki-Chan nous adressa ces paroles, avec une sorte de laisser-aller et d'abandon, comme s'il eût supposé qu'il n'y avait pas la moindre objection à faire. Nous lui demandâmes si, en parlant ainsi, il entendait nous donner un conseil ou un ordre. — L'un et l'autre, nous répondit-il froidement. — Puisqu'il en est ainsi, nous avons d'abord à te remercier pour l'intérêt que tu parais nous porter, en nous avertissant que ce pays est froid et misérable. Mais tu devrais savoir que des hommes comme nous ne recherchent pas les biens et les commodités de cette vie; s'il en était autrement, nous serions restés dans notre royaume de France. Car, ne l'ignore pas, il n'existe nulle part une contrée qui vaille notre patrie. Pour ce qu'il y a d'impératif dans tes paroles, voici notre réponse : admis dans le Thibet par l'autorité du lieu, nous ne reconnaissons ni à toi, ni à qui que ce soit, le droit d'y troubler notre séjour. — Comment! vous êtes des étrangers, et vous prétendez encore rester ici ? — Oui, nous sommes étrangers, mais nous savons que les lois du Thibet ne ressemblent pas à celles de la Chine. Les Péboun, les Katchi, les Mongols, sont étrangers comme nous; et cependant on les laisse vivre en paix, nul ne les tourmente. Que signifie donc cet arbitraire, de vouloir exclure les Français d'un pays ouvert à tous les peuples? Si les étrangers doivent partir de Lha-Ssa, pourquoi y restes-tu? Est-ce que ton titre de *Kin-Tchaï* (ambassadeur) ne dit pas clairement, que toi-même tu n'es ici qu'un étranger? — A ces mots, Ki-Chan bondit sur son coussin cramoisi. — Moi, un étranger! s'écria-t-il, un étranger! moi qui porte la puissance du grand Empereur! Il n'y a encore que quelques mois, qui donc a jugé et envoyé en exil le Nomekhan? — Nous connaissons cette affaire. Il y a cette différence entre le Nomekhan et nous, c'est que le Nomekhan est du Kan-Sou, province de l'empire, et que nous autres nous sommes de la France, où ton grand Empereur n'a rien à voir; c'est que le Nomekhan a assassiné trois Talé-Lamas, et que nous autres nous n'avons fait de mal à personne. Est-ce que nous avons un autre but que celui de faire connaître aux hommes le véritable Dieu, et de les instruire des moyens de sauver leurs âmes? — Oui, je vous l'ai déjà dit, je crois que vous êtes des gens honnêtes; mais enfin la religion que vous prêchez a été déclarée mauvaise, et a été prohibée par notre grand Empereur. — Aux paroles que tu viens de prononcer nous n'avons à répondre que ceci : c'est que la religion du Seigneur du ciel n'a jamais eu besoin de la sanction de ton Empereur, pour être une religion sainte; pas plus que nous de sa mission, pour la venir prêcher dans le Thibet. — L'ambassadeur chinois ne jugea pas à propos de continuer cette discussion; il nous congédia sèchement, en nous déclarant que nous pouvions nous tenir assurés qu'il nous ferait partir du Thibet.

Nous nous hâtâmes de nous rendre chez le Régent, et de lui faire part de la déplorable entrevue que nous avions eue avec Ki-Chan. Le premier Kalon avait eu connaissance des projets de persécution que les Mandarins chinois tramaient contre nous. Il tâcha de nous rassurer, et nous dit que, protégeant dans le pays des milliers d'étrangers, il serait assez fort pour nous y faire jouir d'une protection que le gouvernement thibétain accordait à tout le monde. — Au reste, ajouta-t-il, lors même que nos lois interdiraient aux étrangers l'entrée de notre pays, ces lois ne pourraient vous atteindre. Les religieux, les hommes de prières étant de tous les pays, ne sont étrangers nulle part; telle est la doctrine qui est enseignée dans nos saints livres. Il est écrit : *La chèvre jaune est sans patrie, et le Lama n'a pas de famille.....* Lha-Ssa étant le rendez-vous et le séjour spécial des hommes de prières, ce seul titre devrait toujours vous y faire trouver liberté et protection.

Cette opinion des Bouddhistes, qui fait du religieux un homme cosmopolite, n'est pas simplement une pensée mystique écrite dans les livres; mais nous avons remarqué qu'elle était passée dans les mœurs et les habitudes des lamaseries. Aussitôt qu'un homme s'est rasé la tête et a revêtu le costume religieux, il renonce à son ancien nom pour en prendre un nouveau. Si l'on demande à un Lama de quel pays il est, il répond : Je n'ai pas de patrie, mais je passe mes jours dans telle lamaserie. Cette manière de penser et d'agir est même admise en Chine, parmi les bonzes et les autres espèces de religieux, qu'on a coutume de désigner par le nom générique de *Tchou-Kia-Jin*, homme sorti de la famille.

Il s'engagea à notre sujet une lutte de plusieurs jours entre le gouvernement thibétain et l'ambassadeur chinois. Ki-Chan, afin de mieux réussir dans ses prétentions, se posa comme défenseur des intérêts du Talé-Lama. Voici quelle était son argumentation : Envoyé à Lha-Ssa par son empereur afin de protéger le Bouddha-vivant, il était de son devoir d'éloigner de lui tout ce qui pouvait lui être nuisible. Des prédicateurs de la religion du Seigneur du ciel, bien qu'animés d'intentions excellentes, propageaient une doctrine qui, au fond, tendait à ruiner l'autorité et la puissance du Talé-Lama. Leur but avoué était de substituer leurs croyances religieuses au bouddhisme, et de convertir tous les habitants du Thibet, de tout âge, de toutes conditions et de tout sexe. Que deviendrait le Talé-Lama lorsqu'il n'aurait plus d'adorateurs? L'introduction de la religion du Seigneur du ciel dans le pays, ne conduit-elle pas directement à la destruction du sanctuaire du Bouddha-La, et par conséquent à la ruine de la hiérarchie lamanesque et du gouvernement thibétain ? Moi, disait-il, qui suis ici pour défendre le Talé-Lama, puis-je laisser à Lha-Ssa des hommes qui sèment des doctrines si redoutables ? Lorsqu'elles auront pris racine, et qu'il ne sera plus possible de les extirper, qui sera responsable d'un si grand mal ? Qu'aurai-je à répondre au grand Empereur, lorsqu'il me reprochera ma négligence et ma lâcheté ? Vous autres Thibétains, disait-il au Régent, vous ne comprenez pas la gravité de cette affaire. Parce que ces hommes sont vertueux et irréprochables, vous pensez qu'ils ne sont pas dangereux...; c'est une illusion. S'ils restent long-temps à Lha-Ssa, ils vous auront bientôt ensorcelés. Parmi vous, il n'est personne qui soit capable de lutter avec eux en matière de religion. Vous ne pourrez vous empêcher d'adopter leurs croyances, et dans ce cas le Talé-Lama est perdu.

Le Régent n'entrait nullement dans ces appréhensions que l'ambassadeur chinois cherchait à lui inspirer. Il soutenait que notre présence à Lha-Ssa ne pouvait, en aucune façon, nuire au gouvernement thibétain. Si la doctrine que ces hommes apportent, disait-il, est une doctrine fausse, les Thibétains ne l'embrasseront pas. Si au contraire elle est vraie, qu'avons-nous à craindre ? Comment la vérité pourrait-elle être préjudiciable aux hommes ? Ces deux Lamas du royaume de France, ajoutait-il, n'ont fait aucun mal ; ils sont animés des meilleures intentions à notre égard. Pouvons-nous, sans motif, les priver de la liberté et de la protection que nous accordons ici à tous les étrangers, et surtout aux hommes de prières ? Nous est-il permis de nous rendre coupables d'une injustice actuelle et certaine, par la crainte imaginaire d'un malheur à venir?

Ki-Chan reprochait au Régent de négliger les intérêts du Talé-Lama, et le Régent de son côté accusait Ki-Chan de profiter de la minorité du souverain, pour tyranniser le gouvernement thibétain. Quant à nous, au milieu de ce malheureux conflit, nous refusions de reconnaître l'autorité du Mandarin chinois, et nous déclarions que nous ne quitterions pas le pays sans un ordre formel du Régent, qui nous assurait constamment qu'on ne lui arracherait jamais un acte semblable.

La querelle s'envenimant tous les jours de plus en plus, Ki-Chan se décida enfin à prendre sur lui de nous faire partir. Les choses en vinrent à un tel point, que la prudence nous fit une obligation de céder aux circonstances, et de ne pas opposer une plus longue résistance, de peur de compromettre le Régent, et de devenir, peut-être, la cause de fâcheuses dissensions entre la Chine et le Thibet. En nous raidissant contre cette injuste persécution, nous avions à craindre d'irriter trop vivement les Chinois, et de fournir des prétextes à leur projet d'usurpation sur le gouvernement thibétain. Si, à cause de nous, une rupture venait malheureusement à éclater entre Lha-Ssa et Péking, on ne manquerait pas de nous en rendre responsables; nous deviendrions odieux aux yeux des Thibétains; et l'introduction du christianisme dans ces contrées souffrirait peut-être dans la suite de plus grandes difficultés. Nous pensâmes donc qu'il valait mieux courber la tête, et accepter avec résignation le rôle de persécutés. Notre conduite prouverait du moins aux Thibétains, que nous étions venus au milieu d'eux avec des intentions pacifiques, et que nous n'entendions nullement nous y établir par la violence.

Une autre considération vint encore nous confirmer dans notre résolution. Il nous vint à la pensée, que cette tyrannie même que les Chinois exerçaient contre nous, serait peut-être cause que les Missionnaires pourraient un jour s'établir dans le Thibet avec sécurité. Dans notre candeur, nous nous imaginions que le gouvernement français ne verrait pas avec indifférence cette prétention inouie de la Chine, qui ose poursuivre de ses outrages le christianisme et le nom français jusque chez les peuples étrangers, et à plus de mille lieues loin de Péking. Nous étions persuadés que le représentant de la France à Canton ne pourrait s'empêcher de faire de vives réclamations auprès de l'autorité chinoise, et qu'il obtiendrait une juste réparation de la violence qui nous avait été faite. En pensant ainsi, nous pauvres et obscurs Missionnaires, nous étions bien loin de vouloir nous donner à nos propres yeux, la moindre importance personnelle ; mais, nous ne le cachons pas, nous avions l'orgueil de croire que notre qualité de Français, serait un titre suffisant pour obtenir la protection du gouvernement de notre patrie.

Après avoir mûrement réfléchi aux motifs que nous venons d'indiquer, nous nous rendîmes chez le Régent. En apprenant que nous avions résolu de partir de Lha-Ssa, il parut triste et embarrassé. Il nous dit qu'il eût vivement désiré de pouvoir nous assurer dans le Thibet un séjour libre et tranquille ; mais que seul, et privé de l'appui de son souverain, il s'était trouvé trop faible pour réprimer la tyrannie des Chinois, qui, depuis plusieurs années, profitant de l'enfance du Talé-Lama, s'arrogeaient des droits inouïs dans le pays... Nous remerciâmes le Régent de sa bonne volonté, et nous partîmes pour nous rendre chez l'ambassadeur chinois.

Nous dîmes à Ki-Chan que, loin de tout moyen de protection, nous étions décidés à nous éloigner de Lha-Ssa, puisqu'on voulait nous y contraindre; mais que nous protestions contre cette violation de nos droits. — Oui, c'est cela, nous répondit Ki-Chan; il n'y a rien de mieux à faire, il faut vous mettre en route; ce sera bien pour vous, bien pour moi, bien pour les Thibétains, bien pour tout le monde. — Il nous annonça ensuite qu'il avait déjà ordonné de faire tous les préparatifs nécessaires pour notre prochain départ, que déjà le Mandarin et l'escorte qui devaient nous accompagner, avaient été désignés. Il avait été même arrêté que nous partirions dans huit jours, et qu'on nous ferait suivre la route qui conduit aux frontières de Chine. Ces dernières dispositions excitèrent tout à la fois notre indignation et notre surprise; nous ne concevions pas qu'on eût la cruauté de nous condamner à un voyage de huit mois, tandis qu'en nous dirigeant vers l'Inde, vingt-cinq jours de marche nous suffisaient pour arriver au premier poste européen, où nous ne pouvions manquer de trouver des moyens sûrs et faciles pour nous rendre à Calcutta; Nous fîmes là-dessus les plus instantes réclamations; mais elles ne furent pas écoutées, non plus que la demande d'un sursis de quelques jours pour nous reposer un peu de la longue route que nous venions de faire, et laisser se cicatriser de grandes plaies causées par le froid du désert.

Tout ce que nous pûmes dire pour adoucir la dureté de l'ambassadeur chinois fut inutile.

Pour lors nous laissâmes là notre ton suppliant, et nous déclarâmes au délégué de la cour de Péking que nous cédions à la violence, mais que nous dénoncerions à notre gouvernement : premièrement, que l'ambassadeur chinois installé à Lha-Ssa nous en avait arbitrairement et violemment chassés, sous le vain prétexte que nous étions étrangers et prédicateurs de la religion chrétienne, qu'il disait mauvaise et réprouvée par son Empereur. Secondement, que, contre tout droit et toute justice, il nous avait empêchés de suivre une route facile, directe, et de vingt-cinq jours seulement, pour nous traîner tyranniquement dans l'intérieur de la Chine, et nous faire subir les rigueurs d'un voyage de huit mois. Enfin que nous dénoncerions à notre gouvernement, la barbarie avec laquelle on nous forçait à nous mettre en route sans nous accorder un peu de repos; barbarie que, vu l'état où nous étions, nous avions droit de considérer comme un attentat à nos jours. — Ki-Chan nous répondit qu'il n'avait pas à s'occuper de ce que pouvait penser ou faire le gouvernement français, que dans sa conduite il ne devait envisager que la volonté de son Empereur. — Si mon maître, dit-il, savait que j'ai laissé deux Européens prêcher librement la religion du Seigneur du ciel dans le Thibet, je serais perdu. Il ne me serait pas possible pour cette fois d'échapper à la mort.

Le lendemain, Ki-Chan nous fit appeler pour nous communiquer un rapport qu'il avait rédigé au sujet de nos affaires, et qu'il devait adresser à l'Empereur.—Je n'ai pas voulu, nous dit-il, le faire partir avant de vous le lire, de peur qu'il ne me soit échappé des paroles inexactes ou qui pourraient vous être désagréables.—Ayant obtenu son principal but, Ki-Chan reprenait à notre égard ses manières aimables et caressantes. Son rapport était assez insignifiant; ce qu'on y disait de nous, n'était ni bien ni mal; on se contentait d'y donner une sèche nomenclature des pays que nous avions parcourus depuis notre départ de Macao.—Ce rapport va-t-il bien comme cela, dit Ki-Chan; y trouvez-vous quelque chose à redire?—M. Huc répondit qu'il aurait à faire une observation d'une grande importance.—Parle, j'écoute tes paroles.—Ce que j'ai à te dire ne nous intéresse nullement; mais cela te touche de très-près.—Voyons; qu'est-ce donc?—Ma communication doit être secrète; fais retirer tout ce monde.—Ces gens sont mes serviteurs, ils appartiennent tous à ma maison; ne crains rien.—Oh! nous autres, nous n'avons rien à craindre; tout le danger est pour toi!—Du danger pour moi!... N'importe, les gens de ma suite peuvent tout entendre.— Si tu veux, tu leur rapporteras ce que j'ai à te dire; mais je ne puis parler en leur présence.—Les Mandarins ne peuvent s'entretenir en secret avec des étrangers; cela nous est défendu par les lois.—Dans ce cas, je n'ai rien à te dire, envoie le rapport tel qu'il est; mais s'il t'en arrive malheur, ne t'en prends qu'à toi... L'ambassadeur chinois devint pensif; il aspira coup sur coup de nombreuses prises de tabac, et après avoir long-temps réfléchi, il dit aux gens de sa suite de se retirer, et de nous laisser seuls avec lui.

Quand tout le monde fut parti, M. Huc prit la parole.— Maintenant, dit-il à Ki-Chan, tu vas comprendre pourquoi j'ai voulu te parler en secret, et combien il t'importe que personne n'entende ce que j'ai à te dire ; tu vas juger si nous sommes des hommes dangereux, nous qui craignons même de nuire à nos persécuteurs.—Ki-Chan était pâle et décontenancé.—Voyons, dit-il, explique-toi; que tes paroles soient blanches et claires : que veux-tu dire?—Dans ton rapport, il y a une chose inexacte; tu me fais partir de Macao avec mon frère Joseph Gabet, pourtant je ne suis entré en Chine que quatre ans après lui.—Oh! si ce n'est que cela, c'est facile à corriger.—Oui, très-facile; ce rapport, dis-tu, est pour l'Empereur, n'est-ce pas?—Certainement.—Dans ce cas, il faut dire à l'Empereur la vérité et toute la vérité.—Oui, oui, toute la vérité; corrigeons le rapport... A quelle époque es-tu entré en Chine?—Dans la vingtième année de *Tao-Kouang* (1840)... Ki-Chan prit son pinceau et écrivit à la marge : vingtième année de Tao-Kouang.—Quelle lune?—Deuxième lune.—Ki-Chan, entendant parler de la deuxième lune, posa son pinceau et nous regarda fixement.—Oui, je suis entré dans l'empire chinois la vingtième année de Tao-Kouang, dans la deuxième lune ; j'ai traversé la province de Canton, dont tu étais à cette époque le vice-roi... Pourquoi n'écris-tu pas? est-ce qu'il ne faut pas dire toute la vérité à l'Empereur?—La figure de Ki-Chan se contracta... Comprends-tu maintenant pourquoi j'ai voulu te parler en secret?—Oui, je sais que les chrétiens ne sont pas méchants... Quelqu'un ici connaît-il cette affaire?—Non, personne.—Ki-Chan prit le rapport et le déchira ; il en composa un nouveau, tout différent du premier ; les dates de notre entrée en Chine n'y étaient pas précisées, et on y lisait un pompeux éloge de notre science et de notre sainteté. Ce pauvre homme avait eu la simplicité de croire que nous attacherions une grande importance à ce que l'empereur de Chine eût une bonne opinion de nous.

D'après les ordres de Ki-Chan, nous devions nous mettre en route après les fêtes de la nouvelle année thibétaine. Il n'y avait pas encore deux mois que nous étions arrivés à Lha-Ssa, et nous y avions passé déjà deux fois le nouvel an, d'abord à l'européenne et ensuite à la chinoise; c'était maintenant le tour de la manière thibétaine. Quoique à Lha-Ssa on suppute l'année comme en Chine, d'après le système lunaire, cependant les calendriers de ces deux pays ne s'accordent pas ; celui de Lha-Ssa est toujours en arrière d'une lune sur celui de Péking. On sait que les Chinois, les Mongols, et la plupart des peuples de l'Asie orientale, se servent dans leurs calculs chronologiques d'un cycle sexagénaire composé de dix signes appelés *troncs*, et de douze qui portent le nom de *branches*. Chez les Tartares et les Thibétains, les signes du cycle dénaire sont exprimés par les noms des cinq éléments répétés deux fois, ou par les noms des cinq couleurs avec leurs nuances femelles. Les noms de douze animaux marquent le cycle duodénaire.

CYCLE DÉNAIRE.

	MONGOL.	THIBÉTAIN.	
1	Moto.	Cheng.	Bois.
2	Moto.	Cheng.	Bois.
3	Gal.	Mé.	Feu.
4	Gal.	Mé.	Feu.
5	Chéré.	Sa.	Terre.
6	Cheré.	Sa.	Terre.
7	Témur.	Dchak.	Fer.
8	Témur.	Dchak.	Fer.
9	Oussou.	Tchon.	Eau.
10	Oussou.	Tchon.	Eau.

CYCLE DUODÉNAIRE.

	MONGOL.	THIBÉTAIN.	
1	Khouloukhana.	Chi-wa.	Souris.
2	Oukhere.	Lang.	Bœuf.
3	Bara.	Tak.	Tigre.
4	Tolé.	Yen.	Lièvre.
5	Lou.	Dchouk.	Dragon.
6	Mokhé.	Phroul.	Serpent.
7	Mori.	Rta.	Cheval.
8	Khoui.	Lonk.	Bélier.
9	Betchi.	Preou.	Singe.
10	Takia.	Chia.	Poule.
11	Nokhé.	Dchi.	Chien.
12	Khakhé.	Phak.	Porc.

Pour former le cycle sexagénaire, les deux premiers cycles se combinent de la manière suivante :

CYCLE SEXAGÉNAIRE.

MONGOL.		MONGOL.	
1 Moto khouloukhana.	Souris de bois.	31 Moto mori.	Cheval de bois.
2 Moto oukhere.	Bœuf de bois.	32 Moto khoui.	Bélier de bois.
3 Gal bara.	Tigre de feu.	33 Gal betchi.	Singe de feu.
4 Gal tolé.	Lièvre de feu.	34 Gal takia.	Poule de feu.
5 Chéré lou.	Dragon de terre.	35 Chéré nokhé.	Chien de terre.
6 Chéré mokhé.	Serpent de terre.	36 Chéré khakhé.	Porc de terre.
7 Temur mori.	Cheval de fer.	37 Temur khouloukhana.	Souris de fer.
8 Temur khoui.	Bélier de fer.	38 Temur oukhere.	Bœuf de fer.
9 Oussou betchi.	Singe d'eau.	39 Oussou bara.	Tigre d'eau.
10 Oussou takia.	Poule d'eau.	40 Oussou tolé.	Lièvre d'eau.
11 Moto nokhé.	Chien de bois.	41 Moto lou.	Dragon de bois.
12 Moto khakhé.	Porc de bois.	42 Moto mokhé.	Serpent de bois.
13 Gal khouloukhana.	Souris de feu.	43 Gal mori.	Cheval de feu.
14 Gal oukhere.	Bœuf de feu.	44 Gal khoui.	Bélier de feu.
15 Chéré bara.	Tigre de terre.	45 Chéré betchi.	Singe de terre.
16 Chéré tolé.	Lièvre de terre.	46 Chéré takia.	Poule de terre.
17 Temur lou.	Dragon de fer.	47 Temur nokhé.	Chien de fer.
18 Temur mokhé.	Serpent de fer.	48 Temur khakhé.	Porc de fer.
19 Oussou mori.	Cheval d'eau.	49 Oussou khouloukhana.	Souris d'eau.
20 Oussou khoui.	Bélier d'eau.	50 Oussou oukhere.	Bœuf d'eau.
21 Moto betchi.	Singe de bois.	51 Moto bara.	Tigre de bois.
22 Moto takia.	Poule de bois.	52 Moto tolé.	Lièvre de bois.
23 Gal nokhé.	Chien de feu.	53 Gal lou.	Dragon de feu.
24 Gal khakhé.	Porc de feu.	54 Gal mokhé.	Serpent de feu.
25 Chéré khouloukhana.	Souris de terre.	55 Chéré mori.	Cheval de terre.
26 Chéré oukhéré.	Bœuf de terre.	56 Chéré khoui.	Bélier de terre.
27 Temur bara.	Tigre de fer.	57 Temur betchi.	Singe de fer.
28 Temur tolé.	Lièvre de fer.	58 Temur takia.	Poule de fer.
29 Oussou lou.	Dragon d'eau.	59 Oussou nokhé.	Chien d'eau.
30 Oussou makhé.	Serpent d'eau.	60 Oussou khakhé.	Porc d'eau.

Comme ce cycle revient périodiquement tous les soixante ans, on comprend qu'il pourrait s'introduire une grande confusion dans la chronologie, si on n'avait une méthode sûre pour préciser les cycles sexagénaires déjà passés. Pour obvier à cet inconvénient, les souverains donnent aux années de leur règne un nom particulier; et par ce moyen, les époques cycliques se trouvent fixées de manière à ne laisser aucune ambiguité. Ainsi les Mongols disent: *La vingt-huitième année Tao-Kouang, qui est celle du bélier de feu* (1848). En Chine, le cycle sexagénaire actuel a commencé avec l'an 1805, et les années Tao-Kouang datent de 1820, époque où l'Empereur aujourd'hui régnant est monté sur le trône. Il est à remarquer que Chun-Tchi, Khang-Hi, Young-Tching, Kien-Long, Kia-King, Tao-Kouang, ne sont nullement les noms des six premiers Empereurs de la dynastie mantchoue, mais plutôt des dénominations spéciales pour désigner les années de leur règne.

Les Thibétains ont adopté l'usage des cycles dénaire et duodénaire. Mais, en leur faisant subir des combinaisons plus nombreuses que les Mongols, ils obtiennent un cycle de deux cent cinquante-deux ans. Les douze premières années portent simplement le nom de douze animaux; puis ces mêmes noms sont combinés avec ceux des cinq éléments, répétés deux fois jusqu'à l'année 72 du cycle. On ajoute ensuite à ces combinaisons le mot *pô* (mâle), qui conduit jusqu'à l'année 132; puis le mot *mô* (femelle), qui fait aller jusqu'à l'année 192; enfin on fait alterner les mots *pô* et *mô* jusqu'à la fin du cycle.

Ce système chronologique, trop compliqué pour l'usage du peuple, est relégué dans les lamaseries où il est étudié et connu des Lamas les plus instruits. Les masses vivent au jour le jour, sans se douter même de l'existence de cette méthode de combiner les cycles. A part le Régent, nous n'avons trouvé personne à Lha-Ssa, qui sût nous dire dans quelle année nous étions; on paraissait, en général, ne pas comprendre du tout l'importance de désigner les dates et les années par des noms particuliers. Un des plus hauts fonctionnaires de Lha-Ssa, un Lama très-renommé, nous disait que la méthode chinoise pour compter les années était très-embarrassante, et ne valait pas la simplicité de la manière thibétaine ; il trouvait plus naturel de dire tout bonnement, pour désigner les dates : Cette année-ci, l'année dernière, il y a vingt ans, il y a cent ans, et ainsi de suite.... Comme nous lui disions que cette méthode n'était bonne qu'à faire de l'histoire un gachis inextricable ; — Pourvu qu'on sache, nous répondait-il, ce qui s'est passé dans les temps anciens, c'est l'essentiel. A quoi bon connaître la date précise des événements ? Quelle utilité y a-t-il à cela ?

Ce mépris, ou du moins cette indifférence pour la chronologie, se fait remarquer, en effet, dans la plupart des ouvrages lamanesques; ils sont souvent sans ordre, sans date, et n'offrent au lecteur qu'un ramassis d'anecdotes entassées les unes sur les autres, sans qu'on puisse avoir rien de bien précis, ni sur les personnages, ni sur les événements. Par bonheur l'histoire des Thibétains, se trouvant continuellement mêlée à celle des Chinois et des Tartares, on peut s'aider utilement de la littérature de ces derniers peuples, pour mettre un peu d'ordre et de précision dans la chronologie thibétaine.

Pendant notre séjour à Lha-Ssa, nous avons eu occasion de remarquer que les Thibétains sont très-mauvais chronologistes, non-seulement pour ce qui concerne les grandes dates, mais encore pour la manière de supputer journellement le quantième de la lune. Leur almanach est d'une confusion vraiment désolante ; et cette confusion vient uniquement des idées superstitieuses des Bouddhistes au sujet des jours heureux et malheureux ; tous les jours réputés malheureux, qui se rencontrent dans le courant de la lune, sont retranchés et ne comptent pas. Ainsi, par exemple, si le quinzième de la lune est un jour néfaste, on compte deux fois le quatorzième, et on passe immédiatement au seizième. Quelquefois il se rencontre plusieurs jours néfastes à la file les uns des autres ; mais on n'est pas plus embarrassé pour cela ; on les retranche tous également, jusqu'à ce qu'on soit arrivé à un jour heureux. Les Thibétains ne paraissent pas trouver le moindre inconvénient à une pareille méthode.

Le renouvellement de l'année est pour les Thibétains, comme pour tous les peuples, une époque de fêtes et de réjouissances. Les derniers jours de la douzième lune sont consacrés à en faire les préparatifs ; on s'approvisionne de thé, de beurre, de tsamba, de vin d'orge, et de quelques quartiers de bœuf ou de mouton. Les beaux habits sont retirés de leurs armoires ; on enlève la poussière dont les meubles sont ordinairement couverts ; on fourbit, on nettoie, on balaye ; on cherche en un mot à introduire dans l'intérieur de la maison un peu d'ordre et de propreté. La chose n'arrivant qu'une fois par an, tous les ménages prennent un nouvel aspect ; les autels domestiques sont surtout l'objet d'un soin tout particulier ; on repeint à neuf les vieilles idoles ; on façonne avec du beurre frais des pyramides, des fleurs, et divers ornements destinés à parer les petits sanctuaires où résident les Bouddhas de la famille.

Le premier *Louk-So*, ou rite de la fête, commence à minuit; aussi tout le monde veille, attendant avec impatience cette heure mystique et solennelle, qui doit clore la vieille année et ouvrir le cours de la nouvelle. Comme nous étions peu curieux de saisir ce point d'intersection qui sépare les deux années thibétaines, nous nous étions couchés à notre heure ordinaire. Nous dormions profondément, lorsque nous fûmes tout à coup réveillés par les cris de joie qui éclatèrent de toutes parts dans les quartiers de la ville. Les cloches, les cymbales, les conques marines, les tambourins, et tous les instruments de la musique thibétaine, se firent bientôt entendre, et donnèrent naissance au tintamarre le plus affreux qu'on puisse imaginer; on eût dit qu'on accueillait par un charivari l'année qui venait d'éclore. Nous eûmes un instant bonne envie de nous lever, pour aller contempler le bonheur des heureux habitants de Lha-Ssa; mais le froid était si piquant, qu'après de mûres et sérieuses réflexions, nous opinâmes qu'il serait plus convenable de demeurer sous nos épaisses couvertures de laine, et de nous unir seulement de cœur à la félicité publique... Des coups redoublés, qui retentirent bientôt à la porte de notre demeure, et qui menaçaient de la faire voler en éclats, nous avertirent qu'il fallait renoncer à notre magnifique projet. Après quelques tergiversations, nous fûmes enfin contraints de sortir de notre chaude couchette; nous endossâmes nos robes, et la porte ayant été ouverte, quelques Thibétains de nos connaissances envahirent notre chambre, en nous conviant au régal de la nouvelle année. Ils portaient tous, entre leurs mains, un petit pot en terre cuite, où flottaient, dans de l'eau bouillante, des boulettes fabriquées avec du miel et de la farine de froment. Un de ces visiteurs nous offrit une longue aiguille en argent, terminée en crochet, et nous invita à pêcher dans son vase. D'abord nous voulûmes nous excuser, en objectant que nous n'étions pas dans l'habitude de prendre de la nourriture pendant la nuit; mais on nous fit des instances si engageantes, on nous tira la langue de si bonne grâce, qu'il fallut bien se résigner au *Louk-So*. Nous piquâmes chacun une boulette, que nous écrasâmes d'abord entre les dents pour en étudier la saveur... Nous nous regardâmes en faisant la grimace; cependant les convenances étaient là, et nous dûmes l'avaler par politesse. Si encore nous en avions été quittes pour ce premier acte de dévouement! Mais le *Louk-So* était inexorable; les nombreux amis que nous avions à Lha-Ssa se succédèrent presque sans interruption, et force nous fut de croquer jusqu'au jour des dragées thibétaines.

Le second *Louk-So* consiste encore à faire des visites, mais avec un nouveau cérémonial. Aussitôt que l'aube paraît, les Thibétains parcourent les rues de la ville, portant d'une main, un pot de thé beurré, et de l'autre, un large plat doré et vernissé, rempli de farine de tsamba amoncelée en pyramide, et surmontée de trois épis d'orge; en pareil jour, il n'est pas permis de faire des visites sans avoir avec soi du tsamba et du thé beurré. Dès qu'on est entré dans la maison de ceux à qui on veut souhaiter la bonne année, on commence avant tout par se prosterner trois fois devant l'autel domestique, qui est solennellement paré et illuminé; ensuite, après avoir brûlé quelques feuilles de cèdre, ou d'autres arbres aromatiques, dans une grande cas-

solette en cuivre, on offre aux assistants une écuellée de
thé, et on leur présente le plat où chacun prend une pincée de tsamba. Les gens de la maison font aux visiteurs la
même politesse. Les habitants de Lha-Ssa ont coutume
de dire : Les Thibétains célèbrent les fêtes du nouvel an
avec du tsamba et du thé beurré; les Chinois avec du papier rouge et des pétards, les Katchi avec des mets recherchés et du tabac, les Péboun avec des chansons et des
gambades.

Quoique ce dicton populaire soit plein d'exactitude,
cependant les Péboun n'ont pas tout-à-fait le monopole de
la gaieté. Les Thibétains savent aussi animer leurs fêtes
du nouvel an, par des réjouissances bruyantes, et où les
chants et les danses jouent toujours un grand rôle. Des
groupes d'enfants, portant de nombreux grelots suspendus
à leur robe verte, parcourent les rues, et vont, de maison
en maison, donner des concerts qui ne sont pas dépourvus
d'agrément. Le chant, ordinairement doux et mélancolique, est entrecoupé de refrains précipités et pleins de
feu. Pendant la strophe, tous ces petits chanteurs marquent continuellement la mesure en imprimant à leur
corps un mouvement lent et régulier, semblable au balancement d'un pendule; mais, quand arrive le refrain, ils se
mettent à trépigner, en frappant la terre en cadence et
avec vigueur. Le bruit des grelots et de leur chaussure
ferrée, produit une espèce d'accompagnement sauvage, qui
ne laisse pas de frapper agréablement l'oreille, surtout
lorsqu'il est entendu d'une certaine distance. Ces jeunes
dilettanti ayant achevé leur concert, il est d'usage que
ceux pour lesquels ils ont chanté leur distribuent des

gâteaux frits dans de l'huile de noix et quelques petites boules de beurre.

Sur les places principales et devant les monuments publics, on rencontre, du matin au soir, des troupes de comédiens et de bateleurs qui amusent le peuple par leurs représentations. Les Thibétains n'ont pas, comme les Chinois, des répertoires de pièces de théâtre; leurs comédiens sont tous ensemble et continuellement, sur la scène, tantôt chantant et dansant, tantôt faisant des tours de force et d'adresse. Le ballet est l'exercice dans lequel ils paraissent exceller le plus. Ils valsent, ils bondissent, ils pirouettent avec une agilité vraiment étonnante. Leur costume se compose d'une toque surmontée de longues plumes de faisan, d'un masque noir orné d'une barbe blanche d'une prodigieuse longueur, d'un large pantalon blanc, et d'une tunique verte pendante jusqu'aux genoux, et serrée aux reins par une ceinture jaune. A cette tunique sont attachés, de distance en distance, de longs cordons, au bout desquels pendent de gros flocons de laine blanche. Quand l'acteur se balance en cadence, toutes ces houppes accompagnent avec grâce les mouvements de son corps; et quand il se met à tournoyer, elles se dressent horizontalement, font la roue autour de l'individu, et semblent en quelque sorte accélérer la rapidité de ses pirouettes.

On voit encore à Lha-Ssa une espèce d'exercice gymnastique, nommé *danse des esprits*. Une longue corde, faite avec des lanières de cuir solidement tressées ensemble, est attachée au sommet du Bouddha-La, et descend jusqu'au pied de la montagne. Les *esprits danseurs* vont et viennent sur cette corde, avec une agilité qui ne peut être comparée qu'à celle des chats ou des singes. Quelquefois, quand ils sont arrivés au sommet, ils étendent les bras comme pour se jeter à la nage, et se laissent couler le long de la corde avec la rapidité d'une flèche. Les habitants de la province de *Ssang* sont réputés les plus habiles pour ce genre d'exercice.

La chose la plus étrange que nous ayons vue à Lha-Ssa, pendant les fêtes du nouvel an, c'est ce que les Thibétains appellent le *Lha-Ssa-Morou*, c'est-à-dire, l'invasion totale de la ville et de ses environs par des bandes innombrables de Lamas. Le Lha-Ssa-Morou commence le troisième jour de la première lune. Tous les couvents bouddhiques de la province d'*Oui* ouvrent leurs portes à leurs nombreux habitants; et l'on voit arriver en tumulte, par tous les chemins qui conduisent à Lha-Ssa, de grandes troupes de Lamas, à pied, à cheval, montés sur des ânes et sur des bœufs grognants, et portant avec eux leurs livres de prières et leurs instruments de cuisine. La ville se trouve bientôt couverte, sur tous les points, par ces avalanches de Lamas, qui se précipitent de toutes les montagnes environnantes. Ceux qui ne trouvent pas à se caser dans les maisons des particuliers et dans les édifices publics, forment des campements sur les places et dans les rues, ou dressent leurs petites tentes de voyage dans la campagne. Le Lha-Ssa-Morou dure six jours entiers. Pendant ce temps, les tribunaux sont fermés, le cours ordinaire de la justice est suspendu, les ministres et les fonctionnaires publics perdent en quelque sorte leur autorité, et toute la puissance du gouvernement est abandonnée à cette armée formidable de religieux bouddhistes. Il règne alors dans la ville un désordre et une confusion inexprimables. Les Lamas parcourent les rues par bandes désordonnées, poussent des cris affreux, chantent des prières, se heurtent, se querellent, et quelquefois se livrent, à grands coups de poings, des batailles sanglantes.

Quoique les Lamas montrent, en général, peu de réserve et de modestie, pendant ces jours de fête, il ne faudrait pas croire cependant qu'ils se rendent à Lha-Ssa pour se livrer à des divertissements profanes, et peu conformes à leur état de religieux ; c'est la dévotion, au contraire, qui est le grand mobile de leur voyage. Leur but est d'implorer la bénédiction du Talé-Lama, et de faire un pélerinage au célèbre couvent bouddhique appelé *Morou*, et qui occupe le centre de la ville. C'est de là qu'est venu le nom de Lha-Ssa-Morou, qui a été donné à ces six jours de fête.

Le couvent de Morou est remarquable par le luxe et les richesses qui sont étalés dans ses temples. L'ordre et la propreté qui y règnent continuellement, en font comme le modèle et la règle des autres couvents de la province. A l'ouest du principal temple, on voit un vaste jardin entouré d'un péristyle. C'est là que se trouvent les ateliers de typographie. De nombreux ouvriers, appartenant à la lamaserie, sont journellement occupés à graver des planches et à imprimer les livres bouddhiques. Les procédés dont ils se servent étant semblables à ceux des Chinois, qui sont suffisamment connus, nous nous dispenserons d'en parler. Les Lamas qui se rendent annuellement à la fête du Lha-Ssa-Morou, ont l'habitude de profiter de cette occasion pour faire leurs emplettes de livres.

Dans le seul district de Lha-Ssa, on compte plus de trente grands couvents bouddhiques (1). Ceux de Khaldhan, de Préboung et de Séra, sont les plus célèbres et les plus nombreux. Chacun d'eux renferme à peu près quinze mille Lamas.

Khaldhan, qui signifie en thibétain *béatitude céleste*, est le nom d'une montagne située à l'est de Lha-Ssa; elle en est éloignée de quatre lieues. C'est sur le sommet de cette montagne que s'élève la lamaserie de Khaldhan. Au rapport des livres lamanesques, elle fut fondée l'an 1409 de notre ère, par le fameux Tsong-Kaba, réformateur du Bouddhisme, et instituteur de la secte du bonnet jaune. Tsong-Kaba y fixa sa résidence; et c'est là qu'il laissa son enveloppe humaine, quand son âme alla s'absorber dans l'essence universelle. Les Thibétains prétendent qu'on y voit encore son corps merveilleux, frais, incorruptible, parlant quelquefois, et par un prodige continuel, se tenant toujours en l'air sans que rien le soutienne. Nous ne pouvons rien dire de cette croyance des Bouddhistes, parce que le trop court séjour que nous avons fait à Lha-Ssa ne nous a pas permis d'aller visiter le couvent de Khaldhan.

La lamaserie de Préboung (*Dix-mille-Fruits*) est située à deux lieues à l'ouest de Lha-Ssa; elle est construite sur les flancs d'une haute montagne. Au centre du couvent, s'élève une espèce de kiosque magnifiquement orné, et tout étincelant d'or et de peintures. Il est réservé pour le Talé-Lama, qui s'y rend une fois tous les ans, pour expliquer aux religieux les livres sacrés. Les Lamas mongols,

(1) La province d'*Oui* en compte trois mille.

qui viennent dans le Thibet pour se perfectionner dans la science des prières, et obtenir les grades de la hiérarchie lamanesque, vont ordinairement se fixer à Préboung qui, à cause de cela, est quelquefois appelé dans le pays *Couvent des Mongols.*

Séra est situé au nord de Lha-Ssa, et tout au plus à une demi-lieue de distance de la ville. Les temples bouddhiques et les habitations des Lamas, sont adossés au versant d'une montagne plantée de houx et de cyprès. C'est par là que passe la route suivie par les pélerins qui viennent de la Tartarie. De loin, tous ces monuments rangés en amphithéâtre les uns au-dessus des autres, et se détachant sur le fond vert de la montagne, présentent à la vue un tableau attrayant et pittoresque. Çà et là, aux anfractuosités de la montagne, et bien au-dessus de la cité religieuse, on voit un grand nombre de cellules habitées par des Lamas contemplatifs, et où l'on ne peut parvenir qu'avec une grande difficulté. Le couvent de Séra est remarquable par trois grands temples à plusieurs étages, dont toutes les salles sont entièrement dorées. C'est de là que vient à la lamaserie le nom de Séra, du mot thibétain *ser*, qui veut dire or. Dans le principal de ces trois temples, on conserve religieusement le fameux *tortché*, ou *instrument sanctificateur* qui, selon la croyance des Bouddhistes, est venu de l'Inde, à travers les airs, se placer de lui-même dans le couvent de Séra. Cet instrument est en bronze; sa forme ressemble grossièrement à celle d'un pilon : le milieu par où on le tient, est uni et cylindrique; les deux extrémités sont renflées, affectent la forme ovoïde, et sont chargées de figures symboliques. Tous les Lamas doivent avoir un petit *tortché* fabriqué sur le modèle de celui qui est venu merveilleusement de l'Inde. Quand ils récitent leurs prières, et pendant les cérémonies religieuses, cet instrument leur est indispensable : ils doivent tantôt le prendre, tantôt le déposer sur leurs genoux, puis le reprendre et le faire tourner dans leur main, suivant les règles marquées par le livre des rites. Le *tortché* de Séra est l'objet d'une grande vénération. Les pélerins ne manquent jamais d'aller se prosterner devant la niche où il repose. Aux fêtes du nouvel an, on le transporte processionnellement et en grande pompe à Lha-Ssa, pour l'offrir à l'adoration des habitants de la ville.

Pendant que les innombrables Lamas du Lha-Ssa-Morou, célébraient avec transport leur bruyante fête, nous autres, le cœur navré de tristesse, nous étions occupés en silence des préparatifs de notre départ; nous défaisions cette petite chapelle où nous avions goûté des consolations bien enivrantes, mais hélas! de bien courte durée. Après avoir essayé de défricher et d'ensemencer un pauvre petit coin de cet immense désert, il fallait l'abandonner, en nous disant que bientôt, sans doute, les ronces et les épines viendraient repousser en abondance, et étouffer ces précieux germes de salut qui déjà commençaient à poindre. O! comme ces pensées étaient amères et désolantes! Nous sentions nos cœurs se briser; et nous n'avions de force que pour supplier le Seigneur d'envoyer, à ces pauvres enfants des ténèbres, des Missionnaires plus dignes de leur porter le flambeau de la foi.

La veille de notre départ, un des secrétaires du Régent entra chez nous, et nous remit, de sa part, deux gros lingots d'argent. Cette attention du premier Kalon nous toucha profondément ; mais nous crûmes ne pas devoir accepter cette somme. Sur le soir, en nous rendant à son palais pour lui faire nos adieux, nous lui rapportâmes les deux lingots. Nous les déposâmes devant lui sur une petite table, en lui protestant que cette démarche n'était nullement un signe de mécontentement de notre part ; qu'au contraire nous nous souviendrions toujours, avec reconnaissance, des bons traitements que nous avions reçus du gouvernement thibétain, pendant le court séjour que nous avions fait à Lha-Ssa ; que nous étions persuadés que, s'il eût dépendu du Régent, nous eussions toujours joui dans le Thibet, du séjour le plus tranquille et le plus honorable ; mais que, pour cet argent, nous ne pouvions le recevoir sans compromettre notre conscience de Missionnaires et l'honneur de notre nation. Le Régent ne se montra nullement choqué de notre procédé. Il nous dit qu'il comprenait notre démarche, et savait apprécier la répugnance que nous lui exprimions ; qu'il n'insisterait donc pas pour nous faire accepter cet argent, mais que pourtant il serait bien aise de nous offrir quelque chose au moment de se séparer de nous... Alors, nous indiquant un dictionnaire en quatre langues, qu'il nous avait souvent vus feuilleter avec intérêt, il nous demanda si cet ouvrage pourrait nous être agréable. Nous crûmes pouvoir recevoir ce présent, sans compromettre en aucune manière la dignité de notre caractère. Nous exprimâmes ensuite au Régent combien nous serions heureux s'il daignait accepter, comme un souvenir de la France, le microscope qui avait tant excité sa curiosité : notre offre fut accueillie avec bienveillance.

Au moment de nous séparer, le Régent se leva et nous adressa ces paroles : — Vous partez ;... mais qui peut connaître les choses à venir ?... Vous êtes des hommes d'un courage étonnant, puisque vous avez pu venir jusqu'ici... Je sais que vous avez dans le cœur une grande et sainte résolution. Je pense que vous ne l'oublierez jamais ; pour moi, je m'en souviendrai toujours... Vous me comprenez assez ; les circonstances ne me permettent pas d'en dire davantage. — Nous comprenons, répondîmes-nous au Régent, toute la portée de tes paroles... Nous prierons beaucoup notre Dieu de réaliser un jour le vœu qu'elles expriment. — Nous nous séparâmes ensuite, le cœur gros d'affliction, de cet homme qui avait été pour nous si plein de bonté, et sur lequel nous avions fondé l'espérance de faire connaître, avec l'aide de Dieu, les vérités du christianisme à ces pauvres peuplades du Thibet.

Quand nous rentrâmes à notre habitation, nous trouvâmes le gouverneur kachemirien qui nous attendait : il nous avait apporté quelques provisions de voyage, d'excellents fruits secs de Ladak, et des gâteaux faits avec de la farine de froment, du beurre et des œufs. Il voulut passer toute la soirée avec nous, et nous aider à confectionner nos malles. Comme il avait le projet de faire prochainement le voyage de Calcutta, nous le chargeâmes de donner de nos nouvelles au premier Français qu'il rencontrerait dans les possessions anglaises de l'Inde. Nous lui remîmes même une lettre, que nous le priâmes de faire parvenir au représentant du gouvernement français à Calcutta. Dans cette lettre, nous exposions sommairement les circonstances de notre séjour dans la capitale du Thibet, et les causes de notre départ. Il nous parut bon de prendre cette mesure de prudence, au moment où nous allions nous engager dans un voyage de mille lieues, à travers des routes affreuses et continuellement bordées de précipices. Nous pensâmes que, si telle était la volonté de Dieu, que nous fussions ensevelis au milieu des montagnes du Thibet, nos amis de France pourraient du moins savoir ce que nous serions devenus.

Ce soir même, Samdadchiemba vint nous faire ses adieux. Depuis le jour où l'ambassadeur chinois avait arrêté de nous faire partir du Thibet, notre cher néophyte nous avait été arraché. Il est inutile de dire combien cette épreuve nous fut dure et pénible; mais à cette mesure nous ne pouvions, ni le Régent ni nous, opposer aucune réclamation. Samdadchiemba étant originaire de la province du Kan-Sou, dépendait directement de l'autorité chinoise. Quoique notre influence auprès de Ki-Chan ne fût pas très-grande, nous obtînmes de lui pourtant qu'on ne lui ferait subir aucun mauvais traitement, et qu'on le renverrait en paix dans sa famille. Ki-Chan nous le promit, et nous avons su depuis qu'il avait été assez fidèle à sa parole. Le Régent fut plein de bonté pour notre néophyte. Aussitôt qu'il fut séparé de nous, il pourvut à ce que rien ne lui manquât; il lui fit même donner une assez forte somme d'argent pour faire les préparatifs de son voyage. Avec ce que les circonstances nous permirent d'y ajouter, Samdadchiemba put se faire une petite fortune, et se mettre en état de rentrer convenablement dans sa maison paternelle. Nous lui recommandâmes d'aller, auprès de sa vieille mère, remplir les devoirs qu'impose la piété filiale, de l'instruire des mystères de la foi, et de la faire jouir à sa dernière heure du bienfait de la régénération baptismale ; puis, quand il lui aurait fermé les yeux, de retourner passer ses jours parmi les chrétiens.

Pour dire vrai, Samdadchiemba n'était pas un jeune homme aimable ; son caractère âpre, sauvage, et quelquefois insolent, en faisait un assez mauvais compagnon de voyage. Cependant il y avait en lui un fonds de droiture et de dévouement, bien capable de compenser à nos yeux les travers de son naturel. Nous éprouvâmes en nous séparant de lui une douleur profonde, et qui nous fut d'autant plus sensible, que nous n'eussions jamais soupçonné avoir au fond du cœur un si vif attachement pour ce jeune homme. Mais nous avions fait ensemble un voyage si long et si pénible, nous avions enduré ensemble tant de privations et supporté tant de misères, qu'insensiblement, et comme à notre insu, notre existence s'était, pour ainsi dire, soudée à la sienne. La loi d'affinité qui unit les hommes entre eux, agit au milieu des souffrances, bien plus puissamment que dans un état de prospérité.

Le jour fixé pour notre départ, deux soldats chinois vinrent, de grand matin, nous avertir que le *Ta-Lao-Yé*, Ly-Kouo-Ngan, c'est-à-dire, Son Excellence *Ly*, Pacificateur des royaumes, nous attendait pour déjeuner. Ce personnage était le Mandarin que l'ambassadeur Ki-Chan avait désigné pour nous accompagner jusqu'en Chine. Nous nous rendîmes à son invitation ; et comme le convoi devait s'organiser chez lui, nous y fîmes transporter nos effets.

Ly, Pacificateur des royaumes, était originaire de *Tchang-*

Tou-Fou, capitale de la province du Sse-Tchouen ; il appartenait à la hiérarchie des Mandarins militaires. Pendant douze ans, il avait servi dans le *Gorkha*, province du Boutan, où il avait obtenu un avancement rapide, et était parvenu jusqu'à la dignité de *Tou-Sse*, avec le commandement général des troupes qui surveillent les frontières voisines des possessions anglaises. Il était décoré du globule bleu, et jouissait du privilége de porter à son bonnet sept queues de martre-zibeline. Ly-Kouo-Ngan n'était âgé que de quarante-cinq ans, mais on lui en eût bien donné soixante-dix, tant il était cassé et délabré ; il n'avait presque plus de dents, ses rares cheveux étaient gris, et ses yeux ternes et vitrés supportaient avec peine une lumière trop vive ; sa figure molle et plissée, ses mains entièrement desséchées, et ses jambes épaisses, sur lesquelles il pouvait à peine se soutenir, tout indiquait un homme épuisé par de grands excès. Nous crûmes d'abord que cette vieillesse précoce était le résultat d'un usage immodéré de l'opium ; mais il nous apprit lui-même, et dès notre première entrevue, que c'était l'eau-de-vie qui l'avait réduit en cet état. Ayant demandé et obtenu sa retraite, il allait, au sein de sa famille, essayer de réparer, par un régime sage et sévère, le délabrement de sa santé. L'ambassadeur Ki-Chan n'avait tant pressé notre départ, que pour nous faire aller de compagnie avec ce Mandarin, qui, en sa qualité de Tou-Sse, devait avoir une escorte de quinze soldats.

Ly-Kouo-Ngan était très-instruit pour un Mandarin militaire ; les connaissances qu'il avait de la littérature chinoise, et surtout son caractère éminemment observateur, rendaient sa conversation piquante et pleine d'intérêt. Il parlait lentement, d'une manière même traînante ; mais il savait admirablement donner à ses récits une tournure dramatique et pittoresque. Il aimait beaucoup à s'occuper de questions philosophiques et religieuses ; il avait même, disait-il, de magnifiques projets de perfection pour le temps où, libre et tranquille dans sa famille, il n'aurait plus à s'occuper qu'à jouer aux échecs avec ses amis, ou à aller voir la comédie. Il ne croyait ni aux Bonzes, ni aux Lamas ; quant à la doctrine du Seigneur du ciel, il ne savait pas trop ce que c'était ; il avait besoin de s'en instruire avant de l'embrasser. En attendant, toute sa religion consistait en une fervente dévotion pour la Grande-Ours affectait des manières aristocratiques, et d'une politesse exquise ; malheureusement, il lui arrivait parfois de s'oublier, et de laisser percer son origine tout-à-fait plébéïenne. Il est inutile d'ajouter que Son Excellence le Pacificateur des royaumes était amateur et extrêmement amoureux des lingots d'argent ; sans cela, il eût été difficile de reconnaître en lui un Chinois, et surtout un Mandarin.

Ly-Kouo-Ngan nous fit servir un déjeuner de luxe ; sa table nous parut d'autant mieux servie, que, depuis deux ans, nous étions accoutumés à vivre un peu comme des sauvages. L'habitude de manger avec les doigts nous avait fait presque oublier de nous servir des bâtonnets chinois. Quand nous eûmes fini, Ly-Kouo-Ngan nous avertit que tout était préparé pour le départ ; mais, qu'avant de se mettre en route, il était de son devoir de se rendre, avec sa compagnie de soldats, au palais de l'ambassadeur, pour prendre congé de lui. Il nous demanda si nous ne désirerions pas l'accompagner.—Volontiers, lui répondîmes-nous, allons ensemble chez l'ambassadeur; nous remplirons, toi, un devoir, et nous, une politesse.

Nous entrâmes, notre conducteur et nous, dans l'appartement où était Ki-Chan. Les quinze soldats s'arrêtèrent au seuil de la porte, et se rangèrent en file, après s'être prosternés et avoir frappé trois fois la terre de leur front. Le Pacificateur des royaumes en fit autant; mais le pauvre malheureux ne put se relever qu'avec notre secours. Selon notre habitude, nous saluâmes en mettant notre bonnet sous le bras. Ki-Chan prit la parole, et nous fit à chacun une petite harangue.

S'adressant d'abord à nous, il prit un ton patelin et maniéré. — Voilà, nous dit-il, que vous allez retourner dans votre royaume; je pense que vous n'aurez pas à vous plaindre de moi, ma conduite à votre égard est irréprochable. Je ne vous permets pas de rester ici, mais c'est la volonté du grand Empereur, et non la mienne; je ne vous permets pas de suivre la route de l'Inde, parce que les lois de l'empire s'y opposent; s'il en était autrement, tout vieux que je suis, je vous accompagnerais moi-même jusqu'aux frontières. La route que vous allez suivre n'est pas si affreuse qu'on le prétend; vous aurez, il est vrai, un peu de neige; vous trouverez quelques montagnes élevées; il y aura des journées froides…. Vous voyez que je ne vous cache pas la vérité; pourquoi vous tromper? mais au moins vous aurez des hommes pour vous servir, et tous les soirs vous trouverez un gîte préparé; vous n'aurez pas besoin de dresser la tente. Est-ce que cette route ne vaut pas mieux que celle que vous avez suivie pour venir? Vous serez obligés d'aller à cheval; je ne puis pas vous donner un palanquin, on n'en trouve pas dans ce pays. Le rapport que je dois adresser au grand Empereur partira dans quelques jours; comme mes estafettes courent jour et nuit, il vous précédera. Quand vous serez arrivés en paix à la capitale du Sse-Tchouen, le vice-roi, *Pao*, aura soin de vous, et ma responsabilité cessera. Vous pouvez partir avec confiance, et en dilatant vos cœurs. J'ai déjà envoyé des ordres, afin que vous soyez bien traités partout où vous passerez. Que l'astre de la félicité vous guide dans votre voyage depuis le commencement jusqu'à la fin ! —

Quoique nous nous sentions opprimés, répondîmes-nous à Ki-Chan, nous n'en faisons pas moins des vœux pour ta prospérité. Puisque c'est aux dignités que tu aspires, puisses-tu rentrer dans toutes celles que tu as perdues, et en obtenir encore de plus grandes! — Oh! mon étoile est mauvaise! mon étoile est mauvaise! s'écria Ki-Chan, en puisant dans son godet d'argent une forte prise de tabac.

S'adressant ensuite au Pacificateur des royaumes, sa voix prit tout à coup une intonation grave et solennelle. — Ly-Kouo-Ngan, lui dit-il, puisque le grand Empereur te permet de rentrer dans ta famille, tu vas partir. Tu auras ces deux compagnons de voyage, et ce doit être pour toi un grand sujet de joie; car la route, tu le sais, est longue et ennuyeuse. Le caractère de ces hommes est plein de justice et de miséricorde; tu vivras donc avec eux dans une grande concorde. Garde-toi de jamais contrister leur cœur, soit par parole, soit par action..... Voici encore une chose importante que j'ai à te dire : comme tu as servi l'empire pendant douze ans sur les frontières du Gorkha, j'ai donné ordre au fournisseur de t'envoyer cinq cents onces d'argent; c'est un cadeau du grand Empereur. — A ces mots, Ly-Kouo-Ngan, trouvant tout à coup dans ses jambes une souplesse inusitée, se précipita à genoux avec impétuosité. — Les bienfaits célestes du grand Empereur, dit-il, m'ont toujours environné de toutes parts; mais, mauvais serviteur que je suis, comment pourrais-je encore recevoir, sans rougir, une faveur si signalée? J'adresse de vives supplications à l'ambassadeur, afin qu'il me soit permis de me cacher la face, et de me soustraire à cette grâce imméritée. — Ki-Chan lui répondit : Est-ce que tu t'imagines que le grand Empereur va te savoir beaucoup de gré de ton désintéressement? Qu'est-ce que c'est que quelques onces d'argent? Va, reçois ce peu d'argent, puisqu'on te l'offre; tu en auras pour boire une tasse de thé avec tes amis; mais quand tu seras là-bas, garde-toi bien de recommencer avec ton eau-de-vie. Si tu es désireux de vivre encore quelques années, tu dois t'interdire l'eau-de-vie. Je te dis cette parole, parce qu'un père et une mère doivent donner de bons conseils à leurs enfants. — Ly-Kouo-Ngan frappa trois fois la terre du front, puis se releva et vint se placer à côté de nous.

Ki-Chan harangua enfin les soldats, et changea de ton pour la troisième fois. Sa voix fut brusque, saccadée, et frisant quelquefois la colère et l'emportement. — Et vous autres soldats... A ces mots, les quinze militaires, comme poussés par un ressort unique, tombèrent ensemble à genoux, et gardèrent cette posture pendant tout le temps que dura l'allocution... Voyons, combien êtes-vous? vous êtes quinze, je crois;.. et en même temps, il les compta du doigt... oui, c'est cela, quinze hommes. Vous autres quinze soldats, vous allez rentrer dans votre province, votre service est fini ; vous escorterez jusqu'au Sse-Tchouen votre Tou-Sse, ainsi que ces deux étrangers ; en route, vous les servirez fidèlement, et soyez attentifs à être toujours respectueux et obéissants. Comprenez-vous clairement ces paroles ?— Oui, nous comprenons. — Quand vous passerez dans les villages des *Poba* (Thibétains), gare à vous, si vous opprimez le peuple ; dans les relais, gardez-vous bien de piller et de dérober le bien d'autrui. Comprenez-vous clairement ? — Oui, nous comprenons. — Ne nuisez pas aux troupeaux, respectez les champs ensemencés, n'incendiez pas les forêts... Comprenez-vous clairement ? — Oui, nous comprenons. — Entre vous autres, qu'il y ait toujours paix et concorde. Est-ce que vous n'êtes pas tous des soldats de l'empire ? N'allez donc pas vous maudire et vous quereller. Comprenez-vous clairement ? — Oui, nous comprenons. — Quiconque aura une mauvaise conduite, qu'il n'espère pas échapper au châtiment ; son péché sera examiné attentivement, et puni avec sévérité. Comprenez-vous clairement ?—Oui, nous comprenons.—Puisque vous comprenez, obéissez et tremblez !... Aussitôt après cette courte mais énergique péroraison, les quinze soldats frappèrent trois fois la terre du front, et se relevèrent.

Au moment où nous quittions la résidence de l'ambassadeur, Ki-Chan nous tira à l'écart pour nous dire quelques mots en particulier. — Dans peu de temps, nous dit-il, je dois quitter le Thibet (1) et rentrer en Chine. Pour ne

---

(1) Ki-Chan est en effet actuellement vice-roi de la province du Sse-Tchouen.

pas être trop chargé de bagage à mon départ, je fais partir deux grosses caisses par cette occasion; elles sont recouvertes en peau de bœuf à long poil... Il nous indiqua ensuite les caractères dont elles étaient marquées. — Ces deux caisses, ajouta-t-il, je vous les recommande. Tous les soirs, quand vous arriverez au relais, faites-les déposer dans l'endroit même où vous devrez passer la nuit. A Tching-Tou-Fou, capitale du Sse-Tchouen, vous les remettrez à Pao-Tchoung-Tang, Vice-Roi de la province. Veillez aussi avec soin sur vos effets; car dans la route que vous allez suivre, il y a beaucoup de petits voleurs. — Après avoir donné à Ki-Chan l'assurance que nous nous souviendrions de sa recommandation, nous allâmes rejoindre Ly-Kouo-Ngan, qui nous attendait au seuil de la grande porte d'entrée.

C'est une chose assez curieuse que l'ambassadeur Chinois se soit avisé de nous confier son trésor, tandis qu'il avait à sa disposition un grand Mandarin qui naturellement était appelé par sa position à lui rendre ce service. Mais la jalousie dont Ki-Chan était animé à l'égard des étrangers n'allait pas jusqu'à lui faire oublier ses intérêts. Il trouva, sans doute, qu'il serait plus sûr de confier ses caisses à des Missionnaires, qu'à un Chinois, même Mandarin. Cette marque de confiance nous fit plaisir; c'était un hommage rendu à la probité des chrétiens, et en même temps une satire bien amère du caractère chinois.

Nous nous rendîmes à la maison de Ly-Kouo-Ngan, où dix-huit chevaux déjà tout sellés nous attendaient dans la cour. Les trois qui avaient meilleure mine étaient à part; on les avait réservés pour le Tou-Sse et pour nous. Les quinze autres étaient pour les soldats, et chacun dut prendre celui qui lui fut désigné par le sort.

Avant de monter à cheval, une Thibétaine vigoureusement membrée, et assez proprement vêtue se présenta : c'était la femme de Ly-Kouo-Ngan. Il l'avait épousée depuis six ans, et il allait l'abandonner pour toujours ; il n'en avait eu qu'un enfant qui était mort en bas âge. Ces deux conjugales moitiés ne devant plus se revoir, il était bien juste qu'au moment d'une si déchirante séparation, il y eût quelques mots d'adieu. La chose se fit en public, et de la manière suivante. — Voilà que nous partons, dit le mari ; toi, demeure ici, assise en paix dans ta chambre. — Va-t'en tout doucement, répondit l'épouse ; va-t'en tout doucement, et prends bien garde aux enflures de tes jambes... Elle mit ensuite une main devant ses yeux, comme pour faire croire qu'elle pleurait. — Tiens, dit le Pacificateur des royaumes, en se tournant vers nous, elles sont drôles ces femmes thibétaines ; je lui laisse une maison solidement bâtie, et puis une foule de meubles presque tout neufs ; et voilà qu'elle s'avise de pleurer ! Est-ce qu'elle n'est pas contente comme cela ?... Après ces adieux si pleins d'onction et de tendresse, tout le monde monta à cheval, et l'escadron se mit en marche à travers les rues de Lha-Ssa, ayant soin de choisir les endroits les moins encombrés de Lamas.

Quand nous fûmes hors de la ville, nous aperçûmes un groupe assez nombreux qui paraissait nous attendre ; c'étaient des habitants de Lha-Ssa, avec lesquels nous avions eu des relations assez intimes pendant notre séjour dans cette ville. La plupart d'entre eux avaient commencé à s'instruire des vérités du christianisme, et nous avaient paru sincèrement disposés à embrasser notre sainte religion; ils s'étaient rassemblés sur notre passage, pour nous saluer et nous offrir un *Khata* d'adieu. Nous remarquâmes au milieu d'eux le jeune médecin, portant toujours sur sa poitrine la croix que nous lui avions donnée. Nous descendîmes de cheval pour adresser à ces cœurs chrétiens quelques paroles de consolation ; nous les exhortâmes à renoncer courageusement au culte superstitieux de Bouddha, pour adorer le Dieu des chrétiens, et à être toujours pleins de confiance en sa miséricorde infinie. O! qu'il fut cruel, le moment où nous fûmes obligés de nous séparer de ces bien-aimés catéchumènes, auxquels nous n'avions fait qu'indiquer la voie du salut éternel, sans pouvoir y diriger leurs premiers pas! Hélas! nous ne pouvions plus rien pour eux, rien, si ce n'est de prier la divine Providence d'avoir compassion de ces âmes rachetées par le sang de Jésus-Christ.

Au moment où nous remontions à cheval pour continuer notre route, nous aperçûmes un cavalier qui se dirigeait vers nous au grand galop ; c'était le gouverneur des Kachemiriens qui avait eu la pensée de nous accompagner jusqu'à la rivière *Bo-Tchou*. Nous fûmes extrêmement touchés d'une attention si aimable, et qui n'avait rien qui dût nous surprendre de la part d'un ami sincère, dévoué, et qui nous avait donné des marques si nombreuses d'attachement durant notre séjour à Lha-Ssa.

L'arrivée du gouverneur des Kachemiriens fut cause que nous chevauchâmes très-lentement, car nous avions beaucoup de choses à nous dire ; enfin, après une heure de marche, nous arrivâmes sur les bords du Bo-Tchou. Nous y trouvâmes une escorte thibétaine, que le Régent avait fait organiser pour nous conduire jusqu'aux frontières de Chine; elle se composait de sept hommes et d'un grand Lama, portant le titre de *Dheba,* gouverneur de canton; avec l'escorte chinoise, nous formions une caravane de vingt-six cavaliers, sans parler des conducteurs d'un grand troupeau de bœufs grognants qui portaient nos bagages.

Deux grands bacs étaient disposés pour recevoir les cavaliers et les chevaux; ceux-ci y sautèrent d'un seul bond et allèrent ensuite s'aligner tout tranquillement les uns à côté des autres: on voyait que ce n'était pas la première fois qu'ils faisaient ce métier. Les hommes entrèrent ensuite, à l'exception du Dhéba, de Ly-Kouo-Ngan et de nous deux. Nous comprîmes qu'on allait nous faire passer la rivière d'une façon un peu plus aristocratique; mais nous avions beau regarder de tous côtés, nous n'apercevions pas d'embarcation.—Comment donc allons-nous faire pour passer, nous autres?—Voilà là-bas, nous répondit-on, la barque qui arrive.—Nous levâmes les yeux du côté qu'on nous indiquait: nous aperçûmes en effet une barque, et un homme qui s'avançait à travers champs; mais, à l'opposé de ce qui se pratique ordinairement, c'était la barque qui était portée par l'homme, et non l'homme par la barque. Ce batelier, qui courait le dos chargé d'une grande embarcation, était une chose monstrueuse à voir. Aussitôt qu'il fut arrivé sur le rivage, il déposa tranquillement son fardeau, et poussa la barque à l'eau sans le moindre effort. Il n'y avait pas de milieu; ou l'homme était d'une force prodigieuse, ou la barque d'une légèreté extrême. Nous regardâmes l'homme, et nous n'aperçûmes en lui rien d'extraordinaire; nous approchâmes de la barque, nous l'examinâmes, nous la touchâmes, et le problème fut aussitôt résolu. Cette grande embarcation était fabriquée avec des cuirs de bœuf solidement cousus les uns aux autres ; dans l'intérieur, quelques légères tringles en bambou servaient à lui maintenir sa forme.

Après avoir serré affectueusement la main au gouverneur kachemirien, nous entrâmes dans l'embarcation; mais nous faillîmes la crever du premier pas que nous fîmes. On avait oublié de nous avertir qu'on devait seulement appuyer les pieds sur les tringles de bambou. Quand nous fûmes tous embarqués, le batelier se mit à pousser avec une longue perche, et dans un clin d'œil nous fûmes de l'autre côté de la rivière ; nous sautâmes à terre, et le patron prenant la barque sur son dos se sauva à travers champs.

Ces barques en cuir ont l'inconvénient de ne pouvoir rester long-temps dans l'eau sans se pourrir. Aussitôt qu'on s'en est servi, on a soin de les renverser sur la plage, pour les faire sécher : peut-être qu'en les enduisant d'un bon vernis, on pourrait les préserver de l'action de l'eau, et les rendre propres à supporter une plus longue navigation.

Quand nous fûmes à cheval, nous jetâmes un dernier regard sur la ville de Lha-Ssa qu'on apercevait encore dans le lointain ; nous dîmes au fond du cœur : O mon Dieu, que votre volonté soit faite !... Et nous suivîmes en silence les pas de la caravane. C'était le 15 mars 1846.

CHAPITRE IX.

Notice chinoise sur le Thibet. — Organisation des *Oulah*. — Représentation théâtrale à *Medchoukoung*. — Montagne de *Loumma-Ri*. — Arrivée à *Ghiamda*. — Visite de deux Mandarins militaires. — Accident sur un pont de bois. — Curieux détails sur la licorne. — *Montagne des Esprits*. — Passage d'un glacier. — Aspect de *Lha-Ri*. — Avarice du fournisseur des vivres. — Ascension du *Chor-Kon-La*. — Affreuse route de *Alan-To*. — Village de *Lang-Ki-Tsoung*. — Fameuse montagne de *Tanda*. — Mort tragique et apothéose d'un ancien Mandarin chinois. — Service des postes dans le Thibet. — Catastrophe de *Kia-Yu-Kiao*. — Histoire du génie tutélaire du mont *Wa-Ho*. — Légende d'un crapaud divinisé. — Passage du célèbre plateau de *Wa-Ho*. — Arrivée à *Tsiamdo*.

En sortant de Lha-Ssa, nous cheminâmes pendant plusieurs jours au milieu d'une large vallée entièrement livrée à la culture, et où l'on aperçoit de tous côtés de nombreuses fermes thibétaines, ordinairement entourées de grands arbres. Les travaux agricoles n'avaient pas encore commencé, car dans le Thibet les hivers sont toujours longs et rigoureux. Des troupeaux de chèvres et de bœufs grognants erraient tristement parmi les champs poudreux, et donnaient de temps en temps quelques coups de dents aux dures tiges de *tsing-kou* dont le sol était hérissé : cette espèce d'orge est la récolte principale de ces pauvres contrées.

La vallée tout entière se compose d'une foule de petits champs, séparés les uns des autres par des clôtures basses et épaisses, formées avec de grosses pierres. Le défrichement de ce terrain rocailleux a sans doute coûté, aux premiers cultivateurs, beaucoup de fatigues et une grande patience. Ces pierres énormes ont dû être péniblement arrachées du sol, les unes après les autres, et roulées avec effort sur les limites des champs.

Au moment de notre passage, la campagne présentait en général un aspect morne et mélancolique. Cependant le tableau était quelquefois animé par quelques caravanes de Lamas, qui se rendaient en chantant et en folâtrant à la solennité du Lha-Ssa-Morou. Des cris de joie et des éclats de rire, s'échappaient par intervalles des métairies qui bordaient la route, et nous annonçaient que les réjouissances du nouvel an n'étaient pas encore terminées.

Notre première étape ne fut pas longue. Nous nous arrêtâmes, bien avant le coucher du soleil, à Detsin-Dzoûg, gros village éloigné de Lha-Ssa de six lieues (soixante lis). Une grande maison avait été préparée à l'avance, pour le repos de la caravane. Aussitôt que nous eûmes mis pied à terre, nous fûmes introduits, par le chef du village, dans une chambre au milieu de laquelle flambait un magnifique feu d'argols, dans un grand bassin en terre cuite. On nous invita à nous asseoir sur d'épais coussins de *pou-lou* vert, et on nous servit immédiatement du thé beurré. Nous fûmes entourés de tant de soins et de prévenances, que nos cœurs finirent bientôt par s'épanouir. Cette manière de voyager nous parut merveilleuse. Quel contraste en effet avec la vie dure et pénible que nous avions menée dans le désert, où une halte n'était pour nous qu'un surcroît de misères! Voyager sans être obligés de dresser une tente et de soigner des animaux, sans se mettre en peine du chauffage et de la nourriture : c'était comme la réalisation d'une brillante utopie. Aussitôt qu'on est descendu de cheval, trouver une chambre bien chaude et une grande cruche de thé beurré, c'était pour nous du pur sybaritisme.

Peu après notre arrivée, nous reçûmes la visite officielle du grand Lama que le Régent avait chargé de nous accompagner jusqu'aux frontières de la Chine, et avec lequel nous n'avions encore échangé que quelques paroles de politesse, lors du passage de la rivière. Ce personnage nommé *Dsiamdchang*, c'est-à-dire *le Musicien*, était un homme trapu, et âgé d'une cinquantaine d'années ; il avait rempli des fonctions administratives dans plusieurs contrées du Thibet. Avant d'être rappelé à Lha-Ssa, il occupait le poste de *Dhéba* général, dans un canton peu éloigné de Ladak ; une incomparable bonhomie était répandue sur sa figure large et un peu ridée. Son caractère tenait de la naïveté et de la candeur de l'enfant. Il nous dit que le Régent l'avait chargé de faire ce voyage exprès pour nous, afin de veiller à ce que rien ne nous manquât, durant tout le temps que nous serions dans les contrées soumises au Talé-Lama. Ensuite il nous présenta deux jeunes Thibétains, dont il nous fit un long et pompeux éloge. — Ces deux hommes, nous dit-il, ont été spécialement désignés pour vous servir en route. Quand vous leur commanderez quelque chose, ils devront vous obéir ponctuellement. Pour ce qui est de vos repas, ajouta-t-il, comme vous êtes peu accoutumés à la cuisine thibétaine, il a été convenu que vous les prendriez avec le Mandarin chinois.

Après avoir conversé pendant quelques instants avec le

Lama Dsiamdchang, nous eûmes en effet l'honneur de souper en la compagnie de Ly, le Pacificateur des royaumes, qui logeait dans une chambre voisine de la nôtre. Ly-Kouo-Ngan fut très-aimable, et nous donna de nombreux détails sur la route que nous allions faire, et qu'il parcourait lui-même pour la huitième fois. Afin que nous pussions avoir tous les jours des notions précises sur les contrées que nous traverserions, il nous prêta un ouvrage chinois, renfermant un itinéraire de Tching-Tou, capitale du Sse-Tchouen à Lha-Ssa. Cet ouvrage est intitulé : *Ouï-Tsang-Thou-Tchi*, c'est-à-dire, *Description du Thibet, accompagnée de gravures*. Cette compilation de plusieurs autres notices chinoises, concernant le Thibet, a été rédigée par un Mandarin, nommé *Lou-Houa-Tchou*, qui, dans la cinquante-unième année de Kien-Long (1786), était chargé de la direction des vivres de l'armée chinoise. Le P. Hyacinthe, archimandrite russe à Péking, a publié une traduction de cette espèce de géographie du Thibet. M. Klaproth, après avoir revu, corrigé et enrichi de notes le travail du traducteur russe, l'a fait insérer dans le *Journal Asiatique*, de Paris (1). La partie de cet ouvrage chinois qui concerne la route de Lha-Ssa à la province du Sse-Tchouen, et que nous avons eue journellement sous les yeux pendant notre voyage, est d'une exactitude remarquable ; mais cet itinéraire sec et laconique, ne peut offrir de l'intérêt qu'aux personnes qui s'occupent spécialement de géographie, ou qui parcourent les lieux dont il parle. Ce n'est qu'une aride nomenclature, étape par étape, des lieux qu'on rencontre

---

(1) *Nouveau Journal Asiatique*, 1re série, tom. 4 et 6.

sur sa route. Pour en donner une idée, nous allons transcrire l'article qui concerne notre première journée de marche :

De *Detsin-Dzoûg* à la halte de *Tsaï-Li*.
De *Tsaï-Li* au gîte de *Lha-Ssa*.

« A *Detsin-Dzoûg* il y a beaucoup d'hôtelleries, dans les-
»quelles les voyageurs s'arrêtent ordinairement pendant
»quelque temps ; près de la route est une maison de poste ;
»de là une route de quarante lis conduit au couvent de
»*Tsaï-Li*.   40 lis.

»A *Tsaï-Li*, il y a un Dhéba qui fournit aux
»voyageurs du bois et du foin : ce canton n'est
»séparé que par une rivière du territoire de *Lha-*
»*Ssa* ; on atteint cette dernière ville après vingt lis ;
»il y a un commandant militaire. »   20 lis.
                                          ———
                                  Total. 60 lis.

Nous partîmes de *Detsin-Dzoûg*, que le jour n'avait pas encore paru, car nous avions une longue traite à faire. Nous suivîmes la même vallée dans laquelle nous étions entrés en sortant de la ville de Lha-Ssa. Mais à mesure que nous avancions, les montagnes, dont cette large plaine est environnée, s'élevaient insensiblement à l'horizon, et semblaient se rapprocher de nous ; la vallée allait toujours se rétrécissant ; le sol devenait plus rocailleux ; les fermes étaient moins nombreuses ; et la population perdait peu à peu ces dehors d'élégance et de civilisation qu'on remarque toujours aux environs des grandes villes. Après quatre-vingts lis d'une marche précipitée et non interrompue, nous

nous arrêtâmes pour prendre un peu de repos et de nourriture, dans un grand couvent bouddhique tombant en ruines, et qui servait de résidence à quelques vieux Lamas salement vêtus. La pauvreté dans laquelle ils vivaient, ne leur permit d'offrir à l'état-major de la caravane que du thé au lait, un pot de bière et une petite boule de beurre. En joignant à ces provisions, des galettes, et un gigot de mouton que le cuisinier de Ly-Kouo-Ngan avait eu l'attention de nous préparer la veille, nous eûmes une collation assez substantielle.

Aussitôt que nous eûmes amorti notre appétit, et rendu un peu de vigueur à nos membres, nous remerciâmes ces pauvres religieux bouddhistes, en leur offrant un *khata*, ou écharpe de félicité, puis nous remontâmes promptement sur nos chevaux. Il était déjà tard, et nous avions encore quarante *lis* à faire avant d'atteindre le poste. Il était nuit close quand nous arrivâmes à *Médehou-Koung*. Notre premier soin fut d'appeler nos grooms thibétains, et de leur recommander d'organiser nos lits le plus promptement possible ; nous pensions qu'ayant eu pendant une longue journée un mauvais cheval entre les jambes, nous devions être dispensés de faire salon. Après avoir pris un léger repas, et terminé nos prières, nous souhaitâmes une bonne nuit au *Pacificateur des royaumes*, et au Lama musicien ; puis nous allâmes nous ensevelir sous nos couvertures.

Le lendemain, quand nous mîmes la tête hors du lit, le soleil brillait déjà de toute sa splendeur. Cependant, tout était calme dans la cour de l'hôtellerie ; on n'entendait ni les grognements des yaks, ni les hennissements des chevaux ; rien n'annonçait les tumultueux préparatifs du départ d'une caravane. Nous nous levâmes, et après avoir passé nos pouces sur nos yeux, nous ouvrîmes la porte de notre chambre pour voir où en étaient les affaires. Nous trouvâmes Ly-Kouo-Ngan et le Lama Dsiamdchang, assis à un angle de la cour, et se chauffant tranquillement aux rayons du soleil. Aussitôt qu'ils nous eurent aperçus, ils vinrent à nous, et prirent de nombreux détours pour nous annoncer qu'on serait obligé de s'arrêter une journée, parce qu'il y avait des difficultés à se procurer les chevaux et les bœufs de rechange. — Cette nouvelle est bien mauvaise, nous dirent-ils ; ce contretemps est très-fâcheux ; mais nous n'y pouvons rien : la circonstance des fêtes du nouvel an est la seule cause de ce retard. — Au contraire, leur répondîmes-nous, cette nouvelle est excellente ; nous autres nous ne sommes nullement pressés d'arriver. Allons tout doucement, reposons-nous souvent en route, et tout ira bien. — Ces paroles tirèrent nos deux chefs d'escorte d'un grand embarras. Ces bonnes gens s'étaient imaginé que nous allions leur chercher querelle, parce qu'il fallait se reposer un jour ; ils se trompaient énormément. Si, dans nos voyages précédents, des retards avaient été pour nous des contradictions quelquefois très-douloureuses, c'est que nous avions un but devant nous, et que nous avions hâte de l'atteindre. Mais pour le moment ce n'était pas le même cas, et nous désirions, autant que possible, voyager un peu en amateurs. Nous trouvions d'ailleurs qu'il n'était pas logique de nous en aller en courant d'un lieu dont on nous chassait.

Midchoukoung est un poste où l'on change les *oulah*,

c'est-à-dire les chevaux, les bêtes de somme et les hommes chargés de les conduire. Ces espèces de corvées sont organisées par le gouvernement thibétain, sur toute la route qui conduit de Lha-Ssa aux frontières de Chine. Les officiers publics chinois ou thibétains, qui voyagent officiellement sur cette route, ont seuls le droit d'user de ce genre de service. Le gouvernement de Lha-Ssa leur délivre un passeport, sur lequel on indique clairement le nombre d'hommes et d'animaux que doivent fournir les villages soumis à la contribution des *oulah*. La notice chinoise sur le Thibet s'exprime ainsi au sujet de ces corvées : « — Pour ce qui
» regarde le service local nommé *oulah*, tous ceux qui ont
» quelque fortune, hommes ou femmes, sont obligés de le
» remplir; ceux même qui arrivent des contrées les plus
» éloignées, s'ils occupent une maison entière, ne peuvent
» en être exempts. Le nombre des hommes qu'on doit four-
» nir pour ce service, est réglé d'après la fortune de chacun.
» Les anciens et les Dhéba président au choix, et détermi-
» nent, suivant la grandeur de la maison, le nombre
» d'hommes qu'elle doit donner comme oulah. On prend
» dans un hameau trois, quatre, et jusqu'à dix hommes.
» Les familles peu nombreuses prennent des pauvres comme
» remplaçants, moyennant un salaire, ou paient par jour,
» en commun, une demi-once d'argent. Ceux qui ont passé
» l'âge de soixante ans, sont exempts de toute charge. Si le
» service public l'exige, on requiert des bœufs et des che-
» vaux, des ânes et des mulets dans les maisons riches; les
» pauvres se réunissent, et trois ou quatre maisons don-
» nent une seule bête. »

Les Mandarins chinois, qui cherchent toujours à faire argent de tout, ont trouvé moyen de spéculer sur les oulah que leur fournit le gouvernement thibétain. Avant de partir de Lha-Ssa, ils intriguent, par tous les moyens imaginables, afin d'obtenir qu'on inscrive sur leur feuille de route un grand nombre d'animaux; ils exigent ceux qui leur sont absolument nécessaires, et reçoivent pour l'excédant une compensation en argent, que les riches Thibétains aiment mieux leur donner que d'exposer les animaux aux dangers de la route. Il en est d'autres qui réclament le oulah complet, et l'emploient à transporter en Chine des marchandises thibétaines. Ly-Kouo-Ngan que nous avons vu protester si énergiquement de son désintéressement, quand l'ambassadeur Ki-Chan lui offrit un cadeau de la part de l'Empereur, avait montré des sentiments moins généreux à l'endroit des oulah. Pendant la journée que nous passâmes à Midchoukoung, la feuille de route nous tomba par hasard entre les mains, et nous fûmes fort surpris d'y lire qu'on nous avait alloué deux chevaux et *douze* bœufs à long poil. Tout notre bagage se réduisait pourtant à deux malles et à quelques couvertures de lit. — A quoi bon tous ces bœufs, demandâmes-nous au Pacificateur des royaumes? comment s'y prennent-ils pour porter deux malles à douze?—Ah! c'est une erreur, nous répondit-il; le scribe s'est trompé..... Par politesse, nous dûmes avoir l'air de trouver cette explication excellente.

Il arrive pourtant assez souvent que les Chinois trouvent de grands mécomptes dans leurs spéculations sur les oulah; ils rencontrent sur la route certaines peuplades thibétaines qui ne sont nullement apprivoisées à ce genre de contribution. On a beau montrer à ces rudes et fiers montagnards la feuille de route scellée du sceau du Talé-Lama et de celui de l'ambassadeur chinois, ils demeurent impassibles. A tous les discours qu'on leur adresse, pour les engager à se soumettre à la loi, ils n'ont que cette réponse : Pour un conducteur vous donnerez tant ; pour un cheval, tant ; pour un yak, tant... La diplomatie chinoise est enfin poussée à bout, et il faut payer les oulah.

Les habitants du district de Midchoukoung nous traitèrent avec beaucoup de politesse et de courtoisie : les chefs du village nous firent donner une représentation par une troupe de saltimbanques, qui se trouvaient réunis dans le pays pour les fêtes du nouvel an. La vaste cour de l'hôtellerie où nous étions logés servit de théâtre : d'abord les artistes masqués, et bizarrement costumés, exécutèrent pendant long-temps une musique bruyante et sauvage pour appeler au spectacle les habitants de la contrée. Quand tout le monde fut réuni et rangé en cercle autour de la scène, le Dhéba de Midchoukoung vint solennellement offrir à nos deux conducteurs et à nous, une *écharpe de félicité*, et nous invita à aller prendre place sur quatre épais coussins qu'on avait disposés au pied d'un grand arbre qui s'élevait à un angle de la cour. Aussitôt que nous nous fûmes assis, toute la troupe des saltimbanques se mit en mouvement, et exécuta au son de la musique une sorte de ronde satanique, dont la rapidité fut sur le point de nous donner le vertige. Ensuite il y eut des sauts, des gambades, des pirouettes, des tours de force, et des combats avec des sabres de bois : tout cela était accompagné tour à tour de chants, de dialogues, de musique, et de clameurs imitant les cris des bêtes féroces. Parmi cette troupe de comédiens il y en avait un plus grotesquement masqué que les autres, qui jouait spécialement le rôle de farceur, et s'était réservé le monopole des plaisanteries et des réparties piquantes. Nous n'avions pas une habitude suffisante de la langue thibétaine pour apprécier le mérite de ses saillies ; mais à en juger par les trépignements et les éclats de rire du public, il paraissait s'acquitter à merveille de ses fonctions d'homme d'esprit. En somme, ces espèces de représentations théâtrales étaient assez amusantes ; les Thibétains en étaient enthousiasmés. Quand on eut bien dansé, sauté et chanté pendant plus de deux heures, tous les bateleurs vinrent se ranger en demi-cercle devant nous, détachèrent leur masque, et nous tirèrent la langue en s'inclinant profondément. Chacun de nous offrit au chef de la troupe une écharpe de félicité,... et la toile tomba.

Dans l'après-midi, nous invitâmes Ly-Kouo-Ngan à une petite promenade ; malgré le peu d'élasticité dont jouissaient ses jambes, il accueillit de bonne grâce notre proposition, et nous allâmes ensemble explorer le pays. Le village de Midchoukoung est assez populeux ; mais tout y annonce que ses habitants ne vivent pas dans une grande aisance. Les maisons sont en général construites en cailloux grossièrement cimentés avec de la terre glaise. On en voit un assez grand nombre qui sont à moitié écroulées, et dont les ruines servent de retraite à des troupes de gros rats. Quelques petits autels bouddhiques, soigneusement peints à l'eau de chaux, sont les seules constructions qui présentent un peu de propreté, et dont la blancheur contraste avec la teinte grisâtre et enfumée du village. Midchoukoung a un corps de garde chinois, composé de quatre soldats et d'un sous-caporal. Ces hommes nourrissent quelques chevaux, et leur poste sert de relais aux courriers qui portent les dépêches de l'administration chinoise.

En rentrant à l'hôtellerie, nous rencontrâmes dans la vaste cour, qui le matin avait servi de théâtre, un tumultueux rassemblement d'hommes et d'animaux. On était occupé à recruter notre oulah, qui devait être de vingt-huit chevaux, de soixante-dix bœufs grognants, et de douze conducteurs. A l'entrée de la nuit, le Dhéba vint nous avertir que tout avait été organisé selon les saintes ordonnances du Talé-Lama, et que le lendemain nous pourrions nous mettre en route, tard ou de bonne heure, selon notre volonté.

Aussitôt que le jour parut, nous montâmes à cheval, et nous dîmes adieu à Midchoukoung. Après quelques heures de marche, nous quittâmes, comme par l'extrémité d'un immense entonnoir, la grande vallée que nous avions suivie depuis Lha-Ssa, et nous entrâmes dans un rude et sauvage pays. Pendant cinq jours, nous voyageâmes continuellement dans un labyrinthe, allant tantôt à droite, tantôt à gauche, quelquefois revenant en quelque sorte sur nos pas, pour éviter des gouffres, et tourner des montagnes inaccessibles. Nous ne quittions jamais la profondeur des ravins ou les bords escarpés et rocailleux des torrents; nos chevaux bondissaient plutôt qu'ils ne marchaient. Des animaux vigoureux, mais qui seraient étrangers à ces affreuses contrées, ne pourraient résister longtemps aux fatigues d'une semblable route. Pendant une demi-journée seulement nous pûmes voyager avec assez d'agrément et de sécurité. Nous retrouvâmes la rivière que nous avions déjà traversée en sortant de Lha-Ssa ; elle coulait tranquillement dans un lit légèrement incliné, et ses larges bords offraient aux voyageurs un chemin facile et uni. Au milieu de ces contrées sauvages, on ne rencontre, pour passer la nuit, que des masures froides, humides, et ouvertes à tous les vents. Cependant on y arrive tellement brisé de fatigue, qu'on y dort toujours d'un sommeil profond.

Avant d'arriver à la ville de *Ghiamda,* nous traversâmes la montagne *Loumma-Ri*. « Cette montagne, dit l'Itiné-
» raire chinois, est haute et peu escarpée ; elle s'étend
» sur une largeur d'environ quarante lis. Les neiges, les
» glaces, et les menaçantes sommités que les voyageurs
» rencontrent en chemin, avant d'arriver à cette montagne,
» et qui épouvantent le cœur et offusquent les yeux, peu-
» vent la faire regarder, par comparaison, comme une
» plaine aisée à passer. » — Le sommet du mont Loumma-Ri, quoique très-élevé, est, en effet, d'un accès facile Nous y arrivâmes par une pente douce, et sans être obligés de descendre une seule fois de cheval ; circonstance très-remarquable, quand il s'agit des montagnes du Thibet. Nous trouvâmes cependant, de l'autre côté de la montagne, une assez grande difficulté, à cause de la neige, qui, ce jour là, tombait en abondance. Les animaux glissaient souvent ; quelquefois leurs pieds de derrière venaient brusquement se réunir à ceux de devant ; mais ils ne s'abattaient jamais. Il en résultait seulement pour le cavalier comme un petit balancement d'escarpolette, auquel on s'habituait insensiblement.

Le Pacificateur des royaumes voulut descendre la montagne à pied, pour se réchauffer un peu ; mais, après quelques pas mal assurés, il chancela un instant sur ses pauvres jambes, fit la culbutte, et alla tracer dans la neige un large et profond sillon. Il se releva plein de colère, courut au soldat qui était le plus rapproché, et l'accabla de malédictions et de coups de fouets, parce qu'il n'était pas descendu de cheval pour le soutenir. Tous les soldats chinois sautèrent aussitôt en bas de leur monture, et vinrent se prosterner devant leur colonel et lui faire des excuses. Tous, en effet, avaient manqué à leur devoir ; car, d'après l'urbanité chinoise, lorsqu'un chef met pied à terre, tous les subalternes doivent à l'instant descendre de cheval.

Quand nous fûmes au bas de la montagne de Loumma-Ri, nous continuâmes notre route le long d'une petite rivière qui serpentait au milieu d'une forêt de sapins tellement touffus, que la clarté du jour y pénétrait à peine. La neige s'arrêtait, par couches épaisses, sur les larges branches des arbres, d'où le vent la secouait quelquefois par gros flocons sur la caravane. Ces petites avalanches, tombant à l'improviste sur les cavaliers, les faisaient tressaillir et leur arrachaient des cris de surprise ; mais les animaux, qui, sans doute, avaient traversé d'autres fois cette forêt avec un temps semblable, demeuraient impassibles. Ils allaient toujours leur pas ordinaire, sans s'effaroucher, se contentant de secouer nonchalamment leurs oreilles lorsque la neige les incommodait.

A peine sortis de la forêt, nous fûmes tous obligés de mettre pied à terre, pour escalader pendant une heure d'horribles entassements de rochers. Quand nous fûmes arrivés au sommet, on replia les brides sur le cou des chevaux, qu'on abandonna à la sagacité de leur instinct, pour se diriger sur cette pente rapide et semée de précipices. Les hommes descendirent, tantôt à reculons, comme le long d'une échelle, tantôt en s'asseyant et en se laissant glisser sur la neige ; tout le monde se tira victorieusement de ce mauvais pas, et on arriva au bas, sans que personne se fût cassé ni bras ni jambes.

Nous fîmes encore cinq lis dans une étroite vallée, et nous aperçûmes enfin, au pied d'une haute montagne, une vaste agglomération de maisons, parmi lesquelles s'élevaient deux temples bouddhiques aux proportions colossales. C'était la station de *Ghiamda*. Un peu avant d'entrer dans la ville, nous rencontrâmes sur la route une compagnie de dix-huit soldats rangés en file, et ayant à leur tête deux petits Mandarins décorés du globule blanc. Mandarins et soldats, tous avaient le sabre nu à la main, et un arc en bandoulière. C'était la garnison de Ghiamda, qui, sous les armes et en grand uniforme, attendait Ly, le Pacificateur des royaumes, pour lui rendre les honneurs militaires. Quand la caravane se fut suffisamment rapprochée, les dix-huit soldats et les deux Mandarins tombèrent à genoux, appuyèrent contre terre la pointe de leur sabre, et s'écrièrent tous ensemble : — Au Tou-Sse Ly-Kouo-Ngan, la chétive garnison de Ghiamda, salut et prospérité... — A ces mots, Ly-Kouo-Ngan et les soldats de sa suite, firent aussitôt arrêter leurs chevaux, mirent pied à terre, et coururent vers la garnison pour l'inviter à se relever. De part et d'autre, on se fit des inclinations interminables, pendant lesquelles nous continuâmes sans façon notre route. A l'entrée de la ville, nous eûmes, à notre tour, notre petite réception officielle. Deux Thibétains en habits de fête saisirent, pour nous faire honneur, la bride de notre cheval, et nous conduisirent à la maison qui nous avait été préparée. Là nous attendait le Dhéba ou premier magistrat du district, qui nous offrit une écharpe de félicité, et nous introduisit dans une salle où était une table déjà servie de thé au lait, de beurre, de galettes et de fruits secs. Dans toutes ces marques de bienveillance et d'attention, nous ne pûmes nous empêcher de voir un effet des ordres que le Régent avait envoyés.

Pendant que nous faisions honneur à cette modeste collation, on vint nous annoncer que nous serions obligés de nous arrêter pendant deux jours à Ghiamda, parce que le Dhéba du district n'ayant reçu que dans la matinée la nouvelle de notre prochaine arrivée, n'avait pas eu le temps d'envoyer chercher les animaux, qui se trouvaient au pâturage, à une distance très-éloignée de la ville. Cette nouvelle nous fut très-agréable; mais elle plongea dans la désolation Ly-Kouo-Ngan et le lama Dsiamdchang. Nous essayâmes de les consoler, en leur disant que lorsqu'on n'était pas maître de diriger les événements, il fallait les subir avec calme et résignation. Nos deux conducteurs trouvaient notre doctrine magnifique en théorie, mais la pratique était peu de leur goût. Cependant ils furent obligés de convenir, dans la suite, que ce retard était venu assez à propos; car, pendant les deux jours que nous restâmes à Ghiamda, le ciel fut si sombre, le vent du nord souffla avec tant de violence, et la neige tomba si abondamment, que, de l'avis des gens du pays, on n'eût pu se mettre en route impunément avec un temps si affreux. A en juger, en effet, d'après ce qui se passait dans la vallée, il était aisé de comprendre qu'un ouragan épouvantable devait désoler les montagnes.

Le lendemain de notre arrivée à Ghiamda, nous reçûmes la visite des deux officiers chinois résidants dans cette ville. L'un portait le titre de *Pa-Tsoung*, et l'autre celui de *Wei-Wei*. Le Pa-Tsoung était un bel homme, vigoureusement membré, ayant la parole vibrante et les mouvements brusques. Une large balafre, qui sillonnait sa figure, et de grandes moustaches noires, ne contribuaient pas peu à lui donner une magnifique tournure de soldat. Pendant quatre ans, il avait fait la guerre dans le Kachkhar, en qualité de simple soldat, et en était revenu avec le titre de Pa-Tsoung et la décoration de la Plume de Paon. Le *Wei-Wei*, jeune homme de vingt-deux ans, était aussi d'une taille avantageuse; mais son extérieur langoureux et efféminé, contrastait singulièrement avec la mâle allure de son collègue. Sa figure était blanche, molle, et d'une délicatesse extrême; ses yeux étaient toujours humides et languissants. Nous lui demandâmes s'il était malade. — Non, nous répondit-il d'une voix presque éteinte, ma santé est excellente... Et, en disant ces mots, ses joues se colorèrent d'une légère teinte de rougeur. Nous comprimes que notre question avait été indiscrète, et nous entamâmes un autre sujet de conversation. Ce pauvre jeune homme était un forcené fumeur d'opium. Quand ils furent partis, Ly-Kouo-Ngan nous dit : Le Pa-Tsoung est un homme qui est né sous une constellation très-favorable; il montera rapidement les degrés du mandarinat militaire : mais le *Wei-Wei* est né sous un mauvais brouillard; depuis qu'il s'est passionné pour la fumée européenne, le ciel l'a abandonné. Avant qu'une année se soit écoulée, il aura salué le monde.

La pluie torrentielle qui tomba presque sans interruption, pendant notre séjour à Ghiamda, ne nous permit pas de visiter en détail cette ville très-populeuse et assez commerçante. On y rencontre un grand nombre de Pébouns ou Indiens du Boutan, qui exploitent, comme à Lha-Ssa, tout ce qui tient aux arts et à l'industrie. Les produits agricoles du pays sont presque nuls. On cultive, dans la vallée, de l'orge noire en quantité à peine suffisante pour la consommation des habitants. La richesse du pays provient de la laine et du poil de chèvre, dont on fabrique des étoffes. Il paraît que, parmi ces montagnes affreuses, il existe des pâturages excellents, où les Thibétains nourrissent de nombreux troupeaux. Le lapis lazuli, les cornes de cerf et la rhubarbe, sont l'objet d'un assez grand commerce avec Lha-Ssa et les provinces du Sse-Tchouen et du Yun-Nan. On prétend que c'est sur les montagnes qui environnent Ghiamda, qu'on recueille la meilleure qualité de rhubarbe. Ce district foisonne aussi en gibier de toute espèce. La forêt que nous traversâmes après avoir quitté le mont Loumma-Ri, est particulièrement remplie de perdreaux, de faisans, et de plusieurs variétés de poules sauvages. Les Thibétains ne savent tirer aucun parti de ces mets si recherchés par les gourmets d'Europe. Ils les mangent bouillis et sans aucune espèce d'assaisonnement. Les Chinois sont sur ce point, comme sur tout le reste, beauboup plus avancés que leurs voisins. Le cuisinier de Ly-Kouo-Ngan savait nous préparer la venaison d'une façon qui ne laissait rien à désirer.

Le jour fixé pour le départ étant arrivé, les oulah se trouvèrent prêts de grand matin. Le vent avait complètement cessé, et la pluie ne tombait plus. Cependant il s'en fallait que le temps fût beau ; une brume froide et épaisse remplissait la vallée, et dérobait à la vue les montagnes environnantes. Nous dûmes néanmoins partir, car les gens du pays s'accordaient à dire que, pour la saison, c'était tout ce qu'on pouvait désirer de mieux. Tant que vous serez dans la vallée, nous disait-on, vous ne verrez pas très-clair ; mais une fois arrivés sur les hauteurs, l'obscurité disparaîtra : règle générale, quand il y a de la brume dans la vallée, il tombe de la neige sur les montagnes. Ces paroles étaient très-peu rassurantes ; il fallut pourtant se résigner, et s'aguerrir contre la neige, car tout le monde nous assurait que, depuis Ghiamda jusqu'aux frontières de Chine, tous les jours, sans en excepter un seul, nous en verrions sur notre route.

Au moment où nous montions à cheval, le Dhéba de Ghiamda nous fit cadeau de deux paires de lunettes, pour mettre nos yeux à l'abri de la blancheur éblouissante de la neige. Nous ne pûmes d'abord nous empêcher de rire, à la vue de ces appareils d'optique d'une façon toute nouvelle. La place que tiennent les verres, dans les lunettes ordinaires, était occupée par un tissu en crin de cheval extrêmement bombé, et ressemblant assez, par la forme, à de grosses coques de noix. Pour tenir ces deux couvercles assujétis sur les yeux, il y avait, des deux côtés, deux longs cordons qu'on faisait passer derrière les oreilles, et qu'on nouait ensuite sous le menton. Nous remerciâmes cet excellent Dhéba du plus profond de notre cœur; car dans les circonstances où nous nous trouvions, ce cadeau était inappréciable. En traversant la montagne de Loumma-Ri, nous avions eu déjà beaucoup à souffrir de la réverbération de la neige.

En sortant de la ville, nous rencontrâmes, comme en y entrant, les soldats de la garnison, qui attendaient au passage Ly-Kouo-Ngan, pour lui faire le salut militaire. Ces hommes, rangés en file au milieu d'un épais brouillard, et tenant dans la main un sabre qui reluisait dans l'obscurité, avaient quelque chose de si fantastique, que presque tous les chevaux de la caravane en furent épouvantés. Ces saluts militaires se renouvelèrent, sur la route, partout où il y avait des soldats chinois. Ly-Kouo-Ngan en était exaspéré. Comme il ne pouvait, à cause de ses jambes malades, descendre de cheval et y remonter qu'avec de grandes difficultés, ces cérémonies étaient pour lui un véritable supplice. Il avait beau envoyer en avant un de ses soldats pour avertir qu'on ne vînt pas lui faire de réception, on n'y mettait que plus d'empressement et un plus grand appareil, car on s'imaginait que c'était par modestie qu'il voulait se soustraire aux honneurs qu'on devait rendre à sa dignité.

A quatre lis loin de Ghiamda, nous traversâmes un large et impétueux torrent, sur un pont formé avec six énormes troncs de sapin, non rabotés, et si mal unis ensemble, qu'on les sentait rouler sous les pieds. Personne n'osa passer à cheval, et ce fut un grand bonheur pour un des soldats de la troupe; son cheval ayant glissé sur le pont humide et tremblant, une de ses jambes de devant s'enfonça jusqu'au poitrail, entre les jointures de deux arbres, où il demeura pris comme dans un étau. Si le cavalier se fût trouvé dessus, il eût été infailliblement précipité au fond du torrent, et brisé sur les rochers. Après de longs et pénibles efforts, on finit par retirer ce pauvre animal de cette affreuse position. Au grand étonnement de tout le monde, il en sortit sans s'être cassé la jambe, sans même avoir reçu la moindre blessure.

Par delà ce misérable pont, nous reprîmes notre rude pélerinage, à travers des montagnes escarpées et encombrées de neige. Pendant quatre jours, nous ne rencontrâmes dans ces contrées sauvages aucun village thibétain. Tous les soirs, nous couchions dans les corps-de-garde chinois, auprès desquels se groupaient quelques cabanes de bergers, construites avec des écorces d'arbres. Pendant ces quatre jours, nous changeâmes pourtant trois fois les oulah, sans éprouver le moindre retard. Les ordres avaient été si bien donnés d'avance, qu'à notre arrivée au poste nous trouvions déjà tout disposé pour notre départ du lendemain. Si nous n'avions su que parmi ces contrées, désertes en apparence, il y avait cependant, dans les gorges des montagnes, de nombreux bergers vivant sous des tentes, il nous eût été impossible de nous expliquer cette prompte organisation des oulah. En général, ce n'a jamais été que dans les grands endroits, que le service de la caravane a éprouvé des retards et des difficultés.

Le quatrième jour depuis notre départ de Ghiamda, après avoir traversé sur la glace un grand lac, nous nous arrêtâmes au poste d'*Atdza*, petit village dont les habitants cultivent quelques lambeaux de terre, dans une petite vallée entourée de montagnes dont la cime est couronnée de houx et de pins. L'Itinéraire chinois dit, au sujet du lac qu'on rencontre avant d'arriver à *Atdza :* « La licorne, animal très-curieux, se trouve dans le voisinage de ce lac, qui a quarante lis de longueur. »

La licorne, qu'on a long-temps regardée comme un être fabuleux, existe réellement dans le Thibet. On la trouve souvent représentée parmi les sculptures et les peintures des temples bouddhiques. En Chine même, on la voit souvent dans les paysages qui décorent les auberges des provinces septentrionales (1). Les habitants d'Atdza parlaient de cet animal, sans y attacher une plus grande importance qu'aux autres espèces d'antilopes qui abondent dans leurs montagnes. Nous n'avons pas eu la bonne fortune d'apercevoir de licorne durant nos voyages dans la Haute-Asie. Mais tout ce qu'on nous en a dit, ne fait que confirmer les détails curieux que M. Klaproth a publiés sur ce sujet dans le nouveau *Journal Asiatique*. Nous avons pensé qu'il ne serait pas hors de propos de citer ici une note intéressante que cet orientaliste, d'une immense érudition, a ajoutée à la traduction de l'*Itinéraire de Lou-Hou-Tchou* :

« La licorne du Thibet s'appelle, dans la langue de ce pays, *sérou ;* en mongol, *kéré ;* et en chinois, *tou-kio-*

---

(1) Nous avons eu long-temps entre les mains un petit traité mongol d'histoire naturelle, à l'usage des enfants, où l'on voyait une licorne représentée sur une des planches dont cet ouvrage classique était illustré.

cheou, c'est-à-dire *l'animal à une corne*, ou *kio-touan*, *corne droite*. Les Mongols confondent quelquefois la licorne avec le rhinocéros, nommé en mantchou, *bodi gourgou*, et en sanscrit, *khadga*, en appelant ce dernier également *kéré*.

La licorne se trouve mentionnée pour la première fois, chez les Chinois, dans un de leurs ouvrages qui traite de l'histoire des deux premiers siècles de notre ère. Il y est dit que le cheval sauvage, l'argali et le *kio-touan* sont des animaux étrangers à la Chine, qu'ils vivent dans la Tartarie, et qu'on se servait des cornes du dernier, pour faire les arcs appelés *arcs de licorne*.

Les historiens chinois, mahométans et mongols, rapportent unanimement la tradition suivante, relative à un fait qui eut lieu en 1224, quand Tchinggiskhan se préparait à aller attaquer l'Indoustan. « Ce conquérant ayant soumis
» le Thibet, dit l'histoire mongole, se mit en marche pour
» pénétrer dans l'*Enedkek* (l'Inde). Comme il gravissait
» le mont *Djadanaring*, il vit venir à sa rencontre une
» bête fauve, de l'espèce appelée *serou*, qui n'a qu'une
» corne sur le sommet de la tête; cette bête se mit trois
» fois à genoux devant le monarque, comme pour lui té-
» moigner son respect. Tout le monde étant étonné de cet
» événement, le monarque s'écria : L'empire de l'Indou-
» stan est, à ce qu'on assure, le pays où naquirent les
» majestueux Bouddhas et Boddhisatvas, ainsi que les puis-
» sants Bogdas, ou princes de l'antiquité; que peut donc
» signifier que cette bête privée de parole me salue comme
» un homme? Après ces paroles, il retourna dans sa
» patrie. »

Quoique ce fait soit fabuleux, il ne démontre pas moins l'existence d'un animal à une seule corne dans les hautes montagnes du Thibet. Il y a aussi, dans ce pays, des lieux qui tirent leur nom du grand nombre de ces animaux, qui y vivent par troupeaux, tels que le canton de *Serou-Dziong,* c'est-à-dire *Village de la Rive des Licornes,* situé dans la partie orientale de la province de Kham, vers la frontière de la Chine.

Un manuscrit thibétain, que feu le major Lattre a eu l'occasion d'examiner, appelle la licorne le *tsopo à une corne.* Une corne de cet animal fut envoyée à Calcutta; elle avait cinquante centimètres de longueur, et onze centimètres de circonférence; depuis la racine, elle allait en diminuant, et se terminait en pointe. Elle était presque droite, noire, et un peu aplatie des deux côtés; elle avait quinze anneaux, mais ils n'étaient proéminents que d'un côté.

M. Hodgson, résident anglais dans le Népal, est enfin parvenu à se procurer une licorne, et a fixé indubitablement la question relative à l'existence de cette espèce d'antilope, appelée *tchirou,* dans le Thibet méridional qui confine au Népal. C'est le même mot que *serou,* prononcé autrement suivant les dialectes différents du nord et du midi.

La peau et la corne, envoyées à Calcutta par M. Hodgson, appartenaient à une licorne morte dans la ménagerie du Radjah du Népal. Elle avait été présentée à ce prince par le Lama de *Digourtchi* (*Jikazze*), qui l'aimait beaucoup. Les gens qui amenèrent l'animal au Népal, informèrent M. Hodgson que le *tchirou* se plaisait principalement dans la belle vallée ou plaine de *Tingri*, située dans la partie méridionale de la province thibétaine de *Tsang*, et qui est arrosée par l'*Arroun*. Pour se rendre du Népal dans cette vallée, on passe le défilé de *Kouti* ou *Nialam*. Les Népaliens appellent la vallée de l'Arroun *Tingri-Meïdam*, de la ville de *Tingri*, qui s'y trouve sur la gauche de cette rivière ; elle est remplie de couches de sel, autour desquelles les *tchirous* se rassemblent en troupeaux. On décrit ces animaux comme extrêmement farouches, quand ils sont dans l'état sauvage ; ils ne se laissent approcher par personne, et s'enfuient au moindre bruit. Si on les attaque, ils résistent courageusement. Le mâle et la femelle ont en général la même apparence.

La forme du *tchirou* est gracieuse, comme celle de tous les autres antilopes ; il a aussi les yeux incomparables des animaux de cette espèce. Sa couleur est rougeâtre, comme celle du faon, à la partie supérieure du corps, et blanche à l'inférieure. Ses caractères distinctifs sont : d'abord une corne noire, longue et pointue, ayant trois légères courbures, avec des anneaux circulaires vers la base ; ces anneaux sont plus saillants sur le devant que sur le derrière de la corne ; puis deux touffes de crin qui sortent du côté extérieur de chaque narine ; beaucoup de soie entoure le nez et la bouche, et donne à la tête de l'animal une apparence lourde. Le poil du *tchirou* est dur, et paraît creux comme celui de tous les animaux qui habitent au nord de l'Himalaya, et que M. Hodgson a eu l'occasion d'examiner. Ce poil a environ cinq centimètres de longueur ; il est si touffu, qu'il présente au toucher comme une masse solide. Au-dessous du poil, le corps du *tchirou* est couvert d'un duvet très-fin et doux, comme presque tous les quadrupèdes qui habitent les hautes régions des monts Himalaya, et spécialement comme les chèvres dites de Kachemir.

Le docteur Abel a proposé de donner au tchirou le nom systématique d'*antilope Hodgsonii*, d'après celui du savant qui a mis son existence hors de doute (1). »

A Atdze, nous changeâmes les oulah, quoique nous n'eussions que cinquante lis à parcourir avant d'arriver à la résidence de *Lha-Ri*. Il nous fallait des animaux frais et accoutumés à la route épouvantable que nous avions devant nous. Une seule montagne nous séparait de Lha-Ri, et pour la franchir, il était, disait-on, nécessaire de partir de grand matin, si nous voulions arriver avant la nuit. Nous consultâmes l'Itinéraire, et nous y trouvâmes la jolie description que voici : « Plus loin, on passe par une grande » montagne dont les sommets s'élèvent à pic. Les glaces » et les neiges n'y fondent pas pendant les quatre saisons » de l'année. Ses abîmes ressemblent aux bords escarpés » de la mer; souvent le vent les comble de neige; les » chemins y sont presque impraticables, tant la descente est » rapide et glissante... » Comme on le voit, ce court, mais énergique aperçu, ne nous promettait pas pour le lendemain

---

(1) L'antilope-licorne du Thibet est probablement l'*oryx-capra* des anciens. On le trouve encore dans les déserts de la haute Nubie, où on le nomme *ariel*. La licorne, en hébreu *réem* et en grec *monoceros*, telle qu'elle est représentée dans la *Bible* et dans Pline le naturaliste, ne peut être identifiée avec l'*oryx-capra*. La licorne des livres saints parait être un pachyderme d'une force prodigieuse et d'une épouvantable férocité. Au rapport des voyageurs, elle existe dans l'Afrique centrale, et les Arabes lui donnent le nom de *Aboukarn*.

une trop agréable partie de plaisir. O ! comme nous eussions cédé volontiers notre place à quelques-uns de ces intrépides touristes, que l'amour de la neige et des glaces, des rochers et des précipices, conduit tous les ans, en cabriolet, au milieu des Alpes, ces miniatures des montagnes du Thibet.

Une chose peu propre à nous encourager, c'est que les gens de la caravane, les habitants mêmes du pays, tout le monde paraissait préoccupé et inquiet. On se demandait avec anxiété, si la neige, qui était tombée en abondance pendant cinq jours, et qui n'avait pas encore eu le temps de s'affaisser, ne rendrait pas la montagne infranchissable; si l'on n'avait pas à craindre de s'enfoncer dans des abîmes, ou d'être écrasé par des avalanches; si, enfin, il ne serait pas prudent d'attendre quelques jours, dans l'espoir que la neige serait dispersée par le vent, ou fondue en partie par le soleil, ou solidifiée par le froid. A toutes ces questions, on n'avait que des réponses fort peu rassurantes. Afin de nous mettre à l'abri de la pusillanimité et de la présomption, nous tînmes, avant de nous coucher, un conseil auquel nous appelâmes les vieux montagnards de la contrée. Après une longue délibération, on décida, premièrement, que si le lendemain le temps était calme et serein, on pourrait se mettre en route sans témérité; secondement, que, dans l'hypothèse du départ, les bœufs à long poil chargés des bagages, et conduits par les gens du pays, précèderaient les cavaliers, afin de leur tracer, dans la neige, un chemin plus facile. La chose étant ainsi arrêtée, nous essayâmes de prendre un peu de repos, comptant médiocrement sur les avantages de ce plan, et beaucoup sur la protection de la divine providence.

Quand nous nous levâmes, quelques étoiles brillaient encore au ciel, et luttaient contre les premières blancheurs de l'aube ; le temps était d'une beauté admirable. On fit donc promptement les préparatifs du départ, et aussitôt que les dernières obscurités de la nuit furent entièrement dissipées, nous commençâmes à gravir la formidable *montagne des Esprits* (Lha-Ri). Elle s'élevait devant nous comme un immense bloc de neige, où les yeux n'apercevaient pas un seul arbre, pas un brin d'herbe, pas un point noir qui vînt rompre l'uniformité de cette blancheur éblouissante. Ainsi qu'il avait été réglé, les bœufs à long poil, suivis de leurs conducteurs, s'avancèrent les premiers, marchant les uns après les autres ; puis tous les cavaliers se rangèrent en file sur leurs traces, et la longue caravane, semblable à un gigantesque serpent, déroula lentement ses grandes spirales sur les flancs de la montagne. D'abord la pente fut peu rapide ; mais nous trouvâmes une si affreuse quantité de neige, que nous étions menacés, à chaque instant, d'y demeurer ensevelis. On voyait les bœufs placés à la tête de la colonne, avançant par soubresauts, cherchant avec anxiété à droite et à gauche les endroits les moins périlleux, quelquefois disparaissant tout-à-fait dans des gouffres et bondissant au milieu de ces amas de neige mouvants, comme de gros marsouins dans les flots de l'océan. Les cavaliers qui fermaient la marche trouvaient un terrain plus solide. Nous avancions pas à pas dans un étroit et profond sillon, entre deux murailles de neige qui s'élevaient au niveau de notre poitrine. Les bœufs à long poil faisaient entendre leur sourd grognement, les chevaux haletaient avec grand bruit, et les hommes, afin d'exciter le courage de la caravane, poussaient tous ensemble un cri cadencé, et semblable à celui des mariniers quand ils virent au cabestan. Peu à peu la route devint tellement raide et escarpée, que la caravane paraissait en quelque sorte suspendue à la montagne. Il ne fut plus possible de rester à cheval. Tout le monde descendit, et chacun se cramponnant à la queue de son coursier, on se remit en marche avec une nouvelle ardeur. Le soleil, brillant de tout son éclat, dardait ses rayons sur ces vastes entassements de neige, et en faisait jaillir d'innombrables étincelles, dont le scintillement éblouissait la vue. Heureusement, nous avions les yeux abrités sous les inappréciables lunettes dont nous avait fait cadeau le Dhéba de Ghiamda.

Après de longues et indicibles fatigues, nous arrivâmes ou plutôt nous fûmes hissés sur le sommet de la montagne. Le soleil était déjà sur son déclin. On s'arrêta un instant, soit pour rajuster les selles et consolider les bagages, soit pour détacher de la semelle des bottes ces insupportables blocs de neige, qui s'y étaient amassés et solidifiés en forme de cônes renversés. Tout le monde était transporté de joie; on éprouvait une sorte de fierté d'être monté si haut, et de se trouver debout sur ce gigantesque piédestal. On aimait à suivre des yeux cette profonde et tortueuse ornière qu'on avait creusée dans la neige, et dont la teinte roussâtre se dessinait sur le blanc immaculé de la montagne.

La descente était plus escarpée que la montée; mais elle était beaucoup moins longue, et ne demandait pas les efforts que nous avions été obligés de déployer de l'autre côté du mont. L'extrême raideur de la pente était au contraire une facilité pour descendre; car il n'y avait qu'à se laisser aller ; le seul danger était de rouler trop brusquement, de franchir le sentier battu, et d'aller s'engloutir pour toujours au fond de quelque abîme. Dans un semblable pays, des accidents de ce genre ne sont nullement chimériques. Nous descendîmes donc lestement, tantôt debout, tantôt assis, et sans autres mésaventures que des culbutes et de longues glissades, bien plus propres à exciter l'hilarité que la crainte des voyageurs.

Un peu avant d'arriver au bas de la montagne, toute la caravane s'arrêta sur un petit plateau où s'élevait un *obo*, ou monument bouddhique, en pierres amoncelées et surmontées de banderolles et d'ossements chargés de sentences thibétaines. Quelques énormes et majestueux sapins entouraient cet *obo*, et l'abritaient sous un magnifique dôme de verdure. — Nous voici arrivés au glacier de la montagne des Esprits, nous dit Ly-Kouo-Ngan ; nous allons rire un instant. — Nous regardâmes avec étonnement le Pacificateur des royaumes. — Oui, voici le glacier, voyez de ce côté...... Nous nous dirigeâmes vers l'endroit qu'il nous indiquait ; nous nous penchâmes sur le bord du plateau, et nous aperçûmes un immense glacier extrêmement bombé, et bordé des deux côtés par d'affreux précipices. On pouvait entrevoir, sous une légère couche de neige, la couleur verdâtre de la glace. Nous détachâmes une pierre du monument bouddhique et nous la jetâmes sur le glacier. Un bruit sonore se fit entendre, et la pierre glissant avec rapidité, laissa sur son passage un large ruban vert. Il n'y avait pas à en douter, c'était bien là un glacier ; et nous comprimes une partie des paroles de Ly-Kouo-Ngan ; mais nous ne trouvions absolument rien de risible à être obligés de voyager sur une pareille route. Ly-Kouo-Ngan avait cependant raison en tout point, et nous pûmes bientôt nous en convaincre.

On fit passer les animaux les premiers, d'abord les bœufs, et puis les chevaux. Un magnifique bœuf à long poil ouvrit la marche : il avança gravement jusque sur le bord du plateau ; là, après avoir allongé le cou, flairé un instant la glace, et soufflé par ses larges naseaux quelques épaisses bouffées de vapeur, il appliqua avec courage ses deux pieds de devant sur le glacier, et partit à l'instant, comme s'il eût été poussé par un ressort. Il descendit les jambes écartées, mais aussi raides et immobiles que si elles eussent été de marbre. Arrivé au bout du glacier, il fit la culbute, et se sauva grognant et bondissant à travers des flots de neige. Tous les animaux les uns après les autres nous donnèrent ce spectacle, qui était réellement palpitant d'intérêt. Les chevaux faisaient en général, avant de se lancer, un peu plus de façon que les bœufs ; mais il était facile de voir que les uns et les autres étaient accoutumés depuis longtemps à ce genre d'exercice.

Les hommes s'embarquèrent à leur tour, avec non moins d'intrépidité et de succès que les animaux, quoique d'après une méthode toute différente. Nous nous assîmes avec précaution sur le bord du glacier ; nous appuyâmes fortement sur la glace nos talons serrés l'un contre l'autre ; puis nous servant du manche de notre fouet en guise de gouvernail, nous nous mîmes à voguer sur ces eaux glacées, avec la rapidité d'une locomotive. Un marin eût trouvé que nous filions au moins douze nœuds. Dans nos longs et nombreux voyages, nous n'avions encore jamais rencontré un moyen de transport à la fois si commode, si expéditif, et surtout si rafraîchissant.

Au bas du glacier, chacun rattrapa son cheval comme il put, et nous continuâmes notre route, selon la méthode vulgaire. Après une descente peu rapide, nous laissâmes derrière nous la *montagne des Esprits*, et nous entrâmes dans une vallée parsemée çà et là de larges plaques de neige qui avaient résisté aux rayons du soleil. Nous longeâmes pendant quelques instants les bords glacés d'une petite rivière, et nous arrivâmes enfin au poste de Lha-Ri. Il y eut à la porte de la ville, comme à Ghiamda, une réception militaire. Le Dhéba du lieu vint nous offrir ses services, et nous allâmes occuper le logement qui nous avait été préparé dans une pagode chinoise, nommée *Kouang-Ti-Miao* (1), c'est-à-dire *temple du Dieu de la guerre*. De Lha-Ssa à Lha-Ri, on compte mille dix lis (cent et une lieues); il y avait quinze jours que nous étions en route.

Aussitôt que nous fûmes installés dans notre habitation, il fut convenu à l'unanimité entre Ly-Kouo-Ngan, le Lama Dsiamdchang et nous, qu'on s'arrêterait un jour à Lha-Ri. Quoique les oulah fussent déjà préparés, nous jugeâmes prudent de faire une courte halte, et de puiser, dans une journée de repos, les forces qui nous étaient nécessaires

(1) Kouang-Ti, célèbre général qui vivait au troisième siècle; après de nombreuses et fameuses victoires, il fut mis à mort avec son fils. Les Chinois disent qu'il n'est pas mort réellement, mais qu'il monta au ciel où il prit place parmi les dieux. Les Mantchous qui règnent actuellement en Chine, l'ont nommé Kouang-Ti Esprit, tutélaire de leur dynastie, et lui ont élevé un grand nombre de temples. On le représente ordinairement assis, ayant à sa gauche son fils Kouang-Ping qui se tient debout, et à sa droite son écuyer d'une figure brune et presque noire.

pour franchir encore une formidable montagne que nous devions rencontrer sur notre route.

Le gros village de Lha-Ri est bâti dans une gorge entourée de montagnes stériles et désolées; ce district ne présente pas les moindres vestiges de culture, et l'on est obligé d'aller chercher ailleurs la farine de Tsing-Kou. Les habitants sont presque tous bergers; ils nourrissent des troupeaux de moutons, de bœufs grognants, et surtout de chèvres dont le poil fin et moëlleux sert à fabriquer les *pou-lou* de première qualité, et ces belles étoffes si connues sous le nom de châles de Kachemir. Les Thibétains de Lha-Ri sont beaucoup moins civilisés que ceux de Lha-Ssa: leur physionomie a quelque chose de dur et de sauvage; ils sont habillés salement, leurs maisons ne sont que de grandes masures informes, construites avec de la pierre brute et grossièrement enduites de limon. On remarque pourtant, sur les flancs de la montagne, un peu au-dessus du village, un vaste couvent bouddhique dont le temple est assez beau : un Kampo est supérieur de cette lamaserie, et en même temps administrateur temporel du canton. Les nombreux Lamas de Lha-Ri mènent une vie paresseuse et abjecte; nous les avons vus, à toute heure du jour, couchés ou accroupis en grand nombre dans les quartiers de la ville, essayant de réchauffer, aux rayons du soleil, leurs membres à moitié couverts de quelques haillons rouges et jaunes; c'était un spectacle dégoûtant.

A Lha-Ri, le gouvernement chinois entretient un magasin de vivres, confié à l'administration d'un Mandarin lettré, portant le titre de *Leang-Taï* (fournisseur), et décoré du globule de cristal blanc. Le Leang-Taï est chargé de distribuer la solde aux divers corps de garde échelonnés sur la route; on compte de Lha-Ssa aux frontières de la Chine, six magasins de vivres. Le premier et le plus important est à Lha-Ssa, le Leang-Taï de cette ville a inspection sur les cinq autres, et reçoit un traitement annuel de soixante-dix onces d'argent, tandis que ses collègues n'en ont que soixante. L'entretien du magasin de vivres de Lha-Ssa coûte tous les ans au gouvernement chinois, la somme de quarante mille onces d'argent; l'entretien de celui de Lha-Ri ne va qu'à huit mille onces. La garnison de cette dernière ville se compose de cent trente soldats, ayant à leur tête un *Tsien-Tsoung*, un *Pa-Tsoung* et un *Wei-Wei*.

Le lendemain de notre arrivée à Lha-Ri, le Leang-Taï ou fournisseur, au lieu de venir saluer officiellement l'état major de la caravane, se contenta de nous envoyer en guise de carte de visite, une feuille de papier rouge où étaient inscrits les caractères de son nom; il fit ajouter, par son commissionnaire, qu'une grave maladie le retenait dans sa chambre. Ly-Kouo-Ngan nous dit à voix basse, et avec un sourire plein de malice : le Leang-Taï sera guéri quand nous serons partis.—Aussitôt que nous fûmes seuls, il s'écria :—Ah! je m'en doutais bien;... toutes les fois qu'une caravane passe, le Leang-Taï Sué (nom du Mandarin) est à l'agonie; c'est un fait connu de tout le monde. D'après les rites, il aurait dû nous préparer aujourd'hui un festin de première classe, et c'est pour s'en dispenser qu'il fait le malade. Le Leang-Taï Sué est l'homme le plus avare qu'on puisse imaginer; il est toujours vêtu comme un porteur de palanquin, il mange du tsamba comme un barbare du Thibet, jamais il ne fume, jamais il ne joue, jamais il ne boit de vin; le soir sa maison n'est pas éclairée; il se met au lit à tâtons, et se lève toujours très-tard, de peur d'avoir faim de trop bonne heure. Oh! un être comme cela n'est pas un homme, c'est un œuf de tortue. L'ambassadeur Ki-Chan veut le casser, et il fera bien; est-ce que dans votre pays vous avez des Leang-Taï de ce genre? — Quelle question! les Leang-Taï du royaume de France ne se couchent jamais sans chandelle, et quand les oulah passent chez eux, ils ne manquent jamais de préparer un bon dîner.—Ah! c'est cela;... voilà les rites! mais ce *Sué-Mou-Tchou*... A ces mots, nous ne pûmes nous empêcher de partir d'un grand éclat de rire.— A propos, savez-vous pourquoi le Leang-Taï Sué est appelé *Sué-Mou-Tchou*. — Ce nom nous paraît bien ignoble. — Ignoble, c'est vrai, mais il fait allusion à une anecdote bien singulière. Le Leang-Taï Sué, avant d'être envoyé à Lha-Ri, exerçait le mandarinat dans un petit district de la province du *Kiang-Si*. Un jour deux hommes du peuple se présentèrent à son tribunal, et le prièrent de prononcer son jugement au sujet d'une truie dont ils se contestaient mutuellement la propriété. Le juge Sué prononça ainsi son arrêt : Ayant séparé la vérité du mensonge, je vois clairement que cette truie n'est ni à toi, ni à toi... Je déclare donc qu'elle m'appartient : qu'on respecte ce jugement! Les satellites du tribunal allèrent s'emparer de la truie, et le juge la fit vendre au marché voisin. Depuis cet événement, le Mandarin Sué est appelé partout *Sué-Mou-Tchou* (c'est-à-dire *Sué la truie*). — Le récit de cette aventure nous fit vivement regretter d'être obligés de nous mettre en route, sans voir la physionomie de cet intéressant personnage.

Nous quittâmes la ville de Lha-Ri avec un temps variable ; notre première journée de marche ne fut que de soixante lis, et n'offrit de remarquable qu'un grand lac auquel on donne huit lis de largeur, et dix de longueur : il était glacé, et nous pûmes le traverser avec beaucoup de facilité, grâce à une légère couche de neige dont il était recouvert. Nous logeâmes dans un pauvre hameau nommé *Tsa-Tchou-Ka,* non loin duquel on trouve des eaux thermales ; les Thibétains vont s'y baigner, et ne manquent pas de leur attribuer des propriétés merveilleuses.

Le lendemain nous eûmes une grande journée de fatigues et de tribulations : nous traversâmes la montagne de Chor-Kou-La qui, par sa hauteur et ses escarpements, peut avantageusement rivaliser avec celle de Lha-Ri. Nous en commençâmes l'ascension, le cœur plein d'anxiété ; car le ciel gris et lourd qui pesait sur nous semblait nous présager du vent ou de la neige ; la miséricorde de Dieu nous préserva de l'un et de l'autre. Vers le milieu du jour, il s'éleva un petit vent du nord, dont la piquante froidure nous eut bientôt fendillé la peau du visage ; mais il ne fut pas assez fort pour soulever les épaisses couches de neige qui enveloppaient la montagne.

Quand nous fûmes parvenus au sommet, nous nous reposâmes un instant à l'abri d'un grand *obo* en pierres, et nous déjeunâmes en fumant une pipe de tabac ; pendant ce frugal repas, le Mandarin Ly-Kouo-Ngan nous dit que du temps des guerres de Kien-Long contre le Thibet, les troupes chinoises, aigries par les fatigues et les privations d'un long voyage, s'étaient mutinées en franchissant le Chor-Kou-La.—C'est sur ce plateau, nous dit-il, que les soldats s'emparèrent de leurs chefs, et après les avoir garrottés, les menacèrent de les précipiter dans ce gouffre, si on ne leur promettait pas une augmentation de solde. Les généraux ayant pris l'engagement de faire droit aux réclamations de l'armée, la sédition s'apaisa, les Mandarins furent mis en liberté, et on continua tranquillement la route jusqu'à Lha-Ri. Aussitôt qu'on fut arrivé dans cette ville, les généraux tinrent leur promesse, on augmenta la solde; mais en même temps ces troupes insubordonnées furent impitoyablement décimées. — Et que dirent les soldats? demandâmes-nous à Ly-Kouo-Ngan. — Ceux sur qui le sort ne tomba pas, rirent beaucoup, et trouvèrent que les chefs avaient eu une grande habileté.

En quittant le sommet du Chor-Kou-La, on suit une route peu inclinée, et on continue à voyager pendant plusieurs jours sur les hauteurs d'un immense massif dont les nombreux rameaux étalent au loin leurs cimes aiguës et les faces escarpées de leurs pics. Depuis Lha-Ssa jusqu'à la province du Sse-Tchouen, dans toute l'étendue de cette longue route, on ne voit jamais que de vastes chaînes de montagnes, entrecoupées de cataractes, de gouffres profonds, et d'étroits défilés. Ces montagnes sont tantôt entassées pêle-mêle, et présentent à la vue les formes les plus bizarres et les plus monstrueuses: tantôt elles sont rangées et pressées symétriquement les unes contre les autres, comme les dents d'une immense scie; ces contrées changent d'aspect à chaque instant, et présentent aux yeux des voyageurs des tableaux d'une variété infinie. Cependant, au milieu de cette inépuisable diversité, la vue continuelle des montagnes répand sur la route une certaine uniformité qui finit par devenir fatigante. Une relation détaillée d'un voyage dans le Thibet, pouvant par contrecoup se ressentir de cette monotonie, nous nous abstiendrons, de peur de tomber dans de trop fastidieuses répétitions, de parler des montagnes ordinaires; nous nous contenterons de mentionner les plus fameuses, celles qui, selon l'expression des Chinois, *réclament la vie des voyageurs*. Cette manière d'ailleurs, sera assez conforme au style des habitants de ces contrées montagneuses, qui nomment plaine, tout ce qui ne va pas se perdre dans les nuages, et chemin uni, tout ce qui n'est pas précipice ou labyrinthe.

Les hautes régions que nous suivîmes, après avoir franchi le Chor-Kou-La, sont considérées dans le pays comme une route plane. D'ici à *Alan-To*, nous dirent les gens de l'escorte thibétaine, il n'y a pas de montagne; le chemin est partout comme cela....; et ils nous montraient la paume de leur main... Cependant, ajoutaient-ils, il est nécessaire d'user de beaucoup de précautions; car les sentiers sont quelquefois étroits et glissants. Or, voici ce qu'était cette route plane et unie comme la paume de la main. Aussitôt que l'on a quitté les sommités du Chor-Kou-La, on rencontre une longue série de gouffres épouvantables, bordés des deux côtés par des montagnes taillées perpendiculairement, et s'élevant comme deux grandes murailles de roche-vive. Les voyageurs sont obligés de longer ces profonds abîmes, en suivant à une grande hauteur un rebord si étroit, que souvent les chevaux trouvent tout juste la place nécessaire pour poser leurs pieds. Dès que nous vîmes les bœufs de la caravane s'acheminer sur cet horrible passage, et que nous entendîmes le sourd mugissement des eaux s'élever des profondeurs de ces gouffres, nous fûmes saisis d'épouvante, et nous descendîmes de cheval. Mais tout le monde nous cria aussitôt de remonter. On nous dit que les chevaux, accoutumés à un semblable voyage, auraient le pied plus sûr que nous; qu'il fallait les laisser aller à volonté, nous contentant de nous tenir solidement sur les étriers, et d'éviter de regarder à côté de nous. Nous recommandâmes notre âme à Dieu, et nous nous mîmes à la suite de la colonne. Nous ne tardâmes pas à nous convaincre qu'il nous eût été en effet impossible de garder long-temps l'équilibre sur ce terrain glissant et scabreux. Il nous semblait toujours qu'une force invincible nous attirait vers ces abîmes insondables. De peur d'être saisis par le vertige, nous tenions la tête tournée contre la montagne, dont la coupure était quelquefois tellement droite et unie, qu'elle n'offrait pas même un étroit rebord où les chevaux pussent placer leur pied. On passait alors sur de gros troncs d'arbres couchés sur des pieux enfoncés horizontalement dans la montagne. A la seule vue de ces ponts affreux, nous sentions une sueur glacée ruisseler de tous nos membres. Cependant il fallait toujours avancer; car reculer ou descendre de cheval, étaient deux choses absolument impossibles.

Après être restés pendant deux jours entiers perpétuellement suspendus entre la vie et la mort, nous quittâmes enfin cette route, la plus horrible et la plus dangereuse qu'on puisse imaginer, et nous arrivâmes à Alan-To. Tout le monde était transporté de joie, et on se félicitait mutuellement de n'avoir pas roulé dans l'abîme. Chacun

obligés de modifier un peu leur système de construction.

Pendant que nous attendions avec patience et en silence, au milieu de notre grande cage, qu'on voulût bien nous servir à souper, le Dhéba de *Lang-Ki-Tsoung* et le caporal du corps de garde chinois, vinrent nous annoncer qu'ils avaient une petite affaire à régler. — Quelle affaire? s'écria Ly-Kouo-Ngan, d'un ton plein d'emportement; quelle affaire?.... Je comprends, vos oulah ne sont pas prêts. — Ce n'est pas cela, répondit le Dhéba; jamais, à *Lang-Ki-Tsoung*, les oulah n'ont fait attendre personne. Vous les aurez ce soir, si vous voulez; mais je dois vous avertir que la montagne de *Tanda* est infranchissable; pendant huit jours consécutifs, il est tombé une si grande abondance de neige, que les chemins ne sont pas encore ouverts. — Nous avons bien passé le Chor-Kou-La, pourquoi ne franchirions-nous pas également le Tanda? — Qu'est-ce que le Chor-Kou-La auprès du Tanda? Ces montagnes ne peuvent pas se comparer entre elles. Hier, trois hommes du district de Tanda, ont voulu s'aventurer sur la montagne, et deux ont disparu dans les neiges; le troisième est arrivé ici ce matin, seul et à pied, car son cheval a été aussi englouti... Au reste, ajouta le Dhéba, avec une gravité un peu sauvage, vous pouvez partir quand vous voudrez; les oulah sont à vos ordres; mais vous serez obligés de payer les bœufs et les chevaux qui mourront en route. — Après avoir formulé ainsi son *ultimatum*, le diplomate thibétain nous tira la langue, se gratta l'oreille, et sortit.

Pendant que le Pacificateur des royaumes, le Lama Dsiam-Dchang et quelques autres personnages expérimentés de la caravane, discutaient avec emportement la question du départ, nous prîmes l'Itinéraire chinois, et nous y lûmes le passage suivant : « La montagne de Tanda » est extrêmement escarpée et difficile à gravir ; un ruis- » seau y découle en serpentant par un étroit ravin ; pen- » dant l'été son lit est fangeux et glissant, et pendant l'hi- » ver, il est couvert de glace et de neige. Les voyageurs armés » de bâtons les traversent les uns après les autres comme » une file de poissons..... C'est le passage le plus difficile » sur tout le chemin qui conduit à Lha-Ssa. » A la lec- ture de cette dernière phrase, le livre nous tomba des mains... Après un moment de stupeur, nous reprîmes le livre pour bien nous assurer si nous avions lu exactement; nous ne nous étions pas trompés, il y avait en toutes let- tres : « C'est le passage le plus difficile sur tout le chemin » qui conduit à Lha-Ssa. » La perspective d'avoir à suivre une route encore plus difficile que celle de Alan-To, avait de quoi nous figer le sang dans les veines. L'ambassadeur Ki-Chan, nous disions-nous, est évidemment un lâche as- sassin. N'ayant pas osé nous tuer à Lha-Ssa, il nous a en- voyés mourir au milieu des neiges... Cet accès de découra- gement ne dura qu'un instant ; Dieu dans sa bonté nous rendit peu à peu toute notre énergie, et nous nous levâ- mes pour prendre part à la discussion qui s'était engagée autour de nous ; il fut résolu que, le lendemain, quelques hommes de la caravane partiraient avant le jour pour aller sonder la profondeur de la neige, et s'assurer par leurs propres yeux du véritable état des choses.

Vers midi, les explorateurs de la route furent de retour, et annoncèrent que le mont Tanda était infranchissable.

Cette nouvelle désola tout le monde; nous-mêmes, quoique ordinairement peu pressés, nous en fûmes assez contrariés. Le temps était beau; et nous pouvions craindre, si nous n'en profitions pas, d'avoir plus tard de nouvelles neiges, et de voir ainsi notre départ indéfiniment ajourné. Pendant que nous délibérions avec anxiété sur le parti que nous avions à prendre, le Dhéba du lieu vint nous tirer d'embarras : il nous proposa d'envoyer un troupeau de bœufs fouler pendant deux jours la neige qui encombrait le chemin de la montagne. — Avec cette précaution, nous dit-il, si le temps se maintient toujours dans le même état, je crois que vous pourrez, sans crainte, vous mettre en route. — La proposition du Dhéba fut accueillie par tout le monde avec empressement et reconnaissance.

En attendant que les bœufs à long poil nous eussent tracé un chemin, nous goûtâmes à Lang-Ki-Tsoung quelques jours d'un repos agréable et salutaire. Les Thibétains de cette vallée étaient de mœurs plus douces et plus civilisées que ceux que nous avions rencontrés depuis notre départ de Lha-Ri; matin et soir, ils fournirent abondamment aux frais de notre cuisine; ils nous apportaient des faisans, de la viande de cerf, du beurre frais, et une espèce de petit tubercule sucré qu'ils allaient recueillir sur les montagnes. La prière, la promenade et quelques parties d'échecs contribuèrent à nous faire trouver délicieuses ces journées d'attente. Le jeu d'échecs dont nous nous servions, nous avait été donné par le Régent de Lha-Ssa; les pièces étaient en ivoire, et représentaient divers animaux sculptés avec assez de délicatesse. Les Chinois, comme on sait, sont passionnés pour les échecs; mais leur jeu diffère beaucoup du nôtre. Les Tartares et les Thibétains connaissent aussi les échecs; et, chose étonnante, leur échiquier est absolument semblable au nôtre; leurs pièces, quoique de forme différente, ont la même valeur que les nôtres, et suivent la même marche; enfin les règles du jeu sont en tout point identiques. Ce qu'il y a encore de plus surprenant, c'est que ces peuples disent *Chik*, lorsqu'ils font échec à une pièce, et *mat*, lorsque la partie est terminée. Ces expressions, qui ne sont ni thibétaines, ni mongoles, sont néanmoins employées par tout le monde, sans que personne puisse expliquer leur origine et leur véritable signification. Les Thibétains et les Tartares n'étaient pas peu surpris, quand nous leur apprenions que, dans notre pays, on disait également *échec* et *mat*. Il serait assez curieux de faire l'archéologie du jeu d'échecs, de rechercher son origine, sa marche chez les différents peuples, son introduction dans la haute Asie avec les mêmes règles et les mêmes locutions techniques qu'on retrouve en Europe. Ce travail appartient de droit au *Palamède, Revue française des échecs*. Nous avons rencontré, parmi les Tartares, des joueurs d'échecs de la première force; ils jouent brusquement, et avec moins d'application, ce me semble, que les Européens, mais leurs coups n'en sont pas moins sûrs.

Après trois jours de repos, le Dhéba de Lang-Ki-Tsoung nous ayant annoncé que les bœufs à long poil, avaient suffisamment foulé les sentiers de la montagne, nous nous mîmes en route; le ciel était sombre, et le vent soufflait avec assez de force. Dès que nous fûmes arrivés au pied du Tanda, nous aperçûmes une longue traînée noirâtre, qui, semblable à une immense chenille, se mouvait lentement sur les flancs escarpés de la montagne. Les conducteurs de Lang-Ki-Tsoung, nous dirent que c'était une troupe de Lamas qui revenait du pèlerinage de Lha-Ssa-Morou, et qui avait campé pendant la nuit à l'extrémité de la vallée. La vue de ces nombreux voyageurs ranima notre courage, et nous entreprîmes avec ardeur l'ascension de la montagne. Avant que nous fussions arrivés au sommet, le vent se mit à souffler avec impétuosité, et à bouleverser la neige : on eût dit que la montagne tout entière entrait en décomposition ; la montée devenait si escarpée, que ni hommes ni animaux n'avaient plus la force de grimper. Les chevaux s'abattaient presque à chaque pas ; et s'ils n'eussent été retenus par de grands amas de neige, plus d'une fois ils eussent rapidement roulé jusqu'à la vallée de Lang-Ki-Tsoung. M. Gabet, qui ne s'était jamais bien remis de la maladie que lui avait occasionnée notre premier voyage, fut sur le point de ne pouvoir arriver au haut du Tanda ; n'ayant plus la force de se tenir cramponné à la queue de son cheval, il tomba d'épuisement, et resta presque entièrement enseveli dans la neige. Les hommes de l'escorte thibétaine allèrent à son secours, et parvinrent, après de longs et pénibles efforts, à le hisser jusqu'au sommet ; il y arriva plus mort que vif : sa figure était livide, et sa poitrine haletante faisait entendre un bruit semblable au râle de la mort.

Nous rencontrâmes sur le plateau de la montagne, les Lamas-pèlerins qui nous avaient précédés ; ils étaient tous couchés dans la neige, ayant à côté d'eux leur long bâton ferré. Quelques ânes, chargés de bagages, étaient serrés les uns contre les autres, grelottant au vent, et portant bas leurs longues oreilles. Quand tout le monde eut suffisamment repris haleine, on se remit en route. La descente étant presque perpendiculaire, il n'était besoin que de se coucher et de s'abandonner à son propre poids, pour être assuré de faire rapidement du chemin. La neige dans cette circonstance, nous fut plutôt favorable que nuisible; elle formait, au-dessus des aspérités du sol un épais tapis qui nous permettait de rouler impunément. On n'eut à déplorer que la perte d'un âne qui, voulant trop s'écarter de la route tracée, alla se précipiter dans un abîme.

Aussitôt que nous fûmes arrivés à Tanda, le Mandarin Ly-Kouo-Ngan secoua la neige dont ses habits étaient couverts, se coiffa de son chapeau de cérémonie, et se rendit, accompagné de tous ses soldats, à une petite pagode chinoise que nous avions rencontrée à l'entrée du village. On rapporte que, du temps des guerres de Kien-Long contre les Thibétains, un des Léang-Tai chargé d'approvisionner l'armée chinoise, franchissait pendant l'hiver la montagne de Tanda pour se rendre à Lha-Ri. En passant sur les bords d'un abîme rempli de neige, un bœuf à long poil laissa tomber une caisse d'argent dont il était chargé; à cette vue, le Léang-Tai sauta de cheval, se précipita sur la caisse, qu'il étreignit dans ses bras, et roula sans lâcher son trésor jusqu'au fond de l'abîme. La tradition ajoute qu'au printemps, la neige étant fondue, on retrouva le Léang-Tai debout sur sa caisse d'argent. L'empereur Kien-Long, pour honorer le dévouement de ce fournisseur, qui n'avait pas voulu se séparer du dépôt qui lui avait été confié, le nomma Esprit de la montagne de Tanda, et lui fit élever une pagode dans le village. Les Mandarins qui font le voyage de Lha-Ssa ne manquent jamais d'aller visiter ce temple, et de se prosterner trois fois devant l'idole du Léang-Tai. Les empereurs chinois sont dans l'usage de diviniser ainsi les officiers civils ou militaires dont la vie a été signalée par quelque fait mémorable ; le culte qu'on leur rend constitue la religion officielle des Mandarins.

En quittant le village de Tanda, on voyage pendant soixante lis dans une plaine nommée *Pian-Pa*, et qui, selon l'Itinéraire chinois, est la *plus étendue du Thibet*. Si cette observation est exacte, il faut que le Thibet soit un pays bien abominable ; car, d'abord, cette prétendue plaine est toujours entrecoupée de collines et de ravins, puis elle est si peu large, qu'en voyageant au milieu on peut très-bien distinguer un homme placé au pied des montagnes environnantes. Après la plaine de Pian-Pa, on suit, pendant cinquante lis, les sinuosités d'un petit ruisseau serpentant parmi les montagnes, et l'on arrive à *Lha-Dze* où l'on change les oulah.

De Lha-Dze au poste de *Barilang*, il y a cent lis de marche : les deux tiers de la route sont occupés par la fameuse montagne *Dchak-La* ; elle est du nombre de celles qui sont réputées meurtrières, et que les Chinois nomment *Yao-Ming-Ti-Chan*, c'est-à-dire *Montagne qui réclame la vie*. Nous en effectuâmes l'ascension et la descente sans accident. Nous nous sentîmes même assez peu fatigués ; car nous commencions à nous faire au rude métier d'escalader journellement des montagnes.

De Barilang, nous suivîmes une route assez facile, d'où l'on apercevait çà et là la fumée s'élever de quelques pauvres habitations thibétaines, isolées dans les gorges des montagnes. Nous rencontrâmes plusieurs tentes noires, et de nombreux troupeaux de bœufs à long poil. Après cent lis de marche, nous arrivâmes à *Chobando*.

Chobando est une petite ville dont les maisons et les lamaseries, peintes avec une dissolution d'ocre rouge, offrent de loin, un aspect bizarre et assez agréable. La ville est adossée à une montagne, et se trouve enfermée, sur le devant, par une rivière peu large, mais profonde : on la passe sur un pont de bois, qui tremble et gémit sous les pas des voyageurs, et paraît à chaque instant vouloir se disloquer. Chobando est le poste militaire le plus important qu'on rencontre après avoir quitté Lha-Ri : il est composé de vingt-cinq soldats, et d'un officier portant le titre de Tsien-Tsoung. Ce Mandarin militaire était un ami intime de Ly, le Pacificateur des royaumes : ils avaient servi ensemble pendant plusieurs années sur les frontières du Gorkha. Nous fûmes invités à souper chez le Tsien-Tsoung, qui trouva le moyen de nous servir, au milieu de ces contrées sauvages et montagneuses, un repas splendide, où étaient étalées des friandises chinoises de toutes sortes. Pendant le souper, les deux frères d'armes se donnèrent la satisfaction de parler longuement de leurs vieilles aventures.

Au moment où nous allions nous coucher, deux cavaliers, portant une ceinture garnie de grelots, arrivèrent dans la cour de l'hôtellerie ; ils s'arrêtèrent quelques minutes et repartirent au grand galop. On nous dit que c'était le courrier extraordinaire, porteur des dépêches que l'ambassadeur Ki-Chan envoyait à Péking. Il était parti de Lha-Ssa depuis six jours seulement, et avait déjà parcouru plus de deux mille lis (deux cents lieues). Ordinairement les dépêches ne mettent que trente jours pour aller de Lha-Ssa à Péking : cette célérité ne paraîtra pas sans doute prodigieuse, surtout si on la compare à celle des courriers d'Europe ; mais, si l'on fait attention à l'excessive difficulté des chemins, on la trouvera peut-être assez étonnante. Les estafettes accélérées, qui font le service des postes dans le Thibet, voyagent jour et nuit ; ils sont toujours deux, un soldat chinois et un guide thibétain. A chaque cent lis à peu près, ils trouvent sur la route des chevaux de rechange, mais les hommes se remplacent moins souvent. Ces courriers voyagent attachés sur leurs selles avec de larges courroies. Ils ont l'habitude d'observer un jour de jeûne rigoureux avant de monter à cheval ; et pendant tout le temps qu'ils sont en course, ils se contentent d'avaler deux œufs à la coque chaque fois qu'ils arrivent à un relais. Les hommes qui font ce pénible métier, parviennent rarement à un âge avancé : beaucoup se précipitent dans les abîmes, ou demeurent ensevelis sous la neige. Ceux qui échappent aux accidents de la route, meurent victimes des maladies qu'ils contractent facilement au milieu de ces contrées meurtrières. Nous n'avons jamais compris comment ces courriers pouvaient voyager de nuit parmi ces montagnes du Thibet, où presque à chaque pas on rencontre d'affreux précipices.

On remarque à Chobando, deux couvents bouddhiques, où résident de nombreux Lamas appartenant à la secte du bonnet jaune. Dans un de ces couvents, il y a une grande imprimerie, qui fournit les livres sacrés aux lamaseries de la province de Kham.

De Chobando, après deux longues et pénibles journées de marche dans les sinuosités des montagnes, et à travers d'immenses forêts de pins et de houx, on arrive à *Kia-Yu-Kiao*. Ce village est construit sur les bords escarpés du fleuve *Souk-Tchou* qui coule entre deux montagnes, et dont les eaux sont larges, profondes et rapides. A notre arrivée, nous trouvâmes les habitants de *Kia-Yu-Kiao* plongés dans la désolation ; il y avait peu de temps qu'un grand pont de bois, jeté sur le fleuve, s'était écroulé. Deux hommes et trois bœufs, qui se trouvaient dessus au moment de sa chute, avaient péri dans les eaux. Nous pûmes voir encore les débris de ce pont, construit avec de grands troncs d'arbre : le bois entièrement pourri annonçait que le pont était tombé de vétusté. A la vue de ces tristes ruines, nous remerciâmes la Providence de nous avoir retenus pendant trois jours devant la montagne de Tanda. Si nous fussions arrivés à Kia-Yu-Kiao avant la chute du pont, il se serait probablement affaissé sous le poids de la caravane.

Contre notre attente, cet accident n'apporta aucun retard à notre voyage. Le Dhéba du lieu se hâta de faire construire un radeau, et le lendemain nous pûmes, aussitôt que parut le jour, continuer notre route. Les hommes, les bagages et les selles traversèrent le fleuve en radeau, et les animaux à la nage.

Trente lis après avoir quitté Kia-Yu-Kiao, nous rencontrâmes un pont en bois suspendu sur un affreux précipice. Ayant l'imagination encore pleine du malheur de Kia-Yu-Kiao, nous sentîmes, à la vue de ce passage périlleux, un frisson de terreur courir par tous nos membres. Par précaution, on fit d'abord passer les animaux les uns après les autres : le pont gémit, chancela sous leurs pas, mais il tint bon ; les hommes vinrent ensuite. On avançait tout doucement sur la pointe des pieds, et en se faisant léger autant qu'il était possible. Tout le monde passa sans accident, et la caravane se remit en marche dans l'ordre accoutumé. Après avoir gravi une montagne peu haute, mais rocailleuse et escarpée, au pied de laquelle bondissait un torrent impétueux, nous allâmes loger à *Wa-Ho-Tchaï*, station composée d'un corps de garde, d'un petit temple chinois, et de trois ou quatre maisons thibétaines.

Dès que nous fûmes arrivés, la neige se mit à tomber par gros flocons. Ailleurs, un pareil temps eût été seulement désagréable ; mais à Wa-Ho-Tchaï, il était calamiteux. Nous avions à faire le lendemain, une étape de cent cinquante lis, sur un plateau fameux dans tout le Thibet. L'Itinéraire nous donnait, sur cette route, les détails suivants : « Sur la » montagne *Wa-Ho*, se trouve un lac. Pour qu'on ne s'é- » gare pas dans les brouillards épais qui règnent ici, on a » établi sur les hauteurs, des signaux en bois. Quand la » montagne est couverte d'une neige profonde, on se guide » par ces signaux ; mais il faut se garder d'y faire du bruit, » et ceux qui y passent doivent s'abstenir de proférer la » moindre parole ; sans cela, la glace et la grêle se précipite- » raient sur eux en abondance, et avec une célérité éton- » nante. Sur toute la montagne, on ne trouve ni quadrupè- » des ni oiseaux ; car elle est gelée pendant les quatre saisons » de l'année : sur ses flancs, et à cent lis de distance, il n'y » a aucune habitation. Beaucoup de soldats chinois et de » Thibétains y meurent de froid..... »

Les soldats du corps de garde de Wa-Ho-Tchaï, ayant

vu que le temps était sérieusement tourné à la neige, ouvrirent les portes de la petite pagode, et allumèrent une foule de petites chandelles rouges devant une idole menaçante, brandissant un glaive de sa main droite, et tenant de l'autre un arc et un faisceau de flèches. Ils frappèrent ensuite, à coups redoublés, sur un petit tam-tam, et exécutèrent des roulements sur un tambourin. Ly-Kouo-Ngan se revêtit de son costume officiel, et alla se prosterner devant l'idole. Quand il fut de retour, nous lui demandâmes en l'honneur de qui on avait élevé cette pagode. — Mais c'est la pagode du *Kiang-Kian* (1) *Mao-Ling*. — Et qu'a donc fait ce Kiang-Kian, pour être ainsi honoré? — Oh! je vois que vous ne connaissez pas cet événement des temps passés;... je vais vous le raconter. Au temps du règne de Khang-Hi, l'empire était en guerre avec le Thibet. Mao-Ling fut envoyé contre les rebelles en qualité de généralissime. Au moment où il allait passer la montagne Wa-Ho, avec un corps de quatre mille hommes, des gens du pays, qui lui servaient de guide, l'avertirent qu'en traversant la montagne, tout le monde devait garder le silence sous peine d'être enseveli sous la neige. Le Kiang-Kian promulgua aussitôt un édit pour prévenir ses soldats, et l'armée se mit en marche sans bruit et dans le plus profond silence. Comme la montagne était trop étendue pour que des soldats, chargés de bagages, puissent la traverser en un seul jour, on campa sur le plateau. Conformément à la règle établie

---

(1) Les *Kiang-Kian* sont les plus hauts dignitaires de la hiérarchie militaire en Chine; ils sont décorés du globule rouge. Chaque province a un *Kiang-Kian*, qui en est le chef militaire, et un *Tsoung-Tou*, ou vice-roi, qui en est le premier Mandarin lettré.

pour les grandes villes de l'empire, et pour les campements en temps de guerre, dès que la nuit fut close, on tira un coup de canon. Mao-Ling n'avait pas osé enfreindre cette règle de la discipline militaire. A peine le canon eut-il retenti, que d'énormes blocs de neige se précipitèrent du haut du ciel sur la montagne. Le Kiang-Kian et tous ses soldats furent ensevelis dans la neige, sans qu'on ait jamais pu retrouver leurs cadavres : il n'y eut de sauvé que le cuisinier et trois domestiques de Mao-Ling, qui avaient pris les devants, et étaient arrivés le jour même au village où nous sommes actuellement. L'empereur Kang-Hi a créé le Kiang-Kian Mao-Ling, génie tutélaire de la montagne Wa-Ho, et lui a fait construire cette pagode, à la charge de protéger les voyageurs contre la neige.

Ly-Kouo-Ngan ayant terminé son histoire, nous lui demandâmes quel était l'être puissant qui envoyait cette quantité épouvantable de grêle, de glace et de neige, quand on s'avisait de faire du bruit en traversant le mont Wa-Ho. —C'est tout simple, nous répondit-il ; ce ne peut être que l'Esprit de la montagne, le *Hia-Ma-Tching-Chin* (le crapaud divinisé). — Un crapaud divinisé ! — Mais oui, vous savez que sur le sommet du Wa-Ho, il y a un lac ? — Nous l'avons lu tout à l'heure dans l'Itinéraire. — Hé bien, sur les bords de ce lac, il y a un grand crapaud. On le voit difficilement ; mais on l'entend souvent gémir et crier à plus de cent lis à la ronde. Ce crapaud habite les bords du lac depuis l'existence du ciel et de la terre. Comme il n'a jamais quitté ce lieu solitaire, il s'est divinisé, et est devenu Esprit de la montagne. Quand les hommes font du bruit et troublent le silence de sa retraite, il se met en colère contre eux, et les punit en les accablant de grêle et de neige. — En vérité, tu parais parler sérieusement. Est-ce que tu crois qu'un crapaud ait pu se diviniser et devenir Esprit? — Pourquoi pas, si chaque nuit il a été exact à adorer la Grande Ourse? — …. Quand Ly-Kouo-Ngan en venait à son singulier système de la Grande Ourse, il n'y avait plus moyen de raisonner avec lui. Nous nous contentâmes donc de le regarder en souriant et sans lui répondre. — Bon, ajouta-t-il, vous riez parce que je parle des *sept étoiles*. Au fait, puisque vous ne croyez pas à leur influence, j'ai tort de vous en parler; j'aurais dû me contenter de vous dire que le crapaud de Wa-Ho s'était divinisé, parce qu'il avait toujours vécu dans la solitude, sur une montagne sauvage et inaccessible aux hommes. Est-ce que ce ne sont pas les passions des hommes qui pervertissent tous les êtres de la création, et les empêchent de se perfectionner? Est-ce que les animaux ne deviendraient pas à la longue des Esprits, s'ils ne respiraient pas un air empoisonné par la présence de l'homme? — Cette raison nous ayant paru un peu plus philosophique que la première, nous lui accordâmes les honneurs d'une réponse sérieuse. Ly-Kouo-Ngan, qui avait le raisonnement droit, quand il ne se laissait pas embrouiller par sa Grande Ourse, finit par douter de la puissance du crapaud divinisé, et de la protection du Kiang-Kian Mao-Ling,..... Au moment où nous allions faire notre prière du soir, Ly-Kouo-Ngan nous dit : — Quoi qu'il en soit du crapaud et du Kiang-Kian, il est certain que la route de demain sera fatigante et dangereuse; puisque vous êtes des Lamas du Seigneur du ciel, priez-le de protéger la caravane. — C'est ce que nous faisons tous les jours, lui répondîmes-nous ; mais à cause de la route de demain, nous le ferons ce soir d'une manière spéciale.

Il y avait tout au plus deux heures que nous étions couchés, lorsqu'un des soldats du corps de garde entra bruyamment dans notre chambre, suspendit à une cheville plantée au mur, une grosse lanterne rouge, et nous avertit que le coq avait déjà chanté une fois. Il fallut se lever, et faire promptement les préparatifs du départ, car nous avions cent cinquante lis de marche avant d'arriver au relais suivant. Le ciel était tout étoilé ; mais la neige était tombée dans la soirée en si grande abondance, qu'en peu de temps elle avait ajouté aux vieilles couches, une couche nouvelle d'un pied d'épaisseur. C'était tout ce qu'il nous fallait pour nous servir de tapis, et nous faciliter le passage du Wa-Ho, montagne perpétuellement recouverte de neige gelée, et presque aussi glissante qu'un glacier.

La caravane se mit en mouvement long-temps avant le jour ; elle s'avança lentement et en silence dans les sentiers tortueux de la montagne, suffisamment éclairés par la blancheur de la neige et la clarté des étoiles. Le soleil commençait à rougir l'horizon, lorsque nous arrivâmes sur le plateau. La crainte du *Grand Crapaud* s'étant dissipée avec la nuit, on s'affranchit du silence auquel on s'était condamné. D'abord les conducteurs des bagages se mirent à maudire, à haute voix, les bœufs à long poil qui allaient flâner et folâtrer hors des sentiers. Peu à peu les voyageurs hasardèrent quelques réflexions sur la douceur de la température, et la facilité inespérée de la route ; enfin on se moqua complètement de la colère *du crapaud ;* de toutes parts, on se mit à jaser, à crier et à chanter, sans pa-

paître craindre le moins du monde la chute de la neige et
de la grêle. Jamais, peut-être, la caravane n'avait été aussi
bruyante que ce jour-là.

L'aspect du plateau de Wa-Ho est profondément triste
et mélancolique. Aussi loin que la vue peut s'étendre, on
n'aperçoit jamais que de la neige ; pas un seul arbre, pas
même une seule trace d'animal sauvage, qui vienne interrompre la monotonie de cette immense plaine. Seulement, de distance en distance, on rencontre quelques
longues perches noircies par le temps, qui servent à
guider la marche des caravanes. Sur cette longue montagne, les voyageurs ne trouvent pas même un endroit où
ils puissent préparer leur thé, et prendre un peu de nourriture. Ceux qui n'ont pas la force de passer vingt heures
sans boire ni manger, dévorent, chemin faisant, quelques
poignées de neige et un peu de pâte de tsamba préparée
à l'avance.

Pendant toute la journée, le ciel fut continuellement pur
et serein, sans que le plus petit nuage vînt un seul instant
voiler les rayons du soleil. Cet excès de beau temps fut
pour nous la source de bien grandes souffrances ; l'éclat de
la neige était si vif et si éblouissant, que les lunettes de crin
furent incapables de préserver nos yeux d'une dévorante
inflammation.

Au moment où les ténèbres commençaient à se répandre
sur la montagne, nous étions sur les bords du plateau. Nous
descendîmes par un chemin étroit et escarpé ; et après mille
circuits dans une gorge profonde, nous arrivâmes enfin au
relais de *Ngenda-Tchaï*, où tout le monde passa la nuit au
milieu d'intolérables souffrances. Chacun poussait des

cris et des gémissements, comme si on lui eût arraché les yeux. Le lendemain, il fut impossible de se mettre en route. Le Lama Dsiam-Dchang, qui était quelque peu apothicaire, fit une distribution générale de médicaments. On fabriqua des collyres de toute espèce, et tout le monde passa la journée avec les yeux bandés.

Grâce aux drogues du Lama, le lendemain nous pûmes rouvrir les yeux et continuer notre route. Trois étapes nous séparaient de *Tsiamdo;* elles furent pénibles et irritantes, car nous fûmes obligés de passer sur une multitude de ces détestables ponts de bois, suspendus au-dessus des torrents, des rivières et des précipices. Le souvenir de la récente catastrophe de Kia-Yu-Kiao, nous poursuivait sans cesse. Après avoir suivi pendant vingt lis un étroit sentier, sur les bords escarpés du grand fleuve nommé *Khiang-Tang-Tchou*, nous arrivâmes enfin à *Tsiamdo*. Il y avait trente-six jours que nous étions partis de Lha-Ssa; d'après l'Itinéraire chinois nous avions parcouru environ deux mille cinq cents lis (deux cent cinquante lieues).

CHAPITRE X.

Coup-d'œil sur Tsiamdo. — Guerre entre deux Bouddha-vivants. — Rencontre d'une petite caravane. — Montagnes calcaires. — Mort du Mandarin *Pey*. — Le grand chef *Proul-Tamba*. — Visite au château de Proul-Tamba. — Ermite bouddhiste. — Guerre entre les tribus. — Halte à *Angti*. — Musée thibétain. — Passage de la montagne Angti. — Ville de *Djaya*. — Mort du fils du Mandarin Pey. — Daim musqué. — Fleuve à sable d'or. — Plaine et ville de Bathang. — Grande forêt de *Ta-So*. — Mort de Ly-Kouo-Ngan. — Entrevue avec les Mandarins de Lithang. — Divers ponts du Thibet. — Arrivée à la frontière de Chine. — Séjour à Ta-Tsien-Lou. — Départ pour la capitale de la province du Sse-Tchouen.

Le gouvernement chinois a établi à *Tsiamdo* (1), un magasin de vivres dont l'administration est confiée à un *Liang-Taï*. La garnison est composée de trois cents soldats environ, et de quatre officiers, un *Yeou-Ki*, un *Tsien-Tsoung* et deux *Pa-Tsoung*. L'entretien de ce poste militaire, et des corps de garde qui en dépendent, monte annuellement à la somme de dix mille onces d'argent.

Tsiamdo, capitale de la province de Kham, est bâtie dans une vallée entourée de hautes montagnes. Autrefois, elle était renfermée dans une enceinte de remparts en terre, aujourd'hui écroulés de toutes parts, et dont on enlève journellement les débris pour réparer les plates-formes des

(1) *Tsiamdo* porte, sur la carte d'Andriveau-Goujon, le nom de *Chamiton*.

maisons. Tsiamdo, du reste, n'a guère besoin de fortifications artificielles; elle est suffisamment protégée par deux fleuves, le *Dza-Tchou* et le *Om-Tchou,* qui, après avoir coulé, l'un à l'est, et l'autre à l'ouest de la ville, se réunissent au sud, et forment le *Ya-Long-Kiang* qui traverse, du nord au midi, la province du *Yun-Nan* et la Cochinchine, et se jette enfin dans la mer de Chine. Deux grands ponts de bois, jetés l'un sur le *Dza-Tchou*, et l'autre sur le *Om-Tchou*, à droite et à gauche de la ville, conduisent à deux routes parallèles, nommées, la première, route du Sse-Tchouen, et la seconde, route du Yun-Nan. Les courriers qui font le service des postes de Lha-Ssa à Péking, et tous les employés civils ou militaires du gouvernement chinois, sont obligés de passer sur la route du Sse-Tchouen; celle du Yun-Nan est presque habituellement déserte. On y rencontre seulement, de temps en temps, quelques marchands chinois, qui achètent, des Mandarins de leurs provinces, le privilége d'aller commercer dans le Thibet.

Les postes militaires que la cour de Péking a établis dans les Etats du Talé-Lama, étaient autrefois entretenus et administrés par les autorités réunies du Sse-Tchouen et du Yun-Nan. Cette combinaison ayant été, pendant long-temps, une source de divisions et de querelles entre les Mandarins des deux provinces, il a été réglé que le vice-roi du Sse-Tchouen serait seul chargé du gouvernement des Chinois résidant dans le Thibet.

Tsiambo présente l'aspect d'une vieille ville en décadence; ses grosses maisons, construites avec une choquante irrégularité, s'éparpillent confusément sur une vaste étendue de terrain, laissant de tous côtés de grands espaces vides, ou recouverts de décombres. A part quelques constructions de fraîche date, tout le reste porte l'empreinte d'une extrême vétusté. La population nombreuse qu'on remarque dans les divers quartiers de la ville, est sale, mal peignée, et croupit dans une oisiveté profonde.

Il nous a été difficile de deviner quels pouvaient être les moyens d'existence des habitants de Tsiamdo; ils sont sans arts, sans industrie, et on peut dire aussi, presque sans agriculture. Les environs de la ville ne présentent, en général, que des plages sablonneuses, et très-peu favorables à la culture des céréales. On y fait pourtant quelques récoltes d'orge grise, mais elles sont, sans doute, bien insuffisantes pour l'alimentation du pays. Il est possible que le musc, les peaux de bœufs sauvages, la rhubarbe, les turquoises bleues et la poudre d'or, fournissent à ces populations, les moyens de faire un peu de commerce, et de se procurer les choses nécessaires à la vie.

Quoique Tsiamdo soit un lieu de peu de luxe et d'élégance, on peut y admirer, néanmoins, une grande et magnifique lamaserie, située vers l'ouest, sur une plate-forme élevée qui domine le reste de la ville. Elle est habitée par environ deux mille Lamas, qui, au lieu d'avoir chacun leur petite maisonnette, comme cela se pratique dans les autres couvents bouddhiques, demeurent tous ensemble dans de vastes édifices, dont le temple principal est entouré. Les décorations somptueuses qui ornent ce temple, le font regarder comme un des plus beaux et des plus riches du Thibet. La lamaserie de Tsiamdo a pour supérieur ecclésiastique un Lama Houtouktou, qui est en même temps souverain temporel de toute la province de *Kham*.

A cinq cents *lis* de *Tsiamdo,* en allant vers les frontières de Chine, on rencontre une ville nommée *Djaya* qui, avec les contrées qui en dépendent, est soumise à un Grand-Lama, portant le titre de *Tchaktchouba.* Cette dignité lamanesque est un peu inférieure à celle de Houtouktou. A l'époque où nous étions dans le Thibet, il s'était élevé une grande lutte entre le Houtouktou de Tsiamdo, et le Tchaktchouba de Djaya. Ce dernier, jeune Lama audacieux et entreprenant, s'était déclaré Houtouktou, en vertu d'un vieux diplôme qui lui aurait été accordé dans une de ses vies antérieures par le Talé-Lama. Il voulait en conséquence faire valoir ses droits à la suprématie, et réclamait le siége de *Tsiamdo* avec le gouvernement de la province de Kham. Le Houtouktou de Tsiamdo, Lama d'un âge très-avancé, ne voulait pas se démettre de son autorité, et alléguait de son côté des titres authentiques, envoyés par la cour de Péking, et ratifiés par le Grand-Lama de Lha-Ssa. Toutes les tribus et toutes les lamaseries de la province, étaient entrées dans cette querelle, et avaient pris parti, les unes pour le jeune, et les autres pour le vieux Houtouktou. Après de longues et inutiles contestations, soit écrites, soit verbales, on en vint aux armes; et pendant une année entière, ces peuplades sauvages et fanatiques se livrèrent de sanglantes batailles. Des villages entiers furent détruits, et leurs habitants taillés en pièces. Dans leur épouvantable fureur, ces farouches combattants portèrent partout le ravage; ils poursuivaient dans les déserts, à coups de flèches et de fusils, les troupeaux de chèvres et de bœufs à long poil; et dans ces courses de destruction, ils ne manquaient jamais d'incendier les forêts qu'ils rencontraient sur leur passage.

Quand nous arrivâmes à Tsiamdo, la guerre avait cessé depuis quelques jours, et on avait consenti à une trêve, dans l'espoir de réconcilier les deux partis. Des négociateurs Thibétains et Chinois avaient été envoyés conjointement par le Talé-Lama, et par l'ambassadeur Ki-Chan. Le jeune Houtouktou de Djaya avait été appelé à cette espèce de congrès, et de crainte de trahison, il s'y était rendu avec une formidable escorte de ses plus braves partisans. Plusieurs conférences avaient eu lieu, sans produire aucun résultat satisfaisant. Ni l'un ni l'autre des deux prétendants ne voulait rien céder de ses prétentions ; les partis étaient irréconciliables, et tout faisait présager que la guerre allait bientôt recommencer avec un nouvel acharnement. Il nous parut que le parti du jeune Houtouktou avait toutes les chances de triomphe, parce qu'il était le plus national, et par conséquent le plus populaire et le plus fort. Ce n'est pas que son titre fût au fond plus authentique, et valût mieux que celui de son compétiteur; mais il était facile de voir que le vieux Houtouktou de Tsiamdo, froissait la fierté de ses tribus, en réclamant l'arbitrage des Chinois, et en s'appuyant sur la protection du gouvernement de Péking. Toute intervention étrangère est odieuse et détestée. Cela est vrai, non-seulement en Europe, mais encore parmi les montagnards du Thibet, et partout où il existe des peuples qui ont quelque souci de leur indépendance et de leur dignité.

Notre séjour à Tsiamdo ne se ressentit en rien de cet état d'irritation et de colère dans lequel se trouvaient tous les esprits. Nous fûmes traités avec ces témoignages d'attention et de bienveillance que nous avions partout rencontrés sur notre route, depuis notre départ de Lha-Ssa. Le vieux et le jeune Houtouktou nous envoyèrent l'un et l'autre une écharpe de félicité, avec une bonne provision de beurre et de quartiers de mouton.

Nous nous arrêtâmes à Tsiamdo pendant trois jours; car notre conducteur, le Pacificateur des royaumes, avait un besoin urgent de repos. Les fatigues de cette pénible route avaient sensiblement altéré sa santé. Ses jambes s'étaient tellement enflées, qu'il ne pouvait plus monter à cheval ni en descendre, sans le secours de plusieurs personnes. Les médecins et les sorciers de Tsiamdo, que l'on consulta, donnèrent des réponses dont le sens le plus clair était, que si cette maladie diminuait, cela ne serait pas grand' chose, mais que, si elle empirait, cela pourrait devenir sérieux. Les gens les plus raisonnables conseillaient à Ly-Kouo-Ngan de continuer sa route en palanquin. Un Mandarin chinois du lieu voulait lui vendre le sien, et lui procurer des porteurs. Ce parti était, sans contredit, plein de prudence; mais l'avarice se mit en travers, et le malade protesta qu'il se fatiguerait bien davantage en palanquin qu'à cheval.

A la maladie de Ly-Kouo-Ngan, était venue encore se joindre une autre cause de retard. Une caravane chinoise partie de Lha-Ssa quelques jours après nous, était parvenue à Tsiamdo le soir même de notre arrivée. Cette caravane se composait d'un *Liang-Taï* ou fournisseur de vivres, de son fils jeune homme de dix-huit ans, et d'une nombreuse suite de soldats et de domestiques. Nous voulûmes les laisser passer devant; car, en voyageant ensemble, il eût été à craindre de ne pas trouver des logements et des oulah suffisants pour une aussi grande multitude. Le Liang-Taï et son fils allaient en palanquin. Cependant, malgré toutes les commodités de ce moyen de transport, ces deux illustres voyageurs étaient tellement exténués de fatigue et découragés, qu'on doutait généralement qu'ils eussent assez de force et d'énergie pour arriver en Chine. Les Mandarins lettrés étant accoutumés à mener une vie molle et aisée, sont d'ordinaire peu propres à supporter les innombrables misères de la route du Thibet. Parmi ceux qu'on y envoie remplir les divers postes de fournisseurs, il en est peu qui aient le bonheur de revoir leur patrie.

Le jour de notre départ, le vieux Houtouktou de Tsiamdo nous envoya une escorte de quatre cavaliers thibétains, pour protéger notre marche jusque chez le Tchaktchouba de Djaya. En sortant de la ville, nous passâmes sur un magnifique pont entièrement construit avec de grands troncs de sapins, et nous joignîmes la route du Sse-Tchouen, qui serpente sur les flancs d'une haute montagne, au pied de laquelle coule avec rapidité la rivière Dza-Tchou. Après une vingtaine de *lis*, nous rencontrâmes, à un détour de la montagne, dans une gorge profonde et resserrée, une toute petite troupe de voyageurs qui présentaient un tableau plein de poésie. La marche était ouverte par une femme thibétaine, à califourchon sur un grand âne, et portant un tout jeune enfant solidement attaché sur son dos avec de larges lanières en cuir. Elle traînait après elle, par un long licou, un cheval bâté, et chargé de deux caisses oblongues qui pendaient symétriquement sur ses flancs. Ces deux caisses servaient de logement à deux enfants dont on apercevait les figures rieuses et épanouies, étroitement encadrées dans de petites fenêtres. La différence d'âge de ces enfants paraissait peu notable. Cependant il fallait qu'ils ne fussent pas tous les deux de la même pesanteur; car, pour établir entre eux un juste équilibre, on avait été obligé de ficeler un gros caillou aux flancs de l'une de ces caisses. Derrière le cheval chargé des boîtes à enfants, suivait à pas lents un cavalier qu'à son costume on pouvait facilement reconnaître pour un soldat chinois en retraite; il avait en croupe un garçon d'une douzaine d'années. Enfin un énorme chien à poil roux, au regard oblique, et d'une allure pleine de mauvaise humeur, fermait la marche de cette singulière caravane, qui se joignit à nous, et profita de notre compagnie pour aller jusqu'à la province du Sse-Tchouen.

Ce Chinois était un ancien soldat de la garnison de Tsiamdo; ayant rempli les trois années de service fixées par la loi, il avait obtenu le privilége de rester dans le Thibet pour se livrer au commerce. Il s'y était marié, et après avoir amassé une petite fortune, il s'en retournait dans sa patrie avec toute sa famille. Nous ne pûmes nous empêcher d'admirer le courage, l'énergie et le dévouement de ce brave Chinois, si différent de ses égoïstes compatriotes, qui ne se font pas le moindre scrupule d'abandonner femmes et enfants dans les pays étrangers. Il avait à braver non-seulement les dangers et les fatigues d'une longue route, mais encore les railleries de ceux qui n'avaient pas le cœur d'imiter son bel exemple. Les soldats de notre escorte ne tardèrent pas, en effet, à le tourner en ridicule. — Cet homme, disaient-ils, a évidemment une cervelle moisie... Rapporter de chez les peuples étrangers de l'argent et des marchandises, voilà qui est raisonnable; mais emmener dans la nation centrale, une femme à grands pieds, et tous

ces petits barbares, c'est ce qui est contraire à tous les usages... Est-ce que cet homme aurait encore envie d'amasser de l'argent en faisant voir ces bêtes du Thibet?....
— Plus d'une fois des propos de ce genre vinrent exciter notre indignation. Nous nous fîmes toujours un devoir de prendre parti pour ce brave père de famille, de louer sa belle conduite, et de réprouver hautement la barbarie et l'immoralité des usages chinois.

Peu de temps après que nous eûmes admis dans notre caravane la petite et intéressante troupe de Tsiamdo, nous laissâmes sur notre droite la rivière Dza-Tchou, et nous franchîmes une montagne couverte de grands arbres et d'énormes rochers enveloppés de larges plaques de lichens. Nous rejoignîmes ensuite la rivière, nous la côtoyâmes sur un sentier scabreux pendant quelques lis, et nous arrivâmes à *Meng-Phou*. Nous n'avions fait guère plus de huit lieues, mais nous étions brisés de fatigue. Les trois jours de repos que nous avions pris à Tsiamdo, nous ayant fait perdre un peu l'habitude du cheval, nous n'avions pu qu'à grand'peine remettre nos jambes au pli. *Meng-Phou* est une réunion de sept à huit maisonnettes construites en pierres brutes, dans un large et profond ravin.

Le lendemain, nous voyageâmes sur la crête d'une haute montagne, étant continuellement obligés de monter et de descendre pour aller d'un mamelon à un autre. Dans cette route, nous dûmes fréquemment franchir des précipices sur des ponts de bois qui, selon l'expression de l'Itinéraire chinois, sont *suspendus dans la région des nuages*. Après soixante lis de marche, nous arrivâmes à *Pao-Tun*, où nous changeâmes les oulah, et où nous commençâmes

construites en magnifiques fragments de marbre blanc, cimentés avec de la boue ou de la bouse de vache. Aussitôt que nous fûmes arrivés, on nous annonça la mort du *Liang-Taï*, nommé *Peï*, qui nous avait atteints à Tsiamdo. Il y avait deux jours que sa caravane était passée à Bagoung. Etant parvenu au corps de garde, les porteurs du Mandarin, après avoir déposé le palanquin, en ouvrirent les rideaux, selon l'usage, pour inviter Son Excellence à vouloir bien entrer dans l'appartement qu'on lui avait préparé. Mais dans le palanquin, il n'y avait plus qu'un cadavre. Selon les usages chinois, le fils du défunt ne pouvait laisser le corps de son père sur une terre étrangère; il devait le conduire dans sa famille, pour le déposer dans la sépulture des ancêtres. Or, nous étions encore au cœur du Thibet, et la famille du Mandarin *Peï* se trouvait dans la province du *Tche-Kiang*, tout-à-fait à l'extrémité de la Chine. La route, comme on voit, était longue et difficile; cependant, il n'y avait pas à balancer, la piété filiale devait aplanir tous les obstacles. Un cercueil tout préparé se trouva, par hasard, au corps de garde. Le fils du Mandarin l'acheta très-chèrement aux soldats; il y déposa les restes de son père; on adapta au cercueil les brancards du palanquin, et les porteurs, moyennant un supplément de salaire, consentirent à porter jusqu'aux frontières de Chine, un mort au lieu d'un vivant. La caravane avait quitté Bagoung la veille de notre arrivée.

La nouvelle de cette mort étonna et frappa tout le monde. Ly-Kouo-Ngan surtout, qui était dans un état bien peu rassurant, en fut épouvanté; la peur qu'il en eut, l'empêcha de souper; mais dans la soirée une pensée vint le distraire de ces tristes pensées de la mort. Le chef du village thibétain se rendit au corps de garde, pour annoncer aux voyageurs qu'il avait été arrêté, dans le pays, que désormais on ne fournirait plus les oulah gratuitement;... que pour un cheval on paierait une once d'argent, et pour un yak une demi-once. — La caravane qui est partie hier, ajouta-t-il, a été obligée d'en passer par là... Pour bien nous prouver ensuite que ce règlement ne supportait aucune discussion, il nous tira brusquement la langue, et s'en alla.

Un manifeste si clair et si précis fut pour le Pacificateur des royaumes un véritable coup de foudre. Il oublia complètement la mort si mélancolique du pauvre Liang-Taï, pour ne plus s'occuper que de l'effroyable catastrophe qui allait fondre sur sa bourse. Nous participâmes charitablement à sa douleur, et nous essayâmes, de notre mieux, de conformer nos paroles à ses sombres pensées. Mais au fond la chose nous était parfaitement indifférente. Si l'on refusait de nous fournir les moyens de continuer notre route, nous n'avions qu'à rester dans le Thibet; ce qui, au bout du compte, n'était pas pour nous un parti extrèmement difficile à prendre. En attendant, nous allâmes nous coucher, et nous laissâmes les gens de l'escorte s'occuper de politique et d'économie sociale.

Le lendemain, quand nous nous levâmes, il n'y avait dans la cour du corps de garde ni bœufs ni chevaux. Ly-Kouo-Ngan était plongé dans une profonde désolation. — Aurons-nous des oulah? lui demandâmes-nous; partirons-nous aujourd'hui? — Ces hommes sauvages, nous répondit-il, n'entendent pas la raison; ils ne comprennent pas le mérite de l'obéissance. J'ai pris le parti de m'adresser à

Proul-Tamba; je lui ai envoyé une députation. Il y a long-temps que je le connais, et j'espère qu'il nous fera avoir des oulah. — Ce Proul-Tamba était un personnage dont nous avions déjà beaucoup entendu parler ; il était à la tête du parti du jeune Tchaktchouba de Djaya, et par conséquent l'ennemi déclaré de l'influence chinoise. Il était, disait-on, aussi instruit que les Lamas les plus savants de Lha-Ssa ; personne ne l'avait jamais égalé en bravoure, jamais dans les combats il n'avait éprouvé de défaite. Aussi, parmi toutes les tribus de la province de Kham, son nom seul était une puissance, et agissait comme un talisman sur l'esprit de la multitude. Proul-Tamba était, en quelque sorte, l'Abd-el-Kader de ces rudes montagnards.

La demeure de Proul-Tamba n'était guère éloignée de Bagoung que de cinq ou six lis. La députation qu'on y avait envoyée fut bientôt de retour, et annonça que le *Grand-Chef* allait lui-même venir. Cette nouvelle inattendue mit tout en émoi au village thibétain et au corps de garde chinois. On se disait, avec empressement : Le Grand-Chef va venir, nous allons voir le Grand-Chef !... Ly-Kouo-Ngan se hâta de mettre ses beaux habits, de chausser ses bottes en soie, et de se coiffer de son bonnet de cérémonie. Les soldats chinois firent aussi de leur mieux un peu de toilette. Pendant que les Thibétains se rendaient, en courant, au devant de leur chef, Ly-Kouo-Ngan choisit dans ses malles un magnifique khata, ou écharpe de félicité, et alla se poster sur le seuil de la porte pour recevoir le fameux Proul-Tamba. Quant à nous, le rôle qui nous convenait le mieux en cette circonstance, c'était de nous livrer tranquillement à l'étude des physionomies qui nous entouraient. La plus intéressante à observer était, sans contredit, celle du Pacificateur des royaumes. Il était curieux de voir ce Mandarin chinois, ordinairement si plein de morgue et d'insolence en présence des Thibétains, devenu tout à coup humble et modeste, et attendant avec tremblement l'arrivée d'un homme qu'il croyait fort et puissant.

Enfin, le Grand-Chef parut. Il était à cheval, et escorté de quatre cavaliers d'honneur. Aussitôt que tous eurent mis pied à terre, le Pacificateur des royaumes s'approcha, fit une profonde inclination, et offrit son écharpe à Proul-Tamba. Celui-ci fit signe à un de ses hommes de recevoir l'offrande, et sans rien dire, il traversa brusquement la cour, et alla droit à la chambre préparée pour la réception, et où nous attendions avec le Lama Dchiam-dchang. Proul-Tamba nous fit une toute petite inclination de tête, et s'assit, sans façon, à la place d'honneur, sur un grand tapis de feutre gris. Ly-Kouo-Ngan se plaça à sa gauche, le Lama Dchiamdchang à droite, et nous sur le devant. Il y avait entre nous cinq une si respectueuse distance, que nous formions comme un grand cercle. Des soldats chinois et une foule de Thibétains se tenaient debout derrière l'assemblée.

Il y eut un moment d'un silence profond. Le Grand-Chef Proul-Tamba était âgé, tout au plus, d'une quarantaine d'années; il était de taille moyenne; pour tout vêtement, il portait une grande robe en soie verte, doublée d'une belle fourrure en peau de loup, et serrée aux reins par une ceinture rouge. De grosses bottes en cuir violet, un effrayant bonnet en peau de renard, et un long et large sabre, passé horizontalement dans la ceinture, complétaient son costume. De longs cheveux d'un noir d'ébène, qui descendaient sur ses épaules, donnaient à sa pâle et maigre figure, une grande expression d'énergie. Les yeux étaient, surtout, ce qu'il y avait de plus remarquable dans la physionomie de cet homme; ils étaient larges, flamboyants, et respiraient un courage et une fierté indomptables. Dans toute son allure, d'ailleurs, Proul-Tamba dénotait un homme vraiment supérieur, et né pour commander à ses semblables. Après nous avoir regardé attentivement les uns après les autres, en tenant ses mains appuyées sur les deux extrémités de son sabre, il tira de son sein un paquet de petits khata, et nous en fit distribuer un à chacun par un de ses hommes. Se tournant ensuite vers Ly-Kouo-Ngan: — Ah! te voilà revenu, lui dit-il, d'une voix qui résonnait comme une cloche; si l'on ne m'avait annoncé ce matin que c'était toi, je ne t'aurais pas reconnu. Comme tu as vieilli, depuis ton dernier passage à Bagoung! — Oui, tu as raison, répondit le Pacificateur des royaumes, d'une voix papelarde et mielleuse, et en se traînant sur le tapis de feutre pour se rapprocher de son interlocuteur...; oui, tu as raison, je suis bien caduc; mais toi, te voilà plus vigoureux que jamais. — Nous vivons dans des circonstances où j'ai besoin d'être vigoureux... Il n'y a plus de paix dans nos montagnes. — C'est vrai, j'ai appris là-bas que vous aviez eu ici, entre vous, une petite contestation. — Voilà plus d'un an que les tribus de Kham se font une guerre acharnée, et tu appelles cela une petite contestation? Tu n'auras qu'à ouvrir les yeux sur ta route, et tu verras, de toutes parts, des villages en ruine et des forêts incendiées. Dans quelque jours, nous serons obligés de mettre de nouveau la main à l'œuvre ; car personne ne veut entendre les paroles de paix... Cette guerre eût pu être terminée par quelques combats ; mais depuis que vous autres Chinois, vous avez voulu vous mêler de nos affaires, les partis sont devenus irréconciliables... Oh ! vous autres, Mandarins chinois, vous n'êtes bons qu'à apporter dans nos contrées, le désordre et la confusion. Cela ne peut pas durer de la sorte. On vous a laissé faire pendant long-temps, et maintenant votre audace n'a plus de bornes... Je ne puis, sans frémir de tous mes membres, penser à cette affaire du Nomekhan de Lha-Ssa. On prétend que le Nomekhan a commis de grands crimes ;... cela n'est pas vrai. Ces grands crimes, c'est vous autres qui les avez inventés. Le Nomekhan est un saint..., c'est un Bouddha-vivant ! Qui avait jamais entendu dire qu'un Bouddha-vivant pût être jugé et envoyé en exil par Ki-Chan, un Chinois, un homme noir ? — L'ordre est venu du grand Empereur, répondit Ly-Kouo-Ngan d'une voix basse et tremblante. — Ton grand Empereur, s'écria Proul-Tamba, en se tournant avec emportement vers son interrupteur, ton grand Empereur n'est non plus qu'un homme noir. Qu'est-ce que c'est que ton Empereur, à côté d'un grand Lama, d'un Bouddha-vivant ?

Le grand chef de la province de Kham invectiva long-temps contre la domination des Chinois dans le Thibet. Il attaqua tour à tour l'Empereur, le vice-roi du Sse-Tchouen et les ambassadeurs de Lha-Ssa. Dans toutes ces énergiques philippiques, il faisait sans cesse revenir l'affaire du Nomekhan. On voyait qu'il s'intéressait vivement au sort de ce grand Lama, qu'il regardait comme une victime de cour de Péking. Le Pacificateur des royaumes se garda bien de faire de l'opposition; il fit semblant de partager les sentiments de Proul-Tamba, et s'empressa d'accueillir toutes ses paroles par de petites inclinations de tête. Enfin, il se hasarda à lâcher quelques mots touchant le départ et les oulah. — Les oulah! répondit Proul-Tamba; désormais, il n'y en aura plus pour les Chinois, à moins qu'ils ne consentent à les payer convenablement. C'est bien assez que nous laissions des Chinois pénétrer dans nos pays, sans que nous ayons encore la sottise de leur fournir gratuitement des oulah... Cependant, comme je te connais depuis long-temps, on fera aujourd'hui une exception pour ta caravane. Tu conduis, d'ailleurs, deux Lamas du ciel d'occident, qui m'ont été recommandés par le premier Kalon de Lha-Ssa, et qui ont droit à mes services... Où est le Dhéba de Bagoung? qu'il avance. — L'individu qui, la veille, était venu nous dire : Point d'argent, point de oulah..., se présenta; il posa un genou en terre devant le Grand-Chef, et lui tira respectueusement la langue. — Qu'on conduise les oulah à l'instant, s'écria Proul-Tamba, et que tout le monde fasse son devoir! — Les Thibétains qui se trouvaient dans la cour du corps de garde, poussèrent, tous ensemble, une grande acclamation, et se rendirent en courant au village voisin. Proul-Tamba se leva; et après nous avoir invités à aller prendre le thé dans sa maison, qui se trouvait sur notre route, il sauta à cheval, et s'en retourna au grand galop. Les oulah ne tardèrent point à arriver, et la caravane se trouva bientôt organisée comme par enchantement.

Après une demi-heure de marche, nous arrivâmes à la demeure du Grand-Chef. C'était une maison haute, vaste, et assez semblable à un château-fort du temps de la féodalité. Un large canal, bordé de grands arbres, en faisait le tour. Un pont-levis s'abaissa devant nous; nous mîmes pied à terre pour le traverser, et nous arrivâmes, par un immense portail, dans une cour carrée où nous attendait le seigneur Proul-Tamba. On attacha les chevaux à des poteaux plantés au milieu de la cour, et nous fûmes introduits dans une vaste salle, qui paraissait tenir lieu de temple domestique. Les énormes poutres qui soutenaient la toiture étaient entièrement dorées. Les murs étaient tapissés de nombreuses banderolles de diverses couleurs, et chargées d'inscriptions thibétaines. Enfin, au fond de la salle, on voyait trois statues colossales de Bouddha, devant lesquelles étaient placées de grandes lampes à beurre et des cassolettes pour les parfums.

Dans un angle du temple, on avait disposé une table basse avec quatre épais coussins doublés en pou-lou rouge. Proul-Tamba nous invita gracieusement à prendre place, et aussitôt que nous fûmes accroupis, parut la châtelaine en grand costume, c'est-à-dire avec sa figure horriblement barbouillée de noir, et ayant ses nombreuses tresses de cheveux ornées de paillettes, de grains de corail rouge et de petits disques en nacre. De la main droite elle tenait, par son anse, une majestueuse cruche à thé, dont le large ventre reposait sur son bras gauche. Chacun présenta son écuelle, qui fut à l'instant remplie d'une bonne rasade de thé, à la surface duquel flottait une épaisse couche de beurre : c'était un thé de première qualité. Pendant que nous dégustions par petits coups ce brûlant liquide, la châtelaine reparut, portant deux plats en bois doré, chargés, l'un de raisins secs, et l'autre de noix. — Voilà des fruits de notre pays, nous dit Proul-Tamba; ils viennent dans une belle vallée qui est peu éloignée d'ici. Dans le ciel d'occident, y a-t-il des fruits de cette espèce? — Oui, beaucoup. Oh! tu ne saurais croire tout le bien que tu nous fais en nous présentant de ces fruits; car ils nous rappellent notre patrie... Et, en disant ces mots, nous puisâmes au plat doré, une pincée de raisins. Malheureusement, ils n'étaient remarquables que par une peau âpre et coriace, et par une foule de grains qui craquaient sous la dent comme du gravier. Nous tournâmes nos regards vers les noix, qui étaient d'une magnifique grosseur; mais, nouvelle déception! La pulpe se trouvait si solidement enchassée dans ses durs compartiments, que nous eûmes toutes les peines du monde à en extraire quelques parcelles avec l'extrémité de nos ongles. Nous retournâmes aux raisins secs, puis nous revînmes aux noix, nous promenant ainsi tour à tour d'un plat à l'autre, cherchant toujours, mais toujours vainement, de quoi calmer un peu les récriminations de notre estomac. Nous commencions à être convaincus que madame Proul-Tamba avait voulu nous jouer une mauvaise plaisanterie, lorsque nous vîmes apparaître deux vigoureux Thibétains, portant une nouvelle table, sur laquelle s'élevait un chevreau tout entier, surmonté d'une superbe cuisse de cerf. Cette apparition inattendue nous fit tressaillir, et un sourire involontaire dut annoncer à notre amphitryon, combien son second service était accueilli favorablement. On enleva les peaux de raisin et les coques de noix, la bière thibétaine remplaça le thé beurré, et nous nous mîmes à l'œuvre avec une incomparable énergie.

Quand nous eûmes glorieusement triomphé de ce repas homérique, nous offrîmes au Grand-Chef une écharpe de félicité, et nous remontâmes à cheval. Non loin du château féodal du fameux Proul-Tamba, nous rencontrâmes sur notre route une montagne calcaire, ayant à son sommet de grandes ouvertures, et portant, sur ses flancs escarpés, de nombreuses sentences bouddhiques, gravées en caractères gigantesques. Tous les Thibétains de la caravane s'arrêtèrent, et se prosternèrent trois fois la face contre terre. Cette montagne servait de retraite à un Lama contemplatif, pour lequel toutes les tribus de la province de Kham avaient une vénération profonde. D'après les récits des gens du pays, ce saint Lama s'était retiré, depuis vingt deux ans, dans une des cavernes de la montagne. Depuis lors, il y était constamment resté sans en sortir une seule fois, passant les jours et les nuits dans la prière et la contemplation des dix milles vertus de Bouddha. Il n'était permis à personne d'aller le visiter. Cependant tous les trois ans, il donnait une grande audience de huit jours, et, pendant ce temps, les dévots pouvaient se présenter librement dans sa cellule, pour le consulter sur les choses passées, présentes et futures. Alors les grosses offrandes ne manquaient jamais d'affluer de toutes parts; mais le saint Lama ne gardait rien pour lui. Il avait l'habitude de faire tout distribuer aux pauvres de la contrée. Qu'avait-il besoin, d'ailleurs, des richesses et des biens de ce monde? Sa cellule, creusée dans la roche vive, ne réclamait jamais la moindre réparation, sa robe jaune, doublée de peau de mouton, lui allait à toutes les saisons; tous les six jours, seulement, il prenait un repas composé d'un peu de thé et de farine d'orge, que les personnes charitables du voisinage lui faisaient passer par le moyen d'une longue corde, qui descendait du haut de la grotte jusqu'au pied de la montagne.

Quelques Lamas s'étaient placés sous la conduite de cet ermite, et avaient résolu de suivre son genre de vie. Ils habitaient des cellules creusées aux environs de celle de leur maître. Le plus célèbre de ses disciples était le père du grand Proul-Tamba. Il avait été, lui aussi, guerrier illustre, et n'avait jamais cessé d'être à la tête des peuples de ces contrées. Etant parvenu à un âge avancé, et voyant son fils capable de lui succéder, il lui avait donné le titre de Grand-Chef. S'étant ensuite rasé la tête, et ayant endossé l'habit sacré des Lamas, il s'était retiré dans la solitude, laissant à des bras plus jeunes et plus vigoureux la charge de terminer la lutte qui s'était engagée entre les deux Houtouktou de la province de Kham.

Le soleil n'était pas encore couché, lorsque nous arrivâmes au poste de Wang-Tsa, éloigné de Bagoung d'une cinquantaine de lis. Wang-Tsa est un petit village alligné au pied d'une colline de terre noire, où croissent de grandes touffes de houx et de cyprès. Les maisons, bâties avec cette terre noire, donnent au village un aspect extrêmement sombre et funèbre. A Wang-Tsa, nous commencâmes à remarquer les traces de la guerre civile qui désolait ces contrées. Le corps de garde chinois, construit en grosses planches de sapin, avait été complètement brûlé. Les nombreux débris à moitié charbonnés, qu'on rencontrait encore çà et là, nous servirent à faire, pendant toute la soirée, un feu magnifique.

Le lendemain, aussitôt que nous nous mîmes en route, nous remarquâmes dans la caravane un singulier changement. Les chevaux et les bœufs étaient bien encore ceux que nous avions pris à Bagoung; mais tous les conducteurs thibétains avaient disparu, il n'en était pas resté un seul; des femmes de Wang-Tsa les avaient remplacés. Ayant demandé la cause de cette nouvelle et surprenante organisation... — Aujourd'hui, nous répondit le Lama Dchiam-dchang, on doit arriver à Gaya; c'est un village ennemi. Si les hommes y allaient, on ne pourrait s'empêcher de se battre, et les habitants de Gaya s'empareraient des animaux de la caravane. Les oulah étant conduits par des femmes, il n'y a rien à craindre. Des hommes qui auraient la lâcheté de se battre contre des femmes, et de prendre les animaux confiés à leur garde, seraient méprisés de tout le monde. Tels sont les usages de ces contrées. — Nous ne fûmes pas peu surpris de rencontrer, parmi ces sauvages montagnes du Thibet, des habitudes et des sentiments si conformes aux mœurs de notre patrie. C'était de la pure chevalerie française. Nous étions donc quelque peu impatients de voir de quelle façon courtoise et galante les dames de Wang-Tsa seraient accueillies par les gentilshommes de Gaya.

Après avoir franchi une grande montagne, couverte de

gros quartiers de rochers, à moitié ensevelis dans de vieilles couches de neige, nous entrâmes dans une vallée entièrement livrée à la culture, et dont la température était assez douce. On apercevait de loin, dans un enfoncement, les maisons de Gaya. Elles étaient hautes, flanquées de tours d'observation, et assez semblables à des châteaux-forts. Lorsque nous fûmes à quelques centaines de pas de ce gros village, il en sortit tout à coup un formidable escadron de cavalerie, qui se précipita avec impétuosité à l'encontre de la caravane. Tous ces cavaliers, armés de fusils en bandoulière et de longues lances, paraissaient tout disposés à un coup de main. Cependant toute leur humeur martiale s'évanouit aussitôt qu'ils s'aperçurent que la troupe était conduite par des femmes. Ils se contentèrent de s'abandonner à de grands éclats de rire, et de railler la couardise de leurs ennemis.

Quand nous fîmes notre entrée à Gaya, hommes, femmes, enfants, tout le monde était en mouvement; de toutes parts on poussait des clameurs qui ne nous paraissaient nullement sympathiques : il n'arriva, toutefois, aucun accident. Nous allâmes mettre pied à terre dans la cour d'une grande maison à trois étages; et aussitôt que l'on eut dessellé les chevaux, et déchargé les bœufs à long poil, les dames de Wang-Tsa burent à la hâte une bonne écuellée de thé beurré qu'on eut la courtoisie de leur servir à la ronde; et immédiatement après, elles s'en retournèrent avec leurs oulah.

Nous trouvâmes à Gaya, un logement assez confortable; mais nous ne savions pas trop à quelles conditions nous en sortirions. L'importante question des oulah préoccupait tout le monde ; personne cependant n'eut le courage de la poser franchement, et on alla se coucher en remettant au lendemain les affaires sérieuses.

Le jour avait à peine paru, que la cour de la maison où nous étions logés, se trouva encombrée d'un foule de Thibétains, qui étaient venus délibérer sur le mode de taxer notre caravane. Du haut d'un balcon du second étage, nous pûmes jouir à notre aise du singulier spectacle que présentait cette assemblée délibérante. Parmi cette nombreuse multitude, il n'y avait pas un seul individu qui ne fût orateur ; tout le monde parlait à la fois ; et à en juger par le timbre éclatant des voix, et par l'impétueuse animation des gestes, il devait, certes, se prononcer là de bien belles harangues. On voyait des orateurs monter sur les bagages entassés dans la cour, et s'en faire des tribunes d'où ils dominaient l'assemblée ; il paraissait quelquefois que l'éloquence de la parole n'était pas suffisante pour porter la conviction dans les esprits : car on en venait aux coups, on se prenait aux cheveux, et l'on se battait avec acharnement, jusqu'à ce qu'un tribun influent parvînt à rappeler à l'ordre ses honorables confrères. Le calme n'était pas de longue durée ; le tumulte et le désordre recommençaient bientôt avec une intensité qui allait toujours croissant. La chose devint si grave, que nous demeurâmes convaincus que ces gens-là ne parviendraient jamais à se mettre d'accord, qu'ils finiraient par tirer leurs sabres de leurs fourreaux et par se massacrer entre eux. En pensant ainsi, nous nous trompions étrangement. Après que l'assemblée eut bien vociféré, hurlé, gesticulé et boxé pendant plus d'une heure, de grands éclats de rire se firent entendre, la séance fut terminée, et tout le monde se retira dans le plus grand calme. Deux hommes montèrent aussitôt au deuxième étage, où logeait l'état-major de la caravane ; ils annoncèrent à Ly-Kouo-Ngan que les chefs de famille de Gaya, après avoir délibéré sur l'organisation des oulah, avaient décidé qu'on fournirait gratis des animaux aux deux Lamas du ciel d'occident, et aux Thibétains de Lha-Ssa ; mais, que les Chinois seraient obligés de payer une demi-once d'argent pour un cheval, et un quart pour un bœuf à long poil... A cette nouvelle, Ly-Kouo-Ngan ramassa toutes ses forces, et se mit à invectiver avec énergie contre ce qu'il appelait une tyrannie, une injustice. Les soldats chinois de la caravane, qui étaient présents, poussèrent les hauts cris, et firent des menaces dans l'intention d'intimider les délégués de l'assemblée nationale de Gaya ; mais ceux-ci conservèrent une attitude admirablement fière et dédaigneuse : l'un d'eux fit un pas en avant, posa avec une certaine dignité sauvage sa main droite sur l'épaule de Ly-Kouo-Ngan, et après l'avoir fixé un instant avec ses grands yeux noirs ombragés d'épais sourcils ; — Homme de la Chine, lui dit-il, écoute-moi ; crois-tu que, pour un habitant de la vallée de Gaya, il y ait une grande différence entre couper la tête d'un Chinois ou celle d'un chevreau ?... Dis-donc à tes soldats de ne pas faire les méchants, et de ne pas proférer de grandes paroles... Est-ce qu'on a jamais vu qu'un renard ait pu intimider le terrible yak des montagnes ? Les oulah vont arriver à l'instant ; si vous ne les prenez pas, si vous ne partez pas aujourd'hui, demain le prix sera double. — Les Chinois, entrevoyant que la violence ne pourrait conduire qu'à de funestes résultats, eurent recours à la ruse et aux cajoleries, mais tout fut inutile. Ly-Kouo-Ngan n'eut d'autre moyen, pour terminer l'affaire, que d'ouvrir son coffre-fort, et de peser la somme demandée. Les oulah ne tardèrent point à arriver, et l'on s'occupa avec activité de l'organisation de la caravane, afin de quitter le plus tôt possible ce village de Gaya, que les Chinois trouvaient barbare et inhabitable, mais qui nous avait paru à nous extrêmement pittoresque.

De Gaya à *Angti* où l'on devait changer les oulah, ce ne fut qu'une petite course de trente *lis*. Les Chinois étaient désespérés d'avoir été forcés de dépenser tant d'argent pour faire si peu de chemin ; mais ils n'étaient encore qu'au début de leurs misères, car nous devions rencontrer des tribus thibétaines encore moins traitables que celles de Gaya.

La neige, qui nous avait donné quelques jours de répit, depuis notre départ de *Tsiamdo*, vint de nouveau nous assaillir le soir même de notre arrivée à Angti. Pendant la nuit et le jour suivant, elle tomba en si grande abondance, que nous ne pouvions sortir de notre habitation sans en avoir jusqu'aux genoux. Pour comble d'infortune, nous avions à franchir, en quittant Angti, une des montagnes les plus escarpées et les plus dangereuses de cette route. L'Itinéraire chinois s'exprimait ainsi : « A Angti, on » traverse une grande montagne neigeuse ; le chemin est » très-raide ; les neiges accumulées ressemblent à une va- » peur argentée. Le brouillard que la montagne exhale pé- » nètre dans le corps, et rend les Chinois malades. »

Selon une tradition populaire du pays, dans les temps anciens, un chef de la tribu de Angti, guerrier fameux et redouté de tous ses voisins, fut un jour enseveli sous une avalanche, pendant qu'il traversait la montagne. Tous les efforts que l'on fit pour retrouver son corps demeurèrent infructueux. Un saint Lama de cette époque ayant déclaré que le chef était devenu génie de la montagne, on lui éleva un temple qui subsiste encore, et où les voyageurs ne manquent jamais d'aller brûler quelques bâtons d'odeur, avant de se mettre en route. Dans les temps d'orage, quand le vent souffle avec violence, le génie du mont Angti ne manque jamais d'apparaître : il n'est personne dans le pays qui ne l'ait aperçu plusieurs fois. On le voit toujours monté sur un cheval rouge; il est revêtu de grands habits blancs, et se promène tranquillement sur la crête de la montagne. S'il vient à rencontrer quelque voyageur, il le prend en croupe, et disparaît aussitôt au grand galop, le cheval rouge étant tellement léger, qu'il ne laisse jamais aucune trace, même sur la neige, personne, jusqu'à ce jour, n'a pu découvrir la retraite du cavalier blanc; car c'est ainsi qu'on le nomme dans le pays.

Pour notre compte, nous n'étions que médiocrement préoccupés de la rencontre du cheval rouge et du cavalier blanc. Ce que nous redoutions, c'était la montagne; nous ne pouvions nous empêcher de trembler, à la vue de l'effroyable quantité de neige qui était tombée, et qui devait rendre la route extrêmement dangereuse. Nous fûmes forcés d'attendre le retour du beau temps, et d'envoyer ensuite, comme nous l'avions pratiqué dans de semblables circonstances, quelques troupeaux de bœufs à long poil, pour fouler la neige, et tracer un sentier sur la montagne.

Nous demeurâmes cinq jours à Angti. Ly-Kouo-Ngan

mit à profit cette longue halte pour soigner la maladie de ses jambes, qui de jour en jour prenait un caractère plus alarmant. La question des oulah fut longuement débattue dans plusieurs assemblées, et résolue enfin de la même manière qu'à Gaya, ce qui ne manqua pas de vexer beaucoup les Chinois, et de leur arracher de grandes clameurs.

Ce que nous trouvâmes de plus remarquable à Angti, ce fut, sans contredit, le Dhéba ou chef de la tribu. Ce personnage, nommé Bomba, était tout au plus haut de trois pieds; le sabre qu'il portait à la ceinture avait pour le moins deux fois la longueur de sa taille. Malgré cela, cet homme avait un buste magnifique, et surtout une figure large, énergique, et d'une belle régularité. L'exiguité de sa taille provenait d'un complet avortement des jambes, sans que pourtant ses pieds présentassent aucune difformité : ce manque presque total de jambes n'empêchait pas le chef de la tribu d'Angti d'être d'une activité surprenante. On le voyait sans cesse aller et venir, avec autant d'agilité que les plus ingambes; il ne pouvait pas, à la vérité, faire de grands pas, mais il y suppléait par la rapidité de ses mouvements. A force de rouler à droite et à gauche, de bondir et de rebondir, il arrivait toujours aussitôt que les autres. Il était, disait-on, le plus habile cavalier et le guerrier le plus intrépide de la tribu. Quand on l'avait une fois hissé sur son cheval, où il se tenait en même temps debout et assis, il était invincible. Dans les assemblées populaires, que les montagnards de ces contrées ont coutume de tenir fréquemment, et toujours en plein air, pour traiter toutes les questions d'intérêt public et privé, le chef Bomba se faisait toujours remarquer par l'ascendant de son éloquence et de son caractère. Quand on débattait à Angti, la taxe des oulah, on ne voyait, on n'entendait que l'étonnant Bomba. Perché sur les épaules d'un gros et grand montagnard, il parcourait comme un géant l'assemblée tumultueuse, et la dominait par sa parole et par son geste, encore plus que par sa stature gigantesque.

Le chef d'Angti ne laissa passer aucune occasion de nous donner des témoignages particuliers de bienveillance et de sympathie. Un jour, il nous invita à dîner chez lui : cette invitation avait le double but d'exercer d'abord à notre égard un devoir d'hospitalité, et en second lieu de piquer la jalousie des Chinois, qu'il détestait et méprisait de toute son âme. Après le dîné, qui n'offrit de remarquable qu'une grande profusion de viande crue et bouillie, et un thé richement saturé de beurre, il nous fit visiter une salle remplie de tableaux et d'armures de toute espèce. Les tableaux qui tapissaient les murs étaient des portraits grossièrement coloriés, représentant les plus illustres ancêtres de la famille des Bomba; on y voyait une nombreuse collection de Lamas de tout âge et de toute dignité, et quelques guerriers en costume de bataille. Les armes étaient nombreuses, et d'une grande variété : il y avait des lances, des flèches, des sabres à deux tranchants, en spirale et en forme de scie; des tridents, de longs bâtons armés de grosses boucles de fer, et des fusils à mèche dont les culasses affectaient les formes les plus bizarres. Les armes défensives étaient des boucliers ronds en cuir de yak sauvage, et garnis de clous en cuivre rouge; des brassards et des cuissards en lames de cuivre, et des camisoles en fil de fer, d'un tissu épais et serré, et conservant malgré cela beaucoup d'élasticité. Le chef Bomba nous dit que ces camisoles étaient des armures des temps anciens; qu'on les avait laissées de côté depuis que l'usage du fusil était devenu général dans leurs contrées. Les Thibétains, comme nous l'avons dit, sont trop indifférents en matière de chronologie, pour qu'ils puissent assigner l'époque où ils ont commencé à se servir des armes à feu. Il est présumable pourtant qu'ils n'auront connu la poudre à canon que vers le treizième siècle, du temps des guerres de Tchingghiskhan qui avait, comme on sait, de l'artillerie dans ses armées. Une chose assez remarquable, c'est que, parmi les montagnes du Thibet, aussi bien que dans l'empire chinois et dans les steppes de la Tartarie, il n'est personne qui ne sache fabriquer la poudre ; chaque famille en fait pour son usage. En traversant la province de Kham, nous avons souvent remarqué des femmes et des enfants activement occupés à broyer le charbon, le soufre et le salpêtre. La poudre de ces peuples ne vaut certainement pas celle d'Europe : cependant, quand on en met dans un canon de fusil avec une balle par-dessus, elle a assez de force pour pousser la balle, et l'envoyer tuer des cerfs à la chasse et des hommes à la guerre.

Après cinq jours de repos, nous reprîmes notre route : tout en partant, la caravane se mit à gravir la haute montagne d'Angti. Nous ne rencontrâmes ni cheval rouge, ni cavalier blanc ; aucun génie ne nous prit en croupe pour nous emmener dans sa solitude. De tous côtés, nous ne vîmes que de la neige, mais une neige si abondante, que nulle part, même sur les montagnes les plus fameuses, nous n'en avions jamais trouvé une quantité si effroyable.

Souvent les guides, montés sur des bœufs à long poil, disparaissaient entièrement dans des gouffres dont ils ne pouvaient se débarrasser qu'avec de grandes difficultés. Plus d'une fois nous fûmes sur le point de rebrousser chemin, et de renoncer à l'espérance de parvenir au sommet.

La petite caravane sinico-thibétaine, qui s'était jointe à nous à Tsiamdo, et qui depuis lors ne nous avait jamais abandonnés, présentait un spectacle digne de la plus grande compassion. On oubliait, en quelque sorte, ses propres souffrances, en voyant ces pauvres petites créatures presque à chaque pas enveloppées de neige, et ayant à peine la force de crier et de se lamenter. Nous admirâmes l'intrépidité et l'énergie de cette mère thibétaine, qui savait, pour ainsi dire, se multiplier pour voler au secours de ses nombreux enfants, et qui puisait dans la tendresse maternelle des forces surhumaines.

La montagne d'Angti est si haute et si escarpée, qu'il nous fallut la journée tout entière pour la gravir et la descendre. Le soleil était déjà couché quand nous achevâmes de rouler au bas. Nous nous arrêtâmes quelques minutes, sous des tentes noires habitées par des bergers nomades; nous avalâmes quelques poignées de tsamba délayé dans du thé salé, et nous nous remîmes en route en suivant une vallée rocailleuse où la neige était totalement fondue. Nous longeâmes pendant deux heures, dans l'obscurité la plus profonde, les bords escarpés d'une rivière dont nous entendions les eaux sans les voir. A chaque instant nous tremblions d'y être précipités; mais les animaux, qui avaient l'expérience du chemin, et que nous abandonnâmes à leur instinct, nous conduisirent, sans accident, jusqu'à *Djaya*.

Notre arrivée au milieu de la nuit mit toute la ville en émoi. Les chiens, par leurs aboiements acharnés, commencèrent par donner l'alarme. Bientôt toutes les portes des maisons s'ouvrirent, et les habitants de la ville se répandirent en tumulte dans les rues, avec des lanternes en corne, des torches et des armes de toute espèce. On croyait généralement que c'était une invasion des ennemis. Mais à mesure qu'on remarquait l'allure pacifique et même un peu tremblante de la caravane, les esprits se calmaient, et chacun rentrait chez soi. Il était plus de minuit quand nous pûmes enfin dérouler nos couvertures et prendre un peu de sommeil. Nous nous couchâmes après avoir statué qu'on s'arrêterait un jour à Djaya : ce n'était pas trop qu'un jour de repos, après avoir traversé la fameuse montagne d'Angti.

Djaya est, comme nous l'avons déjà dit, la résidence du jeune Lama Houtouktou, qui pour lors était en guerre avec celui de Tsiamdo. La ville, située dans une belle vallée, est assez vaste; mais, au moment où nous y passâmes, elle était à moitié ruinée : il y avait tout au plus une vingtaine de jours qu'elle avait été attaquée par les partisans du grand Houtouktou. Les deux partis s'étaient livré, nous dit-on, des combats terribles, et où, de part et d'autre, les victimes avaient été nombreuses. En parcourant la ville, nous vîmes des quartiers totalement ravagés par la flamme; il ne restait plus que d'énormes amas de pierres calcinées et des boiseries réduites en charbon. Tous les arbres de la vallée avaient été coupés, et le piétinement des chevaux avait ravagé et bouleversé de fond en comble les champs cultivés. La célèbre lamaserie de Djaya était déserte. Les cellules des Lamas et le mur de plus de cent toises de circonférence qui les entourait, tout avait été démoli, et n'offrait plus qu'un horrible amas de ruines : on n'avait respecté que les principaux temples de Bouddha.

Le gouvernement chinois entretient à Djaya une petite garnison composée d'une vingtaine de soldats, ayant à leur tête un *Tsien-Tsoung* et un *Pa-Tsoung*. Tous ces militaires avaient une mine peu satisfaite ; ils paraissaient se plaire médiocrement au milieu de ce pays en proie à toutes les horreurs de la guerre civile ; l'attitude guerrière de ces montagnards ne leur laissait de repos ni le jour ni la nuit ; ils avaient beau faire tous leurs efforts pour conserver la neutralité, ou plutôt pour avoir l'air d'appartenir aux deux partis, ils ne s'en trouvaient pas moins à chaque instant placés entre deux feux. Il paraît, du reste, qu'à aucune époque, Djaya n'a offert aux Chinois un séjour facile et agréable. Dans tous les temps, la domination chinoise a trouvé une résistance invincible parmi ces fières peuplades. L'Itinéraire chinois que nous avions entre les mains, et qui fut écrit sous le règne de l'empereur Kien-Long, s'exprime ainsi au sujet de ces contrées... « Les Thibétains qui habi-
» tent le canton de Djaya, sont d'un caractère altier et fa-
» rouche ; tous les essais pour les dompter ont été infruc-
» tueux ; ils passent pour très-féroces, c'est leur naturel... »
Ce que l'écrivain chinois appelle *caractère farouche*, n'est au fond qu'un ardent patriotisme, et une haine bien légitime de tout joug étranger.

Un jour de repos ayant suffisamment réparé nos forces, nous partîmes de Djaya. Il va sans dire que les Chinois furent obligés de payer, argent comptant, le louage des oulah. Les Thibétains de la contrée étaient trop *farouches* pour nous fournir gratuitement des bœufs et des chevaux. Nous voyageâmes pendant deux jours dans un pays extrêmement bas, où nous rencontrâmes fréquemment de petits villages, et des tentes noires groupées au fond des vallées. Souvent nous fûmes contraints de passer sur de nombreux ponts en bois, pour traverser, tantôt des ruisseaux calmes et paisibles, et tantôt des torrents qui roulaient avec un fracas épouvantable leurs eaux impétueuses.

Un peu avant d'arriver à la station de *Adzou-Thang*, nous rejoignîmes la troupe qui accompagnait le cercueil du *Liang-Taï* décédé à Bagoung. Le fils, lui aussi, venait de mourir dans une tente noire, après quelques heures d'un affreuse agonie. La caravane n'ayant plus de chef, se trouvait dans une désorganisation complète; la plupart des soldats de l'escorte s'étaient dispersés, après avoir pillé les bagages de leur Mandarin; trois seulement étaient restés à leur poste, et s'occupaient des moyens d'effectuer le transport de ces deux cadavres jusqu'en Chine. Ils désespéraient de pouvoir continuer leur route, en si petit nombre; aussi l'arrivée de notre caravane les tira-t-elle d'un grand embarras. Le convoi du père avait été convenablement organisé à Bagoung; restait celui du fils. Les porteurs de son palanquin n'avaient pas voulu s'en charger, parce qu'ils prévoyaient qu'on ne trouverait pas assez d'argent pour les payer. Placer le cercueil sur un bœuf de charge, était une mesure impraticable : jamais on n'eût pu décider les conducteurs thibétains à porter sur un de leurs animaux un cadavre, et surtout le cadavre d'un Chinois; il fallut donc user de ruse. Le corps du nouveau défunt fut secrètement coupé en quatre parties, puis arrimé dans une caisse qu'on abandonna sans distinction parmi les bagages. On fit croire aux Thibétains, que pour honorer la piété filiale, le corps du fils avait été déposé à côté de celui du père, dans le même cercueil.

Ces deux cadavres, que nous nous étions adjoints pour compagnons de route, donnèrent à la caravane un aspect triste, funèbre, et qui agissait fortement sur l'imagination des Chinois. Ly, le Pacificateur des royaumes, dont les forces allaient tous les jours s'affaiblissant, en était surtout épouvanté; il eût bien voulu éloigner de lui ce sinistre spectacle, mais il ne l'eût pu sans s'exposer à l'accusation terrible d'avoir mis des obstacles à la sépulture de deux Mandarins morts en pays étranger.

De Adzou-Thang, nous allâmes coucher et changer les oulah dans un petit village de la vallée de *Ché-Pan-Keou* (vallée des ardoises). Selon le témoignage de l'Itinéraire chinois, les habitants de cette vallée sont des gens *très-grossiers, méchants et indociles*: ce qui signifie, en d'autres termes, qu'ils n'ont pas peur des Chinois, et qu'ils sont dans l'habitude de leur faire bien payer les yaks et les chevaux qu'ils leur fournissent.

La vallée de Ché-Pan-Keou, comme l'indique son nom, abonde en carrières de schiste argileux. Les Thibétains de ces contrées en retirent de belles feuilles d'ardoise, dont ils recouvrent les plates-formes de leurs maisons; ils sont aussi dans l'usage d'en extraire des lames très-épaisses, et de graver dessus des images de Bouddha avec la formule : *Om, mani, padmé, houm.* Ces ardoises sont d'un grain extrêmement fin. Les petites parcelles de mica ou de talc qu'elles renferment, leur donnent un lustre brillant et soyeux.

Le ruisseau qui coule au centre de la vallée, contient une grande quantité de poudre d'or; les gens du pays ne négligent pas de la recueillir et de la purifier. En nous promenant le long de ce ruisseau, nous avons trouvé plusieurs fragments de creusets, où étaient encore attachées de nombreuses parcelles d'or; nous les montrâmes au Pacificateur des royaumes, et cette vue sembla ranimer ses forces et resserrer les liens qui l'attachaient à la vie. Sa figure s'empourpra soudainement, ses yeux presque éteints pétillèrent d'un feu inaccoutumé; on eût dit que la vue de quelques grains d'or lui avait fait complètement oublier et sa maladie et les deux cadavres qui l'escortaient.

Les daims musqués abondent dans la vallée schisteuse. Quoique cet animal, ami des froids climats, se rencontre sur presque toutes les montagnes du Thibet, cependant nulle part, peut être, on n'en voit un aussi grand nombre qu'aux environs de Ché-Pan-Keou. Les pins, les cèdres, les houx et les cyprès qui recouvrent ce pays, contribuent sans doute beaucoup à y attirer ces animaux, qui affectionnent d'une manière particulière les racines de ces arbres à odeur forte et aromatique.

Le daim musqué est de la hauteur d'un chevrotain; il a la tête petite, le museau pointu et orné de longues moustaches blanchâtres; ses jambes sont fines, et sa croupe large et épaisse; deux dents longues et recourbées, qui sortent de sa mâchoire supérieure, lui servent à arracher du sol les racines parfumées qui font sa nourriture; son poil a généralement de deux à trois pouces de longueur; il est creux, comme celui de presque tous les animaux qui vivent vers le nord des monts Himalaya, extrêmement rude et toujours hérissé ; sa couleur est noire à la partie inférieure, blanche au milieu, et tirant sur le gris à la partie supérieure. Une vessie, suspendue sous le ventre du côté du nombril, renferme la substance précieuse du musc.

Les habitants de la vallée schisteuse, prennent à la chasse une quantité si considérable de daims musqués, que, dans leurs maisons, on ne voit de toutes parts que des peaux de cet animal, suspendues à des chevilles plantées aux murs. Ils utilisent le poil pour rembourrer les épais coussins où ils sont accroupis pendant le jour, et les espèces de matelas qui leur servent de lit ; ils trouvent dans le musc la source d'un commerce très-lucratif avec les Chinois.

Le lendemain de notre arrivée à Ché-Pan-Keou, nous dîmes adieu aux habitants de la vallée, et nous continuâmes notre route. Dans les trois stations qui suivirent, on fut encore sans pitié sur la question des oulah. Les Chinois de la caravane étaient exaspérés de la conduite de ces montagnards sauvages, qui, disaient-ils, n'entendaient rien aux rites, et n'avaient aucune idée du juste et de l'injuste. Pour notre compte, nous nous sentions, au contraire, de la sympathie pour ces hommes à tempérament rude et vigoureusement trempé ; leurs manières, il est vrai, étaient peu raffinées, mais leur naturel était la générosité et la franchise même ; à nos yeux, le fond emportait la forme.

Nous arrivâmes enfin à Kiang-Tsa, et les Chinois commencèrent à respirer ; car nous entrions dans un pays moins hostile. Kiang-Tsa est une vallée très-fertile, et dont les habitants paraissent vivre dans l'aisance. On remarque parmi eux, outre les soldats du poste, un grand nombre de Chinois des provinces du Sse-Tchouen et du Yun-Nan, qui tiennent quelques boutiques de commerce, et exercent les arts et les métiers de première nécessité. Peu d'années, dit-on, leur suffisent pour faire, dans ce pays, une assez jolie fortune. Les deux Mandarins militaires du Kiang-Tsa, qui avaient été compagnons d'armes de Ly-Kouo-Ngan, furent effrayés de l'état déplorable dans lequel ils le trouvèrent réduit, et lui conseillèrent fortement de continuer sa route en palanquin. Nous joignîmes nos instances aux leurs, et nous eûmes le bonheur de triompher de l'avarice du Pacificateur des royaumes. Il parut enfin comprendre qu'un mort n'avait pas besoin d'argent, et qu'avant tout, il fallait songer à conserver sa vie. Le fils du Mandarin Peï semblait être mort fort à propos, pour mettre à la disposition de Ly-Kouo-Ngan son palanquin et ses huit porteurs Chinois; le tout se trouvait à Kiang-Tsa. On s'arrêta un jour, pour faire quelques réparations au palanquin, et pour donner aux porteurs le temps de préparer leurs sandales de voyage.

Les contrées que nous rencontrâmes au sud de Kiang-Tsa, nous parurent moins froides et moins stériles que celles que nous avions parcourues précédemment. Le sol allait en s'inclinant d'une manière très-sensible; nous étions bien encore constamment environnés de montagnes, mais elles perdaient peu à peu leur aspect triste et sauvage; on ne voyait plus ces formes menaçantes, ces gigantesques masses de granit aux découpures brusques et perpendiculaires. Les grandes herbes et les forêts apparaissaient de toutes parts; les animaux devenaient plus nombreux; tout annonçait que nous avancions rapidement vers des climats plus tempérés; les cimes seules des montagnes avaient encore conservé leurs couronnes de neige et de glaçons.

Quatre jours après notre départ de Kiang-Tsa, nous arrivâmes sur les bords du Kin-Cha-Kiang, fleuve à sable d'or (1), que nous avions déjà traversé sur la glace avec l'ambassade thibétaine deux mois avant d'arriver à Lha-Ssa. Au milieu des belles plaines de la Chine, ce fleuve magnifique roule ses ondes bleues avec une imposante majesté; mais parmi les montagnes du Thibet, il bondit sans cesse, et précipite la grande masse de ses eaux au fond des gorges et des vallées, avec une impétuosité et des mugissements épouvantables. A l'endroit où nous rencontrâmes le fleuve, il était encaissé entre deux montagnes, dont les flancs escarpés, se dressant perpendiculairement sur ses bords, lui faisaient un lit étroit, mais d'une grande profondeur; les eaux couraient rapidement, en faisant entendre un bruit sourd et lugubre. De temps en temps, on voyait avancer d'énormes quartiers de glace, qui, après avoir tournoyé dans mille remous, allaient se briser avec fracas contre les aspérités de la montagne.

Nous suivîmes la rive droite du Kin-Cha-Kiang pendant une demi-journée. Vers midi, nous arrivâmes à un petit village où nous trouvâmes disposé à l'avance, tout ce qui était nécessaire pour le passage du fleuve. La caravane se

(1) Ce fleuve, vers sa source, porte le nom mongol de *Mouroui oussou*, fleuve tortueux. Dans son cours à travers la Chine, et à son embouchure, il porte le nom de *Yang-Tche-Kiang*, fleuve fils de la mer. Les Européens le nomment le *Fleuve bleu*.

divisa sur quatre grands bateaux plats, et en peu de temps nous fûmes sur la rive opposée. Non loin du bord, à l'entrée d'une étroite vallée, était la station de Tchon-Pa-Loung. Le Dhéba du lieu nous fournit, pour souper, d'excellent poisson frais; et pour dormir, une chambre très-bien fermée à tous les vents, et d'épais matelas rembourrés avec des poils de daim musqué.

Le lendemain, nous côtoyâmes une maigre rivière qui va se réunir au fleuve à sable d'or. Notre cœur était plus épanoui que de coutume, car on nous avait annoncé que le jour même nous arriverions dans une contrée ravissante. Chemin faisant, nous portions donc nos regards de côté et d'autre, avec une inquiète curiosité; de temps en temps, nous nous dressions sur nos étriers pour voir de plus haut; mais le tableau ne se hâtait pas de devenir poétique. A notre gauche, nous avions toujours la susdite rivière, sautillant prosaïquement à travers d'énormes cailloux, et à notre droite, une grosse montagne rousse, triste, décharnée, et coupée en tout sens par de profonds ravins; des masses de nuages blancs, poussés par un vent piquant, glissaient sur les flancs de la montagne, et allaient former devant nous un sombre horizon de brouillards.

Vers midi, la caravane s'arrêta dans une masure, pour boire une écuellée de thé, et manger une poignée de tsamba; ensuite nous grimpâmes jusqu'au sommet de la montagne rousse, et du haut de ce grand observatoire, nous admirâmes, à notre droite, la magnifique, la ravissante plaine de Bathang (1). Nous nous trouvâmes transportés

(1) Bathang signifie en thibétain : *plaine des vaches*.

tout à coup, et comme par enchantement, en présence
d'une contrée qui offrait à nos regards toutes les merveilles de la végétation la plus riche et la plus variée. Le
contraste, surtout, était saisissant : d'un côté, un pays stérile, sombre, montagneux, et presque toujours désert; de
l'autre, au contraire, une plaine riante, où de nombreux
habitants se livraient, au milieu de fertiles campagnes,
aux travaux de la vie agricole. L'*Itinéraire chinois* dit :
« Le canton de Bathang est une belle plaine de mille *lis* de
» longueur, bien arrosée par des ruisseaux et des sources;
» le ciel y est clair, le climat agréable, et tout y réjouit le
» cœur et les yeux de l'homme. » Nous descendîmes à la
hâte le versant de la montagne, et nous continuâmes notre
route dans un véritable jardin, parmi des arbres en fleur,
et le long de vertes rizières. Une douce chaleur pénétra,
peu à peu, nos membres, et bientôt nous sentîmes la pesanteur de nos habits fourrés; il y avait plus de deux ans
que nous n'avions sué; il nous semblait tout singulier
d'avoir chaud, sans être devant un bon feu.

Aux environs de la ville de Bathang, les soldats de la
garnison se trouvèrent en ligne, pour rendre les honneurs
militaires au Pacificateur des royaumes, qui, empaqueté au
fond de son palanquin, passa au milieu des rangs d'une
façon très-peu guerrière. La population thibétaine, qui était
tout entière sur pied, accompagna la caravane jusqu'à une
belle pagode chinoise qui devait nous servir de logement.
Le soir même, les Mandarins de la garnison chinoise et les
Grands-Lamas de la ville vinrent nous rendre visite, et
nous faire des offrandes de viande de bœuf et de mouton,
de beurre, de farine, de chandelles, de lard, de riz, de

noix, de raisins, d'abricots et de plusieurs autres produits de la contrée.

A Bathang, il y a un magasin de vivres; c'est le quatrième depuis Lha-Ssa; il est, comme tous les autres, administré par un Mandarin lettré, portant le titre de Liang-Taï. La garnison chinoise, composée de trois cents soldats, est commandée par un *Cheou-Peï*, deux *Tsien-Tsoung* et un *Pa-Tsoung*. L'entretien annuel des troupes chinoises, qui dépendent de ce poste, revient à neuf mille onces d'argent, sans compter les distributions de riz et de farine de tsamba. On remarque, parmi la population de Bathang, un très-grand nombre de Chinois; ils s'occupent d'art et d'industrie; plusieurs mêmes se livrent à l'agriculture, et font valoir les fermes des Thibétains. Cette plaine, qu'on rencontre, comme par enchantement, au milieu des montagnes du Thibet, est d'une admirable fertilité; elle fournit deux récoltes par an. Ses principaux produits sont : le riz, le maïs, l'orge grise, le blé, les pois, les choux, les navets, les oignons, et plusieurs autres variétés de légumes. Parmi les fruits, on remarque le raisin, la grenade, la pêche, l'abricot et le melon d'eau. Le miel y est aussi très-abondant. Enfin, on y trouve des mines de cinabre (sulfure de mercure), dont on retire une grande quantité de mercure. Les Thibétains obtiennent le mercure dans toute sa pureté, en dégageant le soufre par la combustion, ou en le combinant avec de la chaux éteinte.

La ville de Bathang est grande et très-populeuse; ses habitants paraissent vivre dans l'aisance. Les Lamas y sont très-nombreux, comme dans toutes les villes thibétaines. La principale lamaserie, qu'on nomme grand couvent de

Ba, a pour supérieur, un *Khampo*, qui tient son autorité spirituelle du Talé-Lama de Lha-Ssa.

La puissance temporelle du Talé-Lama finit à Bathang. Les frontières du Thibet proprement dit, furent fixées en 1726, à la suite d'une grande guerre que les Thibétains eurent avec les Chinois. Deux jours avant d'arriver à Bathang, on rencontre, au sommet de la montagne *Mang-Ling*, un monument en pierre, indiquant ce qui fut réglé à cette époque, entre le gouvernement de Lha-Ssa et celui de Péking, au sujet des limites. Actuellement, les contrées situées à l'est de Bathang, sont indépendantes de Lha-Ssa, sous le rapport temporel. Elles sont gouvernées par des Tou-Sse, espèce de princes feudataires, institués à leur origine par l'empereur chinois, et reconnaissant encore aujourd'hui son autorité suzeraine. Ces petits souverains sont tenus de se rendre à Péking tous les trois ans, pour offrir leur tribut à l'Empereur.

Nous nous arrêtâmes à Bathang pendant trois jours. La maladie de notre conducteur Ly-Kouo-Ngan fut la cause de ce retard. Les fatigues journalières de cette longue route avaient tellement accablé ce pauvre Mandarin, qu'il était dans un état presque désespéré. Son meilleur parti était de profiter du beau climat de Bathang, et de laisser la caravane poursuivre sa route. Ses amis le lui conseillèrent, mais ce fut vainement. Il voulut continuer le voyage, et chercha, par tous les moyens imaginables, à se faire illusion sur la gravité de son mal. Pour notre compte, nous jugeâmes son état si dangereux, que nous crûmes devoir profiter du repos et du calme dont nous jouissions à Bathang, pour lui parler sérieusement de son âme et de l'éternité. Les conversations que nous avions eues en route, l'avaient déjà suffisamment éclairé sur les principales vérités du christianisme. Il ne s'agissait plus que de lui faire voir bien clairement sa position, et de le convaincre de l'urgence d'entrer franchement et définitivement dans la voie du salut. Ly-Kouo-Ngan fut tout-à-fait de notre avis ; il trouva que nos observations surabondaient en raison. Il nous parla lui-même fort éloquemment de la fragilité et de la brièveté de la vie, des vanités du monde, de l'impénétrabilité des décrets de Dieu, de l'importance du salut, de la vérité de la religion chrétienne, et de l'obligation pour tout homme de l'embrasser. Il nous dit sur tout cela des choses très-sensées et très-touchantes. Mais, quand il fallait conclure, en venir à la pratique, en un mot, se déclarer chrétien, tout se détraquait. Il voulait absolument attendre qu'il fût arrivé dans sa famille, et qu'il eût abdiqué son mandarinat. Nous eûmes beau lui représenter le danger auquel il s'exposait en ajournant cette grande affaire ; tout fut inutile. — Tant que je suis Mandarin de l'Empereur, disait-il, je ne puis me mettre au service du Seigneur du ciel. — Il avait logé cette idée absurde si avant dans son cerveau, qu'il n'y eut pas moyen de l'en arracher.

En quittant le poste de Bathang, nous fûmes contraints de remonter, pendant quelque temps, tout-à-fait vers le nord, pour reprendre la direction de l'est ; car depuis notre départ de Tsiamdo, pendant vingt jours consécutifs, nous n'avions cessé un instant de descendre vers le midi. Les caravanes sont obligées d'allonger cette route d'une manière si considérable, afin d'aller chercher un endroit où l'on puisse passer avec quelque sécurité le grand fleuve Kin-Cha-Kiang.

Notre première journée de marche, en nous éloignant de Bathang, fut pleine de charmes; car nous cheminâmes avec une douce température, à travers des paysages d'une ravissante variété. L'étroit sentier que nous suivions, était continuellement bordé de saules, de grenadiers et d'abricotiers en fleurs. Le jour suivant, nous retombâmes au milieu des horreurs et des dangers de notre ancien routier. Nous eûmes à gravir une montagne extrêmement élevée, sur laquelle nous fûmes impitoyablement battus par la neige et le vent du nord. C'était une véritable réaction contre le sybaritisme que nous avions savouré dans la plaine tiède et fleurie de Bathang. Au pied de la montagne, la neige fut remplacée par une pluie abondante et glaciale, qui s'infiltrait jusqu'à la moelle des os. Pour comble d'infortune, nous fûmes forcés de passer la nuit dans une habitation dont le toit, largement crevassé en plusieurs endroits, donnait un libre passage au vent et à la pluie. Nous étions cependant tellement exténués de fatigue, que cela ne nous empêcha pas trop de dormir. Le lendemain, nous nous éveillâmes dans la boue; nous trouvâmes nos couvertures entièrement imbibées, et nos membres raidis par le froid. Nous fûmes obligés de nous frictionner violemment avec des morceaux de glace, pour faire reprendre au sang sa circulation. L'abominable hameau qui nous procura cet affreux logis, porte le nom de *Ta-So*.

En sortant de la vallée de Ta-So, on monte, par une

étroite gorge, à un plateau que nous trouvâmes encombré de neige. De là, nous entrâmes dans une forêt magnifique, la plus belle que nous ayons vue dans les montagnes du Thibet. Les pins, les cèdres et les houx entrelaçaient leurs vigoureuses branches, et formaient un dôme de verdure impénétrable au soleil, sous lequel on se trouve bien mieux à l'abri de la pluie et de la neige que dans les maisons de Ta-So. Les branches et les troncs de ces grands arbres, sont recouverts d'une mousse épaisse, qui se prolonge en longs filaments extrêmement déliés. Quand cette mousse filandreuse est récente, elle est d'une jolie couleur verte; mais lorsqu'elle est vieillie, elle est noire, et ressemble exactement à de longues touffes de cheveux sales et mal peignés. Il n'est rien de monstrueux et de fantastique comme ces vieux pins, qui portent un nombre infini de longues chevelures suspendues à leurs branches. Le houx épineux qu'on rencontre sur les montagnes du Thibet, est remarquable par le prodigieux développement qu'il acquiert. En Europe, il ne dépasse jamais la taille d'un arbuste; mais là, il s'élève toujours à la proportion d'un grand arbre. S'il ne vient pas tout-à-fait aussi haut que le pin, il rivalise avec lui par la grosseur du tronc; il lui est même supérieur par la richesse et l'abondance de son feuillage.

Cette journée de marche fut longue et fatigante. Il était nuit close, quand nous arrivâmes à la station de *Samba*, où nous devions changer les oulah. Nous étions sur le point de nous coucher, quand on remarqua qu'il manquait un Thibétain de l'escorte. C'était précisément celui qui avait été désigné pour notre domestique. On le chercha avec soin, mais en vain, dans tous les recoins du petit village où nous venions d'arriver. On conclut qu'il s'était égaré dans la forêt. La première pensée fut d'envoyer à sa découverte; mais avec la nuit obscure qu'il faisait, comment trouver un homme dans cette vaste et épaisse forêt? On se contenta de se rendre en troupe sur une colline voisine, de pousser des cris, et d'allumer un grand feu. Vers minuit, le voyageur égaré reparut presque mourant de fatigue. Il portait sur son dos la selle de son cheval qui, trouvant sans doute la route trop longue, avait jugé à propos de se coucher au milieu de la forêt, sans qu'il ait été possible de le faire relever. Le retour de ce pauvre jeune homme combla de joie tout le monde, et chacun alla prendre un peu de sommeil.

Le lendemain, on se leva tard. Pendant que les habitants de *Samba* conduisaient les chevaux et les bêtes de somme, pour l'organisation de la caravane, nous allâmes faire une petite promenade, et jeter un coup d'œil sur cette contrée, où nous étions arrivés de nuit. Le village de Samba est un assemblage d'une trentaine de maisonnettes, construites avec de gros cailloux, et grossièrement cimentées, les unes avec de la bouse de vache, les autres avec de la boue. L'aspect du village est triste; mais les environs sont assez riants. Deux ruisseaux venant, l'un de l'ouest, l'autre du sud, opèrent leur jonction tout près du village, et donnent naissance à une rivière qui roule ses eaux transparentes à travers une vaste prairie. Un petit pont de bois peint en rouge, des troupeaux de chèvres et de bœufs à long poil, qui folâtraient parmi les pâturages, des cigognes et des canards sauvages, qui pêchaient leur déjeuner sur les bords de l'eau, quelques cyprès gigantesques disséminés çà et là, la fumée même qui s'élevait des cases thibétaines, et que le vent chassait doucement le long des coteaux voisins, tout contribuait à donner de la vie et du charme à ce tableau. Le ciel, du reste, était pur et serein. Déjà le soleil, ayant fait un peu de chemin au-dessus de l'horizon, nous promettait un beau jour et une douce température.

Nous retournâmes au logis, en continuant à pas lents notre promenade. La caravane était organisée et sur le point de se mettre en route. Les bêtes de somme étaient chargées de leurs fardeaux ; les cavaliers, la robe retroussée et le fouet à la main, étaient prêts à monter à cheval. — Nous sommes en retard, dîmes-nous, pressons le pas ;.... et d'une course nous fûmes à notre poste. — Pourquoi vous hâter ? nous dit un soldat chinois ; Ly-Kouo-Ngan n'est pas prêt ; il n'a pas encore ouvert la porte de sa chambre. — Aujourd'hui, répondîmes-nous, il n'y a pas de grande montagne ; le temps est beau, rien n'empêche de partir un peu tard... Cependant, va avertir le Mandarin que la caravane est prête. — Le soldat poussa la porte, et entra dans la chambre de Ly-Kouo-Ngan ; il en ressortit à l'instant, pâle et les yeux hagards.—Ly-Kouo-Ngan est mort !... nous cria-t-il à voix basse.... Nous nous précipitâmes dans la chambre, et nous vîmes l'infortuné Mandarin étendu sur son grabat, la bouche entr'ouverte, les dents serrées, et les yeux crispés par la mort. Nous plaçâmes la main sur son cœur, et sa poitrine se souleva lentement. Il y avait encore un faible reste de vie ; mais tout espoir était perdu. L'agonisant avait tout-à-fait perdu l'usage de ses sens ; il poussa encore quelques râlements, et rendit le dernier soupir. Les humeurs dont ses jambes étaient engorgées, avaient reflué à sa poitrine, et l'avaient étouffé.

La mort de notre conducteur n'avait pas été imprévue ; elle n'avait, au fond, rien qui dût nous surprendre ; mais elle était arrivée d'une manière si triste et si pitoyable, que tout le monde en fut bouleversé. Pour nous, en particulier, nous en fûmes attristés au-delà de toute expression. Nous regrettâmes amèrement qu'il ne nous ait pas été donné d'assister à sa dernière heure cet infortuné, que nous désirions tant faire passer des ténèbres du paganisme aux clartés de la foi. O que les décrets de Dieu sont impénétrables !.... Une pensée d'espérance, pourtant, peut encore se mêler à nos justes motifs de crainte. Puisque cette pauvre âme était suffisamment éclairée des vérités de la religion, il est permis de penser que Dieu, dans son infinie miséricorde, lui aura peut-être accordé, au dernier moment, la grâce du baptême de désir.

Ce jour là, la caravane ne se mit pas en marche ; les animaux furent dessellés et renvoyés au pâturage ; puis les soldats de l'escorte disposèrent tout ce qui était nécessaire, d'après les rites chinois, pour transporter le corps de leur Mandarin jusque dans sa famille. Nous n'entrerons pas ici dans les détails de tout ce qui fut fait à ce sujet ; parce que ce qui concerne les mœurs, les usages et les cérémonies des Chinois, trouvera sa place ailleurs. Nous dirons seulement que le défunt fut enveloppé dans un grand linceul qui lui avait été donné par le Bouddha-vivant de Djachi-Loumbo. Ce linceul, à fond blanc, était entièrement recouvert de sentences thibétaines et d'images de Bouddha, imprimées en noir. Les Thibétains et autres Bouddhistes ont une confiance illimitée dans les suaires imprimés qui sont distribués par le Talé-Lama et le Bandchan-Remboutchi. Ils sont persuadés que ceux qui ont le bonheur d'y être enveloppés après leur mort, ne peuvent manquer d'avoir une heureuse transmigration.

Par la mort de Ly-Kouo-Ngan, la caravane se trouva sans chef et sans conducteur. Il y avait bien le Lama Dsiamdchang, à qui le pouvoir eût dû revenir de droit et par une succession légitime ; mais les soldats chinois n'étant que très-peu disposés à reconnaître son autorité, nous passâmes de l'état monarchique à la forme républicaine démocratique. Cet état de choses dura tout au plus une demi-journée. Nous étant aperçus que les gens de la caravane, soit Thibétains, soit Chinois, n'étaient pas encore mûrs pour un gouvernement si parfait; considérant que l'anarchie débordait de toutes parts, et que les affaires menaçaient d'aller à la débandade; n'envisageant enfin que l'intérêt public, et voulant assurer le salut de la caravane, nous nous emparâmes de la dictature. Nous lançâmes immédiatement force décrets, afin que tout fût prêt le lendemain à la pointe du jour pour nous remettre en route. Le besoin d'être gouverné se faisait tellement sentir, que personne ne s'avisa de faire de l'opposition, et que nous fûmes obéis ponctuellement.

A l'heure fixée, nous nous éloignâmes de Samba. La caravane avait un aspect mélancolique et sombre. Avec ses trois cadavres, elle ressemblait absolument à un convoi funèbre. Après trois jours de marche à travers des montagnes, où nous rencontrâmes, à l'ordinaire, du vent, de la neige et du froid, nous arrivâmes au poste de *Lithang* (1). Le gouvernement chinois y tient un magasin de

(1) Lithang veut dire plaine à cuivre.

vivres, et une garnison composée d'une centaine de soldats. Les Mandarins de Lithang sont : un Liang-Taï, un Cheou-Peï et deux Pa-Tsoung. Quelques minutes après notre arrivée, ces messieurs vinrent nous rendre visite. Avant toute chose, il fut longuement parlé de la maladie et de la mort de notre conducteur. Ensuite, il fallut dire quelle était notre qualité, et à quel titre nous étions dans la caravane. Pour toute explication, nous exhibâmes une longue et large pancarte, munie du cachet et de la signature de l'ambassadeur Ki-Chan, et contenant les instructions qui avaient été données à Ly-Kouo-Ngan à notre sujet. — C'est bien, c'est bien, nous dirent ces personnages ; la mort de Ly-Kouo-Ngan ne doit rien changer à votre position : vous serez bien traités partout où vous passerez. Jusqu'à ce jour vous avez toujours vécu en paix avec les gens de la caravane ; certainement la bonne harmonie durera jusqu'au bout. — Nous l'espérions bien ainsi. Cependant, comme, vu la fragilité humaine, il pouvait s'élever en route des difficultés, surtout parmi les soldats chinois, nous désirions beaucoup avoir avec nous un Mandarin responsable. Nous en fîmes la demande, et on nous répondit que, des quatre Mandarins qui étaient à Lithang, aucun ne pouvait s'absenter pour nous conduire ; que nous pourrions bien aller tout doucement, comme cela, avec notre escorte thibétaine et chinoise, jusqu'aux frontières ; et que là on nous trouverait facilement un Mandarin pour nous conduire jusqu'à la capitale du Sse-Tchouen. — Bon ! dîmes-nous, puisque vous ne pouvez pas nous donner un Mandarin, dans ce cas, nous allons voyager comme nous l'entendrons, et aller où il nous plaira. Nous ne répondons même pas de ne pas reprendre en sortant d'ici la route de Lha-Ssa.

Vous voyez que nous y allons franchement ; réfléchissez. — Nos quatre magistrats se levèrent, en disant qu'ils allaient délibérer sur cette importante affaire, et que dans la soirée nous aurions une réponse.

Pendant notre souper, un Pa-Tsoung, l'un des quatre Mandarins, se présenta en costume de cérémonie. Après les politesses d'usage, il nous annonça qu'il avait été désigné pour commander notre escorte jusqu'aux frontières ; que jamais, dans ses rêves d'ambition, il n'avait songé à l'honneur de conduire des gens de notre espèce ; qu'il était confus d'avoir dès le premier jour à nous demander une faveur : c'était celle de vouloir bien nous reposer pendant deux jours à Lithang, afin de réparer un peu nos forces, qui devaient être épuisées par une si longue et si pénible route..... Nous comprîmes que notre homme avait besoin de deux jours pour terminer quelques affaires, et se disposer à un voyage qu'il n'avait pas prévu. — Voilà, lui répondîmes-nous, que ton cœur est déjà plein de sollicitude pour nous ! Nous nous reposerons donc pendant deux jours, puisque tu trouves que ce sera bien ainsi... Le pouvoir ayant été de nouveau constitué, notre dictature cessa. Mais nous crûmes nous apercevoir que cela plaisait fort peu à nos gens, qui eussent bien mieux aimé avoir affaire à nous qu'à un Mandarin.

La ville de Lithang est bâtie sur les flancs d'un coteau qui s'élève au milieu d'une plaine assez vaste, mais presque stérile. Il n'y vient qu'un peu d'orge grise, et quelques maigres herbes, qui servent de pâturages à de chétifs troupeaux de chèvres et d'yaks. Vue de loin, la ville a mine de quelque chose ; deux grandes lamaseries, richement peintes et dorées, qui sont construites tout-à-fait sur le sommet de la colline, lui donnent surtout un aspect imposant. Mais, quand on parcourt l'intérieur, on ne trouve que des rues laides, sales, étroites, et tellement inclinées, qu'il faut avoir les jambes bien façonnées aux routes des montagnes, pour ne pas perdre l'équilibre à chaque pas.

En deçà du grand fleuve à sable d'or, on remarque, parmi les tribus qu'on rencontre, une assez notable modification dans les mœurs, le costume et le langage même. On voit qu'on n'est plus dans le Thibet proprement dit. A mesure qu'on se rapproche des frontières de la Chine, les indigènes ont moins de fierté et de rudesse dans le caractère; on les trouve déjà un peu cupides, flatteurs et rusés; leur foi religieuse n'est plus même ni si vive ni si franche. Quant au langage, ce n'est plus le thibétain pur qui se parle à Lha-Ssa et dans la province de Kham : c'est un dialecte qui tient beaucoup de l'idiome des *Si-Fan*, et où l'on remarque plusieurs expressions chinoises. Les Thibétains de Lha-Ssa qui nous accompagnaient avaient toutes les peines du monde à comprendre et à être compris. Le costume ne varie en général que dans la coiffure. Les hommes portent un chapeau de feutre gris ou brun, ressemblant assez à nos chapeaux de feutre, lorsqu'ils sortent du fouloir, et qu'ils n'ont pas encore été arrondis sur la forme. Les femmes fabriquent avec leurs cheveux une foule innombrable de petites tresses qu'elles laissent flotter sur leurs épaules. Elles appliquent ensuite sur leur tête, une grande plaque en argent, assez semblable à une assiette. Les plus élégantes en mettent deux, une de chaque côté, de façon que les deux extrémités aillent se rencontrer au-dessus de la tête. Le précepte de se barbouiller la figure en noir, n'existe pas pour les femmes de Lithang.

Ce genre de toilette n'est en vigueur que dans les pays qui sont temporellement soumis au Talé-Lama.

La plus importante des lamaseries de Lithang, possède une grande imprimerie pour les livres bouddhiques. C'est là qu'aux jours de fête, les Lamas des contrées voisines vont s'approvisionner. Lithang fait encore un assez grand commerce de poudre d'or, de chapelets à grains noirs, et d'écuelles fabriquées avec des racines de vigne et de buis.

Au moment où nous sortîmes de Lithang, la garnison chinoise se trouva sous les armes, pour rendre les honneurs militaires à Ly-Kouo-Ngan. On n'en fit ni plus ni moins que s'il eût été en vie. Quand le cercueil passa, tous les soldats fléchirent le genou et s'écrièrent : Au Tou-Sse, Ly-Kouo-Ngan, la chétive garnison de Lithang, salut et prospérité... Le petit Mandarin, à globule blanc, qui était devenu notre conducteur, rendit le salut à la garnison au nom du défunt. Ce nouveau chef de la caravane était un Chinois d'origine musulmane. On ne trouvait dans toute sa personne rien qui parût tenir le moins du monde du beau type de ses ancêtres : son corps mince et rabougri, sa figure pointue et goguenarde, sa voix de fausset, son étourderie, tout contribuait à lui donner la tournure d'un petit garçon de boutique, mais pas du tout celle d'un Mandarin militaire. Il était prodigieux en fait de bavardage. Le premier jour il nous amusa assez; mais il ne tarda pas à nous être à charge. Il se croyait obligé, en sa qualité de musulman, de nous parler à tout propos de l'Arabie et de ses chevaux qui se vendent leur pesant d'or, de Mahomet et de son fameux sabre qui coupait les métaux, de La Mecque et de ses remparts en bronze.

Depuis Lithang jusqu'à *Ta-Tsien-Lou*, ville frontière de

Chine, on ne compte que six cents lis, qui se divisent en huit étapes. Nous trouvâmes la fin de cette affreuse route du Thibet, en tout semblable à son milieu et à son commencement. Nous avions beau franchir des montagnes, nous en trouvions toujours de nouvelles devant nous : montagnes toujours d'un aspect menaçant, toujours couvertes de neiges et semées de précipices. La température n'avait pas subi non plus un changement sensible. Il nous semblait que, depuis notre départ de Lha-Ssa, nous ne faisions que nous mouvoir dans un même cercle. Cependant, à mesure que nous avancions, les villages devenaient plus fréquents, sans pourtant rien perdre de leur style thibétain. Le plus important de ces villages est *Makian-Dsoung*, où quelques marchands chinois tiennent des magasins pour approvisionner les caravanes. A une journée de Makian-Dsoung, on passe en bateau le *Ya-Loung-Kiang*, rivière large et rapide. Sa source est aux pieds des monts Bayen-Kharat, tout près de celle du fleuve Jaune. Elle se réunit au Kin-Cha-Kiang, dans la province du Sse-Tchouen. D'après les traditions du pays, les bords du Ya-Loung-Kiang auraient été le premier berceau de la nation thibétaine.

Pendant que nous passions le Ya-Loung-Kiang en bateau, un berger traversait la même rivière sur un pont uniquement composé d'un gros câble en peau d'yak, fortement tendu d'un bord à l'autre. Une espèce d'étrier en bois était suspendu par une solide lanière, à une poulie mobile sur le câble. Le berger n'eut qu'à se placer à la renverse sous ce pont étrange, en appuyant les pieds sur l'étrier, et en se cramponnant au câble de ses deux mains ; ensuite il tira le câble par petits coups ; et le poids du corps faisant avancer la poulie, il arriva de l'autre côté en peu de temps. Ces ponts sont assez répandus dans le Thibet; ils sont très-commodes pour traverser les torrents et les précipices, mais il faut être habitué à s'en servir. Nous n'avons jamais osé nous y aventurer. Les ponts en chaînes de fer sont aussi très en usage, surtout dans les provinces d'Oueï et de Dzang. Pour les construire, on fixe sur les deux bords de la rivière autant de crampons en fer qu'on veut tendre de chaînes; on place ensuite sur les chaînes des planches qu'on recouvre quelquefois d'une couche de terre. Comme ces ponts sont extrêmement élastiques, on a le soin de les garnir de garde-fous.

Enfin nous arrivâmes sains et saufs aux frontières de la Chine, où le climat du Thibet nous fit de bien froids adieux. En traversant la montagne qui précède la ville de *Ta-Tsien-Lou,* nous fûmes presque ensevelis sous la neige, tant elle tombait épaisse et abondante. Elle nous accompagna jusque dans la vallée où est bâtie la ville chinoise qui nous reçut avec une pluie battante. C'était dans les premiers jours du mois de juin 1846. Il y avait près de trois mois que nous étions partis de Lha-Ssa; d'après l'Itinéraire chinois, nous avions parcouru cinq mille cinquante lis.

Ta-Tsien-Lou signifie *la forge des flèches;* ce nom a été donné à la ville, parce que, l'an 234 de notre ère, le général Wou-Heou, en dirigeant son armée contre les pays méridionaux, envoya un de ses lieutenants pour y établir une forge de flèches. Cette contrée a tour à tour appartenu aux Thibétains et aux Chinois; depuis une centaine d'années, elle est considérée comme partie intégrante de l'empire.

« Les murs et les fortifications de Ta-Tsien-Lou, dit

» l'Itinéraire chinois, sont en pierre de taille. Des Chi-
» nois et des Thibétains y habitent mêlés ensemble. C'est
» par là que les officiers et les corps de troupes qu'on en-
» voie au Thibet, sortent de la Chine. Il y passe aussi une
» grande quantité de thé qui vient de la Chine, (et qui est
» destiné à alimenter les provinces du Thibet;) c'est à Ta-
» Tsien-Lou, que se tient la principale foire de thé...

» Quoique les habitants de ce canton soient très-adonnés
» à la croyance de Bouddha, ils cherchent à faire de pe-
» tits profits; cependant ils sont sincères et justes, et se
» montrent soumis et obéissants, de sorte que rien, même la
» mort, ne peut changer leur bonne disposition naturelle.
» Comme ils sont depuis long-temps accoutumés au gou-
» vernement chinois, ils y sont d'autant plus attachés. »

Nous nous reposâmes trois jours à Ta-Tsien-Lou. Pendant ce temps, nous eûmes à nous quereller plusieurs fois par jour avec le principal Mandarin du lieu, qui ne voulait pas consentir à nous faire continuer notre route en palanquin. Il dut pourtant en passer par là; car nous ne pouvions pas même supporter l'idée d'aller encore à cheval. Nos jambes avaient enfourché tant de chevaux de tout âge, de toute grandeur, de toute couleur et de toute qualité, qu'elles n'en voulaient plus; elles aspiraient irrésistiblement à s'étendre en paix dans un palanquin. Cela leur fut accordé, grâce à la persévérance et à l'énergie de nos réclamations.

L'escorte thibétaine, qui nous avait accompagnés si fidèlement pendant cette longue et pénible route, s'en retourna après deux jours de repos. Nous remîmes au Lama Dchiam-dchang une lettre pour le Régent, dans laquelle nous le remerciâmes de nous avoir donné une escorte si dévouée, et qui n'avait cessé de nous faire souvenir, tous les jours de notre voyage, des bons traitements que nous avions reçus à Lha-Ssa. En nous séparant de ces bons Thibétains, nous ne pûmes nous empêcher de verser des larmes ; car insensiblement, et comme à notre insu, il s'était formé entre nous des liens qu'il était bien pénible de rompre. Le Lama Dchiamdchang nous dit en secret, qu'il était chargé de nous rappeler, au moment de nous quitter, la promesse que nous avions faite au Régent. Il nous demanda si l'on pouvait compter de nous revoir à Lha-Ssa. —Nous lui répondîmes que oui ; car à cette époque nous étions bien loin de prévoir de quelle nature seraient les obstacles qui s'opposeraient à notre rentrée dans le Thibet.

Le lendemain, à l'aube du jour, nous entrâmes dans nos palanquins, et nous fûmes portés aux frais du trésor public, jusqu'à la capitale de la province du Sse-Tchouen où, par ordre de l'Empereur, nous devions subir un jugement solennel par devant les grands Mandarins du céleste empire.

POST-SCRIPTUM.

Après quelques mois de marche à travers la Chine, nous arrivâmes à Macao, dans les commencements du mois d'octobre 1846.... Notre long et pénible voyage était terminé ; et nous pûmes enfin, à la suite d'un si grand nombre de tribulations, retrouver un peu de calme et de repos. Pendant deux années de séjour dans notre maison de procure, nous avons profité de nos moments de loisir, pour rédiger les quelques notes recueillies le long de la route. De là ces *Souvenirs de voyage*, que nous adressons à nos frères d'Europe dont la charité veut bien s'intéresser aux épreuves et aux fatigues des Missionnaires.

Notre rentrée en Chine, pour retourner dans notre Mission de la Tartarie mongole, nous force de laisser inachevé le travail que nous avions entrepris... Il nous resterait encore à parler de nos relations avec les tribunaux et les Mandarins chinois, à jeter un coup-d'œil sur les provinces que nous avons parcourues, et à les comparer avec celles que nous avons eu occasion de visiter durant nos voyages antérieurs dans le céleste empire. Cette lacune, nous essaierons de la remplir, dans les heures de délassement que nous pourrons trouver au milieu des travaux du saint ministère. Peut-être serons-nous en mesure de donner quelques notions exactes sur un pays, dont, à aucune époque, sans contredit, on n'a eu des idées aussi erronées que de nos jours. Ce n'est pas qu'on manque d'écrits concernant *la Chine et les Chinois.* Le nombre des ouvrages qui ont paru ces dernières années, en France et surtout en Angleterre, est vraiment prodigieux. Mais il ne suffit pas toujours du zèle de l'écrivain pour faire connaître des contrées où il n'a jamais mis le pied. Ecrire un *Voyage en Chine,* après quelques promenades aux factoreries de Canton et aux environs de Macao, c'est peut-être s'exposer beaucoup à parler de choses qu'on ne connaît pas suffisamment..... Quoiqu'il soit arrivé au savant orientaliste J. Klaproth de trouver l'*Archipel Potocki,* sans sortir de son cabinet, il est en général assez difficile de faire des découvertes dans un pays sans y avoir pénétré.

FIN DU TOME SECOND.

TABLE DES MATIÈRES

CONTENUES DANS LE TOME SECOND ET DERNIER.

THIBET.

CHAPITRE PREMIER.

Hôtel de la Justice et de la Miséricorde. — Province du Kan-Sou. — Agriculture. — Grands travaux pour l'irrigation des champs. — Manière de vivre dans les auberges. — Grande confusion dans une ville à cause de nos chameaux. — Corps-de-garde chinois. — Mandarin inspecteur des travaux publics.— *Ning-Hia.* — Détails historiques et topographiques. — *Auberge des cinq Félicités.* — Lutte contre un Mandarin. *Tchong-Weï.* — Immenses montagnes de sable. — Route d'Ili — Aspect sinistre de *Kao-Tan-Dze.* — Coup-d'œil sur la grande muraille. — Demande de passeport.— Tartares voyageant en Chine. — Affreux ouragan. — Origine et mœurs des habitans du Kan-Sou. — Les *Dchiaours.* — Relations avec un Bouddha-vivant. — *Hôtel des Climats tempérés.* — Famille de Samdadchiemba. — Montagne de *Ping-Keou.* — Bataille d'un aubergiste avec sa femme. — Moulins à eau. — Tricotage. — *Si-Ning-Fou.*— *Maison de repos.*—Arrivée à *Tang-Keou-Eul.* Page 1.

CHAPITRE II.

Récits concernant la route du Thibet. — Caravane de Tartares-Khalkhas. — Fils du roi du *Koukou-Noor.*—*Sandara-le-Barbu.*— Étude de la langue thibétaine. — Caractère fourbe et méchant de Sandara. — Samdadchiemba est pillé par les brigands. — Deux mille bœufs volés aux *Houng-Mao-Eul,* ou *Longues-Chevelures.*— Affreux tumulte à *Tang-Keou-Eul.* — Portrait et caractère des Longues-Chevelures. — *Hoeï-Hoeï,* ou Musulmans établis en Chine.

— Cérémonies religieuses présidées par le Mufti. — Indépendance dont jouissent les Hoeï-Hoeï. — Fêtes du premier jour de l'an. — Notre tente déposée au mont-de-piété. — Départ pour la lamaserie de *Kounboum*. — Arrivée de nuit. — Emprunt d'une habitation. — Usage singulier du *Khata*. — Le vieux Akayé. — Le Kitas-Lama. — Le bègue. — Nombreux pélerins à *Kounboum*. — Description de la célèbre fête des fleurs. *Page* 55.

CHAPITRE III.

Naissance merveilleuse de *Tsong-Kaba*. — Sa préparation à l'apostolat. — Il part pour l'Occident. — Son entrevue avec le grand Lama du Thibet. — Il réforme le culte lamanesque. — Nombreux rapports de la réforme bouddhique avec le catholicisme. — Origine de ces rapports. — Arbre des *dix mille images*. — Enseignement lamanesque. — Faculté des prières. — Police de la lamaserie de Kounboum. — Offrandes des pélerins. — Industrialisme des Lamas. — Les aventures de Sandara-le-Barbu. — Dispositions favorables des Lamas pour le christianisme. — Singulière pratique pour le soulagement des voyageurs. — Prières nocturnes. — Départ pour la lamaserie de *Tchogortan*. *Page* 104.

CHAPITRE IV.

Aspect de la lamaserie de Tchogortan. — Lamas contemplatifs. — Lamas bouviers. — *Le livre des quarante-deux points d'enseignement proférés par Bouddha.* — Extrait des annales chinoises, sur la prédication du bouddhisme en Chine. — Les tentes noires. — Mœurs des Si-Fan. — Bœufs à long poil. — Aventure d'un *Karba* empaillé. — Chronique lamanesque sur l'origine des peuples. — Régime alimentaire. — Précieuses découvertes dans le règne végétal. — Fabrique de cordes de poil de chameau. — Nombreuses visites à Tchogortan. — Classification des *argols*. — Histoire de brigands. — Elévation de la *Pyramide de la Paix*. — La faculté de médecine à Tchogortan. — Médecins thibétains. — Départ pour la mer Bleue. *Page* 144.

CHAPITRE V.

Aspect du Koukou-Noor. — Tribus des *Kolo*. — Chronique sur l'origine de la mer Bleue. — Description et marche de la grande caravane. — Passage du *Pouhain-Gol*. — Aventures de l'*Altère-Lama*. — Caractère de notre pro-chamelier. — Mongols de *Tsaidam*. — Va-

TABLE DES MATIÈRES.

peurs pestilentielles du *Bourkan-Bota.* — Ascension des monts *Chuga* et *Bayen-Kharat.* — Bœufs sauvages. — Cheval *hémione.* — Hommes et animaux tués par le froid. — Rencontre des brigands. — Plateau du *Tant-La.* — Sources d'eaux thermales. — Incendie dans le désert. — Village de *Na-Ptchu.* — Vente des chameaux, et louage de bœufs à long poil. — Jeune châberon du royaume de *Khartchin.* — Plaines cultivées de *Pampou.* — Montagne de la rémission des péchés. — Arrivée à Lha-Ssa. Page 185.

CHAPITRE VI.

Logement dans une maison thibétaine. — Aspect de Lha-Ssa. — Palais du Talé-Lama. — Portrait des Thibétains. — Monstrueuse toilette des femmes. — Produits industriels et agricoles du Thibet. — Mines d'or et d'argent. — Étrangers résidant à Lha-Ssa. — Les *Pébouns*. — Les *Katchi*. — Les Chinois. — État des relations entre la Chine et le Thibet. — Nombreuses hypothèses du public à notre sujet. — Nous nous présentons aux autorités. — Forme du gouvernement thibétain. — Grand Lama de *Djachi-Loumbo*. — Confrérie des *Kelans*. — Prophétie thibétaine. — Mort tragique de trois Talé-Lama. — Notice sur *Ki-Chan*. — Condamnation du *Nomekhan*. — Révolte de la lamaserie de *Séra*. Page 246.

CHAPITRE VII.

Visite de cinq mouchards. — Comparution devant le Régent. — Ki-Chan nous fait subir un interrogatoire. — Souper aux frais du gouvernement. — Une nuit de prison chez le Régent. — Confidences du gouverneur des Katchi. — Visite domiciliaire. — Scellé apposé sur tous nos effets. — Tribunal sinico-thibétain. — Question des cartes de géographie. — Hommage rendu au christianisme et au nom français. — Le Régent nous alloue une de ses maisons. — Érection d'une chapelle. — Prédication de l'Évangile. — Conversion d'un médecin chinois. — Conférences religieuses avec le Régent. — Récréation avec un microscope. — Entretiens avec Ki-Chan. — Caractère religieux des Thibétains. — Célèbre formule des Bouddhistes. — Panthéisme bouddhique. — Élection du Talé-Lama. — La petite vérole à Lha-Ssa. — Sépultures en usage dans le Thibet. Page 293.

CHAPITRE VIII.

Notice sur Moorcroft voyageur anglais. — Voies de communication de Lha-Ssa en Europe. — Discussion avec l'ambassadeur chinois. —

TABLE DES MATIÈRES.

Lutte du Régent et de Ki-Chan à notre sujet. — Notre expulsion de Lha-Ssa est arrêtée. — Protestation contre cette mesure arbitraire. — Rapport de Ki-Chan à l'empereur de Chine. — Système de chronologie en usage dans le Thibet. — Nouvelle année thibétaine. — Fêtes et réjouissances. — Couvents bouddhiques de la province d'Oueï.— Khaldan. — Préboung. — Séra. — Adieux du Régent. — Séparation de Samdadchiemba. — Ly, *le Pacificateur des royaumes*. — Triple allocution de l'ambassadeur chinois. — Adieux pittoresques de Ly-Kouo-Ngan et de son épouse. — Départ de Lha-Ssa pour Canton. — Passage d'une rivière dans une barque en cuir.

Page 348.

CHAPITRE IX.

Notice chinoise sur le Thibet. — Organisation des *Oulah*. — Représentation théâtrale à *Medchoukoung*. — Montagne de *Loumma-Ri*. — Arrivée à *Ghiamda*. — Visite de deux Mandarins militaires. — Accident sur un pont de bois. — Curieux détails sur la licorne. — *Montagne des Esprits*. — Passage d'un glacier. — Aspect de *Lha-Ri*. — Avarice du fournisseur des vivres. — Ascension du *Chor-Kou-La*. — Affreuse route de *Alan-To*. — Village de *Lang-Ki-Tsoung*. — Fameuse montagne de *Tanda*. — Mort tragique et apothéose d'un ancien Mandarin chinois. — Service des postes dans le Thibet. — Catastrophe de *Kia-Yu-Kiao*. — Histoire du génie tutélaire du mont *Wa-Ho*. — Légende d'un crapaud divinisé. — Passage du célèbre plateau de *Wa-Ho*. — Arrivée à *Tsiamdo*. *Page* 395.

CHAPITRE X.

Coup-d'œil sur Tsiamdo. — Guerre entre deux Bouddha-vivants. — Rencontre d'une petite caravane. — Montagnes calcaires. — Mort du Mandarin *Peï*. — Le grand chef *Proul-Tamba*. — Visite au château de Proul-Tamba. — Ermite bouddhiste. — Guerre entre les tribus. — Halte à *Angti*. — Musée thibétain. — Passage de la montagne Angti. — Ville de *Djaya*. — Mort du fils du Mandarin Peï. — Daim musqué. — Fleuve à sable d'or. — Plaine et ville de Bathang. — Grande forêt de *T'a-So*. — Mort de Ly-Kouo-Ngan. — Entrevue avec les Mandarins de Lithang. — Divers ponts du Thibet. — Arrivée à la frontière de Chine. — Séjour à Ta-Tsien-Lou. — Départ pour la capitale de la province du Sse-Tchouen. *Page* 453.

FIN DE LA TABLE DU TOME SECOND ET DERNIER.

www.ingramcontent.com/pod-product-compliance
Lightning Source LLC
Chambersburg PA
CBHW051130230426
43670CB00007B/743